4차 산업혁명과 대안의 사회 1

의미로 읽는 인류사와 인공지능

4차 산업혁명과
대안의 사회

이도흠 지음

1

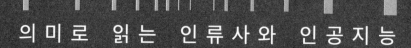

의미로 읽는 인류사와 인공지능

특별한서재

절체절명의 절박감! 억측과 망상일 수도 있고, 패턴을 읽은 자의 숙명일 수도 있다. 시중에 나온 수많은 책들이 말하고 있는 것이 4차 산업혁명이었다면, 필자는 문외한이 뭘 안다고 나서냐는 핀잔을 각오하고 굳이 이 책을 쓰는 모험을 감행하지는 않았을 것이다. 제러미 리프킨의 지적과 미국 과학계의 생각대로, 슈밥을 비롯한 대다수 석학들이나 정부가 묘사하는 4차 산업혁명은 3차 산업혁명/디지털 혁명의 연장이며 '혁명'의 조건에 충족하지 못한다. 반면에 리프킨은 새로운 변화마저 디지털 혁명으로 간주한다.

필자가 정의하는 4차 산업혁명은 1, 2, 3차 산업혁명만이 아니라 인류사 700만 년 이래 전혀 다른 세상을 연다. '혁명'이라는 말로도 부족하고 '개벽'이 어울린다. 4차 산업혁명 시대라는 '새 하늘'을 맞아 인간은 생명을 조작하고 창조하는 신의 위상에 올랐다. 앞으로 AI가 인간의 지능을 초월하며, 도구가 인간을 지배/통제한다. 거의 모든 사물이 스스로 말하며 거의 모든 인간과 네트워킹을 한다. 가상현실과 증강현실이 실제 현실을 대체하거나 공존하면서 '재현의 위기'와

'매트릭스적 실존'이 일상이 된다. 일부 인간은 초인적인 능력을 가진 포스트휴먼으로 거듭나고 디지털상으로 무한하게 존재하고 영생을 누린다. 빅브라더가 아닌 '빅마더the Big Mother'가 온화하지만 철저하게 개인의 행위는 물론 무의식마저 감시하고 조절한다. 하필 4차 산업혁명은 자본주의의 가장 야만적인 형태인 신자유주의 체제와 극단의 불평등, 간헐적 팬데믹, 환경위기와 기후위기, 인류세anthropocene/자본세capitalocene의 조건에서 수행되고 있다. 과학기술을 자본의 탐욕으로부터 독립시키지 않는다면, 패러다임과 사회체제의 대전환이 없으면, 그 끝은 인류 멸망이나 디스토피아다. 이에 아둔한 서생이 암 말기 판정을 받은 이의 절박감으로 지옥으로 가는 길을 막아설 바리케이드에 벽돌 한 장이라도 놓자는 마음으로 생소한 분야를 공부하고 글을 썼다.

하지만 절망이 절망으로 인식되지 않을 때 더 절망적이다. 시중의 4차 산업혁명 담론들은 내용이 천편일률적이고, 대다수가 권력과 자본 입장의 해석을 거듭하거나 가치중립적이다. 학자든, 언론이든, 정치인이든 인문학적 성찰이나 사회학적 분석은 거의 하지 않은 채 기술결정론이나 환원론에 입각하여 과학기술을 조합하고 이에 SF적 상상력을 보태고 있다. 기득권의 입장에서 '0.1%만의 천국'이 나머지 99.9%에게도 가능한 것처럼 호도한다. 유발 하라리Yuval Harari와 같은 인문학자조차 자유의지가 허구라는 전제 아래 기술결정론과 엘리트 중심적이고 제국주의적인 역사관에 입각하여 서사를 구성하고 이에 부합하는 과학적 성과만을 끌어 모아 아전인수식으로 해석하며 자본과 제국, 엘리트들의 욕망을 대변하고 있다. 다양한 변인과 차이들을 무시하고 치밀한 논증이나 쟁점의 종합 과정 없이 이루어지는 연구는 학문보다 이데올로기에 가깝다.

한국으로 국한하면, 이세돌과 알파고의 바둑 대결로 충격이 컸던 탓에 4차 산업혁명은 뜨거운 냄비다. 정부가 나서서 주도하고 언론과 대중이 호응하면서 정치·경제·사회문화의 전 영역에 걸쳐 지고의 가치로 떠받들고 있고, 기업과 대학도 이에 맞추어서 구조 조정이 한창이다. 그렇게 유난을 떨면서도 한국에서의 4차 산업혁명은 유령이다. 대통령이 'AI강국'을 선언하고 4차 산업혁명위원회를 인공지능범국가위원회로 전환하여 추진한다고 하지만 정치적 수사일 뿐이다. 1권의 2부 5장에서 자세히 논증하겠지만, AI 인재는 터키와 이란에도 뒤처진 15위이고, '2019 AI 100대 스타트업' 가운데 한국 기업은 단 한 곳도 없으며, 빅데이터 활용 비율은 OECD에서 꼴찌다. 이런 상황에서 2016년에 AI에만 미국과 중국이 각각 461조 원과 520조 원을 투자하고 이는 해마다 급속히 늘고 있는데, 매년 평균 0.44조 원을 4차 산업혁명에 5년 동안, AI반도체에 0.1조 원씩 10년 동안 투자하여 2030년에 최대 455조 원의 경제효과를 창출하겠다는 것은 사기다.

자연과학과 결합하지 못하는 인문학이 추론에 지나지 않는다면, 인문학이 없는 자연과학은 프랑켄슈타인을 양산할 것이다. 아무리 높은 자리에 오르고 부자가 되더라도 건강이 상하면 모든 것을 잃은 것이듯, 과학혁명, 산업발전, 경제적 풍요를 이루더라도 거기 인간과 생명이 없다면 인류는 모든 것을 잃은 것이다.

이에 필자는 "우리 몸의 중심은 뇌나 가슴이 아니라 아픈 곳이며(엘리 위젤Elie Wiesel)," "가장 먼저 아픈 자들이 이 사회의 퓨즈(신영전)"라는 입장에서 비판적으로 4차 산업혁명을 분석하고 이들의 고통과 억압을 해소하는 길을 내고자 한다. 그럼에도 열정과 이념이 과학적 객관성을 훼손하는 것 또한 학자의 길은 아니다. 미시사가 우물 안 개구리라면, 거시사나 빅히스토리는 현실의 모순을 은폐한다. 수입 오퍼상도, 고물상도 지양하자는 것이 변방의 학자로서 필자의 기본 자세다.

이에 형식주의와 마르크시즘, 자율성의 미학과 타율성의 미학, 텍스트와 사회 등을 화쟁과 대대(待對)의 논리로 아우른 이론인 화쟁기호학을 방법론으로 활용했다. 먼저 각 주제마다 거시사로 통찰한 다음에 우리가 발을 디디고 있는 현실의 맥락에서 촘촘하게 분석했다. 기초부터 쉽게 문제에 다가가되 쟁점이나 아포리아(aporia)를 설정하고 이에 대해 맞서는 입장의 논거들을 최대한 끌어 모아 논증하며 변증법적 종합을 모색하고 대대의 논리로 이항대립적인 것을 하나로 아울렀다. 여러 자연과학을 융합하여 분석하되, 인문학적으로 성찰하며 가장 아픈 생명들의 입장에서 대안을 모색했다. 과학기술이 하루가 다르게 변하기에, 2018년에서 2020년에 발간된 국제학술지의 관련 논문을 최우선으로 읽었다. 전일적이고 관계론적인 동양사상을 통하여 서양의 실체론과 기술결정론 너머를 사유하면서 카오스적인 인과관계를 살피고 과학의 객관성이 은폐하거나 놓친 '틈'을 엿보려 했다. 대신, 프리초프 카프라식의 사이비과학으로 전락하지 않고자 성인들의 직관적 추론에 의해 뚫린 구멍들을 서양의 자연과학으로 최대한 메우는 고단한 작업을 했다.

필자는 문학도이지만 새내기 때부터 프랑크푸르트 학파의 철학에 매료되고 보도금지된 기사를 보러 간 미국문화원과 영국문화원에서 최근 국제 학술지의 논문이나 원서를 읽는 재미에 빠졌다. 그런 덕분인지 청년 때부터 정보화사회/탈산업사회에 대한 진보적인 입장

의 비판 작업을 수행했다. 1982년에 한양대 문과대 학생회 학술지인
『인문연구』에 30쪽 분량으로 「테크놀로지와 인간해방」을 기고한 이
래 1985년에 '21세기 중앙논문상'을 받은 「첨단기술과 사회발전」을
거쳐서 여러 편의 논문을 발표하였고, 이를 『인류의 위기에 대한 원
효와 마르크스의 대화』(2015)에 집적했다. 이런 전초 작업이 있었기
에 작년에 절박감으로 〈4차 산업혁명: 융합적 분석과 인문학의 대
안〉이라는 제목으로 K-mooc 강좌를 신청하고, 7, 8월에 200자 원고
지 2,167장 분량의 강의록을 급히 작성하여 강의 촬영을 하고 개강과
함께 이를 홈페이지에 공지할 수 있었다. 이 책은 이 강의록을 보완
한 것이다.

맨 먼저 의미를 중심으로 700만 년의 인류사를 새롭게 서술했다.
이 역사적 조망에 따라 과학기술과 진리의 관계를 따진 다음에 자동
화와 로봇화로 인한 노동의 변화와 자본주의의 양상과 미래를 살펴
보고, 인공지능의 쟁점에 대해 '인간 본성의 프로그래밍', '초지능과
자유의지의 프로그래밍', '감정의 프로그래밍과 공존의 문제'로 나누
어 분석했다. 부록으로 조나스 소크가 5조 원가량을 특허료로 벌 수
있음에도 소아마비 백신을 무료로 개방한 길을 따라 선한 인공지능
을 만드는 지혜를 인류와 공유하고자, 국제특허를 포기하고 시적/철
학적 의미의 창조와 해석의 프로그래밍 방안을 실었다. 이렇게 1권
을 엮어 『의미로 읽는 인류사와 인공지능』이라는 제목을 달았다.

집필 중에 코로나 사태가 발생했다. 코로나 19는 세계에 혁신적
변화를 몰고 오고 있다. 제1권에서 설정한 의미로 읽는 인류사에 코
로나에 대한 상황인식을 곁들여 '디지털 사회와 빅데이터', '가상/증
강현실과 재현의 위기', '초연결사회와 공유경제', '생명공학과 호모

데우스: 연기적 생명과 죽음의 의미', '인류세/자본세에서 생명위기와 생명정치'로 나누어 4차 산업혁명을 자연과학과 인문학, 동양과 서양을 융합해 분석하고, 정치적, 사회적, 윤리적, 교육적 대안과 대안의 패러다임과 사회를 모색했다. 이를 모아 엮어 2권에는 『4차 산업혁명과 간헐적 팬데믹의 시대』란 제목을 붙였다.

필자가 인문학도로서 잘못 이해한 것도 있을 것이고, 중요한 문건을 놓친 것은 너무도 많을 것이다. 계속 보완하겠다. 필자의 기존 저서인 『인류의 위기에 대한 원효와 마르크스의 대화』와 주제가 유사한 부분에서는 겹치는 부분도 꽤 있다. 다른 내용을 기술하려고 발버둥을 치며 수정하고 보완했음에도 필자가 해망쩍은 탓이다. 이런 한계에도 이 책이 4차 산업혁명을 올바르게 분석하고 전망하면서 사회적 약자들이 조금 더 잘사는 방향으로 나아가도록 하는 데 털끝만치라도 기여하기를 소망한다.

코로나 때문인가, 인공지능 때문인가? 생명의 합창을 뿜어대던 잎들이 조락凋落을 준비하는 품새가 더욱 안쓰러운 만추의 저녁이다.

2020년 10월에 성연재省緣齋에서
이도흠 씀

차례

Reading Human History and
Artificial Intelligence
Through Meanings

4차 산업혁명과 대안의 사회 1
의미로 읽는 인류사와 인공지능

제2부
인공지능과 인류의 미래

차례

The 4th Industrial Revolution
and the Age of
intermittent Pandemics

4차 산업혁명과 대안의 사회 2
4차 산업혁명과 간헐적 팬데믹 시대

Reading Human History and Artificial Intelligence Through Meanings

제1부

의미로 읽는 인류사와
과학기술

제1장

의미로 읽는 인류사 1

숲생활기에서 농경혁명과 경제생활기까지

1. 왜 의미로 읽는 인류사인가

인류사에서

4차 산업혁명의 의미   우리는 과연 어디에서 와서 어디로 가는가? 우리는 시작도 끝도 없이 아득한 시간과 헤아릴 수 없이 광대한 우주 가운데 어느 순간에 어디에선가 와서 한 점도 안 되는 지구에서 찰나를 살다가 다시 먼지로 돌아간다.

138억 년 전에 양자요동과 빅뱅이 일어나 무無로부터 465억 광년에 이르는 광대한 우주가 만들어졌고, 물질들이 모여 46억 년 전에는 지구가 형성되었다. 38억 년 전부터 무수한 생명들이 명멸한 가운데 겨우 700만 년 전에 인류가 나타나서는 맹수보다 약한 육체를 가졌음에도 높은 지능을 가지고 협력을 도모한 탓에 지구의 지배자의 지위에 올라 자연을 정복하고, 아무런 목적과 의미 없이 나고 변하고 사라지는 우주와 자연, 생명의 의미를 해명하고 있다. 하지만, 인류는 시장체제에서 탐욕과 폭력과 무지를 대폭 증식하면서 무수한 생명을 살해하고 자연과 지구를 되돌릴 수 없는 지경으로 파괴하고 있다.

기후위기나 코로나 19 사태에 잘 드러나듯, 자연이든 사회든 지금 지구촌은 스스로 복원할 수 있는 '빈틈'마저 상실했다. 그 와중에 4차 산업혁명이 도래하고 있다. 슈밥Klaus Schwab은 "유비쿼터스 모바일 인터넷, 더 저렴하면서 작고 강력해진 센서, 인공지능과 기계학습이 제4차 산업혁명의 특징이다."라고 말한다.[1] 이는 4차 산업혁명에 대한 정의도 특징도 아니며, 몇몇 관련 기술을 나열한 것일 뿐이다. 기계학습은 물론 이를 발전시킨 딥러닝도 이미 낡은 기술이고 이것으로는 인간을 능가하는 인공지능을 만들 수 없다. 슈밥이 4차 산업혁명을 주요 담론으로 부상시킨 장본인이지만, 내용에서도 이 말에 동의하지 않는다. 제러미 리프킨Jeremy Rifkin의 주장대로, 이는 3차 산업혁명, 곧 디지털 혁명의 연장일 뿐이다.

리프킨은 디지털 혁명에 대해 "디지털화한 커뮤니케이션 인터넷과 태양광 및 풍력전기를 동력원으로 삼는 디지털화한 재생에너지 인터넷, 그리고 녹색에너지로 구동되는 전기 및 연료전지 자율 주행 차량으로 구성된 디지털화한 운송 및 물류 인터넷이 상호작용하며 수렴하고 있다. (이는 …) 사물인터넷 플랫폼을 기반으로 삼으며 21세기의 사회와 경제에 변혁을 알리고 있다."[2]라고 말한다.

---

1   클라우스 슈밥, 『클라우스 슈밥의 제4차 산업혁명』, 송경진 역, 새로운현재, 2016, 25쪽.
2   제러미 리프킨, 『글로벌 그린 뉴딜』, 안진환 역, 민음사, 2020, 26~27쪽.

슈밥은 "제4차 산업혁명은 단순히 기기와 시스템을 연결하고 스마트화하는 데 그치지 않고 (…) 유전자 염기 서열 분석에서 나노기술, 재생가능에너지에서 퀀텀 컴퓨팅까지 다양한 분야에서 거대한 약진이 동시다발적으로 일어나고 있다. 이 모든 기술이 융합하여 물리학, 디지털, 생물학 분야가 상호교류하는 제4차 산업혁명은 종전의 그 어떤 혁명과도 근본적으로 궤를 달리한다."[3]라고 범위를 더 넓히고 있다. 그럼에도 3차 디지털 혁명과 분명히 구분되는 혁명이 되려면, '에너지, 소통매개체, 운송 메커니즘'에서 3차 디지털 혁명과 다른 차이를 분명하게 보여주어야 하는데, 슈밥은 이에 대해 구체적으로 논증하지 않았다. 반면에 리프킨은 디지털 혁명에 집착하는 바람에 새로운 변화마저 이의 연장으로 해석하고 있다.

에너지가 화석연료에서 태양광이나 풍력, 전기 등 재생에너지로 전환하는 것이 디지털 혁명이라면, 4차 산업혁명 시대에서는 에너지가 디지털화한 태양광으로, 더 나아가 탄소포집 에너지, 핵융합, 우주에서 마이크로웨이브로 전송하는 태양광 등 첨단적이고 생태적인 에너지로 전환할 것이다. 전화, 라디오, 텔레비전에서 인터넷과 스마트폰으로 소통매개체를 전환한 것이 디지털 혁명이라면, 사물인터넷을 기반으로 지구상의 거의 모든 사물과 사람을 초연결해 사물이 스스로 말하는 사회가 4차 산업혁명 시대다. 자동차를 녹색 에너지로 구동되는 자율주행 자동차로 전환해 평면을 무인으로 자동 이동하는 것이 디지털 혁명이라면, 자율주행 항공기AAV, 하이퍼루프hyperloop 열차, 비행겸용 하이브리드 자동차를 활용해 3차원적으로 공

---

3   클라우드 슈밥, 앞의 책, 26쪽.

간을 압축하는 것이 4차 산업혁명이다. 무엇보다도 1, 2, 3차 산업혁명 내내 자본주의는 헤게모니를 유지했지만, 4차 산업혁명이 궤도에 오르면 자본주의는 붕괴하거나 최소한 공유경제에 주인 자리를 내주고 주변화할 것이다.

슈밥이 지적하는 양상이 4차 산업혁명이라면 필자는 관심을 가지지도 않았다. 슈밥이든 제러미 리프킨이든, 이들에 동조하든 반대하든, 이에 대해 말하는 무수한 석학과 학자들은 아직 4차 산업혁명의 본질을 통찰하지 못한 채 껍데기만 핥고 있다. 4차 산업혁명으로 인해 1, 2, 3차 산업혁명은 물론, 700만 년 인류 역사상 전혀 존재하지 않았던 새로운 세계가 펼쳐질 것이다. 에너지, 소통매개체, 운송 메커니즘의 변화를 혁명의 세 조건으로 보는 관점 또한 아날로그적 발상이다.

이렇게 간주하는 이유는 크게 열 가지다. 첫째, 인류는 생명을 조작하고 창조하는 호모 데우스의 지위에 올랐다. 둘째, 인공지능이 인간의 지능을 앞서는 초지능을 달성해 인간과 유사하게 사고하고 감정을 느끼는 인공지능 로봇, 곧 안드로이드가 인간 존재의 정체성을 뒤흔들 것이다. 셋째, 인간과 기계의 이분법이 무너지고, 인간이 석기를 제작한 이래 처음으로 도구가 인간을 지배하거나 통제하는 역전이 일어날 것이다. 넷째, 지구상의 거의 모든 사물과 인간이 초연결되어 하나의 네트워킹을 형성하고 사물이 스스로 말하게 된다. 다섯째, 인류는 삼중의 현실, 곧 실제 현실, 증강현실, 가상현실에서 삶을 영위하는 '매트릭스적 실존'을 하게 될 것이며, 가상현실이 현실을 대체하거나 전도하는 '재현의 위기the crisis of representation'는 일상이 될 것이다. 여섯째, 인간은 육체적이나 정신적으로 초인적인 능력을 가진 포스트휴먼으로 거듭날 것이다. 일곱째, 뇌의 디지털 복제가 가능하여 디지털상에서는 자신과 똑같이 사고하고 행동하는 아바타를 만들어 무한하게 복제하거나 영생을 누리는 것이 가능할 것이다. 여덟째, 인간과 게놈 합성한 반인반수半人半獸가 나타날 것이며, 굳이 게놈 합성을 할 것 없이 동물의 뇌에 FOXP2 유전자와 ARHGAP11B 유전자를 주입하여 자연스럽게 인간처럼 말하고 이성적으로 사고하는 짐승이 등장할 것이다. 아홉째, 빅브라더가 아니라 빅마더the Big Mother 가 온화하면서도 철저하게 개인의 행위는 물론 무의식마저 감시하고 조절한다.[4] 열째, 아직 많은 변수가 있어 조심스럽지만, 머지않아 인류는 지구 밖의 공간에 정착하고 사회를 건설할 것이다. 한마디로 말해, 인간의 존재 유형과 정체성이 바뀌고, 인간과 다른 존재의 관계가 전혀 다른 양상으로 펼쳐지며, 인류 최초로 가상공간과 외계에서 '살게' 된다.

4차 산업혁명이란 '컴퓨터 공학, 정보공학, 나노공학, 로봇공학, 생명공학, 뇌과학, 신경과학, 양자역학, 우주항공공학 등을 융합해 이룩한 기술을 기반으로 생명을 조작하고 창조하는 신의 지위에 오르고 정신적으로나 육체적으로 초인적인 능력을 갖는 포스트휴먼으로 거듭난 인간이 다른 인간, 인공지능, 모든 사물들과 초연결된 네트워킹을 통해 소통하며, 실제 현실/증강현실/가상현실에서 매트릭스적 실존을 하면서 디지털상으로 자신을 무한 복제하고 영생을 누리는 동시에 인간처럼 말하고 사고하고 행동하는 기계나 생명을 만나 인

---

4   마르크 뒤갱·크리스토프 라베, 『빅데이터 소사이어티』, 김성희 역, 부키, 2019, 166쪽. 빅마더에 대해서는 2권 1부 1장에서 상세히 설명함.

류 역사 이래 전혀 다른 조건, 정체성, 세계관과 패러다임, 삶, 사회를 구성하는 대변화'를 뜻한다.

4차 산업혁명은 하필 지구촌이 위기에 처한 시점에 진행되고 있다. 세계 거의 모든 국가에서 상위 10%가 절반 이상의 부를 소유할 정도로 불평등은 극단화했다. 대략 38%의 동물이 멸종위기에 있고, 역대급의 태풍, 폭염, 가뭄, 홍수, 빙하 붕괴와 영구 동토층의 해빙, 장기 산불, 미세먼지 등 기후위기는 일상이 되었다. 환경파괴로 인해 팬데믹은 주기적 사건이 되었다. 지구의 지층에서 닭 뼈 화석, 콘크리트와 플라스틱 덩이가 발견될 정도로 인류의 문명이 지구의 지층을 형성하는 인류세/자본세에 이르렀다.

4차 산업혁명은 이를 가속시킬 수도 있고 완화시킬 수도 있다. 이 것이 야기하는 사회는 유토피아인가, 디스토피아인가? 디스토피아를 막으려면 '지금 여기에서' 우리는 무엇을 해야 하는가. 디스토피아를 최소화하고 유토피아를 최대화하는 4차 산업혁명의 길은 무엇인가? 이는 700만 년의 인류사에 어떤 변화를 가져올 것이며 어떤 의미를 갖는가. 4차 산업혁명을 맞아 우리는 이런 질문을 던져야 하며, 이 질문에 긍정적인 답을 할 수 없다면, 그를 실천하려는 의지가 없다면 4차 산업혁명은 중지해야 한다. 4차 산업혁명을 인류의 역사와 더불어 사고하고 성찰해야 하는 이유가 여기에 있다.

인간과 짐승의 차이는
도구의 사용이 아니다

인류는 700만 년 전에 보노보-침팬지 진화선에서 분리되어 다른 종이 되었다. 인간의 유전자는 침팬지와 98.4%, 보노보와 98.7%가 일치한다. 그렇다면 나머지 1.6%나 1.3%

의 차이, 곧 인간이 침팬지나 보노보와 다른 차이는 무엇인가. 진화론의 차원에서 인간과 동물의 차이에 대해서 가장 먼저 말했던 사람은 바로 찰스 다윈이다. 그는 원숭이와 인간의 가장 큰 차이는 뇌의 크기와 도구의 사용이라고 밝혔다. 인류는 쟁기에서 컴퓨터에 이르기까지 헤아릴 수 없을 정도로 많은 도구를 사용해 자연을 문명으로 전환했다. 우리는 도끼로 나무를 자르고 쟁기로 땅을 갈아서 숲을 밭으로 일구어 거기에 씨를 심고 낫으로 베어 열매를 수확한다. 그렇듯 도구라는 것은 인간이 자신의 목적대로 자연을 변형해서 새로운 가치를 생산하는 수단, 방법, 연장을 말한다. 고고학자들이 유골을 발굴하면, 먼저 뇌의 크기를 재고, 그 주변에 어떤 도구가 있는지 확인하고, 그 도구의 탄소 동위원소, 우라늄 방사성 동위원소 등과 지층의 분석을 통해서 연대를 추정한다. 이에 기초하여 우리는 도구를 중심으로 역사를 개괄해왔다. 구석기에서 신석기, 신석기에서 청동기, 청동기에서 철기로 역사가 발전한 것으로 본다.

하지만, 도구의 제작과 활용은 인간만의 특성이 아니다. 제인 구달 Jane Goodall은 "침팬지들은 나뭇가지에서 나뭇잎을 뜯어낸 다음 흰개미 굴에 넣었다 빼서 나뭇가지에 묻어 나오는 흰개미를 핥아먹었다. 또한 돌멩이를 망치처럼 이용해 견과를 으깨는 모습도 관찰되었다. 우간다에서는 나뭇잎이 달린 나뭇가지를 부채처럼 흔들며 벌레를 쫓는 광경도 볼 수 있었다."[5]라고 말한다. 심지어 오랑우탄은 여기에 더해 너른 풀잎을 우산으로 활용하며 나무막대를 창처럼 이용해 메기를 잡고 약초를 다져서 통증이 있는 부위에 얹기도 한다. 비단 영

---

5   피터 왓슨, 『생각의 역사 1 : 불에서 프로이트까지』, 남경태 역, 들녘, 2009, 50쪽.

장류만이 아니다. 자신에게 오랫동안 먹이를 주는 사육사를 해칠 정
도로 머리가 나쁜 악어도 나뭇가지를 이용해 백로를 잡고, 해달도 배
위에 잡은 조개를 얹어놓고 돌로 두들겨 깨고, 이집트독수리는 타조
알에 돌을 계속 떨어뜨려 깨서 먹는다.[6] 머리가 겨우 손가락 한 마디
만 한 갈라파고스의 딱따구리 핀치는 선인장 가시를 다듬어 구멍 속
벌레를 잡으며, 뉴칼레도니아 까마귀는 철사를 구부려 구멍 속의 벌
레를 꺼내 잡아먹는다.[7] 이처럼, 짐승들도 자연 그대로 도구를 사용
할 뿐만 아니라 자연물을 자신의 의도와 목적대로 변형시켜서 도구
를 제작한다.

이런 사례들로부터 우리는 도구의 사용과 제작이 짐승과 인류를
나누는 척도가 아니란 것을 알 수 있다. 인류는 침팬지, 더 나아가 파
충류일 때부터 도구를 사용했을 수도 있다. 그럼, 인간과 짐승을 나
누는 척도가 무엇인가.

인간은
의미의 존재다　　　침팬지도 도구를 사용하고 협력해 사냥을 하고
공감을 하고 폭력과 살해를 하기에, 짐승과 다른 인간만의 특성은
'이성, 노동, 욕망, 의미의 구성과 해석, 초월'이다.[8] 모두가 인간의 본

6　『한겨레신문』 2013년 12월 6일자에 조홍섭 기자가 쓴 「악어도 도구 이용해 사냥, 나뭇가지
　　로 백로 유인」 기사와 내셔널 지오그래픽에서 2015년 7월 13일 저녁에 방영한 〈The Ultimate
　　Animal〉을 참고함. 이 프로그램을 보면, 심지어 오랑우탄은 미래를 대비해 현재를 속이기도
　　했다. 인간의 등가방에 호기심을 가진 후 인간이 가위로 자신의 털을 깎는 데 집중하도록 유도
　　한 뒤에 등가방을 훔쳐 달아났다.
7　「과학으로 본 세상」, 동물의 도구 사용」, 『동아일보』, 2002년 8월 25일.
8　이에 대해서는 제2부 제4장 '인공지능의 쟁점 3 — 감정의 프로그래밍과 공존의 문제'에서 상세
　　히 서술하겠다.

성으로 중요한 것이지만, 필자에게 이 가운데 하나만 고르라고 한다면, '의미의 구성과 해석'을 선택한다. 이유는 크게 세 가지다.

리처드 도킨스Richard Dawkins는 모든 생명이 "같은 종류의 자기 복제자, 즉 DNA라고 불리는 분자를 위한 생존기계이며,"[9] "이기적 유전자의 목적은 유전자 풀 속에 그 수를 늘리는 것이다."[10]라고 말한다. 봄이 되면 대다수 동물의 수컷들이 싸움을 벌이고 여기서 승리한 자가 암컷을 독점한다. 그 수컷은 수많은 암컷과 교미해 자신의 유전자를 가진 자손을 낳는다. 자신의 새끼가 아닌 것으로 의심되면 동족의 새끼들을 죽이는 맹수도 많다. 그래야 자신의 유전자만을 퍼트릴 수 있고 남의 새끼를 양육하는 에너지 낭비를 막을 수 있을 뿐만 아니라 암컷들이 발정하기 때문이다. 암컷 또한 좋은 유전자를 가진 새끼를 원할 뿐만 아니라 강할수록 새끼들을 잘 먹여 살리고 잘 보호할 수 있으므로 강한 수컷을 원한다. 유전자의 보존과 복제를 위해 프로그램된 생존기계로서 인간 또한 자신의 유전자를 더 많이 복제하려는 본능을 따라 작동한다. 때로는 속이고 싸우면서까지 타인과 경쟁해 땅과 생산물, 그를 보장하는 권력을 차지해 자신이나 가족이 잘 살수 있는 길을 모색한다. 사랑과 성에서도, 21세기인 오늘날까지도 남성들은 가슴과 엉덩이가 잘 발달해 임신과 출산, 양육에 유리한 젊은 여성들에 성적 매력을 느끼며, 반면에 여성들은 새끼를 잘 양육할수 있도록 능력이 있는 남성을 원하는 본능으로 잔존한다. 그런 면에서는 인간도 어느 정도 이기적 유전자를 가진 생존기계다.

---

9   리처드 도킨스, 『이기적 유전자』, 홍영남·이상임 역, 을유문화사, 2010, 68쪽.
10   위의 책, 166쪽.

리처드 도킨스의 말대로 모든 동물이 이기적 유전자를 가진 생존 기계라는 특성을 갖지만, 인간은 이를 넘어선다. 리처드 도킨스가 모든 생명들이 경쟁하고 짝짓기를 하고 번식하면서 진화를 하는 근본 원리를 통찰한 것은 탁월하다. 하지만, 도킨스는 나머지 절반을 보지 못한 중대한 오류를 범했다. 전체 생태계에서 보면 생명들은 서로 공존하며 공진화를 해왔으며, 사회를 구성하는 생명체들은 이타적 유전자 또한 진화시켜왔다. 여기에 더해 인간은 의미를 만들고 이에 따라 살고 죽었다.

중세시대까지 가장 강한 권력을 가진 성직자들이 왜 독신을 고집했을까? 그들에게는 자신의 유전자를 남기려는 본능보다, 이성과 어울려 사랑을 나누는 쾌락보다 더 중요한 것이 있었기 때문이다. 그것은 바로 의미이다. 성직자와 수행자들은 본능과 쾌락을 넘어 진리, 궁극적인 실재, 무한, 영원, 신 등을 추구했기에 고독과 고행, 은수隱修를 자처한 것이다. 그들은 감각의 자극 자체를 받지 않고자 세속의 빛이 보이지 않는 수도원, 은수처, 암자로 가서 외롭고도 고통스러운 수행을 했다. 왜 베네딕토 성인이 욕정이 일 때마다 장미 넝쿨에 몸을 굴리고, 자장율사 또한 가시에 몸을 찔리는 고통을 감당했겠는가. 그렇게 해야만 새로운 존재로 거듭나거나, 깨달음에 이르거나, 하느님이나 부처님을 만날 수 있었기 때문이다. 그에 미치지 못하지만, 평범한 이들도 이와 유사한 지향을 한다.

둘째로는 의미가 인류 문명의 바탕이기 때문이다. 우주는 무無에서 창조되었고, 아무런 목적 없이 별과 은하가 만들어졌다가 서로 상호작용을 하면서 운행하다가 사라진다. 산과 들과 냇물도 마찬가지이다. 생명체 또한 아무런 목적이나 의도가 없이 나고 자라고 변하고 사라짐을 반복하면서 진화한다. 하지만, 오직 인간만이 우주와 자연과 다른 생명에 대해 의미를 부여하고 목적을 추구한다. 하늘과 땅을 오고 가는 새를 신과 인간의 중개자로 유추해 신격을 부여하고 그림으로 그리고 의례를 지내는 데서 잘 나타나듯, 인류는 언어를 사용하면서 은유와 환유를 매개로 수많은 의미를 만들었고, 이를 바탕으로 사회지능, 과학기술지능, 자연지능을 결합해 허구, 사상, 종교, 이데올로기, 예술을 창조했다.

개인의 차원에서도 인간은 의미의 존재이다. 길이 아무리 험하고 어두워도 저 멀리 반짝이는 별이 있는 한, 나그네는 힘든 발걸음을 옮긴다. 아우슈비츠 수용소와 같은 지옥에서도 사람들은 의미가 있는 한 갖은 힘을 다해 살아남는다. 오 헨리O. Henry의 단편소설 『마지막 잎새』의 존시처럼, "살아가야 할 '이유'가 있는 사람은 어떠한 '방식'에도 견딜 수 있다."[11] 하지만, 그 의미를 상실할 때 사람들은 너무도 쉽게 하찮은 감기 바이러스나 악플 한 줄에도 목숨을 내준다.

필자가 열두어 살 때쯤 어른들에게서 이웃 동네에서 일어난 슬픈 이야기를 들었다. 뚜렷하게 기억나지 않지만 기억의 조각을 맞추어 이해를 위해 실감 나게 구성하련다. 생선 행상을 하는 아주머니가 한 분 있었다. 삶이 무척 고달팠다. 남편은 6·25 때 죽고, 갈치며 고등어며 생선을 함지박에 담아 이 집 저 집 다니면서 팔았다. 어느 날은 개에게 물리고, 다리가 아파 버스를 타려 해도 비린내가 난다고 승차 거부를 당하기 일쑤였다. 하지만, 아주머니의 얼굴은 늘 환했다. 아

---

11 빅터 E. 프랭클, 『죽음의 수용소에서(Man's Search for Meaning)』, 이소민 역, 제일출판사, 1993, 100쪽.

제1장 의미로 읽는 인류사 1 ___ 029

들이 사법고시를 준비하고 있었기에 고통스러워도 머지않아 판사의 어머니가 되리라는 의미를 안고 살았기 때문이다. 그런데 그 아들이 어느 날 교통사고로 죽자 아주머니도 시름시름 앓다가 얼마 뒤에 아들을 따랐다. 독립운동이나 민주화운동을 하는 지사들은 죽음에 이르는 고문과 구속에 맞서서 목숨을 바쳐서 싸운다. 자기의 목숨보다, 자기의 유전자를 남기는 것보다, 자기 가족이 잘 사는 것보다, 일제 식민정부나 독재정권에 맞서서 우리나라 사람들을 자유로운 세상에 살게 하는 것이 더 의미가 있었기 때문이다.

이처럼 인간은 이기적 유전자를 가진 생존기계일 뿐만 아니라 의미의 존재이다. 인간은 누구나 고독하고 불안하다. 죽음이 내가 언제인가 사멸하여 모든 사람/사물과 작별하고 이 세상에서 사라진다는 유한성을 인식하게 하여 실존으로 이끌기도 하지만, 언제 닥칠지 모르는 죽음 앞에서 불안하지 않은 사람은 없다. 이상과 완성을 추구하지만 늘 이에 다다르지 못한 채 현실과 괴리로 괴로워한다. 욕망은 신기루처럼 이르렀다고 생각하는 순간 멀리 달아난다. 남들은 물론, 사랑하는 연인과 가족, 친구조차 배신하고 사이좋게 지내는 순간에도 수시로 나와 다름을 느낀다. 세상이 구조적 모순으로 얽혀 있는 탓에 선한 자들이 더 고통을 받는다. 세계는 알려고 할수록 알 수 없고 늘 부조리하다. 그럼에도 그 불안과 고독 속에서 이 세계에 던져진 단독자로서 이에 맞서서 의미를 해석하고 그에 따라서 결단하고 실천하는 존재가 바로 인간이다.

의미는 추상으로 머물지 않는다. 의미의 구성과 그 양상에 따라 인간의 삶과 사회가 변화한다. 한 여인이 어려서부터 고등학생에 이르기까지 오랜 세월 동안 만나던 남자 친구 앞에 그동안 고수해온 생머리를 싹둑 자르고 파마를 하고 나타났다면, 그 머리스타일은 "너를 친구에서 연인으로 전환하여 사귀고 싶다."라는 의미를 담고 있는 기호이며, 그에 대한 남자의 해석과 행동에 따라 그날의 데이트는 달라진다. 신라 진평왕대의 융천사는 흉조의 '혜성'을 화랑의 앞길을 쓸어주는 '길쓸별'로 바꾼 〈혜성가〉를 불러 일본병의 침략을 물리치고 평화를 지켰으며, 많은 청년들이 어두운 하늘에 반짝이는 별을 '조국의 독립'이나 '혁명'이라 해석하여 기꺼이 목숨을 걸고 독립운동과 혁명에 나섰다.

이처럼 인간의 본성 가운데 짐승과 차이를 갖는 가장 중요한 특성이 의미이다. 인간이 의미를 해석하고 실천하는 존재라면, 의미가 개인과 집단의 삶을 바꾼다면, 역사는 의미를 중심으로 다시 써야 한다. 물론, 어떤 도구를 사용하느냐에 따라 인류의 물리적 삶과 생활, 사회가 획기적으로 변화한 것 또한 무시할 수 없다. 이에 양자를 종합해 인류사를 다시 쓰면, 1단계 숲생활기, 2단계 석기사용기, 3단계 언어소통과 집단수렵채취기, 4단계 농경혁명과 경제생활기, 5단계 철기와 종교의 시대, 6단계 과학/산업/시민혁명기, 7단계 4차 산업혁명과 인공지능시대로 인류사회의 발전 단계를 범주화할 수 있다.

2. 숲생활기

숲에서

두 발로 서다　　　영장목에서 침팬지−보노보 진화선과 인류의 진화선이 분리되어 다른 종이 된 최초의 인류는 숲에서 사냥과 채취를 하며 살았다. 대략 700만 년 전에서 350만 년 전에 이르는 긴 시간 동안 무리를 지어 살며 때로 자연의 도구를 사용했다.

700만 년 전에 사헬란트로푸스 차덴시스Sahelanthropus tchadensis, 일명 Toumai가 최초의 인류로서 첫걸음을 내디뎠다. 2002년에 프랑스 푸아티에대학Universite de Poitiers 고생물학자인 미셸 브뤼네Michel Brunet 연구팀은 루시가 발견된 리프트 계곡으로부터 2,500킬로미터 떨어진 중앙아프리카 차드에서 차덴시스의 두개골과 아래턱, 치아 화석을 발견했다. 머리 위주의 유골만 남아 있었고 팔다리를 포함한 전체 몸의 유골은 발견되지 않았다. 최초의 인류이다 보니 짐승과 인간의 특성이 골고루 섞여 있어 아직도 논란이 계속되고 있다. 머리의 부피가 320~380㎤로 작고 송곳니가 길고 예리한 것은 침팬지에 가깝지만, 대후두공大後頭孔이 앞쪽에 위치하고 앞어금니小臼齒의 크기와 숫자가 감소하고 어금니의 뿌리가 곡선화한 점에서는 아르피테쿠스와 닮았다.[12] 특히, 대후두공이 앞쪽에 위치하는 점은 중요하다. 대후두공은

12 "사헬란트로푸스는 두개골의 용적이 작고(320~380㎤) 삼각형의 작은 후두골기저(後頭骨基底, basioccipital) 뼈, 쌍경동맥에 60° 기울어진 측두골의 위치로 보면 원숭이에 가깝지만, 작고 뭉툭한 송곳니, (짐승처럼) 긴 송곳니와 앞니 사이의 틈을 덮어씌울 필요가 없어서 덜 튀어나온 턱, 대후두공(大後頭孔)이 앞쪽에 위치하는 두개저부(頭蓋底部)의 위치, 눈구멍 위의 눈두덩 부분이 연이어서 크게 융기된 점 등은 케냔트로푸스나 사람속의 고생인류와 유사하다."(Michel Brunet, Frank Guy, David Pilbeam, et. al., "A new hominid from the Upper Miocene of Chad, Central Africa," Nature, Vol.418 No.6894, 2002. p.151. 2014년에 브뤼네 등은 "투마이의 치아의 유형을 정밀하게 분석한 결과, 투마이의 치아는 초기 인류인 아르피테쿠스 카다바(Ardipithecus kadaba) 및 아르피테쿠스 라미두스(Ardipithecus ramidus)와 상동성이 있었다. 투마이의 치아는 원숭이와 인간의 특성이 혼합된 혼성물이었다. 투마이의 치아가 강한 송곳니, 두 개의 뿌리를 가진 소구치, 세 개의 뿌리를 가진 어금니란 점에서는 원숭이와 같다. 하지만 소구치의 크기와 숫자가 감소하고 어금니의 뿌리가 곡선화한 점에서는 아르피테쿠스와 닮았다."(Edward-George Emonet, Likius Andossa, Hassane Tasso Mackaye and Michel Brunet, "Subocclusal dental morphology of sahelanthropus tchadensis and the evolution of teeth in hominins," American journal of physical anthropology, Vol. 153, No.1, 2014. pp.116~123.)

머리의 신경세포와 혈관을 몸과 연결하는 목의 통로이다. 네 발로 걷는 짐승은 이것이 뒤쪽에 있지만, 직립을 하는 인간은 앞쪽에 있다. 그래야 골반과 척추를 직립에 용이하도록 세우면서 혈관과 신경세포가 머리와 몸 사이에서 원활하게 소통할 수 있기 때문이다. 투마이의 발견으로 인류가 동아프리카만이 아니라 좀 더 폭넓은 지역에서 기원했으리라고 추정할 수 있다.

약 600만 년 내지 580만 년 사이에는 오로린 투게넨시스Orrorin Tugenensis가 활동했으며, 넙다리뼈의 모양이나 크기를 보면 엉덩이 관절에 몸의 중량을 대부분 실은 것으로 보이는데, 이는 오로린이 두 발로 걸었음을 유추할 수 있는 증거다. 그럼에도, 팔뼈를 보면 나무도 잘 탄 것으로 보인다.[13] 450만 년에서 420만 년 전의 아르디피테쿠스 라미두스Ardipithecus ramidus, 일명 Ardi는 "숲속 생활과 땅 위 생활 모두에 적응했고 다양한 식물을 먹이로 취했으며,"[14] "뇌가 아주 작고 (300~350㎤) 두 발로 직립보행을 했다."[15] 390만 년에서 300만 년 전 사이에는 인류의 직접 조상인 오스트랄로피테쿠스 아파렌시스Australopithecus afarensis가 출현했다. 에티오피아 디키카Dikika 지역에서 발견된 셀람Selam은 330만 년 전, 에티오피아의 하다Hadar에서 발견된 루시Lucy는 320만 년 전에 살았다. "아파렌시스의 머리의 부피는 380~550cc에 이른다. 넓은 골반뼈, 곡선형의 척추, 무릎뼈의 해부학

---

13 http://www.becominghuman.org/node/orrorin-tugenensis-essay
14 C.B. Stanford, "Chimpanzees and the Behavior of Ardipithecus ramidus," *Annual review of anthropology*, Vol.41, 2012, p.146.
15 W.H. Kimbel, G. Suwa, B. Asfaw, Y. Rak, White, "Ardipithecus ramidus and the evolution of the human cranial base," *Proceedings of the National Academy of Sciences*, Vol.111 No.3, 2014, p.948.

적 구조, 발자국을 보면, 이들도 직립보행을 하였을 것이다."[16]

이 시기에 인간이 본능과 욕구를 유보하고 인간다움을 형성하게 한 것은 공포의 기억과 협력이다. 인간이 영장류 때부터 대뇌변연계에 존재하는 아몬드 모양의 편도체amygdaloid complex를 통해 공포를 기억했다. 검치호랑이에게 동료가 물려 죽은 장면을 기억하는 인류는 오랫동안 굶주렸다 하더라도 사냥감이 검치호랑이가 자주 출몰하는 곳으로 도망간다면 추격을 포기할 것이다. 공포의 기억을 통해 인류는 본능과 욕구를 유보하기 시작했다. 동료와 협력을 하여 사냥하면서 자신이 사냥물을 독점하거나 맛있는 부위를 선점한다면, 동료들이 다음 사냥 때부터 동행하지 않을 것이다.

이처럼 숲생활기의 인류는 350만 년이라는 긴 시간 동안 숲에서 무리를 지어서 생활했다. 이들은 팔로 나뭇가지를 잡고 이동하기도 하고 직립을 한 채 두 발로 걷기도 했다. 손을 주로 사용했지만 때로는 나뭇가지나 돌 등 자연의 도구를 사용해 열매를 따서 가슴에 가득 안고 돌아와서 가족을 부양했다. 이들은 생존에 급급했을 것이다. 하지만 BBC의 다큐멘터리를 보면, 침팬지도 생존을 넘어 가족이나 무리 사이의 사랑과 우정을 도모하고 때로는 권력을 유지하거나 강화하기 위하여 연대를 한다. 이로 유추하면, 숲생활기의 인류는 대부분의 시간을 먹고 사는 데 투여하는 가운데 간단한 의사소통을 하며 가족이나 무리 사이의 사랑과 우정, 연대라는 의미를 추구했고, 이를 충족하지 못할 때 고독과 불안, 따돌림에 휩싸였을 것이다.

---

16 http://www.becominghuman.org/node/australopithecus-afarensis-essay

3. 석기 사용기

석기인, 진정한 자기실현으로서

노동을 하다   석기사용기는 330만 년 전부터 인간이 정교한 언어로 소통하기 시작한 20만 년 전까지다. 인간이 언제부터 과학기술지능을 발휘해 도구를 만들고 사용했을까. 까마귀, 오랑우탄, 침팬지의 도구 사용을 보면, 인간은 최소한 침팬지 때부터 미약하나마 과학기술지능을 가지고 도구를 사용했을 것이다. 하지만, 이는 나뭇가지나 돌 등 자연을 그대로 용도에 맞게 도구로 사용한 것이고, 인간이 돌을 다듬어 도구로 사용한 것은 그 이후다.

인류는 330만 년 전부터 본격적으로 도구를 제작하고 사용했다. 2015년에 미국의 소니아 하먼드 교수 등 국제연구팀은 케냐 북부 투르카나Turkana 호수 인근 로메크위Lomekwi 3 유적지에서 149개의 다양한 석기를 발견했으며, 이들 석기가 출토된 지역의 화산재 퇴적층이 330만 년에서 311만 년 전 사이에 형성된 것으로 연대 측정 결과가 나타난다고 밝혔다. '로메퀴언Lomekwian'으로 명명된 이들은 케냔트로푸스나 루시의 친척, 혹은 다른 인종으로 보이는데, 케냐 북부 투르카나 호수 인근에서 모루, 석핵, 망치 등 다양한 석기를 만들어 사용했다. 사냥한 동물의 고기를 자르는 석기, 단단한 열매를 깨는 석기만이 아니라 돌을 깨는 데 사용한 15kg에 달하는 큰 석기나 이를 받친 모루도 있었다. 로메퀴언은 기존의 학설에서 260만 년 전에 최초의 석기인으로 활동했다고 알려진 올도완Oldowan보다 70만 년이나 앞

서서 여러 종의 다양한 석기를 사용한 것이다.[17]

로메퀴언들은 크게 두 가지의 과학기술지능을 가졌다. 하나는 자르고, 으깨는 등 여러 목적에 맞게 그에 합당한 경도의 돌을 골라 목적을 구현하는 모양으로 다듬어 도끼나 망치를 제작하는 지능이다. 더불어 그들은 그렇게 사용하기 위해 더욱 단단한 돌을 골라서 그 돌로 다른 돌을 다듬어 석기를 만들었다. 문제는 이들의 기술혁신이 다른 종족으로 잘 전달되지 않아서 올도완이 이를 계승하지 못한 채 새롭게 석기를 만들었다는 점이다.

석기와 관련할 때 크게 두 가지의 의미가 형성되었다. 하나는 인간의 목적대로 자연을 변형시키는 것이고, 또 하나는 석기를 이용해 새로운 가치를 얼마만큼 생산하느냐에 관한 것이다. 인간은 자연의 돌을 가져와서 자르거나 깨고 목적에 맞게 다듬었다. 그리고 이 석기를 이용해 동물의 고기를 먹기 좋게 나누거나 단단한 껍질을 깨고 열매를 꺼내 먹었다. 석기의 질에 따라, 사용하는 사람의 기술에 따라 목적 달성의 정도는 천차만별이었을 것이다. 좋은 석기를 만들어 인간이 목적한 대로 자연을 잘 변형해 많은 가치를 생성하는 것이 가장 의미 있는 일이었다. 도구를 매개로 자연을 변화시켜서 새로운 가치를 창출하고 자신의 본성도 구현하는 진정한 자기실현으로서 노동이 이때 시작되었다.

---

17 Sonia Harmand, Jason E. Lewis, Craig S. Feibel, Christopher J. Lepre, Sandrine Prat, et al., "3.3-million-year-old stone tools from Lomekwi 3, West Turkana, Kenya, *Nature*, Vol. 521 No. 7552, 21 May 2015, pp. 310~315.

호모 하빌리스

불을 사용하고 이성을 형성하다　　　260만 년에서 240만 년 전에 호모 하빌리스Homo Habillis가 나타난다. 루시든 셀람이든, 오스트랄로 피테쿠스 아파렌시스의 두뇌 용량이 침팬지에 비해 그다지 크지 않아 현생 인류의 1/3에서 1/4에 지나지 않았다. 그러다가 240만 년 전에서 160만 년 전에 이르는 기간 동안 가뭄, 화산 폭발, 홍수가 반복되는 급격한 기후변화가 있었다. 이에 적응해 살아남으려면 크게 세 가지가 필요했다. 극단적인 환경에 적응할 수 있는 높은 지능과 적응력, 함께 맞설 수 있는 협력이다. 한마디로 머리가 좋고 변한 환경에 잘 적응하고 동료들과 잘 어울리는 자가 생존확률이 높았을 것이다. 이를 담당하는 뇌의 부위는 전두엽이기에 이 부분이 발달했다.[18]

　로메퀴언과 올도완을 계승한 호모 하빌리스들은 본격적으로 "두 발로 걸으면서 자유롭게 된 손을 놀려 먹을거리를 옮기고 도구를 만들어 사용했다. (…) 직립 자세로 인하여 후두가 내려오면서 자음과 모음을 발음하기 좋게 되었고, 숨 쉬는 방식도 변해 발성의 질을 향상시켰다. 단단한 열매 대신에 부드러운 고기를 먹으면서 턱의 구조가 변하고 섬세한 근육이 발달하여 혀의 정교한 놀림이 가능해졌다. 여성이 육아를 담당하고 남성은 여성과 자신을 위하여 먹을거리를 마련하면서 남성과 여성의 분업이 생겨났고 핵가족이 발달했으며, 타인의 행동을 예측하면서 자아 개념이 생기고 의식이 진화했다."[19]

18　피터 왓슨, 앞의 책, 48~52쪽.
　　https://milnepublishing.geneseo.edu/the-history-of-our-tribe-hominini/chapter/homo-habilis/ 약간 수정하며 보완함.
19　피터 왓슨, 위의 책, 48쪽 요약함.

도구를 사용할 줄 알고 신피질을 중심으로 두뇌가 발달한 호모 하빌리스는 급격한 자연변화에서 살아남아 호모 에렉투스Homo erectus로 진화했으며, 이들은 아프리카를 떠나 아시아와 유럽으로 이동했다. "이들은 180~160만 년 전에서 25만 년 전에 걸쳐 생존했다. 이들의 두뇌는 750~1250cc에 달하며, 호모 에렉투스는 약 140만 년 전에 인류 최초의 기술혁신인 대칭 구조를 갖는 손도끼, 곧 아슐리안 도끼를 만들면서 본격적으로 도구를 사용했고 요리법을 발명했으며, 정교한 언어로 소통했다."[20] 아울러 다양한 도구를 사용해 자연을 자신의 의도와 목적대로 변화시키는 노동을 했다.

　　아슐리안 도끼는 현대의 맥가이버 칼에 비견되는 만능석기로 당시로서는 엄청난 기술혁신의 결과물이다. 돌의 양쪽을 다듬어서 날을 세웠고 주먹에 맞춤하여 손에 쥐기 좋게 제작했다. 인류는 주먹도끼를 손에 쥐고 짐승을 때려잡고, 풀이나 나무뿌리를 캐고, 가죽과 뼈를 다듬고, 돌이나 나무를 긁었다. 프랑스의 생 아슐St. Acheul에서 발견되어 '아슐리안 도끼'라 하는데, 기존에는 유럽과 아프리카에만 있는 것으로 알았다. 하지만, 이를 우리말로 주먹도끼라 부르며, 우리나라 "전곡리 구석기 유적에서 처음으로 발견된 동아시아의 주먹도끼는 (…) 한반도 내에서도 수십 군데의 유적에서 (…) 황하의 중류, 루오난 지역Nuanan Basin, 洛南盆地, 장강 지역, 서남지방인 보서Baise, 百色 지역에서 발견되어 그 지역적 범위가 크게 확산되어 나타나고 있다."[21]

　　석기사용기에서 새로운 문명의 지평을 연 것은 불의 사용이다. 최

20　위의 책, 53쪽.
21　배기동, 「주먹도끼의 진화과정에 대한 근동지방과 동아시아지역의 비교고고학」, 한국구석기학회, 『한국구석기학보』 제33호, 2016년 6월, 5쪽.

소한 142만 년 전에는 불을 사용하고 화로를 만들었다. 케냐의 체소완자Chesowanja에서는 짐승의 뼈가 올도완 석기, 불에 탄 진흙과 함께 나왔다. 중국에서는 100만 년 전으로 추정되는 유적에서 불탄 짐승의 잔해와 석기가 발견되었다. 인류는 불을 사용하면서 협력을 증진시켰고, 기술문명 발전의 길을 활짝 열었다. 그 이전부터 무리생활을 했지만, 불을 사용하면서 인류는 대형 포식자를 몰아내고 불가에 모여 불을 쬐거나 불을 피운 동굴에 모여 공동생활을 하게 되었다. 불을 꺼뜨리지 않고 계속 관리할 줄 알게 되면서부터 사회조직이 생겨났다. 음식물을 익혀 먹으면서 영양분을 효율적으로 소화시켜 사냥과 채취에 드는 에너지를 획기적으로 줄이고 남는 시간을 수렵채취가 아닌 일로 소일할 수 있었다. 기생충과 병균에 감염될 확률을 줄여 건강한 삶을 살고, 무엇보다도 불을 이용해 요리와 가공법을 습득하게 되었다. 이는 훗날에 토기 제작과 야금 등 본격적인 문명의 시대를 여는 출발점이 되었다.[22]

주먹도끼 등 도구의 혁신을 이루고 전두엽을 발달시키고 불을 사용하면서 인류는 본능과 이기적 욕망을 유보하고 사회생활을 영위하기 시작했다. 그동안 인간은 본능과 욕구에 더 충실한 생활을 했다. 침팬지도 무리를 지어 협력을 하여 사냥하는 것을 보면, 인류가 처음부터 무리생활을 하고 협력을 하며 본능을 유보했겠지만, 불을 사용하면서 자연적인 무리생활이 좀 더 체계적으로 조직된 사회생활로 전환했을 것이다.

이러면서 또 다른 혁신적인 변화가 일어났다. 하나는 ARHGAP11B

---

22 피터 왓슨, 앞의 책, 54쪽. 참고하되 필자가 약간 수정하고 보완함.

유전자의 돌연변이고, 하나는 거울신경세포체제mirror neuron system의 활성화다. 전자는 이성을 발달시켰고 후자는 감성, 특히 공감을 발달시켰다. ARHGAP11B 유전자는 영장류에서도 나타나지 않으며 오로지 인간에게서만 발견된다. 짐승과 다른 인간의 특성을 갖게 한 중대한 돌연변이가 일어난 것이다. "ARHGAP11B 유전자를 생성한 유전자의 복제는 인간이 침팬지와 분리된 이후부터 네안데르탈인이 분리되기 이전에 형성되었다. 이 유전자는 인간처럼 복잡한 구조의 신피질 주름을 형성하며 뇌를 비약적으로 크게 키우는 기능을 수행했으며, 쥐에게 이 유전자를 주입했더니 신피질의 주름이 인간과 유사한 형상으로 형성되었고 뇌가 확연하게 커졌다."[23] 이 유전자의 돌연변이 이후 인류는 대뇌 바깥에 신피질의 주름을 복잡하게 구성하면서 훨씬 더 많은 신경세포와 시냅스를 장착하게 되었다. 인간 뇌의 전체 크기 또한 300cc 정도에서 600cc~800cc로 두 배 이상으로 대폭 커졌다. 이로 인간은 훨씬 더 높은 지능을 구사하고 점차 이성적 사고를 했다.

인류는 거울신경세포체제를 발달시키면서 타자에 대한 모방과 공감을 증대했다. 체계적인 사회생활을 하며 타자의 행동이나 성과를 모방하거나 타자의 감정에 공감을 하고 협력을 하면서 본격적으로 이타성alterity을 형성했다. 침팬지도 거울신경세포체제가 있고 무리를 이루며 필요에 따라 협력과 연대를 하기에, 거울신경세포 체제나 이

---

23 Marta Florio et al., "Human-specific gene ARHGAP11B promotes basal progenitor amplification and neocortex expansion," *Science*, v.347 no.6229, 2015, pp.1465~1467. 참고함. 이 연구에서는 이 유전자의 돌연변이가 발생한 것을 인류가 침팬지에서 분기된 이후부터 네안데르탈인이 분기된 이전까지로 추정하고 있지만, 필자는 그중에서도 인간의 뇌가 갑자기 커진 석기사용기에 이 유전자의 돌연변이가 나타난 것으로 추정한다.

타성이 최초의 인류부터 미약하게나마 형성되었을 것이다. 하지만, 이것이 일정 수준 이상으로 활성화한 것은 좀더 복잡한 사회생활을 한 이 시기일 것이다. 이로써 인간은 본능과 감정을 절제하는 두 가지 칼, 공감과 이성을 갖게 되었다. 사냥을 같이 하는 동료의 짝에 대해 욕정이 일지만 다음 사냥을 생각하며 이성으로 억누르고, 자신도 배가 고프지만 더 굶주리는 남의 아이의 아픔에 공감하여 자신의 먹을거리를 양보했을 것이다.

호모 사피엔스 사피엔스가
출현하다

아시아와 유럽으로 퍼져 나간 호모 에렉투스는 하이델베르크인을 거쳐 호모 네안데르탈렌시스와 호모 사피엔스 사피엔스로 진화했다. 40만 년 전에서 2만 8,000년 전까지 유럽에서 활동한 네안데르탈인은 호모 사피엔스 사피엔스와 경쟁에서 밀려 사라져버렸다. "던지는 창을 만들지 못하고 몸집이 커서 에너지 소비가 많았고 육식에 의존했기에, 던지는 창을 만들어 사냥하고 상대적으로 몸집이 작아 에너지 소비가 적고 채식도 한 현생인류에 밀렸을 수 있다. 이보다 현생인류에게는 해가 없지만 네안데르탈인에게는 치명적인 병균이나 숙주를 현생인류가 전파한 때문일 수도 있다."[24]

물론, 양자가 경쟁만 한 것이 아니라 공존도 하고 교배까지 한 것으로 보인다. "네안데르탈인으로부터 물려받은 유전자에는 특히 케라틴 색소 형성과 관련된 유전자가 많은데 아마도 네안데르탈인과

---

24 그레고리 코크란·헨리 하펜딩, 『1만년의 폭발』, 김명주 역, 글항아리, 2010, 50~52쪽 참고해 재구성함.

의 교배를 통해 비아프리카계 호모 사피엔스가 아프리카 밖의 환경에 적응하는 데 도움을 받았던 것으로 추정된다."[25]

2019년에 아인트호벤 공과대학의 연구원인 크리스트 위슨Krist Vaesen 등은 이런 정설을 뒤엎는 견해를 피력하고 있다. 네안데르탈인은 현생 인류와 자원 경쟁에서 지거나 기후변동, 화산폭발 등의 외부 요인 때문이 아니라 인구통계학적 요인 때문에 멸종했다는 것이다. "네안데르탈인은 근친교배, 낮은 출생률, 높은 사망률, 성비性比의 불균형 등으로 인구가 줄어들었고, 결국 (개체군의 숫자가 일정 수준 이하에 이를 경우 개체군이 불안정해지는) 앨리Allee 효과가 작용하며 멸종에 이른 것으로 보인다."[26]

호모 사피엔스 사피엔스, 곧 현생인류는 자연에 잘 적응해 유일하게 살아남았다. 한국인이든, 영국인이든, 이집트인이든 지금 전 세계의 다양한 인류는 모두 이들의 후손이다. 이들은 다양한 도구를 개발해 자연을 자신에게 유리하게 변형했다. 그들은 모루떼기, 직접떼기, 간접떼기, 눌러떼기의 순으로 뗀석기의 기술을 발전시켰으며, 이 기술로 주먹도끼, 밀개, 새기개, 찍개, 뚜르개, 긁개, 슴베찌르개 등을 만들었다. 이로 사냥을 하거나, 짐승의 가죽을 벗기거나, 나무를 다듬고, 옷을 만들어 입었다.

40만~50만 년 사이에 호모 에렉투스는 의미들을 서로 모방하고 공유하고 전승했다. 이들은 남이 사냥하거나 이동하거나 생활을 하는 것을 흉내를 내기도 하고, 말로 표현하기도 했다. "의도적인 모방,

25 존 카트라이트, 『진화와 인간 행동』, 박한선 역, 에이도스출판사, 2019, 146쪽.
26 Krist Vaesen et al., "Inbreeding, Allee effects and Stochasticity might be sufficient to account for Neanderthal Extinction," *Plos One*, V.14, No.11, 2019. 요약함.

표정, 소리, 몸짓의 흉내 등 여러 가지 모방에 기초한 문화를 서서히 발전시켰다. 이것은 의도성, 창조성, 준거, 협동, 무엇보다도 젊은 세대의 교육과 문화변용을 가능하게 했다."[27]

4. 언어소통과 집단수렵채취기

FOXP2 유전자의 돌연변이로
정교한 소통을 하다　　　언어소통과 집단수렵채취기는 20만 년 전에서 1만 4,000년에 전에 농경을 하기 전까지의 기간이다. 20만 년 전에 커다란 변화가 일어났다. 이 변화 이전에 인간은 침팬지를 넘어서서 몸짓을 사용하고 음악 같은 발성을 한 것으로 보인다. '켁켁'과 같은 소리로 "저기 무화과가 있다." "저기 우리 천적인 표범이 온다." "나는 너를 좋아한다." "함께 숲으로 사냥하러 가자." 등의 간단한 소통을 하였을 것이다. 스티븐 미슨Steven Mithen의 주장대로, 개별 낱말의 조합이 아니라 '옴마니반메훔'식으로 한 뭉치의 발화로 통째로 의미를 갖는, 전일적Holistic이고, 다중성Multi-Modal이고, 조작적Manipulative이며, 음악적Musical인 발화인 '흠의 언어hmmmm'이었을 지도 모른다. 이 특성들은 현생 유인원과 원숭이의 의사소통 체계에서도 발견되지만, 초기 호미니드에 이르러 하나로 통합되었다. 그 결과는 인간 이외의 현생 영장류들에게서 발견되는 것보다 훨씬 복잡하지만 인

27　피터 왓슨, 앞의 책, 59~60쪽.

간의 언어와는 사뭇 다른 의사소통 체계였다.[28]

점진적으로 아주 느리게 언어가 발달하다가 20만 년 전에 발성에 관여하는 FOXP2 유전자의 돌연변이가 일어났다. "모두 715개의 아미노산 분자로 구성된 FOXP2 유전자 가운데 인간의 경우 쥐와는 3개, 침팬지와는 단지 2개만 분자 구조가 다르다. 사람의 경우 언어유전자 FOXP2에서 2개의 아미노산이 돌연변이를 일으켰고, 그 결과 인간은 혀와 성대, 입을 매우 정교하게 움직여 복잡한 발음을 할 수 있는 능력을 얻게 된 것이다. 이 돌연변이는 20만 년 전에 생겨나 500~1,000세대, 즉 1~2만 년 동안에 급속히 퍼졌다."[29]

"FOXP2는 다른 동작 과정을 필요로 하는 회로와 일치하는 언어 관련 회로 구조에 지원을 하면서 언어와 운동동작 조절을 관장하는 두뇌 영역에 영향을 미친다."[30] 다른 요인도 작용했겠지만, 결정적으로 FOXP2 유전자의 돌연변이로 인류는 혀, 입술, 목구멍 등 발성기관을 정교하게 움직일 수 있게 되었다. 정교하다는 것은 미세한 차이들을 의지대로 창조하고 조절할 수 있음을 뜻한다. 그러니, 한국인이 '불/풀/뿔'이나 '강/공/궁'을 구분하듯, 음성적 차이를 갖는 발음들을 창조해내고 그 차이를 분별하여 들으며 유인원과도 확연히 다른 인간의 언어들을 창조해내고 소통하게 된 것이다. 이 차이들을 창조하

---

28 스티븐 미슨, 『노래하는 네안데르탈인』, 김명주 역, 뿌리와이파리, 2008, 200쪽.

29 피터 왓슨, 『생각의 역사 1: 불에서 프로이트까지』, 65쪽.

30 Vargha-Khadem, F, Gadian, DG, Copp, A, Mishkin, M, "FOXP2 and the neuroanatomy of speech and language," *Nat Rev Neurosci*, 6, 2005: pp.131~138, French C.A. ; Fisher, S.E., "What can mice tell us about Foxp2 function?," *Current opinion in neurobiology* v.28, 2014, pp.72~79. ; Han T.U. ; Park J. ; Domingues C.F., "A study of the role of the FOXP2 and CNTNAP2 genes in persistent developmental stuttering," *Neurobiology of disease*, v.69, 2014, pp.73에서 재인용함.

고 구분해 듣고 그에 담긴 의미들을 생각하면서 전두엽의 브로카 영역이 빠른 속도로 발달하게 되었다. 정확한 소통을 하면서 사회적 협력을 확대했고, 많은 지식과 지혜를 전달하고 공유했다. 인류가 정교한 언어를 이용해 활발하게 소통하면서 집단으로 수렵채취를 하자 생산성이 증대했고, 사회도 전 시대에 비하여 훨씬 체계적이고 복잡해졌다.

아래 사진은 점토로 된 덩어리인데, 여기에 보면 상당히 많은 x자들이 새겨져 있다. 기하학적이거나 도상적인 기호다. 7만 년에서 6만 년 전 것으로 추정되며, 이것이 아직까지는 세계 최초의 문자이다. 남아프리카의 블롬보스 동굴에서 발견되었다.[31] "프랑스 레제지에 있는 3만 년 전의 유적에는 인물의 토르소에 지그재그 선이 새겨져 있다. 1970년 불가리아의 바초 키로에서 발견된 뼛조각에는 네안데르탈인의 시대까지 거슬러가는 기호가 남아 있다."[32] 인류는 20만 년 전부터는 언어 소통을 하고, 최소한 7만 년에서 6만 년 전의 기간에서는 문자를 만든 것이다.

문자의 발명은 기억의 정박을 의미한다. 말은 의미, 지식, 지능을 전달할 수 있지만 시간의 지배를 받는다. 이제 인류는 여러 지능을 통해 획득한 지식

블롬보스 동굴에서 발견된 점토 덩어리

31 https://www.donsmaps.com/blombos.html
32 피터 왓슨, 『생각의 역사 1: 불에서 프로이트까지』, 87~88쪽.

과 정보를 문자로 기록해 시간의 지배를 넘어서서 정박시키게 된 것이다.

혼돈의 자연을 질서화하고
언어를 부여하다

그럼 낱말이란 어떻게 만들어졌는가. 봄날에 산에 가면 산에 있는 풀들은 필자한테 카오스다. 필자가 아무 풀이나 먹었다가는 독초를 먹고 죽을 수도 있다. 그러나 필자의 선비(어머니)는 그 풀을 보고, "이건 쑥부쟁이요, 저건 취나물인데, 취 중에서도 이건 곰취이고, 저건 참취다."라고 구분을 했다. 취로 국한해도 우리나라에 자생하는 것만 60여 종이나 된다고 한다. 그 차이가 어디서 빚어지겠는가. 필자의 선비에겐 이 식물들은 코스모스이다. 이를 구분하고 각각의 사물에 대해 다른 언어를 부여할 수 있을 뿐만 아니라, "고사리는 날로 먹으면 독소가 있으니 삶아 먹고, 곰취는 향이 좋고 독소가 없으니 날로 쌈을 싸서 먹고, 저건 기관지에 좋고, 이건 심장에 좋다."라는 식으로 이용도 한다.

이것이 가능한 것은 "저렇게 심장 모양에 톱니가 자잘하게 난 것은 곰취이고, 같은 심장 모양이지만 좀 더 길쭉하고 톱니가 굵은 것은 참취다."라고 범주화할 수 있기 때문이다. 범주화는 차이를 발견하는 준거의 틀frame of criteria이 있을 때 가능하다. 차이는 문화에서 비롯

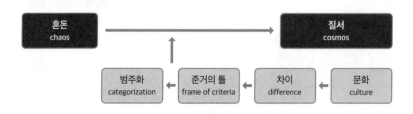

된다. 취나물을 다양하게 식용하거나 약으로 이용하는 한국 사람들은 60여 종에 달하는 취나물의 차이를 발견할 수 있지만, 그렇지 않은 사람들은 취나물의 차이를 발견할 필요가 없으므로 60종 이상의 취가 자생한다 하더라도 그리 세세하게 분류하지 않는다. 어떤 지역의 사람들은 취나물 모두를 잡초로 간주하고 이름도 부여하지 않을 것이다. 같은 소라도 소로 농사를 짓고 소를 잡으면 모두 이용하는 한국 사람은 소고기에 대해 부위별로 채끝, 안심, 우둔살, 치마살 등 50가지 이상으로 구분하며, 각각에 대해 구이, 조림, 찜, 국 등 용도를 달리한다. 하지만 영어권에서는 chuck, rib, sirloin 등 대략 13부위 정도로 구분한다. 대신 말로 농사를 짓는 유럽 사람들은 말의 부위에 대해 한국보다 훨씬 더 많은 언어를 부여한다.[33]

어떤 교사가 자기 반 학생들의 태도를 분석하는 과제를 받았을 경우, 반 학생 자체는 카오스이다. 고민하다가 학생들을 학구파, 중도파, 한량파, 이렇게 셋으로 분류하고, "학구파는 공부를 열심히 하는데 삶의 여유와 멋이 없다. 반면에 한량파는 삶의 여유를 즐기지만 공부를 등한히 한다."라는 식으로 각각의 특성에 대해 기술했다. 그럴 경우 한량파로 분류된 학생이 자신을 그렇게 분류한 이유에 대해 따졌다고 가정하자. 그러면 그 교사는 "여러분의 일과시간을 조사해 하루 평균 6시간 이상 공부하면 학구파, 6시간 이상 노는 데 허비하면 한량파, 그 사이에 있으면 중도파로 나누었다."라고 분류한 기준에 대해서 설명할 것이다. 이것이 '준거의 틀'이다. 이는 차이를 일반

---

33 〈위키피디아〉 한국어판, '소고기 부위' 항목, 〈위키피디아〉 영어판, 'cut of beef', 'horse' 항목 참고함.

화하는 데서 비롯된다. 반 학생들은 청소년으로서 무수한 공통점을 가진다. 그럼에도 한 사람의 눈으로 보더라도 생김새, 성격, 태도, 말씨, 행동 등에서 또 수많은 차이를 보인다. 사람마다 그 차이를 보는 눈이 다르므로 무한한 차이가 빚어진다. 여러 시행착오와 대화, 합의를 통해 공동체에서 그 차이를 어떤 기준에 따라 일반화하면 그것이 준거의 틀이 된다. 이 준거의 틀에 따라 자연과 사물, 사람에 대해 구분하여 범주화하고 범주화한 만큼 언어를 부여한다. 그러면 혼돈이었던 자연, 사물, 세계, 집단과 사회, 사람이 질서로 변한다. 세계에 존재하는 우주와 자연, 집단의 창조 신화들은 이 과정을 서사로 담은 것이 절대 다수다.

1만 년 만에 인류가
스마트폰을 발명한 이유
인류 역사 700만 년 가운데 그 전 시대에는 느렸지만, 최근 1만 년 전부터 엄청나게 빠른 속도로 문명이 발전했다. 인류가 어떻게 신석기와 토기를 만들고 농경을 한 지 1만여 년 만에 스마트폰, 유인우주선, 컴퓨터, 기계생명, 인공지능을 만들 수 있었을까.

진화생물학자나 뇌과학자들은 인간 뇌의 신경가소성神經可塑性, neuro-plasticity 때문이라고 답한다. 우리의 뇌에는 대략 869억 개의 신경세포, 뉴런neuron이 있다.[34] 여기에 1,000여 개에서 1만여 개에 이르는 시냅스Synapse가 연결되어 인간 뇌의 신경 네트워크는 대략 180조 개

---

34 Suzana Herculano-Houzel, "The Human Brain in Numbers: A Linearly Scaled-up Primate Brain," *Neuroscience*, V. 3, 2009, Article 31.

에서 320조 개의 네트워킹을 형성한다.[35] 신경가소성이란 외부의 자극과 정보에 따라 시냅스가 사라지기도 하고 새로 생기기도 하는 것을 뜻한다. 더 정확하게 설명하면, 인간의 뇌가 학습과 경험, 외부의 자극에 의하여 개개인에 따라 맞춤 설계를 하여 두뇌의 물리적 구조만이 아니라 기능적 조직까지 변화시키면서 재조직되는 것을 뜻한다. 소프트웨어에 따라 하드웨어가 변하는 컴퓨터를 상상하면 이해하기 쉬울 것이다.

우리가 바둑을 배운다면, 뇌가 활성화하면서 바둑의 정석을 기억하고 이를 바탕으로 새로운 전략과 전술을 짜는 일에 관여하는 뇌의 신경세포나 시냅스들이 재조직된다. 즉, 바둑의 규칙과 전략, 전술의 이해, 기억, 응용에 관여하는 신경세포나 시냅스들이 새로 생성되기도 하고, 새롭게 연결되기도 하고, 필요 없는 것은 제거되기도 하면서 인간의 뇌는 바둑을 잘할 수 있도록 재설계된다.[36] 이처럼 1만여 년 전을 기점으로 인간의 뇌의 가소성이 활발하게 작용하며 인간의 지능을 획기적으로 높였을 것이다.

인류학자들이나 사회학자들은 보상기대에 따른 협력 때문이라고 본다. 필자가 어렸을 때만 해도 시골은 물론이거니와 서울 변두리임에도 마을 사람들 사이에는 환대의 문화가 존재했다. 당시에는 12시에 통행금지가 있었으므로 술집에서 처음 만난 사람을 밤늦게 집으로 데려와 아침에 밥 한 상을 잘 차려서 대접하고 차비까지 주어서 배웅했다. 골목에서 동네 사람들이 모여 과일이나 술을 먹을 때면 지

---

35 https://aiimpacts.org/scale-of-the-human-brain/
36 지금까지 뇌의 신경가소성에 대해서는 Azari, N.P. ·Seitz R. J., "Brain Plasticity and Recovery from Stroke," *American Scientist*, 88, 2000, pp.426~431를 참고함.

나는 모르는 사람도 불러 과일 한 쪽, 막걸리 한 잔을 권했다. 당시 시골에 가면 품앗이라 하여 모내기든, 가을걷이든 힘든 일은 서로 돌아가며 도왔다. 이는 바로 보상기대에 따른 협력 때문이다. 물론, 수렵채취 때부터 인간은 협력했지만 이는 단순한 형태에 그쳤다. 농경과 정착을 하고 직업이 생기고 사회가 복잡해지면서 보상기대에 따른 사회적 협력이 체계적으로 이루어진 덕에 급속한 문명의 발전을 도모할 수 있었다.

은유와 환유를 매개로

종교, 철학 문화를 만들다

물론 이 두 가지도 어느 정도 영향을 미쳤을 것이지만, 필자는 은유metaphor와 환유metonymy의 발견이 결정적으로 작용했다고 생각한다. 유발 하라리가 "허구를 말할 수 있는 능력이야말로 사피엔스가 사용하는 언어의 가장 독특한 측면이다."[37]라며 허구를 인류 문명사 발전의 원동력으로 본 것은 이의 단면만 본 것이다. 또 허구라는 개념 자체가 너무 포괄적이다. 무엇보다 하라리는 기호가 진실과 실재를 은폐하는 것과 함께 드러내는 면을 간과했다. 인류는 은유와 환유를 발견한 이후 의미를 무한대로 생산해 공유하였고, 이를 매개로 허구를 창조하고 인지혁명을 이루었으며 사물과 세계의 진리에 다가갔다. 은유와 환유를 매개로 한 허구의 창조와 인지혁명, 그리고 진리의 발견과 소통, 공유와 계승이 문명의 급속한 발전을 이룬 핵심 동력이었다. 이렇게 생각하는 이유는 크게 세가지다.

---

37 유발 하라리, 『사피엔스』, 조현욱 역, 김영사, 2015, 48쪽.

생물학적 유전자 진gene의 경우 생명의 진화는 돌연변이에 의해서 일어나고 이는 수만 년 이상의 시간 경과를 요청한다. 그렇기 때문에 진gene의 단위에서는 문명의 발전이 1만 년 만에 이렇게 급속도로 일어난 것을 설명하지 못한다. 반면에, 문화 유전자 밈meme은 아주 짧은 시간에도 진보를 이룩한다. 독자들은 이 책을 읽고 이해하면서 새로운 지식과 새로운 세계를 창조할 수 있고, 또 이를 기억하고 다른 사람과 세대에게 전달할 수 있다. 그 과정 자체가 진보이다.

다음으로 인류는 은유와 환유를 통해 수많은 의미를 만들고 이를 매개로 사고하고 실천하며 자연지능, 과학기술지능, 사회지능을 아우르고 사상과 종교, 문화를 만들었기 때문이다. 우리는 왜 '초승달'에서 전혀 다른 사물인 '눈썹, 손톱'을, '반달'에서 '송편, 쪽배'를 떠올리는가. 서로 모양이 유사하기 때문이다. 이처럼 은유는 한 개념이나 대상에 대한 경험과 사고를 바탕으로 다른 개념이나 대상과 견주어 양자 사이의 '유사성'을 유추해 다른 무엇으로 전이하는 것을 뜻한다. 반면에 '축구' 하면 '메시, 손흥민', '허수아비' 하면 '참새'가 떠오른다. 이처럼 환유는 한 개념이나 대상에 대한 경험을 바탕으로 다른 개념이나 대상과 견주어 양자 사이의 '인접성'을 유추해 한 대상이나 개념을 다른 무엇으로 연합적으로 연결하는 것을 뜻한다.

인류는 본격적으로 언어소통을 하기 이전부터 은유와 환유를 이용하여 자기 앞의 자연과 세계를 이해하고 이를 체화體化했다. 조지 레이코프George Lakoff를 필두로 경험주의에 바탕을 둔 인지언어 학자들은 몸의 경험으로부터 은유가 파생되며 인지를 형성한 것으로 본다. 인류가 사냥을 더 잘하기 위하여 동물의 소리나 동작을 모방하는 데서 은유가 시작되었을 것이다. 클라이브 갬블Clive Gamble은 "상징은 실세계의 경험에 근거하며 그것을 인용하는 원천은 바로 몸이다. (…) 육체는 우리가 어떻게 행동하는지(육체문화), 그리고 어떤 것을 가지고 행동하는지(물질문화)에 관한 은유적 관계의 원천이다."[38]라고 말했다. 인간은 700만 년 동안 몸을 움직여 수렵을 하고 채취를 하며 생존해왔다. 인류는 몸에 있는 감각을 통해 자연을 인지하고 몸을 이용하여 걷고 달리고 팔을 뻗어 열매를 따고 사냥을 한다. 팔에 닿지 않는 열매를 따기 위하여 나뭇가지를 이용하고, 눈과 비로 미끄러운 산길에서 넘어지지 않기 위하여 나뭇가지를 지팡이로 사용했다. 그렇듯 팔과 다리를 확장해 도구를 만들고, 몸통과 유사한 용기와 집을 만들었다. 이 동작은 뇌와 상호작용을 하고, 이 과정에서 겪는 경험과 기억들은 뇌에 저장된다. 그러니, 몸의 기억이 사고가 되었다.

이에 G. 레이코프와 M. 존슨은 "우리는 몸을 통해서만 개념을 형성할 수 있다. 따라서 세계, 우리 자신, 타인들에 대한 우리의 모든 이해는 우리의 몸에 의해 형성된 개념들의 관점에서만 틀을 지을 수 있다."[39]라고 주장한다. 인간은 한 종류의 사물을 다른 사물이나 몸을 통해 이해하고 경험하며 사고를 형성했다. 인류는 몸을 통해 시간과 공간을 인식하고, 은유를 통해 몸을 바탕으로 신체를 확장해 자기 앞의 세계를 인지했다. 사냥이나 채취의 대상을 인간의 시각을 통해 보기에, 원시시대에서 21세기에 이르기까지 '본다'는 것은 '알다,' '이해하다'를 뜻한다. 남의 말을 청각을 통해 듣고 받아들이기에, 듣는

38 클라이브 갬블, 『기원과 혁명 — 휴머니티 형성의 고고학』 성춘택 역, 사회평론, 2013, 131~132쪽.
39 G. 레이코프·M. 존슨, 『몸의 철학 — 신체화된 마음의 서구 사상에 대한 도전』 임지룡 외 역, 박이정, 2005, 801쪽.

것은 복종이나 깨달음을 뜻한다. 인간의 말이라면 복종이고, 신의 말씀이라면 깨달음이다. 사냥감이나 그 자취를 후각을 통해 맡기에, 맡는 것은 추적하거나 조사하는 것을 의미한다. 상한 것인지 아닌지 미각을 통해 맛보기에 맛보는 것은 시험하는 것이다. 입을 통해 말하기에 말한다는 것은 주장하는 것이다. 피부와 접촉을 통해 느낌을 갖기에 느끼는 것은 감동하는 것이다. 사냥감과 천적을 잘 보아 무리에게 이를 알릴 수 있었기에, 높은 것은 기분이 좋은 것이고 낮은 것은 그 반대인 것이다. 높은 데 자리한 사람은 능력이나 힘이 있는 자이며, 낮은 데 있는 사람은 그 반대이다. 앞서면 사냥감과 과실을 먼저 획득할 확률이 높았기에 앞서서 가는 것은 발전이며, 뒤처지는 것은 퇴보이다. 인류가 무리생활을 하였기에, 가까운 것은 친한 것이고 먼 것은 낯선 것이다. 더 확장하면, 저 높은 하늘 위는 신이 계신 곳이고 그곳에서 내려오는 새는 신이 보낸 사자이다.[40] 그러기에, 틸리C. Tilley 는 "말(언어)이란, 세상을 그저 거울처럼 비추어준다기보다 인공물(유물)과도 같이 몸이 세상 속으로 확장하는 것이라고 생각할 수 있다. (…) 인지라는 것은 본질적으로 어떤 것을 그 어떤 것'으로' 보는 과정이며, 이것이 바로 은유적인 이해의 핵심이다."[41]라고 말한다.

에드워드 슬링거랜드Edward Slingerland는 이미지 도식image schema의 개념을 이용하여 은유를 매개로 몸의 경험과 추상적 인식을 연계했다. 인간의 몸이 자연과 상호작용하면서 몸을 통해 활동을 하고 이 신체

40 감각에 관한 은유는 G. 레이코프·M. 존슨, 『삶으로서의 은유』, 노양진·나익주 역, 박이정, 2006, 37~52쪽 참고하여 필자가 재구성함.
41 C. Tilley, *Metaphor and Material Culture*, Oxford: Blackwell, 1999, p.34. 클라이브 갬블, 앞의 책, 100쪽 재인용.

적 경험을 반복하면서 이미지 도식을 만든다. 이 이미지 도식을 은유의 매개를 통해 구상적인 것이나 추상적인 것에 투사하여 추상적인 것을 이해하고 의미를 부여하며, 이를 더욱 체계화하여 매우 심오한 사고를 형성한다.[42]

'균형' 한 가지만 하더라도 어떤 영역을 횡단하느냐에 따라 다양한 의미를 형성하고 그 의미는 인류의 삶과 역사에 커다란 변화를 만들었다. 인류는 숲생활기에 나무에서 생활하면서 떨어지지 않기 위하여 팔과 다리를 움직여 신체의 균형을 유지하는 행동을 했다. 이런 몸의 경험을 반복하면서 신체의 균형이라는 이미지 도식을 형성했다. 이 이미지 도식을 사냥과 채취의 영역에 투사하면 과연 어떤 생각을 할 수 있게 될까? 너무 욕심을 내서 사냥과 채취를 하다가 맹수로부터 목숨의 위협을 당하고, 사냥한 짐승과 채취한 열매들을 썩게 했다. 반대로 맹수를 너무 두려워한 나머지 너무 적게 사냥과 채취를 했더니 자식들이 굶주렸다. 신체균형의 이미지 도식을 수렵채취의 영역에 투사하면, '욕심과 두려움 사이의 균형 잡힌 사냥과 채취'라는 개념을 형성할 것이다. '욕심과 두려움 사이의 균형 잡힌 사냥과 채취'라는 이미지 도식을 시장이 번성하고 부기가 만들어진 메소포타미아 문명 때의 생활과 경제 영역에 투사하면, 또 다른 은유를 형성한다. 너무 사치하면 망하고 너무 검소하면 친구를 잃은 경험을 하였을 것이다. 인류는 이를 바탕으로 '사치와 검소 사이의 균형 잡힌 생활'이라는 은유의 개념을 형성하였을 것이다. 더 나아가 붓다가 활동

---

42 에드워드 슬링거랜드, 『과학과 인문학 ― 몸과 문화의 통합』, 김동환·최영호 역, 지호, 2015, 278~279쪽 참고함.

한 차축시대로 가면, 이 은유는 종교의 영역을 가로지른다. 진리를 찾고자 하는 수행자들이 너무 쾌락을 추구하면 타락하고 비속해지며 너무 고행을 행하면 심신이 피폐해지는 경험을 했다. 인류는 이를 바탕으로 '쾌락과 고행 사이의 중도中道'라는 은유를 형성하였으며, 중도는 형이상학적 사색들이 더해지면서 언어와 진리 사이의 중도 등 좀 더 심오한 은유로 발전했다.

이처럼 인류가 은유와 환유를 알게 되자 수많은 의미를 만들고, 이를 바탕으로 시, 서사, 상징, 예술, 철학과 종교를 창조하고 집단적으로 실천하고 계승하여 문화를 창조했다. 고대에 우리 조상들은 하늘과 땅 사이를 날아다니는 새를 보고 그처럼 새가 '하늘(신)과 땅(인간)의 중개자'일 것이라고 은유의 의미를 부여했다. 그래서 고조선 시대의 청동거울에 새를 새기고, 당시 샤먼을 겸했던 왕들이 새 깃털 모양의 관을 썼으며, 왕도 침범하지 못하는 소도에 새를 조각한 것이다. 더 나아가 새가 인간의 소망을 신께 전달하고 신의 뜻을 인간에게 전하는 여러 신화를 만들고 새를 경배하고 새에게 소망을 비는 의례를 만들었다.

의미는 실천으로 이어졌다. 두 연인이 별을 보고 그처럼 영원한 사랑을 하겠다고 약속을 하고, 한 청년은 구름을 보며 그처럼 자유로운 나그네가 되겠다며 여행을 떠난다. 집단 차원의 실천으로도 이어져서 의례와 상징을 만든다. 달을 보고 달처럼 사라졌다가 다시 초승달로 부활한다고 생각하여 미라를 만들고 장례식을 행한다. 티베트 사람들은 사람이 죽으면 그 시신을 가지고 천장대天葬臺에 오른다. 천장사天葬師가 시신을 분해하면 기다리던 독수리가 이를 먹고 날아간다. 그러면 유족들은 망자의 영혼이 하늘나라로 승천했다고 생각한다.

화쟁기호학을 빌리면, 인간은 자연과 세계의 모순과 부조리에 집단무의식적으로 대응하면서 삶과 문명을 형성해왔으며, 그 대응의 한 양식이나 몸의 확장을 통해 의미를 형성하고 공유한다. 이때 인간은 자연과 세계의 모습이나 현상(품, 相), 본질(몸이나 참, 體), 작용(짓, 用)을 인식하고서 이에 유사성likeliness의 유추를 하거나 인접성contiguity의 유추를 한다.

먼저 은유를 예로 들면, 별의 모습을 보고 그와 모양이 유사한 '불가사리, 눈, 별사탕'을 떠올린다. 별의 본질이 '영원히 빛남'이라고 생각하는 이들은 '영원, 영원한 사랑, 무한' 등의 의미를 유추한다. 별의 작용이 '어두운 하늘에서 밝게 반짝임'이라고 생각하는 이들은 '희망, 이상, 비전, 조국의 독립' 등의 의미를 연상한다.

의미로 끝나는 것이 아니라 갈등이 일 때 밤하늘에 빛나는 별을 보고는 그처럼 영원한 사랑을 하자고 다짐을 하고, 일제 강점기에 깜깜한 하늘에서 반짝이는 별을 보면서 언젠가 조국이 독립을 맞을 것이라는 희망을 갖고 그런 바람을 담은 시를 쓰거나 실제로 독립운동에 나선다.

환유도 마찬가지이다. 별의 모습을 보고 공간적으로 인접한 '달, 구름,' 시간적으로 인접한 '밤, 어둠'을 떠올린다. 별의 본질에 해당하는 환유는 없고, 직접적이고 간접적인 경험을 통하여 별과 인접했다고 생각하는 '스타, 장군, 윤동주, 혁명, 인공기, 성조기'를 연상한다.

마르크시스트들은 은유와 환유 가운데 무엇을 더 좋아하겠는가. 환유이다. 왜냐하면 은유가 추상적이고 보편적이고 이상적이고 해석적이라면, 환유는 구체적이고 개별적이고 현실적이고 맥락적이기 때문이다. 은유는 동일성을 지향한다면, 환유는 차이를 지향한다. 백조를 보며 '평화'나 '순결'의 의미를 부여하는 것이 은유라면, 환경오염된 4대강의 맥락과 결합시켜 '환경파괴로 생존위기에 놓인 새'로 생각하는 것이 환유이다. 낙엽을 보고 무상을 떠올리는 것이 은유라면, 실제 길거리에 떨어진 낙엽에서 모양, 빛깔, 벌레 먹은 자국 등의 다양한 차이를 발견하는 것이 환유이다. 무의식과 연관시키면, 은유가 응축이라면 환유는 대체이다. 성행위에 대한 욕망이 절구질이라는 꿈속의 상징으로 응축되고, 질투, 험담, 게으름 등 내 안의 싫어하는 부분이 꿈속에서 아버지로 대체된다. 이에 마이클 라이언_{Micheal} _{Ryan} 같은 마르크시스트 문예이론가는 "은유는 역사 외부의 변화되지 않는 동일성의 세계를 함축하는 정적인 구조이다."[43]라고 주장하며 예술작품 해석에서 은유를 환유로 대체하여 해석할 것을 제안한다.

아래 사진은 홍산문명에서 출토된 용 모양의 곡룡曲龍이다. 홍산문명은 메소포타미아 문명보다도 1,000여 년 앞서서 발흥했는데, 동이족의 문명이었는지는 아직 학계의 의견이 분분하다.[44] 『삼국유사』에는 용이라는 낱말이 많이 나오며 서사에서 결정적 기능을 한다. 설화나 무가에서도 용신은 상당한 위상에 있다. 용은 급격한 기압차 등의 요인에 의하여 축 주위에 격렬하게 회전하는 기둥 모양의 공기 소용돌이

홍산문명에서 출토된 용모양의 곡룡

---

43 마이클 라이언, 『포스트모더니즘 이후의 정치와 문화』, 나병철·이경훈 역, 갈무리, 1996. 4, 199쪽.
44 우실하, 『고조선 문명의 기원과 요하문명』, 지식산업사, 2018.; 복기대, 『홍산문화의 이해』, 우리역사연구재단, 2019; 구본진, 『한민족과 홍산문화』, 선, 2020.

인 용오름 현상에서 유추한 은유다. 용오름은 맹렬한 바람에 의하여 바다와 호수, 강에서 하늘을 향하여 치솟아 오르는 소용돌이를 가리킨다. 이는 천상과 지상, 바다와 지상, 바다와 하늘의 중개자의 은유를 형성한다. 하늘 저편의 천상계와 바다 저 너머의 해수계에 타계가 존재하여 죽으면 그곳으로 간다는 타계관을 가진 한국인에게 용은 천상계와 해수계와 지상계, 신계와 인간계, 삶과 죽음의 중개자의 의미를 갖는다. 여기에 중국문화와 인도문화의 수용에 따라 양쯔강의 악어에서 유추한 농경신과 왕으로서 중국 용, 불법의 수호신으로서 인도 용이 합쳐진다. 불교 수용 이후의 용 신앙은 타계와 인간계의 중개자라는 재래의 신앙상이 훼손되지 않은 채 불교와 융합하여 불법을 수호하는 호법룡護法龍으로 변하고, 이는 다시 나라를 지키는 호국룡護國龍으로 변한다. 이것은 정치사회적으로 용궁이란 곳을 중심으로 용을 숭배하는 토착세력이 불교를 받아들였음을 의미하며, 사상적으로는 재래의 용 신앙이 불교사상과 결합했음을 뜻한다.

천상계와 해수계와 지상계의 중개자로 용의 은유를 설정하자 용 신앙과 용을 모시는 용왕당, 용에 대해 제례를 지내는 의례가 만들어진다. 그로 그치는 것이 아니다. 사람들은 용왕당에 모여 용왕제를 지내며 하나로 통합이 되고, 용왕이 자신을 지켜줄 것이라 확신하고 바다에 나가서 물고기를 잡고 만선을 하면 용왕께 감사를 드리고, 용왕을 부정하는 세력과 맞서서 전쟁을 하기도 한다.[45]

은유 가운데 체體, 본질의 은유는 철학을 구성하고 사고를 촉진한

---

45 이제까지 용신앙에 대한 기술은 이도흠, 「신라 향가의 문화기호학적 연구」, 한양대 박사학위논문, 1993년 12월./이도흠, 「新羅人의 世界觀과 意味作用에 대한 연구」, 『한민족문화연구』 제1집, 한민족문화연구학회, 1996년 12월. 용 부분을 요약함.

다. 초승달에서 보름달이 되었다가 그믐달로 변하는 것을 달의 본질로 본 사람들은 모든 번성한 것은 쇠락한다는 '영고성쇠榮枯盛衰'나 우주 삼라만상이 영원한 것이 없이 변한다는 '무상無常'의 의미를 연상하며, 반면에 그믐달로 줄어들다가 삭월朔月이 되어 사라졌는데 다시 초승달로 나타난 것을 달의 본질로 본 사람들은 '부활'이나 '재생'의 의미를 떠올린다.

환유도 유사하다. 어두운 밤이 저승과 인접한 것으로 간주하여, 이승이나 천국을 빛, 흰색, 환한 세계, '붉누리'로 유추한다. 낮이 길어지기 시작하는 동짓날이 새해 새날이 되어 달력을 주고받고, 팥죽을 쑤어 사당에 올려 악귀를 내쫓고 집과 사람의 마음을 깨끗하게 한다. 만물이 회생하는 날이라 여겨 고기잡이와 사냥을 금하고, 사람이 죽으면 동짓날에 해 뜨는 쪽을 향하여 머리를 두게 하고 그리로 가는 중개자인 배나 천마, 새를 껴묻거리[副葬品]로 묻었다. 이처럼 은유와 환유는 의미를 만들고 허구를 창조하고 상상력을 확대하며, 시와 서사, 상징, 예술, 종교와 철학을 창조하고 인간을 하나로 통합하며 의례와 집단적 실천을 낳는다.

은유와 환유로
인지혁명을 이루다
인류는 은유와 환유를 매개로 자연지능, 과학기술지능, 사회지능을 하나로 엮어서 인지혁명을 이룩했다. 사자를 용맹한 사람의 은유로 만들어 노래하는 것은 사자 사냥을 통해 사자의 용맹함을 인지한 자연지능과 사자의 용맹함을 은유화하는 언어지능을 결합해 이루어진 것이다. 사자의 이빨을 목걸이로 만들어 전사에게 주어 그의 용맹을 보상하고 부족의 용맹을 북돋거나 사자를 숭배하는 의례를 지내며 사회통합을 꾀하는 것은 이 은유에 사회지능을 결합한 것이다. 한국인은 고대 사회부터 샤먼들이 신단수 신앙을 가졌고 신라의 마립간 시대의 왕들은 나무 형상을 한 금관을 썼다. 이는 나무가 땅에 뿌리를 내리고 있으면서 하늘을 향하여 두 팔을 벌리고 서 있는 형상에 대한 자연지능, 나무가 땅에서 물과 양분을 취하여 햇빛을 받아 나뭇가지와 풀, 꽃, 열매를 만든다는 과학기술지능, 샤먼이나 왕은 하늘이 보낸 사자라고 생각하는 것처럼 나무도 하늘의 뜻을 땅에 전하는 동시에 인간의 소망을 하늘에 전하며 개인의 불만을 누그러트리며 사회통합을 한다는 사회지능이 결합된 것이다.

과학기술지능과 결합하지 못할 때 은유와 환유는 주술적 사고를 낳는 동인으로 작동했다. 주술적 사고, 속신俗信, 미신迷信, 징크스, 주술신앙, 주술적 신화와 설화의 두 축 또한 은유와 환유다. 남자의 성기 모양을 한 바위가 남자 아기를 낳을 기운이나 에너지를 줄 것이라는 은유의 사고를 형성해 남자 아기를 낳기를 비는 기자祈子신앙의 대상이 되었다. 달이 하늘과 땅을 오고 가니 하늘에 있는 천신에게 인간의 소망을 전달할 것이라는 은유의 사고를 하여 많은 한국의 어머니들이 이른 새벽에 길은 물인 정화수를 떠놓고 달에게 소원을 빌었다. 까마귀가 사체를 먹는 인접성에서 비롯된 환유는 까마귀를 '저승사자'로 보게 했다. 1970년대까지만 하더라도 임산부들이 닭 껍질을 먹지 않았다. 닭 껍질과 사람 피부 사이에 은유적 인식을 하여 닭살 같은 피부를 가진 아이를 낳을까 두려워했기 때문이다. 하지만 과학기술지능이 발달할수록 인간은 주술적 은유나 환유에서 벗어났다.

이처럼 인간은 은유와 환유를 통해서 많은 의미들을 만들기 시작했다. 그 의미를 의미로만 남긴 것이 아니라, 그 의미를 따라서 해석을 하고 실천을 했다. 그러면서 신화, 종교, 철학, 상징, 의례, 예술, 그리고 문화를 창조했다. 은유와 환유를 매개로 인류는 본격적으로 문명을 열고 의미로 가득한 삶을 살게 되었다.

생각하기의 기원　　인류는 언제부터 철학에 가까운 사고를 하기 시작했을까. ARHGAP11B 유전자의 돌연변이로 신피질이 여러 층으로 주름을 형성할 때부터 일정 수준의 사고를 시작했을 것이다. 여기에 가장 먼저 동인이 된 것은 생존과 기억이다. 인류는 먹이를 찾고 살아남기 위해서는 판단을 해야 하고 또 기억을 해야 한다. 공포에 대한 기억은 본능을 억제하였고, 신피질이 발달하면서 모든 기억을 종합하여 해석하고 판단하는 작업들이 활성화하였을 것이다.

인간이 생존을 넘어 사고를 형성한 동인은 우주와 자연이다. 인간의 신체 크기나 능력에 비하여 압도적인 가뭄, 홍수, 태풍, 지진, 화산폭발, 해일 등을 겪으면서 왜 그런 것들이 발생하는지, 그로부터 어떻게 벗어날 수 있는지 생각했다. 신의 벌이라 생각하며 종교를 만들고, 공포, 굴복, 체념, 조절, 저항, 조화 등 다양한 방식으로 자연의 도전에 대응했고 이를 합리화했다. 농경혁명과 경제생활기 이후 근대 이전까지 서양의 대다수는 자연을 주로 공포로 바라보았고, 근대 이후에는 저항과 정복의 대상으로 삼아 자연을 인간의 의도대로 개발하고 착취했다. 반면에 농경혁명과 경제생활기 이후의 동양의 대다수는 자연과 조화를 모색했다. 또, 자연과 우주에 대해 풀리지 않는 의문과 답은 신화적 상상력을 구성하고 서사를 만들었다. 〈해와 달이 된 오누이〉처럼 우주 창조의 신화가 세계 곳곳에서 만들어졌다. 첫 밤과 첫 겨울을 맞았던 인류에게 일출과 봄은 엄청난 환희와 경이였을 것이다. 인류는 해가 다시 떠올라 환해지고 죽었던 가지에서 새싹이 돋고 꽃이 피는 것을 보고 순환과 부활이란 의미를 생각했을 뿐만 아니라 이를 찬양하는 서사와 노래를 만들고 함께 모여 축하하는 의례를 만들었다.

자연 가운데 인간의 머리 위에 높이, 무궁무진하게 펼쳐 있는 하늘은 또 다른 사유의 원천이었다. 일상에서 비일상, 비천함에서 거룩한 세계, 현실에서 이상, 상대에서 절대를 지향하는 인간은 자신들이 먹고 사냥하고 성교하고 배설하는 땅과 대립의 개념으로서 하늘을 은유로 설정하여 '신神, 이상, 거룩한 곳, 절대, 궁극적 진리의 공간'으로 인식했다.

그 다음으로 사고를 형성한 동력은 죽음일 것이다. 모든 것은 나고 변하고 사라짐을 반복한다. 죽은 줄도 모른 채 숨을 쉬게 할 요량으로 새끼를 여러 차례 물 위에 띄우고 등에 업고 다니는 어미 고래처럼, 인간 또한 처음에는 죽음을 이해하지 못하였고, 이에 대해 별 의미를 부여하지 않았다. 하지만 최소한 호모 날레디homo naledi 때부터 죽음에 대해 "왜 죽는가, 죽음이란 무엇인가, 인간이란 누구인가, 죽음은 끝인가 아닌가, 나는 죽기 전에 무엇을 할 것인가."라는 질문을 하기 시작했다. 이는 크게 두 가지의 의미를 생성했다. 언제인가 죽는다는 유한성에 대한 인식은 "남은 삶을 어떻게 살 것인가."라는 성찰로 이어졌다. 해와 달, 식물의 은유를 통하여 죽어서는 다른 존재로 사후세계에서 다른 삶을 살 것이라는 사고로 이어졌고, 이는 사후세계, 또는 타계를 구성했다. 이는 점점 발전하여 우주관, 내세관, 천국/극락과 지옥에 관한 종교적 사유로 발전했다.

인간은 언제부터인가 자신의 한계에 대해 성찰하였을 것이다. 사냥과 채취를 하면서 육체적 능력의 한계에 대해 인식하였고, 가족과 집단을 꾸리고 사회생활을 하면서 인내력, 절제력, 지도력 등 정신적인 능력의 한계도 알게 되었으며, 더 나아가 인간 종의 보편적인 한계에 대해서도 생각하였을 것이다.

사회생활하면서 타인에 대한 인식이 여러 사유를 형성했다. 가족과 집단 안에서 자주 접촉하는 상대방은 나에 대한 거울로 작동한다. 그를 통해 나는 누구인가, 나는 왜 그처럼 하지 못하는가라는 질문을 던졌고, 때로 그를 닮으려 했다. 집단의 울타리를 벗어난 타자는 대개 약탈자나 감염자, 폭력을 행하는 가해자였기에 공포의 대상이다. 하지만, 때로 타자는 새로운 지혜나 양식과 약초를 가져오는 이였기에 환대의 대상이기도 하다. 타자의 아픔에 공감하고 배려하면서 인격을 도야하고 공존의 윤리를 추구했다. 더 나아가 공동체를 위한 규약, 윤리, 도덕 등이 형성되었다.

불안은 나태와 감각적 만족 상태에 안주하지 않고 사유하고 행동하게 하는 동력이다. 불안하기에 게으름에서 벗어나 부지런히 원인을 탐색하고 원인을 없애거나 바꾸어서 안정, 안전, 평화, 행복을 구현하는 길을 모색했다. 불안하기에 세계의 부조리에 대해 의문을 던지고 세계 속으로 깊이 들어갔다. 불안을 느낄 때마다 자신을 돌아보았으며 때로는 타인이나 신과 관계맺기를 통하여 이에서 벗어나려 했다.

고통의 기억을 통하여 고통을 되풀이하지 않는 길을 모색했다. 이는 고통의 원인을 찾는 사유로 이어졌고, 고통의 원인이 개인, 타인, 집단, 사회, 세계로 확대되면서 사유는 점점 깊어졌다. 나만이 고통스러운 것이 아니라 모두가 고통스러운 것을 알게 되자, 이는 인간과 삶에 대한 보편적 인식으로, 타자의 고통에 대한 공감과 자비로 이어졌다.

무엇보다 인류는 기호의 매개를 통하여, 은유와 환유를 통하여 수많은 의미를 만들고 세계를 구성했다. 기호 없이 사고도, 세계도, 진리도 없다. 무의식 또한 꿈을 통해 텍스트를 만들고, 인간은 이를 해석하며 의식의 장에서 드러나지 않았던 세계를 들여다보았다.

예술에서
은유와 환유

들판의 소처럼 강한 놈을.[46]

왜 당신의 뺨은 홀쭉하고 당신의 얼굴은 수심에 찼는가?[47]

길가메시는 기원전 2,600년경 활동한 고대 메소포타미아 수메르 왕조 초기 우루크 제1왕조의 길가메시 왕의 영웅적 활동을 기술한 서사시다. 지금까지 기록으로 전해진 것으로 연대를 확인할 수 있는 것 가운데 세계 최초의 신화다. 위에서 엔키두는 길가메시의 강함과 소의 강함 사이에 유사성의 유추를 하여 길가메시가 소처럼 강하다고 표현하고 있다. 위의 문장에서 술집 여인 시두리는 엔키두의 죽음

---

46 『길가메쉬 서사시』 제2석판 제6단, 한국성서고고학회, 『성경고고학』 제6호, 1995. 28쪽.
47 위의 책, 제10석판 1단, 39쪽.

으로 상심한 길가메시를 보자, 뺨이 홀쭉하다며 몸의 한 부분으로 몸 전체가 여위었다는 환유의 비유를 활용하고 있다.

아래 사진은 베레카트 람의 비너스The Venus of Berekhat Ram이다. 23만 년 전에 만들어진 것으로 추정되는데, 투박하기는 하지만 당시의 인류가 생각한 미인상을 조각한 것이다.[48] 다만, 당시에는 풍요와 다산多産이 중요한 가치였으므로 당대의 미인은 가슴과 엉덩이가 커야 했다. 이 때문에 과장하여 조각한 것으로 보인다. 이를 통해 인간이 23만 년 전부터는 생존에 급급한 삶에서 벗어나 아름다운 것을 추구하고 이를 형상화하기 시작한 것으로 유추할 수 있다.

그러다가 5만 년 전부터는 본격적으로 동굴벽화를 그렸다. 인도네시아 칼리만탄 석회동굴 벽화(5만 2,000년 전)는 아직 연대가 확실히 밝혀지지 않았지만, 인도네시아 술라웨시 섬 남부의 '리앙 불루 시퐁 4'의 동굴벽화는 4만 3,900년 전에 그려졌다는 사실이 2019년 12월에 『네이처Nature』지에 게재되면서 공인되었다. 이 동굴엔 물소와 멧돼지 등의 사냥 장면이 그려져 있다. 사냥하는 사람들을 보면 반인반수의 형상을 하고 있다. 이는 인류 최초의 스토리텔링이자 비유적 표현이 담긴 예술

베레카트 람의 비너스(The Venus of Berekhat Ram)

---

48 〈위키피디아〉 영어판, 'The Venus of Berekhat Ram' 항목.

작품이다.[49] 이어서 스페인 북부 엘 카스티요 동굴벽화(4만 8,000년 전), 인도네시아 동남부 술라웨시 섬 마로스 동굴벽화(3만 9,000년 전), 프랑스 쇼베Chauvet 동굴벽화(3만 2,000년~3만 년 전)가 발굴된 것을 보면, 5만 년 전부터 아시아와 유럽에 살던 인류는 비슷한 기법으로 동굴에 벽화를 그렸다.

다음 사진은 쇼베 동굴의 그림이다. 이를 보면 더 안전하고 풍요로운 사냥을 기원하는 주술적 요인으로 그림을 그렸다는 곰브리치의 주장에 의심을 하게 된다. 동물의 묘사가 매우 사실적이면서도 살아 움직이는 것처럼 역동적이다. 긁기, 파기, 찍어내기, 뿌리기 등 다양한 기법을 구사하고 원근법도 표현하고 동굴의 요철을 이용하여 입체적으로 그림을 그렸다. 400여 동물 가운데 대다수가 사자, 코뿔소, 곰 등 사냥하지 않는 동물이다. 무엇보다 그린 이는 동굴에 거주하는 사람이 아니다. 그는 곰이 우글거리는 굴에 들어가 화로를 피워 상당량의 목탄을 만들어 사용하며 지속적으로 그림을 그렸다. 이 동굴에는 3만 6,700년에서 3만 4,100년 전 사이의 그림으로 추정되는 스프레이 모양의 그림도 있는데, 이는 3만 년에서 4만 년 전 사이에 바비바헤Bas-Vivarais 지역에서 발생한 화산 폭발을 묘사한 것으로 보인다.[50]

---

49 영국 그리피스대학과 인도네시아 국립고고학연구센터 공동 연구팀은 석회암이 물에 녹아 벽화 표면에 쌓여 이룬 막의 연대를 우라늄 방사성 동위원소 측정법으로 측정한 뒤에 이를 바탕으로 막 속에 붉은 염료로 그려진 벽화의 제작 연대를 간접적으로 추정했다. (Maxime Aubert·Rustan Lebe·Adhi Agus Oktaviana·Muhammad Tang·Basran Burhan·Hamrullah·Andi Jusdi·Abdullah·Budianto Hakim·Jian-xin Zhao·I. Made Geria·Priyatno Hadi Sulistyarto·Ratno Sardi·Adam Brumm, "Earliest hunting scene in prehistoric art," *Nature*, 11 December 2019.)

50 Sébastien Nomande et al., "A 36,000-Year-Old Volcanic Eruption Depicted in the Chauvet-Pont d'Arc Cave," *PLOS ONE*, V. 11 No. 1, 2016, pp. e0146621. Fig. 3.

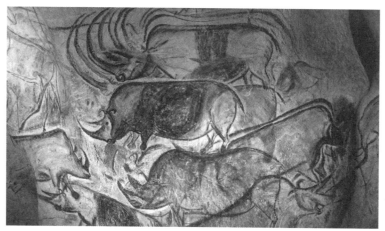
쇼베 동굴벽화

곰을 퇴치하기 위한 창도 발견되었다. 그는 자신이 본 동물들의 아름다움과 생명력을 표현하기 위하여 곰이 우글거리는 굴에 들어가서 서의 목숨을 걸고 그림을 그렸던 것이다.[51] "스티븐 오펜하이머에 따르면, 30만 년 전 아프리카의 고 호모 사피엔스는 자루를 단 양식3 도끼를 만들었고, (…) 28만 년 전에는 안료를 캤고, 13만~10만 5,000년 전에는 남아프리카에서 구멍 뚫린 조개껍데기를 장신구로 사용했고, 10만 년 전에는 적철광 연필을 제작했다."[52]

아름다움은 훗날 우리의 기준이고, 아름다움과 전혀 상관이 없이 더 많은 사냥물과 수확을 위하여, 신을 경배하기 위하여, 의미와 이야기를 집약하기 위하여 무엇인가 새기거나 그렸을 수도 있다. 하지

---

51 H. Valladas et al., "Evolution of prehistoric cave art," Nature, V. 413 No. 6855, 2001, p. 479. https://donsmaps.com/chauvetcave.html 참고함.
52 피터 왓슨, 앞의 책, 62쪽.

만, 공작이나 꿩이 아름다운 깃털로 짝을 유혹하는 것처럼 성 선택이나 진화에서 기원하겠지만, 더 많은 사냥과 채취, 풍요, 안전을 기원하는 주술적 욕구나 아름다웠던 체험을 기억하여 재현하기 위하여 예술행위를 했을 것이다. 더 나아가, 지극히 아름다운 것을 만들어 미적 체험과 의미를 공유하기 위하여, 의미와 이야기를 더 다듬기 위하여, 아름다운 것을 만드는 것을 통해 자신의 존재를 드러내기 위하여, 자연과 하나가 되는 평안함에 이르기 위하여, 초월하기 위하여 예술 행위를 했을 것이다.

원시적인 형태지만 종교도 발생한다. 네안데르탈인도 매장을 했지만, 2013년과 2014년 사이에 남아프리카의 라이징 스타Rising Star 동굴 일대에서 최소 15인 이상 집단 매장을 한 유골이 발굴되었다. "호모 날레디homo naledi는 약 23만 6,000년에서 33만 5,000년에 출현하였으며 현생 인류와 같은 시간, 같은 장소에 살았던 것으로 보인다."[53] 호모 날레디가 장례의식을 행했는지는 확실한 증거가 없기에 아직 논란 중이다. 네안데르탈인이 매장한 곳에 꽃가루가 발견되어 꽃가루를 껴묻거리[부장품]로 사용했다는 것도 설치류가 옮겨 놓은 것일 수도 있다.[54] 코끼리가 장례식을 치르는 것을 보면, 인간 또한 훨씬 오래 전부터 죽음을 인식하고 이를 상징화하는 의식을 행하였을 수도 있다.

하여튼, 인류는 수십만 년 전에 매장을 한 후에 언제부터인가 장

53 Lee R. Berger·John Hawks·Paul Dirks, Paul Elliott·Eric M Roberts, "Homo naledi and Pleistocene hominin evolution in subequatorial Africa," *eLife*, v. 6, 2017, p. 1.
54 Paige Madison, "Who First Buried the Dead?," *Sapiens*, 16 Feb. 2018. /https://www.sapiens.org/culture/hominin-burial/

례식을 치르고 껴묻거리를 함께 묻었다. 이는 은유의 확장이다. 현실의 세계 너머에 현실에서 유추한 사후세계를 상상한 것도, 꽃을 망자, 혹은 사후세계를 지배하는 자에 대한 선물이나 매개체로 삼은 것도 은유다. 그 후 인류는 죽음 너머에 현실과 유사한, 혹은 현실에서 고통과 불행이 제거된 유토피아로서 사후세계가 있다고 상상하여 죽은 자를 그 세계로 보내는 장례식을 치르고 그 매개체로 껴묻거리를 함께 묻었다.

이후 인류는 새로운 실존과 상상을 하게 되었다. 인류는 죽음을 생각하면서 언제인가 죽어서 사라진다는 '유한성'에 대한 인식을 하였고, 이는 한편에서는 죽음에 대한 두려움과 공포를 낳았고, 한편에서는 죽지 않았을 때 현실의 삶을 어떻게 살 것인가에 대한 실존적 인식으로 이어졌다. 현실의 삶은 사후세계로 이어져, "죽음이 끝이 아니라 사후세계에 가서 잘 살 수 있다." 아니면, "사후세계에서 우리는 영원할 수 있다." 등에 대해 상상하기 시작했다. 이런 상상은 한편으로 사후세계에서 잘 살려면 현생의 삶을 잘 살아야 한다는 도덕과 윤리적 정언명령으로 작동했을 것이다. 또 한편에서는 비천하고 유한한 삶에서 거룩하고 무한한 삶으로 지향하는 힘으로 작용하였을 것이다. 이렇게 하여 종교, 철학, 윤리가 원시적인 형태에서나마 싹틀 수 있었다. 처음에 인류는 이를 신화에 담았다. 그러기에 신화는 종교, 철학, 윤리적 가르침으로 가득하다. 점점 집단이 커지고 복잡해지며 정치와 권력이 필요해지자 인류는 이를 기록에 담아 전했다. 기원전 1,750년 경의 함무라비 강령을 담은 바빌로니아 기둥, 모세의 십계명을 기록한 히브리 성경(구약성서), 기원전 268년부터 232년경 사이에 아쇼카 대왕이 인간에 대한 윤리만이 아니라 죽이지 말아야

할 동물까지 열거한 아쇼카 석주the pillars of Ashoka 등이 지금까지 현존
하는 대표적 유물들이다.

5. 농경혁명과 경제생활기

농경혁명,
구석기 시대에 이루어지다　　인류는 언제부터 농경을 시작했을까?
흔히 농경혁명이 신석기 시대에 이루어졌다고 보며 신석기, 토기의
제작과 함께 신석기 혁명이라 부른다. 하지만, 인류는 구석기 시대
후반기인 1만 4,000년 전에는 농경을 하기 시작했다.[55] 인류는 야생
의 쌀이나 밀, 귀리, 수수, 감자를 채취하여 가져오다가 흘린 것이 그
다음 해에 싹이 나고 열매를 맺는 것을 보고 경작이란 것을 오래 전
부터 착안하였을 것이다. 하지만, 경작의 원리를 알고도 선뜻 농경
을 하지 못했다. 왜냐하면 구석기 시대에서 무리의 인구가 적은데 비
하여 경작보다 수렵채취가 생산성이 더 높았기 때문이다. 짧은 시간
에 손쉽게 들과 숲에서 먹을 만큼 양식을 채취할 수 있는데, 굳이 세
계절에 걸쳐서 오랜 시간 동안 힘을 쓰고 마음을 기울여 농사를 지을
필요가 없었을 것이다. 한마디로 노동의 수고가 두 배 이상 더 들고
여가 시간은 절반 이하로 줄어드는 농경은 '밑지는 장사'였다.
　그러다가 대략 1만 4,000여 년 전에 인류는 농경을 시작했다. 간빙
기 이후 온난해진 기후 덕에 동물이 번성하고 숲도 울창해졌다. 먹

55　1만 4,000년 전부터 농경을 했다는 것은 뒤에서 논증함.

을 것이 많아지자 인구가 늘었다. 인구가 일정 수준을 넘자 수렵채취보다 경작의 생산성이 더 높게 되었다. 아마 기후변화를 겪으면서 좀 더 많은 식량의 저장 필요성도 느꼈을 것이고, 자연에 의존만 하지 않고 이를 인간의 목적과 의지대로 변형시켜서 열매들을 수확하려는 욕망이나 세계관도 작동하였을 것이다. 비슷한 시기에 세계 곳곳에서 농경이 시작되었다. "인도 아쌤이나 중국 윈난성에서 벼농사, 중국 양사오 지역에서는 조 등의 밭농사, 이란과 터키에서는 밀농사, 서아프리카에서는 수수 농사, 남미에서는 감자와 옥수수 농사가 본격적으로 시작되었다."[56]

덴마크 코펜하겐대학 연구팀은 요르단 북동쪽 블랙 데저트Black Desert에서 1만 4,400여 년 전에 살았던 집터 화로 유적에서 숯으로 변한 빵조각들을 다수 발견했다. 여기에 거주한 나투피안Natufian인들은 외알밀, 보리, 귀리 등을 갈아서 반죽을 한 다음 돌로 된 화로에 넣고 재를 덮어 익혀서 먹었던 것이다. 인류가 이미 1만 4,000여 년 전부터 빵을 먹은 것은 확실하지만, 이 빵의 원료가 채집한 야생 밀인지 농사를 짓는 경작 밀인지에 대해서는 확정할 수 없었다.[57] 나투피안Natufian이 수렵채취인이라는 점에서 보면 전자가 타당하고, 빵이라는 곡물의 혁신적인 이용법이 농경의 산물이라는 면에서 보면 후자가 타당하다. 물론, 거꾸로 빵이라는 새로운 곡물 이용 방식이 농경을 촉진했을 수도 있다.

---

56 피터 왓슨, 앞의 책, 87~88쪽.

57 Amaia Arranz-Otaegui·Lara Gonzalez Carretero·Monica N. Ramsey·Dorian Q. Fuller·Tobias Richter, "Archaeobotanical evidence reveals the origins of bread 14,400 years ago in northeastern Jordan," *PNAS*, July 31, 2018. 115(31), pp. 7925~7930.

제1장 의미로 읽는 인류사 1 __ 071

나투피안(Natufian)인의 집터 유적

한반도에서도 이미 1만 2,500여 년 전에 쌀을 경작하기 시작했다. 1997년과 1998년에 충북 청원군(현 통합 청주시) 옥산면 소로리의 구석기 유적의 제4지층 토탄층에서 찍개, 긁개 등의 구석기 유물과 고대 벼와 유사벼 등 소위 '소로리 볍씨'가 출토되었다. 서울대학교 AMS(방사성탄소연대측정) 연구실과 미국의 지오크론 연구실Geochron Laboratory에 이어서 미국 애리조나대학의 '미국과학재단NSF 애리조나 가속기질량분석AMS 연구소'는 출토된 볍씨와 토탄의 절대연대 값은 각각 1만 2,520년(±150년)과 1만 2,552년(±90년) 전의 것으로 측정했다.[58] 이는 중국 후난성에서 출토된 약 1만 1,000년 전의 볍씨보다 1,000여 년이나 앞선 것이다.

---

58 박태식·이융조, 「소로리(小魯里) 볍씨 발굴(發掘)로 살펴본 한국(韓國) 벼의 기원(起源)」, 『농업사연구』, Vol. 3 No. 2, 2004, 119~132쪽.

그렇다고 한반도를 벼농사의 기원지라고 볼 수는 없다. 인도의 아샘 지방이나 중국의 윈난 성에서 야생 벼를 경작하기 시작하였고, 이것이 동남아시아와 한반도로 전달되었다. 동남아에서는 쌀알이 길고 찰기가 부족한 인디카indica로, 동아시아에서는 쌀알이 동그랗고 찰기가 많은 자포니카japonica로 진화하고 정착했다. 그러기에 기원지에서 더 오래된 볍씨가 아직 발견되지 않았다고 보는 것이 상식이다. 한반도에 야생 벼는 없기에 소로리 볍씨는 반半 재배에서 농경으로 넘어가는 과도기인 순화馴化, domestication 과정의 벼로 한국 재배 벼의 조상 벼인 것으로 추정할 수 있다. 무엇보다도 벼는 물을 댄 밭인 논을 만들지 않으면 안 되며 경작의 노하우도 필요하다. 자연 상태의 땅을 변형시켜서 논으로 바꾼다는 것은 엄청난 혁신이다. 그러기에 귀리 등 밭작물의 농사가 쌀농사보다 훨씬 더 앞선 것으로 본다. 신석기 시대 유럽에서 문명의 전파 속도가 1년에 600미터에서 1.3킬로미터였던 것을 감안하면,[59] 4,500킬로미터나 2,600여 킬로미터 떨어진 인도의 아샘 지방이나 윈난성에서 한반도로 쌀과 농경법이 전래되는데 최소로 잡아도 2,000년은 경과하였을 것이다. 이런 요인들을 감안하면, 인류는 기원전 1만 4,000년 전부터 농경을 했을 것이다. 이렇게 후기 구석기 시대부터 도구의 혁신을 이룩하고 농경을 하면서 좀 더 큰 단위의 사회를 형성한 것으로 보인다.

---

59 Ron Pinhasi1, Joaquim Fort, Albert J. Ammerman, "Tracing the Origin and Spread of Agriculture in Europe,", PLoS Biology, 3(12). 2005., p. 2220.

인류 최초의 농부는

무레이벳인　소로리를 제하면, 세계 인류학계나 고고학계에서 지금까지 발굴된 유적 가운데 최초의 농경과 목축은 현재의 시리아 북부의 텔 무레이벳Tell Mureybet에서 행해진 것으로 본다. "이들은 기원전 1만 200년에서 8,000년 사이에 사냥을 하다가 모여 마을을 이루었다. 2,000년에 걸친 긴 역사를 크게 4단계로 나누면 단계별로 차이가 나지만, 그들은 가젤, 얼룩말, 들소를 사냥하고 물고기를 잡아먹는 등 사냥과 채집을 하면서도 보리와 호밀, 외알밀, 마디풀을 경작하였고, 개와 양과 염소를 가축으로 사육했다. 낫을 이용하여 추수를 하고 맷돌을 이용하여 갈아서 요리를 하여 먹었다. 지모신을 조각했다."[60] 이들은 많은 곡식을 내려준 대지의 신에게 감사하는 신앙을 가졌고 의례도 행한 것으로 보인다.

이렇게 농경이 이미 구석기 시대 후반에 시작되었지만, 인류의 생활과 사회를 새로운 지평에 놓이게 할 정도로 변화를 준 결정적인 동인은 신석기와 토기의 제작이다. 신석기는 일방적으로 자연의 지배를 받으며 이에 적응하던 인류가 본격적으로 사회생활을 하며 자연에 도전하기 시작한 전환점이었다. 인류는 변덕이 심한 기후에 맞서서 여러 대안들을 모색했다. 인간은 돌과 뼈를 정교하게 갈고 다듬어 낫, 삽, 보습, 괭이 등을 만들어 들의 돌을 치우고 풀과 나무를 뽑거나 베고 땅을 갈아엎어 밭으로 만들고, 늪에서 갈대와 수초를 뽑아내거나 베고 평평하게 펄을 골라서 논을 만들었다. 작은 연못과 수로를

60　Peter M.M. · G. Akkermans · Glemn M. Schwartz, *The Archaeology of Syria-From Complex Hunter-Gatherers to Early Urban Societies*, Cambridge: Cambridge Univ. Press, 2003, pp. 49~57. 참고함.

만들고, 추위나 더위, 가뭄에 강한 곡식을 선별하였다. 곡식도 처음에는 날로 먹다가 차츰 익혀 먹었으며, 나중에는 농사를 지은 곡식을 낫으로 베어 가지고 와선 껍질을 벗기거나 맷돌에 간 다음 불로 익혀서 밥과 빵, 떡을 만들었다. 개와 염소, 양을 기르며 거기서 젖, 가죽, 고기를 얻어 활용했다. 익혀 먹으면서 영양분의 소화 흡수율을 획기적으로 높이고 기생충과 병균의 감염 확률은 낮추게 되었으며, 농경과 목축, 요리로 인하여 탄수화물과 단백질을 안정적으로 섭취하였다. 흙을 빚어 토기를 만들어 종자를 보관하거나 요리하는 데 활용하고, 창고를 지어 잉여농산물을 저장하였다. 정교한 언어를 구사하여 소통했으며, 무엇보다도 문자를 만들어 뇌 이외의 곳에 기억을 정박하고 지혜를 전승했다.

차탈회유크인, 평등한 공동체를 건설하다

서아시아와 유럽에서 텔 무레이벳에 이어서 경이적인 농경문화를 이룬 곳은 터키의 차탈회유크Çatalhöyük이다. 차탈회유크 유적 중 동쪽 언덕의 유적은 기원전 9,400년에서 8,000년 사이의 신석기 주거지이고, 서쪽 언덕은 기원전 8,000년 전에서 7,700년 전까지 석기 시대에서 청동기로 넘어가는 과도기의 주거지였다. 제임스 멜라아트James Mellaart가 1958년에 발굴했고, 이 사람이 유물을 훔치다가 터키 당국에 적발되어 추방당한 1993년 이후에 그 밑에서 보조 역할을 하던 이안 호더Ian Hodder가 발굴의 책임자로 나섰다. 수십 년에 걸쳐 발굴했음에도 아직 1/10도 발굴하지 못했다. 그럼에도 차탈회유크인들이 33.5 에이커 땅에 3,000에서 5,000명이 집단 정착생활을 하였음이 밝혀졌다. 이들은 들소를 사냥하고 채집

차탈회유크 유적의 집터

을 하면서 밀과 콩, 아몬드를 재배했고 양과 염소를 길렀다. 그들은 멀리 홍해에서 조개, 메소포타미아에서 대추야자, 카파도키아에서 흑요석을 가져올 정도로 장거리 교역도 했다.

공동의 집터가 발굴되었는데, 한 집당 5~10인이 거주한 것으로 보인다. 위의 사진처럼 집들이 붙어 있고, 집 사이의 골목은 거의 없고 지붕을 통하여 드나들었다. 집은 진흙벽돌로 두께 1.3피트, 8~10피트 높이로 지은 다음에 석회로 깨끗하게 마감했고, 지붕은 나무로 보를 깐 다음 갈대를 얹어 보온을 하고 다시 진흙을 덮었다. 집에는 화덕을 설치하여 요리를 하고 벽난로를 이용하여 난방을 하였으며, 들소의 머리, 독수리가 고기를 먹는 장면이나 여러 사냥 장면을 묘사한 벽화로 장식했다. 집과 집이 붙어 있고 따로 길을 내지 않았기에 옥상이 실제 길이었으며, 천장에서 방으로 놓인 사다리, 집 옆의 계단과 문을 통하여 출입했다. 죽은 사람은 마루 아래에 머리와 신체를 분리하여 묻었으며, 조상의 머리를 꺼내 만지면서 그의 품성과 행적을 기억했다. 공공장소, 행정건물, 엘리트의 주택이나 숙소에 관련한 증거를 찾을 수 없었다. 집은 물론, 집 안의 곡식 저장고의 크기도 거의 같았다. 폭력의 흔적도 발견되지 않았으며, 남녀 차별도 없었다. 치아의 DNA를 분석했더니 여러 가족의 유전자가 뒤섞여 있었다. 공동육아를 한 것이다.[61]

　이처럼 차탈회유크인들은 수천 명이 무리를 지어 농경과 수렵을 함께하면서도 따로 지도자나 엘리트집단을 만들지 않은 채 공동생산하고 분배하며 똑같은 집에서 같은 것을 소유하면서 평등하고 민주적인 공동체를 형성했다. 차탈회유크의 발굴로 세계학계의 기존 정설을 수정하게 되었다. 이전에는 농경혁명으로 생산력이 증가하여 잉여생산물의 축적과 이로 인한 계급 분화와 권력 차이가 발생하고, 신분과 불평등, 이로 인한 갈등을 은폐하면서 사회 구성원들을 통합하기 위한 방편으로 종교가 형성되었다고 보았다. 종교가 먼저인가, 농경이 먼저인가 하는 점에 대해서는 다음 장에서 서술하기로 하고, 여기서는 차탈회유크가 농경을 하면서 어떻게 민주적이고 평등한 공동체를 형성했고 이것이 어떻게 파괴되었는가에 대해 알아보자.

　차탈회유크가 공동체를 형성하고 유지한 동인은 무엇인가. 이에 대해 차탈회유크를 25년 동안 발굴하고 관련된 논문과 저서를 꾸준히 발표하여 이에 관한 한 최고의 고고학자로 평가받는 이안 호더

61　지금까지 차탈회유크에 대한 기술은 Ian Hodder, "This old House," *Natural History Magazine*, June 2006과 Ian Hodder, "More on history houses at Çatalhöyük: a response to Carleton et al," *Journal of Archaeological Science*, Vol. 67, March 2016, pp. 1~6을 참고함.

는 "(20여 년 이상 발굴하고 분석한 결과) 차탈회유크에는 역사 주택, 다매장 주택, 정교한 주택, 기타 등 네 종류의 주택이 있었으며, 역사 주택에서는 마루 아래에 조상을 신체와 머리를 분리하여 매장하였고 그 거주자들은 수시로 두개골을 꺼내어 그와 그의 행적을 기억했다. 역사주택만큼은 벽의 1/3가량만 부수고 그 위에 계속 새로 지었다. 이런 신앙이 그들을 하나로 결속시켜주었을 것이다."[62]라고 말한다. 호더의 주장대로, 조상에 대한 공동의 신앙, 조상에 대한 기억의 공유와 전승, 공동의 의례를 통하여 이 공동체는 잘 유지되었을 것이다. 하지만 이것만으로는 부족하다. 필자는 여기에 몇 가지 요인을 추가한다. 공동생산하고 공동분배하는 시스템이 갈등을 최소화하였다. 공동으로 육아하고 식사를 하며 이들은 공감과 유대를 향상시켰다. 벽화를 통해 유추하면 서로 사냥하고 농사를 지으며 의미를 공유하였다. 이런 모든 것이 어우러져서 차탈회유크는 오랫동안 평등한 공동체를 유지한 것이다.[63]

이 공동체는 잘 유지되었을까, 아니면 해체되었을까. 중기 시대인 서쪽 언덕의 20곳의 건물에 있는 2,429개 석재 가공품을 분석한 결과, 석재도구와 조리 기구에서는 대략 평등한 것으로 나타났지만, 맷돌 등의 도구는 자급자족할 수 없었고 불평등하게 분배되었다. 이런 자료들로부터 차탈회유크가 점점 커짐에 따라 평등 사회였던 것이

---

62 Ian Hodder, ibid., pp. 1~6 요약함.
63 나중에 2부 2장, '인공지능의 쟁점 1 — 인간 본성의 프로그래밍'에서 상세히 기술하겠지만, 인간이 서로 선을 키우는 방안은 ① 노동과 생산의 분배를 관장하는 체제, ② 타자에 대한 공감, ③ 의미의 창조와 공유, ④ 사회 시스템과 제도 ⑤ 종교와 이데올로기 ⑥ 의례와 문화 ⑦ 집단 학습 ⑧ 타자의 시선 및 행위, ⑨ 수행, ⑩ 법과 규정 ⑪ 지도자 등 대략 열한 가지다.

서서히 다른 사회로 변화하였음을 유추할 수 있다.[64]

그럼, 무엇이 공동체를 해체하였을까. 생물고고학bio-archaeology을 도입하여 차탈회유크의 유골과 잔존한 동물의 뼈, 곡물, 박테리아나 바이러스의 유전자와 단백질에 대해 분석한 클라크 스펜서 라센Clark Spencer Larsen 교수 등의 연구에 따르면, 이 평등한 공동체를 해체한 요인은 바로 인구 증가다.[65] 농경을 하고 목축을 하면서 식량공급이 증가하자 이에 맞추어 인구가 늘었다. 중기에 접어들어 차탈회유크인들의 인구가 주변의 자연과 조화를 이루며 공존할 수 있는 임계점을 넘어서자 여러 가지 문제가 일어났다. 가축이 늘자 풀이 부족한 탓에 먼 풀밭을 찾아 이동해야 했고, 이로 많은 시간과 에너지가 소모되었다. 대변과 쓰레기가 순환할 수 있는 한계를 넘자 마을을 더럽혔다. 거기에 있던 벌레와 병균, 가축에 기생하던 바이러스나 박테리아가 인간에 옮겨지면서 전염병에 걸릴 확률을 높였다. 외알밀, 귀리 등 농경을 한 곡물, 특히 탄수화물에 과도하게 의존하면서 건강의 질이 떨어졌다.

이렇게 노동과 생활에 대한 스트레스가 증가하자 발굴된 93개의 두개골 가운데 25개에서 골절이 발견될 정도로 폭력 또한 증가했다. 대다수가 점토 공으로 머리를 맞은 자국이 있었다. 93명 가운데 12명(13%)은 부상 재발자로서 일정 기간 동안 두 건에서 다섯 건의 부상

---

64 K.I. Wright, "Domestication and inequality? Households, corporate groups and food processing tools at Neolithic Catalhoyuk," *Journal of anthropological archaeology*, v.33, 2014. pp.1~33.

65 기존의 고고학은 유물과 유적의 퍼즐을 기반으로 다분히 상상력에 의존하여 해석하였기에 과학적 객관성이 다소 부족했다. 반면에, 생물고고학(bio-archaeology)은 생명공학을 활용하여 유골과 곡물, 잔존한 박테리아나 바이러스의 유전자와 단백질 등에 대하여 과학적 분석을 한다.

을 입었다. 남녀평등도 무너져 가부장제가 강화했다. 폭력도 13 대 10으로 여성 부상자가 조금 더 많았으며, 부상의 재발이 가장 많은 집단은 성인 여성이었다.[66]

물론, 더 많은 모집단을 가지고 공동체를 유지하던 종교, 공동생산과 분배 시스템, 가옥구조, 공동육아와 식사, 의미의 공유 등의 요인이 어떻게 변화하였는가에 대하여 하나하나 정밀하게 분석해야 총체적인 분석과 합당한 결론을 끌어낼 수 있을 것이다. 그럼에도 현재까지의 연구만 보더라도, 인구 증가 등의 요인으로 자유롭고 평등한 이상적인 공동체였던 차탈회유크가 서서히 경쟁 사회와 가부장적인 권력 사회로 바뀌고 마침내 몰락했다고 잠정적으로 결론을 내릴 수 있다. 이런 사실은 농경사회가 공동체를 형성하지 못한 채 계층사회로 변질된 이유를 잘 설명할 뿐만 아니라 20세기 이후 도시화와 환경 파괴의 결과와도 흡사하여 시사하는 바가 많다.

농경시대, 인류 3대 재앙이 시작되다

이처럼 인간이 광합성과 번식을 조절하여 생산하는 농경과 목축을 하면서 혁명적인 변화가 일어난다. 물질적이고 생산적인 노동이 본격적으로 시작되면서 잉여 생산물이 생겼다. 하지만, 농경을 도입한 이후 계급이 생기고 불평등사회가 되었다는 기존의 학설들은 수정되어야 한다. 인류는 농경을 한 이후에

---

66 Clark Spencer Larsen et al., "Bioarchaeology of Neolithic Çatalhöyük: Lives and Lifestyles of an Early Farming Society in Transition," *Journal of World Prehistory*, April 2015.; Clark Spencer Larsen et al., "Bioarchaeology of Neolithic Çatalhöyük reveals fundamental transitions in health, mobility, and lifestyle in early farmers." *PNAS*, June 25, 2019. 116(26). 두 논문을 발췌함.

도 8,000년이라는 긴 시간 동안 평등한 공동체를 유지했다.

그럼 무엇이 평등한 공동체를 해체하고 계급을 구성하게 했을까? 이는 크게 세 가지, 곧 쟁기농법이라는 새로운 기술과 인구 증가, 기후변화다. 인류는 기원전 4,000여 년 무렵에 쟁기를 소에 걸쳐서 논과 밭을 가는 농법을 개발하였고, 이는 21세기 오늘날까지 이어지고 있다. 2019년에 에이미 보가드Amy Bogaard 등 국제연구팀은 "유라시아 지역의 150곳에 달하는 고고학 유적지에서 얻은 데이터를 분석하여 지니계수Gini coefficient를 측정한 후에 기원전 4,000년경을 기점으로 유라시아에서 불평등이 본격적으로 나타나기 시작했으며, 그 주요 요인은 소가 끄는 쟁기농법이라고 밝혔다. 쟁기농법을 활용한 농부는 다른 농부보다 10배 더 경작할 수 있었다. 이들은 너른 밭을 갈고 기후변화에 강한 농작물인 보리와 밀을 심었다. 노동이 생산의 주요 투입 요소인 한, 가족이 농작물 생산을 위해 배치할 수 있는 노동의 양이 크게 다르지 않기 때문에 불평등은 제한적이었다. 가장 중요한 투입 요인이 토지가 되었을 때, 토지와 다른 물질적 부의 형태가 여러 세대에 걸쳐 축적되어 이전될 수 있었기 때문에 가족 간의 차이가 커졌다. 농업 기술과 재배 유형의 전환으로 토지의 가치가 증대하고 평가절하된 노동력도 향상시켜 불평등을 증가시켰다. 토지가 많은 가족은 부유해지고 토지가 없는 가족은 가난해졌다."[67]

이 주장에 대체로 동의하지만 보완할 것이 있다. 이 주장은 상당

67 Mattia Fochesato·Amy Bogaard·Samuel Bowles, "Comparing ancient inequalities: the challenges of comparability, bias and precision," *Antiquity*, Volume 93, August 2019, pp. 853~869. ; Amy Bogaard et al., "The Farming-inequality nexus: new insights from ancient Western Eurasia," *Antiquity*, Vol. 93, October 2019, pp. 1129~1143.

히 설득력이 있고 토지라는 사회경제적 요인도 감안하고 있지만, 전반적으로 기술결정론의 오류를 반복하고 있다. 이는 인구, 사회 제도, 기후 등 다른 변인을 무시하고 있다. 다른 무엇보다 쟁기를 가진 농부가 공동체를 이탈하여 사적 이익을 취하였다는 전제가 성립하지 않는다. 엘리너 오스트롬Elinor Ostrom이 여러 공동체를 조사하여 밝힌 대로, 우리가 흔히 알고 있는 개럿 하딘Garrett Hardin의 '공유지의 비극'은 신화나 이데올로기다. 공동체에서 가장 두려운 일은 추방당하는 일이기에 사리사욕보다 공동체의 이익을 더 앞세우며, 각자의 당면 상황이나 사적인 이익보다 공유자원의 장기 보존을 더 중시한다.[68]

인류 사회가 불평등 사회로 바뀐 뒤에도 평등한 공동체는 곳곳에 존속했다. 우리나라의 농촌을 보더라도 1970년대까지도 두레를 조직하고 품앗이를 하며 소나 경운기를 서로 빌려주었다. 지역에 따라 1960년대까지 존속했던 한국 농촌의 두레 공동체를 보면, "과부, 노인, 환자가 있는 집안, 어린아이가 있는 집의 농사는 두레에서 거들어주었다. 마을 조직에서 보이는 큰 특징은 우선 평등의 원칙이다. 마을 구성원은 누구나 동등한 책임과 권한을 가지면서 참여하고, 권익을 분배받는다. 상부상조의 부담이나 지원, 호역의 균등한 분배, 공동 노역 등등에서 마을민은 동등하다. 이는 물리적 단순 평등이 아니다. 두레는 더 상위의 공평公平을 추구했다. 경제적 능력과 신분, 기타 공지되는 능력에 따라 공평의 지혜와 자율적 참여를 보장했다. 예

---

68 Elinor Ostrom, *Governing the Commons: The Evolution of Institutions for Collective Action*, Cambridge, The Cambridge University Press, 1990, pp. 58~102. 참고함.

컨대, 소지, 성금(모연), 걸굿, 두레 등에서 분등分等과 수분守分의 관념
적 룰이 존재했다. 그리고 그에 걸맞게 참여와 분담을 했다."[69] 이런
두레 공동체와 똑같지는 않았겠지만, 초기의 농경사회는 8,000여 년
동안 이와 유사하게 공동생산하고 공동분배하며 평등한 공동체를
유지했다. 이런 것에 비추어 보면, 당시 공동체에서는 소와 쟁기를
공동으로 소유하였을 것이다.

　하지만 차탈회유크의 사례에서 추정할 수 있듯, 공동체의 인구가
주변의 자연환경이 수용할 수 있는 한계치를 넘어서자 공동체의 유
대에 균열이 생기고 분배에 대해 불만이 싹트기 시작했다. 여기에 기
후변동이나 다른 종족의 약탈 등 외부적 요인도 작용했을 것이다. 그
전에는 개인의 차이가 있기는 하지만 이는 사소하였고 인구수에 비
례하여 생산물이 증가하고 분배와 소비도 그에 비례하여 행해지기
에 분배에 대한 불만이 발생하지 않았고, 더 많은 부를 축적하는 사
람도 없었다. 하지만, 쟁기와 소를 가진 자가 10배에 이르는 생산물
을 수확하자 가족의 수에 비하여 너무 많은 차이가 발생했다. 이런
토대에서 인구가 증가하여 임계점을 넘자 마을의 논과 밭, 숲의 한
정된 자원이 부족해지고 공동체의 구성원 사이에서 경쟁이 발생하
고 스트레스를 주었다. 여기에 기후변동까지 닥쳐서 흉작이 이어지
고 외부 약탈에 의하여 굶주림에 직면하자 각자도생을 하면서 이기
심이 이타적 협력을 넘어섰을 것이다. 쟁기를 가진 자들이 차츰 공동
체의 분배에 불만을 품고 더 많은 몫을 요구하였고, 다른 사람 또한
이들이 완전히 이탈하면 더 손해를 볼 것이기에 이 요구를 수용했다.

69　이해준, 「한국의 마을문화와 자치·자율의 전통」, 『한국학논집』 제32집, 2005, 229쪽.

쟁기농법을 활용한 이들이 10배의 밭을 경작하고, 그만큼의 생산을 하면서 더 많은 토지를 소유하게 되었다. 이러면서 사적 소유가 점점 자리 잡았다. 토지와 소를 더 많이 소유한 자가 더 많은 생산을 하고 더 많은 권력을 갖게 되자 권력에도 차등이 생겼다. 이것이 고착되고 구조화되면서 계급이 발생했다.

인구가 늘고 사람들의 역할 분담이 이루어지며 직업의 분화가 일어나고 차츰 엘리트 집단이 형성되었다. 또, 사람을 관리하고 통제하는 규율, 법, 제도가 제정되었다. 개인 차원에서는 소유에 대한 욕망과 협력 사이의 갈등과 타협이 본격적으로 시작되고, 사회 차원에서는 계급이 형성되고 계급에 따라 권력과 가치의 분배도 차등적으로 부여되면서 지배와 통치가 일반화했다. 가부장제가 점점 강화하면서 여성의 지위가 낮아졌고 집단 사이에 여자와 물질의 교환이 이루어졌다. 여자의 교환은 족외혼제를 만들고, 물질의 교환은 집단 사이의 교역 체제를 구성했다. 교환과 교역이 이루어지는 집단끼리는 평화적 공존을 했지만, 때로는 무력에 의해 다른 집단의 생산물을 강탈하면서 전쟁이 일어나기도 했다. 정교한 언어를 통해 소통을 하고, 문자를 만들어 기억을 정박시키고, 지혜와 문화를 전승했다. 이후 인류는 엄청난 속도로 문명의 발전을 이루게 된다.

수렵시대와 농경시대의 인류 가운데 누가 더 행복했을까? 우리는 흔히 '위대한 농업혁명' 운운하며 수렵시대에는 인류가 맹수에게 위협을 당하고 배를 곯고 상당히 미개한 상태에서 생존에 급급하였을 것이라고 추측한다. 하지만, 수렵시대에는 숲에서 얻을 수 있는 열매와 짐승에 비하여 인구가 적었기에 평균 4시간 정도만 필요에 따라 수렵이나 채취를 하고 나머지 시간에는 놀거나 휴식을 취했다. 자연과 공존하여 이를 파괴하는 일은 없었고, 생식에 의한 기생충 감염률은 높았겠지만 전염병은 없었으며, 700만 년 동안 수렵채취하는 것에 맞추어져 인간의 몸이 진화하였기에 성인병도 존재하지 않았으며, 다양한 식단으로 인하여 가뭄이 극심한 때를 제외하고는 영양상태도 좋았다.

반면에 인류는 농경을 하고 인구가 증가하면서 굶주림, 전쟁, 전염병 등 3대 재앙에 직면하게 되었다. 갈등이 고조되고 폭력도 발생했다. 선과 악, 이타와 이기가 공존하는 인간들이 수렵채취 사회에서는 선과 이타심을 서로 증장했고, 농경사회에서도 초기에는 공동체를 유지하였지만, 정착생활을 하고 인구가 증가하면서 경쟁이 늘어나고 스트레스도 증가했다. 쟁기농법 도입 이후 차등적인 생산과 분배가 이루어지면서 개인 차원이든 집단 차원이든 소유욕과 공유, 경쟁과 협력 사이의 갈등이 점점 커졌다. 수렵사회의 필요에 따른 노동은 사라지고 그 자리를 착취된 노동이 대체했다. 사회가 복잡해지고 쟁기 등 도구의 사용, 가축의 사육, 토지의 소유의 차이가 발생하면서 잉여생산물의 축적 사이에 차등이 생겼다. 이로 인해 가진 자와 가지지 못한 자가 나누어졌다. 가지지 못한 자의 노동은 진정한 자기실현의 노동과 거리가 멀었고 착취되는 노동이었기에 그들이 생산한 잉여가치는 부당하게 권력자나 주인이 가져가서 축적했다.

인간관계에 권력이 차등적으로 주어지면서, 엘리트들이 폭력을 독점하고 권력을 형성했다. 하층민들은 권력의 강제에 의하여 목숨까지 위협당하며 큰 돌이나 흙을 날라 성이나 둑을 쌓고 땅을 파고 물을 끌어들여 수로를 건설했다. 집단 전체의 생산물이 남아도는 상황에서도 가치와 생산물의 분배가 균등하게 이루어지지 않아 굶주리는 이들이 발생했다. 특히 가뭄이 오랫 동안 유지될 때에는 농산물의 절대량이 부족하고 분배의 왜곡이 더욱 심하게 발생하여 수많은 사람들이 굶주려 죽었다. 인류가 정착생활을 하면서 수렵채취에 맞추어진 인간의 육체는 병에 걸리기 쉬운 상태가 되었다. 덜 걸으면서 비만과 당뇨, 고혈압 등 성인병에 걸리기 시작하고 면역력이 떨어졌으며, 앉아서 노동을 하면서 척추가 휘어지고 디스크 같은 병에 걸리게 되었다. 탄수화물에 집중된 식단은 영양의 불균형 문제를 야기했다. 여기에 더하여 목축을 하면서 가축에 기생하던 바이러스와 박테리아들이 인수人獸 공통의 전염병으로 변이를 일으켜 인간을 숙주로 삼는 일이 발생했다. 인간의 면역력이 약해진 상태에서 도시화로 밀집된 집단의 구성원들이 서로 옮기면서 전염병과 이로 인한 대량의 병사가 발생했다. 인류는 전염병의 공포에서 동일성을 형성하고 자신과 언어게임,[70] 코드, 세계관, 종교, 이해관계, 이데올로기, 계급과 신분, 또는 외모나 옷차림이 다른 이들을 타자로 구성하고 이들을 배제하고 폭력을 가하기 시작했다.

이렇게 개인 차원이든 집단 차원이든 선과 악, 이타심과 이기심이 충돌하자 이를 조정하고 통제하기 위하여 규약과 윤리가 제정되었다. 더 나아가 이를 합리화하기 위하여 이데올로기가 만들어지고, 이를 모두 아우르는 상위의 가치로서 종교가 출현했다. 이데올로기, 사상, 종교는 한편에서는 인간의 선과 이타심을 조장하며 공동체의 공

---

70 비트겐슈타인은 언어의 의미가 고정된 것이 아니라 어떤 맥락에서 발신자와 수신자 사이에서 의미를 전달하는 활동, 곧 게임이라고 주장했다. 타자는 언어게임이 다른 자.

존과 유대를 강화하였지만, 한편에서는 상위의 엘리트들이 하위에 있는 자들을 조작하고 통제하는 허위의식으로 기능을 했다.[71]

---

71 지금까지의 내용 가운데 상당 부분이 졸저, 『인류의 위기에 대한 원효와 마르크스의 대화』(자음과모음, 2015), 231~242쪽에서 기술한 것을 참고한 것이다. 최대한 다르게 쓰려고 했지만, 사실 부분은 그대로 기술할 수밖에 없었다.

제 2 장

의미로 읽는 인류사 2

철기와 종교의 시대부터 인공지능 시대까지

1. 철기와 종교의 시대

종교의 기원

열한 가지　　기원전 7세기부터 기원후 7세기 사이에 석가모니, 공자, 맹자, 예수, 무함마드 등 초인의 능력과 지혜를 가진 위대한 성인과 신의 아들이 나타나서 유한하고 미천한 인간이 사람답게 살면서 초월하여 무한의 세계와 거룩함에 도달할 수 있는 큰 가르침을 주셨다. 그 이후 2,000여 년 동안 어떤 가르침과 지혜도 이를 넘어서지 못하였으며, 그에 대한 해석과 설명만 가능했다. 이분들의 가르침은 그 후 거의 모든 인류의 가치와 사상에 가장 크게 영향을 미쳤을 뿐만 아니라 가장 성스런 권위를 가졌다. 이분들의 말씀을 적은 경전들은 종교만이 아니라 철학, 윤리, 법, 정치, 예술과 문화, 의례, 일상의 삶의 준칙과 좌표를 결정하는 상위의 정전이었다. 이에 칼 야스퍼스 Karl Jaspers는 그의 책 『역사의 기원과 목표Vom Ursprung und Ziel der Geschichte』 에서 이 시기를 기축시대Achsenzeit, Axial age로 명명했다.

하지만, 앞장에서 기술한 대로 종교는 그 이전부터 있었다. 종교란 것이 왜, 어떻게 하여 형성되었을까? 필자는 종교의 기원에 대해 의미의 차원에서 그동안의 고고학과 인류학의 성과, 신화와 의례를 종합하여 대략 열한 가지로 추론했다.

첫째, 자연의 혼돈에 대한 불안과 공포로부터 탈출과 위안으로서 종교이다. 고대시대에 화산이 폭발하고, 태풍이 불고 쓰나미가 닥쳤을 때 인간은 이에 대해 저항도, 조절도 할 수 없었다. 자연은 불가항력적이었고 설명조차 불가능했다. 자연은 엄청난 공포의 대상이었다. 인류는 이 공포로부터 벗어나기 위하여 자연을 숭배했다. 태풍이나 바람, 화산 폭발이나 불, 쓰나미와 바다 등을 다스릴 수 있는 신을 만들고, 그 신에게 의례를 행하며 자연의 질서를 기원했다. 전 세계를 통틀어 일본이나 동남아의 해안 지방 등 자연재해가 심한 곳에는 근대 이전까지 이런 종류의 신이 존재하였으며, 그중 적지 않은 곳에 아직도 존재한다. 이 때문에 수많은 학자들이 자연의 혼돈에 대한 불안과 공포를 종교의 기원으로 간주하지만, 이는 종교의 극히 한 측면, 그것도 가장 원시적인 측면만 본 것이다.

둘째, 이와 반대로 자연과 우주의 질서에 대한 경이와 이의 주재자와 절대자에 대한 믿음과 섬김으로서 종교이다. 자연을 보면 너무도 아름답고 정확하고 경이롭다. 해와 달, 별들이 하루, 한 달, 한 해를 단위로 각각 제자리에서 제시간에 맞추어서 정확히 뜨고 지며 만물의 탄생과 성장에 관여한다. 이는 수렵채취시대에는 사냥감과 채취물이 있는 곳의 위치, 그리고 돌아갈 집의 방향을 알려주는 지표였다. 농경 이후에는 씨를 뿌리고 김을 매고 추수를 하는 시간을 알려주었을 뿐만 아니라 모든 식물이 자라고 열매를 맺게 해주는 근원이었다. 이집트를 비롯하여 세계 곳곳에 존재했던 태양신, 달신, 바람신, 별신 신앙이 대표적인 예이고, 현재까지 행해지는 추수감사제도는 이의 일환이다.

셋째, 소망 실현으로서 종교이다. 인간은 누구나 고통과 불안에서 벗어나 건강하고 풍요롭고 행복하기를 바란다. 이를 달성하기 위하여 노력하지만 나약한 자신과 주변의 힘만으로 어렵다는 것을 절감할수록 인간은 더 강력한 힘과 권위를 갖는 존재에 의지하여 소망을 실현하려는 집단적 열망을 갖는다. 프로이트는 종교를 "인류의 가장 오래되고 강력하고 절박한 원망의 실현"[1]으로 보았다. 프로이트는 종교가 유아기에 아버지로부터 보호받고 싶은 원망이 훨씬 더 강력한 권위를 갖는 신의 존재에 의지하여 원망을 실현하려는 데서 빚어진 환상이라고 보았다. 그 환상은 인도로 가는 새로운 항로를 발견했다는 콜럼버스처럼 오류와는 다른 믿음이다.[2] 고대에서 근대에 이르기까지 한국인은 병이나 사고 등의 재난을 만났을 때 샤먼의 매개를 통하여 수많은 신들에게 재앙을 없애고 복을 가져다 달라고[제재초복除災招福] 소망을 빌었다. 이런 기복祈福 신앙은 원시 신앙의 핵심이다. 하지만 불교와 기독교와 같은 고등 종교에도 소망 실현으로서 종교가 한 부분을 분명하게 차지하고 있으며, 한국을 비롯하여 많은 곳

---

1   지그문트 프로이트, 『문명 속의 불만』 김석희 역, 열린책들, 2002, 204쪽.
2   위의 책, 205~206쪽 참고함.

090   __제 1부 의미로 읽는 인류사와 과학기술

에서 불교와 기독교가 샤머니즘과 결합하여 기복 불교나 기복 기독교의 성격을 띤다.

넷째, 은유와 환유로서 종교다. 1부 1장에서 말한 대로, 언어소통기에 이르러 인류는 은유와 환유를 만들고 이를 바탕으로 믿음의 체계를 구성했다. 한국인은 하늘을 오고 가는 새의 짓[用]을 하늘과 인간의 중개자, 혹은 사자使者로 은유의 유추를 하여 새를 숭배하는 신앙을 만들고, 솟대에 새를 올려놓아 왕도 함부로 침범할 수 없는 성소聖所로 설정했다. 각 집단이 처한 환경, 자연, 문화에 따라 차이가 있을 뿐이다. '하늘-신-천국', '지하-지옥-저승', '낮-흰색-빛-선-진리', '밤-검은색-어둠-악-허위'의 환유, 이 둘을 매개하는 중개자로 '새, 배, 달, 별, 나무, 산, 바람, 꽃'을 의미화하는 은유는 전 세계에 걸쳐서 신화나 의례, 벽화, 무덤, 신전에 나타난다.

다섯째, 타계/내세 지향으로서 종교이다. 죽음은 의학과 과학이 발달한 현재까지도 인간이 극복하지 못하는 것이자 전혀 알지 못하는 세계이기에 가장 큰 불안과 두려움을 준다. 인간은 죽음을 알고부터 불안과 두려움을 가졌고 역설적으로 살려는 노력을 했다. 이는 생의 영역에서는 자신의 유한성을 인식하고 실존과 무한을 추구하게 만들었고, 생을 넘어선 영역에서는 이승 저 너머에 다른 세계를 설정하여, 죽은 뒤에 그곳에서 다른 삶과 영생을 누리기를 바랐다. 기원을 올라가면 호모 날레디homo naledi 때부터 인간은 장례식을 치렀고 이 세상 저 바깥에 다른 세계가 있다고 생각했다. 고대 한국인은 하늘 너머에 천상계, 수평선 너머에 해수계가 있고 그곳에서 와서 인간으로 살다가 다시 그곳으로 돌아간다고 생각했다. 그래서 사람이 죽으면 그 중개자인 새, 천마, 배 등을 껴묻거리로 집어넣었으며, 지금도 사람이 죽으면 "타계했다." "돌아가셨다."라고 말한다. 기독교와 이슬람교의 천국, 불교의 극락도 타계신앙이 반영된 것이다. 이들 신앙의 궁극 목적은 개인의 신앙과 노력으로 신의 은총을 받거나 구원을 받거나 열반에 이르러서 이곳에 가서 거룩한 삶, 영원한 삶을 누리는 것이다. 종교를 협소하게 "타계/내세 지향의 믿음 체계, 혹은 영원과 무한 지향의 의식과 실천 행위" 정도로 정의하는 학자들이 많은데 이점만 본 것이다.

여섯째, 세계의 부조리와 횡포에 대한 대응으로서 종교이다. 인류는 처음부터 자연재해를 겪었고 농경과 도시화를 진행하고 쟁기농법을 기점으로 불평등한 사회를 꾸리면서 전쟁, 기근, 전염병의 3대 재앙에 휘둘리게 되었다. 쟁기질을 하면서 본격적으로 자연을 정복하기 시작한 인간은 이런 재앙에 대해 의문을 품고 문제의식을 갖게 되었다. 한 고대인의 어린 자식이 전염병으로 죽었다고 가정하면, 그 고대인이 신의 벌로 간주하고 복종하는 데서 벗어나 "왜 내 자식이 아무런 죄를 짓지 않았고 신을 잘 경배했는데도 전염병에 걸려 죽었느냐?"라고 신에게 항의하듯 묻기 시작한 것이다. 이는 전지전능한 절대자로서 신의 정당성과 권위에 대해서도 의문을 품게 만들었다. 인류는 최소한 기원전 1,000년경부터 세계의 부조리와 횡포를 인식하였고, 이에 맞선 영웅들을 서술했다. 그리스의 오디세우스와 오이디푸스, 프로메테우스, 열 개의 태양이 나타나 세상을 뜨겁게 하자 아홉 개를 활로 쏘아 떨어트리고 다시 질서를 회복한 동이족 예羿 등이 이들이다. 영웅도 되지 못하는 인간들은 신에게 불만을 가지면서도 신에게 의지하여 이 부조리를 해소하고 세계와 조화를 이루기를 바랐다. 선하게 살고 신을 잘 경배한 자가 비극을 겪는 딜레마를 극복하면서 종교는 더욱 심오한 경지에 이르렀으며, 인간은 『오이디푸스』와 같은 비극적 비전을 담은 서사를 창조하게 되었다.

일곱째, 깨달음과 의미의 실천으로서 종교이다. 의미의 존재인 인간은 부귀영화를 누릴지라도 이에 만족하지 않고 일상의 쾌락과 번뇌에서 벗어나 진리, 궁극, 무한, 거룩함을 추구했다. 싯다르타는 왕자의 자리를 떠나 뱃가죽이 등에 붙을 정도의 고행을 거쳐서 마침내 보리수 아래에서 깨달음에 이르셨다. 신라 성덕왕(聖德王, ?~737)의 아들 김수충金守忠은 왕자의 자리를 버리고 24세에 당나라에서 출가하여 구화산에서 75년을 수행한 끝에 열반하여 지장보살이 되었다. 99세가 되던 794년에 제자들에게 자신의 시신을 석함에 넣고 3년 후에도 썩지 않으면 등신불로 만들라는 유언을 남겼다. "시신을 함 속에 앉히고 3년이 되어 탑에 넣으려고 열었더니 안색이 살아 있는 듯했다. 남대에 작은 부도를 세웠으니 이곳이 지장대사가 연좌한 곳이다."[3] 수많은 이들이 세속의 일상에서 떠나 수도원의 은둔소나 암자에서 고독하고 고통스런 수행을 하며 어리석음과 탐욕을 없애고 지극히 마음이 평안한 상태나 완전한 자유, 깨달음에 이르거나 하나님의 은총을 받거나 하나님이나 부처님을 자신의 몸과 영혼 안이나 밖에서 만나기를 바랐다.

여덟째, 인성과 신성의 종합과 무한과 초월로서 종교이다. 죄와 악, 분노, 탐욕, 어리석음에 휩싸인 채 불완전한 인간은 이를 자각하는 순간 이들을 버리고 완전한 존재로 거듭나고자 한다. 인간은 주관

---

3 찬녕(贊寧) 찬, 『송고승전(宋高僧傳)』 권20(대정장(大正藏), 50, p. 839)/김진무, 「중국 지장 신앙의 연원과 김지장」, 『정토학연구』 15집, 2011, 91쪽. 재인용.

과 객관, 나와 타인, 유한과 무한, 신과 인간을 하나로 통합한 총체적인 세계에 귀의하려 한다. 인간은 자신의 비속함을 깨닫고 거룩함을 지향하고, 죽음을 통하여 유한성을 인식하고 무한을 지향하며, 존재의 심연에서 우러나는 울림이나 불성佛性에 반응하여 신이나 부처님을 맞고자 수행한다. 어느 순간에 내 안의 부처님/하나님과 바깥의 부처님/하나님이 하나가 된다. 기독교와 불교, 이슬람교, 유대교 모두 무한과 초월의 개념을 확립하면서 인간의 이성으로 다다를 수 없는 진리, 신비와 영성을 갖추게 되었다.

아홉째, 상호주관적 실재로서 종교이다. 쟁기농법 도입과 도시화 이후 사람과 사람, 집단과 집단, 개인과 집단 사이에 갈등과 경쟁이 심화했다. 기존의 규율이나 가치관으로서는 해결할 수 없었기에 규율, 윤리, 도덕, 이념, 이데올로기를 내포하는 동시에 이를 아우르면서 사회를 통합할 수 있는 상위의 논리와 사상으로서 종교를 구성하게 된다. 성직자와 지배자들이 이를 전파하고 강요하고 구성원들이 이를 수용할 경우 이는 허구이지만 실재처럼 작동한다. 그 경우 종교는 수억 명의 사람들을 하나로 통합하고 그들의 삶을 일일이 규정하고 현실을 구성한다. 정치적으로는 지배자들이 피지배자들을 지배하고 동원하는 이데올로기로 기능을 한다. 십자군원정과 같은 종교 전쟁, 앙코르 와트와 같은 대규모 신전 건축과 이를 위한 세금의 납부와 부역의 동원, 지배자에 대한 신성화와 절대복종, 수십만에서 수백만 명이 동원된 종교의례는 상호주관적 실재로서 종교가 수행한 실제 사건들이다.[4]

---

4   상호주관적 실재로서 종교에 대해서는 유발 하라리, 앞의 책, 175~177쪽에서 시사를 받음.

열째, 고통과 불안과 죄로부터 나와 타자의 구원/구제로서 종교이다. 인간은 늘 불안하고 고통을 느끼며, 선과 악, 이기와 이타가 공존하는 인간은 누구나 죄를 짓기 마련이다. 불안을 실존적으로 극복하려는 이들은 절대고독과 절대자유를 추구하지만, 그렇지 못한 이들은 절대자와 관계맺기를 통하여 불안에서 벗어나려 한다. 자신의 죄를 자각한 인간은 이를 말끔하게 씻어내고 구원받기를 원한다. 인간은 육신이 평안해도 마음이 불안하고, 몸은 즐거워도 마음은 괴롭다. 인간과 모든 생명체가 이고득락離苦得樂, 곧 고통을 없애고 언제나 즐겁기를 바라지만 실제는 그렇지 않다. 몇몇 사람들은 여러 수행법을 개발하고 실천하여 감각적 쾌락과 고통을 모두 떠나 몸과 마음이 지극히 평안하고 즐거운 상태에 도달했다. 그중에서도 불교는 고통의 원인을 직시하여 그 원인과 조건을 제거하면 고통이 없는 상태에 이를 수 있다고 가르친다. 더 나아가 몇몇 사람들은 자신의 구원/구제만이 아니라 고통 속에 있는 다른 인간을 구원/구제하는 것을 삶의 목적으로 설정하였으며, 타인을 구원/구제하는 순간에 비로소 자신도 구원/구제를 받는다고 생각했다. 기독교와 불교는 수행과 사랑/자비를 통하여 개인의 구원/구제와 타자의 구원/구제를 종합하라고 가르친다.

열한째, 성인의 가르침으로서 종교이다. 붓다, 노자와 장자, 공자와 맹자, 예수, 무함마드 등의 성인이 전 시대의 미신과 주술, 타부를 해체하고 진리와 지혜의 말씀을 전하면서 종교는 그 이전과 전혀 다른 양상을 띠게 되었다. 성인들은 궁극의 진리를 말씀하셨고 그것은 경전經典, Sutra, Bible으로 엮여졌으며, 이것은 인간이 2,000여 년을 두고 읽고 해석해도 다다를 수 없는 텍스트가 되었다. 사람들은 이들을 신의 아들이나 초월적 존재로 간주하고 그들의 말씀과 가르침을 따르려는 믿음과 신행, 의례와 조직을 만들어 실천했다.

농경보다 앞선 종교의 탄생, 괴베클리 테페

아래 사진은 터키의 괴베클리 테페Göbekli Tepe 유적지의 신전이다. 이 언덕에 1만 2,000년 전의 신전 도시의 유적이 있다. 사진에서 보듯이 둥글게 원형의 돌담이 있고 그 안에 T자 형의 커다란, 높이 5미터, 무게 50톤에 이르는 거석들이 있다. 그리고 그 거석에는 가젤이나 여우나 사자나 뱀, 전갈 등의 동물들을 아주 정교하게 조각해놓고 있다. 영국의 스톤헨지보다는 6,000년, 이집트의 피라미드보다 7,000년 앞서서 이미 1만 2,000년 전에 대형의 종교 건축물이 세워진 것이다.

괴베클리 테페 유적지

이 유적의 발굴은 기존의 통설을 깼다. 여기서 야생동물의 뼈가 발굴되었는데 가축이 없었고, 인근에 수원水源이 없었다. 그러니 이 대형 신전을 지은 주체들은 농경민이 아니라 수렵채취민인 것이다. 거석들에는 동물을 입체적으로 새겼는데, 이는 3차원의 동물 상징을 매개로 여기에 온 인간이 비인간적인 존재와 융합을 이루는 장소로 이 신전을 활용한 때문인 것으로 해석한다. 이들은 두개골을 떼어내는 장례 의식을 했다. 차탈회유크에서도 마루에 두개골을 떼어내어 묻고 조상의 머리를 꺼내어 만지며 조상의 기억을 소환하였다고 말한 바와 마찬가지로 부활의 사상과 의식이 싹트기 시작했다.

재생을 모티프로 한 신화와 설화, 의례가 거의 전 세계에 분포하는 것을 바탕으로 인류학과 기호학을 결합하여 규명하면, 부활은 계절의 순환과 식물의 재생, 일식과 월식, 뱀의 탈피, 나비의 우화羽化 등에서 유추한 은유일 것이다. 구석기 인류는 죽은 듯하던 겨울나무에 봄이 오면 연둣빛 새싹이 돋고, 일식에 가려져 온통 어두웠던 세상이 다시 밝아지고, 뱀이 허물을 벗고 새 몸을 비틀고, 흉측한 벌레가 아름다운 나비로 날아가는 것을 보고서 사람 또한 그리 다시 태어난다는 유추를 하였을 것이다. 이것이 괴베클리 테페와 차탈회유크에서 몸과 머리를 분리하는 매장과 부활의례로 계승되었고 교역을 통해 유대 지역에도 전파되면서 기독교의 예수의 부활 의식까지 이어졌을 것이다. 그럼에도 아직까지 발굴된 유적은 전체 유적의 10%에 지나지 않는다. 아직 발굴을 하지 않았지만, 인근 지하에 1만 4,000년에서 1만 5,000년 전에 이르는 신전 유적지가 있다고 한다.[5]

5   지금까지 괴베클리 테페에 관한 기술은 Klaus Schmidt, "Göbekli Tepe, Southeastern Turkey.

기존의 통설은 농경혁명 이후에 종교가 발생하고 이것이 신전 건설과 도시국가로 이어진 것으로 보았다. 사람들이 논밭에서 밀농사나 쌀농사를 공동으로 지어야 되니 정착을 하고 마을을 형성했다. 정착하여 집단을 이룬 사람 사이에 규율과 윤리, 이념이 필요했고 이를 아우른 상위의 사유로서 종교가 형성되었다. 이에 신앙 형식으로 종교가 형성되었고, 이의 구체적 표현으로, 신과 인간이 만나 의례를 행할 터전으로, 신이 존재한 성역으로서 신전을 만들었다. 그러자 신전을 중심으로 사람들이 모이고 그를 관리하는 관료와 행정체계가 수립되면서 도시 국가가 형성되었다.

하지만 괴베클리 테페 유적의 발굴에 의해서 이 통설이 무너졌다. 정착이 종교를 낳고 그 다음에 농경이 이루어진 것으로 획기적으로 순서를 바꾸게 되었다. 일정 지역에 사냥꾼들이 모이기 시작했다. 이들은 종교를 만들고 그들의 신을 모시는 신전을 세웠다. 신전을 세운 후에 더 많은 사람들이 모여들었다. 인구가 많이 늘자 수렵채취로는 생존이 어려워졌고, 경작이 수렵채취보다 효율적이었기에 농사를 짓고 목축을 했다. 이로 인해 곡물과 단백질의 생산이 늘자 인구가 더욱 증가했다. 그러자 이를 관리하는 체계가 확립되면서 도시국가가 형성되었다. 이렇게 통설을 전환해야 한다.

A Preliminary Report on the 1995-1999 Excavations," *Paléorient*, v. 26 no. 1, 2000. pp. 45~54 ; Gesualdo Busacca, "Places of Encounter: Relational Ontologies, Animal Depiction and Ritual Performance at Göbekli Tepe," *Cambridge archaeological journal*, v. 27 no. 2, 2017. pp. 313~330 참고함.

아무튼 1만여 년 전부터 종교가 형성되어 발전하였다. 마침내 기축시대에 이르러 자라투스트라Zarathustra가 나타나 유일신과 윤리적 종교를 전하고 살해되고, 부처가 깨달아 전법을 전한 후 열반하고, 예수가 하나님의 아들로서 이 땅에 내려왔다가 부활하고, 공자는 천하를 철환轍環하였으며, 무함마드는 알라의 계시를 전했다. 물론 성인과 하나님의 아들이 탄생하였기에 가능한 것이지만, 기축시대에 와서 사회가 변화하지 않았다면 대중들은 이들의 말씀에 귀를 기울이지 않았을 것이다.

기축시대는 농경사회였고 철기시대였다. 기원전 1,800년경에 터키의 아나톨리아 지역이나 인도에서 철기를 만들기 시작했다. 히타이트는 철기를 바탕으로 번성하였고, 철기 제철이나 제련술이 유럽과 아시아로 전해지자 우수한 철기를 가진 이들이 청동기나 석기를 가진 자들을 정복하거나 약탈했다. 그런 중에도 철과 철제 무기, 부장품의 교역도 성행했다. 청동기와 철기를 무기로 사용하고 도시의 인구가 증가하고 가뭄도 들자 사회는 폭력이 증대했다. 더 강한 무기와 힘을 가진 자들이 약한 자들을 약탈했다. 굶주림, 전염병, 전쟁 등 인류의 3대 재앙이 발생하자 이들에 대한 두려움이 커졌다. 구약성경은 이에 대해 구체적으로 묘사하고 있다. 사람들은 이런 고통을 해소하고 두려움을 없애고 새로운 세상을 열 수 있는 절대자나 메시아의 도래를 소망했다.

쟁기농법으로 생산력이 급증하면서 잉여생산물의 축적이 이루어졌고, 이를 분배하는 원칙과 시스템에 대해 논의하기 시작했다. 본격적으로 소유 개념이 태동했고, 공동생산하고 공동분배하는 공동체가 해체됐다. 사적 소유와 공적 소유 사이에 조정과 타협뿐만 아니라 이를 위한 규칙과 윤리가 필요하게 되었다. 신분과 분배 차이로 인한 갈등을 은폐하는 것도 시급했다.

농경은 협동과 관리가 필요했다. 씨뿌리기와 수확을 공동으로 행하는 것이 효율적이다. 밀은 다르지만, 벼농사의 경우 무엇보다도 물을 안정적으로 확보하려면 저수지와 수로를 중심으로 한 물관리 시스템을 확보해야 했고, 이는 수백 명 이상의 노동력을 조직적으로 활용하여 둑과 보를 쌓고 수로를 뚫어서만 가능하다. 사람들이 모여 함께해야만 가능한 것이고, 또 이들을 효율적으로 통제할 권력 또한 필요했다.

생산의 혁신이 일어나고 생산의 절대량이 늘어나고 잉여 생산물이 축적되면서 인구가 증가하고 도시가 형성되었다. 자신이나 집단이 필요한 것과 필요하지 않은 것, 자신이나 집단이 많이 생산하여 남아도는 것과 많이 생산하지 못하여 부족한 것 사이의 교환이 활발하게 이루어졌다. 더불어 잉여가치를 착취하여 잉여생산물로 축적하는 자들, 대중의 노동과 가치의 분배를 관리하는 지배 계층들이 생기기 시작했다. 이에 노동의 분화와 조직화, 교역, 전쟁 등이 발생했고, 이는 직업 분화와 계급 형성, 행정과 정치의 구성으로 이어졌다.

집단적으로 농경을 하며 문명을 건설한 수메르인들은 문자를 창조하여 소통하고 교역을 하고 이를 관리하고자 부기를 사용했으며, 왕을 정점으로 한 관료제를 실시하고 법을 제정하며 이에 의한 통치를 했다. 신전을 만들어 신을 숭배하는 의례를 행했으며, 길가메시 서사시와 조각과 부조를 비롯한 다양한 예술 행위를 했으며, 전차를 만들어 전쟁을 수행했다. 그들은 "학교, 역사학자, 약전, 시계, 아치, 법전, 도서관, 농사달력, 양원제 의회, 정원, 잠언, 우화, 서사시, 연가 등 세계 최초로 스물일곱 가지나 창조했다."[6] 그들은 "자유인, 중간층 노예의 세 계급으로 나누었고,"[7] "제빵공, 양조공, 양모공, 방적공과 방직공, 이발사, 보석상, 금속기술자, 의상업자, 피복상인, 세탁부, 벽돌 제조공, 정원사, 나룻배 사공, 노래를 파는 사람, 화가 등 수많은 기술자와 전문가들이 등장했다."[8] "음악, 의학, 수학이 발달했고, (…) 화학, 식물학, 동물학이 탄생했다."[9]

그러면서 계층 사이에, 집단 사이에, 도시 국가 사이에 갈등과 다툼이 중대됐고, 이런 갈등과 다툼을 중재하거나 절제하거나 초월할 수 있는 새로운 윤리, 도덕관, 정치이념, 이 모든 것을 아우르는 상위의 신앙들이 필요하게 되었다.

이런 사회적 맥락 위에서 붓다와 공자, 예수, 무함마드 등이 나타나서 그 전에 누구도 깨닫지 못한 아주 심오한 진리와 지혜를 전파했다. 미신, 주술, 타부, 탐욕스런 삶에 얽매여 이를 거부하던 사람들은 차츰 이 말씀에 귀를 기울였다. 성인들의 말씀을 진리로 수용하면서 사람들은 새로운 윤리와 도덕을 따르고 실천하게 되었다. 신전을 짓고 그곳에 함께 모여 신이나 초월적 존재를 섬기면서, 또 의례를 행하면서 하나로 통합되었다.

성인의 가르침과
신이 지배한 시대　　성인들의 말씀은 성경과 경전으로 엮어졌고

6　피터 왓슨, 앞의 책, 120쪽.
7　위의 책, 149쪽.
8　위의 책, 124쪽.
9　위의 책, 123쪽.

이것이 파피루스, 나뭇잎, 조개껍데기, 가죽, 나무, 종이 등에 적혀 전해지고 해석되었다. 대중들은 그 후로 2,000여 년이 넘는 세월 동안 그 말씀들을 최고의 진리와 가치로 따르며 기꺼이 그 제자나 신도가 되었다. 부처와 예수, 공자, 무함마드의 말씀은 인류에게 인간을 넘어선 지혜와 가르침과 깨달음을 주고, 윤리와 도덕의 지표가 되었으며, 신념의 체계나 행위의 지표, 상호주관적 실재로 작용했다. 경전은 수많은 성직자와 학자, 신도들이 지금까지 캐고 또 캐어도 다다를 수 없는 진리의 곳간 구실을 했다.

기축시대 이후 종교의 가르침이 세계관과 상호주관적 실재로 작동하였으며, 성직자들은 그에 대한 해석을 독점하고 의례를 주재하면서 권력을 가졌다. 이에 성인의 말씀은 성직자들의 권력을 옹호하고 민중에 대한 억압과 착취를 정당화하는 이데올로기로 활용되었다. 한 집단이 종교가 다르다는 이유로 다른 집단을 박해하고 학살을 하는 일이 다반사로 벌어졌고, 종교 사이의 갈등이 격화하여 전쟁도 자주 일어났다.

은유와 환유가 종교와 결합하면서 심오한 철학과 종교적 상징, 예술들이 창조되었다. 예를 들어서, 연꽃은 진흙탕 속에 뿌리를 내리고 있으면서 하늘을 향해서 아름다운 꽃을 피우고, 또 아주 맑은 향기를 멀리 뿌린다. 불자들은 이를 은유화하여 "이렇게 진흙탕과 같은 고통스런 삶을 살고 있어도 숭고한 깨달음의 세계를 지향할 수 있다." "중생도 부처처럼 거룩한 존재가 될 수 있다." "저 연꽃이 아름다운 들이나 산기슭에 피지 않고 진흙 속에서 가장 아름다운 향기를 뿌리듯, 우리가 수행하고 정진하여 모든 탐욕과 어리석음에서 벗어나 부처가 되었다 하더라도 아직 부처가 아니며 고통 속에 있는 중생을 구제하여 부처로 만들 때 그 순간에서야 비로소 부처가 된다." 등의 메시지로 해석했다.

백합은 알뿌리에서 봄에 싹이 나와 나팔 모습을 한 흰색의 꽃을 피우며 향기가 진하다. 희디흰 빛깔은 순결과 흰옷을 입은 성도를, 봄에 죽은 대지에서 싹이 나와 꽃을 피움은 부활을, 나팔의 모습은 부활 승리의 나팔을, 순결하고 아름다운 자태는 성모마리아나 그리스도를 의미한다.[10]

종교는 이런 식으로 다양한 은유와 환유를 만들고, 이를 공유하고 전승하면서 종교적 상징으로 변화시켰다. 그를 예술로 표현하거나 신전과 책에 담고 이에 담긴 의미를 심층적으로 해석하면서 더 거룩하고 심오한 세계로 진입했다. 수많은 현인과 학자들이 경전을 해석하고 논쟁을 하면서 그것이 종파를 야기하기도 했지만, 철학은 더 웅숭깊어졌다.

기축시대부터 근대 이전까지 성인이나 신의 아들의 말씀은 민중들이 목숨을 걸고서라도 기꺼이 대형 건축물을 짓고, 한갓 사물에 지나지 않는 종교적 상징과 성상을 숭배하고, 성직자가 신에 버금가는 권력과 지위를 지니고, 종교의 이름으로 전쟁과 학살도 수행하게 하는 힘으로 작용했다. 종교는 최고의 가치와 원리, 가장 강력한 권위를 갖는 힘, 삶의 준칙과 윤리와 정치를 결정하는 상위의 관념체계, 이데올로기의 토대, 세계의 부조리에 대해 집단무의식적으로 대응하는 양식이자 의미를 결정하는 바탕 체계이자 허구임에도 모든 주

---

10 장춘석, 「유교·불교·기독교의 대표 식물의 상징 연구」, 『중국인문과학』 67집, 2017, 246쪽. https://m.cafe.daum.net/goodfountain41/FqoS/11. 참고함.

체들이 진리로 믿고 실천하여 현실을 구성하도록 만드는 상호주관적 실재의 체계로서 작동했다.

2. 과학/산업/시민혁명기

주술의 정원에서 벗어나게 한

과학혁명　　페스트로 유럽 인구의 1/3가량이 죽자 기독교와 성직자의 권위가 무너지고 교회 바깥에 시민사회가 형성되었다. 르네상스가 꽃을 피웠고, 금속인쇄술은 지식사회를 촉진했다. 그 바탕에서 발생한 과학혁명은 마녀사냥과 연금술이 횡행하던 중세의 '주술의 정원'으로부터 인류를 탈출시켜 계몽의 빛 아래 놓이게 했다. 1543년에 코페르니쿠스Nicolaus Copernicus가 『하늘 구체의 혁명에 관하여De revolutionibus orbium coelestium』를 출간하여 천동설에 맞서서 지동설을 주장하면서 과학혁명의 서막이 열렸다. 갈릴레이Galileo Galilei, 다빈치Leonardo da Vinci, 데카르트René Descartes, 베이컨Francis Bacon 등 무수한 과학자들이 주술과 미신에 대항하여 과학의 세계를 펼쳤다. 1687년에 뉴턴Isaac Newton은 천문의 운동을 수학적으로 계산하고 과학적으로 논증하고 설명하는 『자연철학의 수학적 원리Philosophiæ Naturalis Principia Mathematica』를 출간하여, 운동법칙과 만유인력의 법칙을 통하여 사물과 천체의 운동을 설명하는 고전역학의 지평을 열었다.[11]

11　과학혁명이 코페르니쿠스에서 시작하여 뉴턴에서 완성했다는 점은 〈위키피디아〉 영어판 'scientific revolution' 항목을 참고함.

한 예를 들면, 중세에 편두통이 있는 농부가 신부를 찾아가면 신부는 머릿속에 악마가 깃들어 있어서 그렇다며 악마를 내쫓는 기도를 하자고 하였고, 타락한 신부는 면죄부를 사라고 했다. 이에 대하여 두통의 원인이 악마가 아니라 머리에 산소 공급이 덜 되었기 때문이라며, 산소를 공급하는 촉매제를 먹거나 산소가 많은 숲이나 해변을 산책하라고 하는 것이 근대 과학적 대안이다.

코페르니쿠스 이후 많은 과학자들이 실험을 되풀이하면서 인간이 이해할 수 없었던 우주와 자연의 영역을 합리적으로 설명이 가능하고 수학적으로 논증과 검증을 할 수 있는 것으로 전환했다. 이들은 이를 위하여 과학적인 실험기구를 만들었고, 귀납법, 연역법, 가설-연역법 등 논리적인 법칙을 세우고 끊임없이 실험하여 진리를 추출하고, 왕립학회 등을 조직하여 과학적 진리를 공유했다. 이로 인류는 주술의 정원에서 벗어나 계몽과 과학의 빛으로 찬연한 세상으로 나아갔고, 우주와 자연을 이해하고 이용하여 수많은 발명과 혁신을 이루며 인류문명을 또 다른 차원으로 도약시켰으며 대다수 질병을 정복했다.

산업혁명으로

대량생산과 소비가 이루어지다　　1820년경 영국에서부터 산업혁명이 일어났다. 제임스 와트가 증기기관을 발명하여 석유, 석탄과 같은 화석연료를 태워서 에너지를 생산하여 이 에너지로 증기를 원하는 방향으로 배출하여 그 동력으로 기계를 움직였다. 처음에는 방직기를 돌려 면직물을 생산하는 데 주력했지만, 여러 기계를 생산하여 엄청난 생산의 혁신을 이루었다. 이 동력으로 기차와 배를 움직여 사람과 자원, 상품이 대규모로 이동하게 되었다. 산업혁명은 포드시스템과 결합하여 분업화를 촉진하고 노동과 인력을 가장 빠른 시간에 최대한으로 조직화하고 착취하는 체제를 수립하여 시장을 매개로 대량생산과 대량소비가 가능하도록 했다.

산업혁명은 자본주의 체제와 결합했다. 자본가가 공장과 기업을 세웠고, 농민과 시민들은 임금 노동자로 전환하여 무수한 상품을 생산했다. 자본가는 노동자가 생산한 잉여가치를 착취하고 이를 자본으로 변환 및 축적, 재투자를 하여 확대재생산을 하면서 기업은 점점 더 번성했다. 대신 자본의 착취와 억압으로 인하여 노동자는 진정한 자기실현이 아닌 소외된 노동을 하게 되었고, 대다수는 아무리 열심히 일해도 가난을 벗어날 수 없었다. 계급갈등과 소외는 점점 심화했다. 한 나라의 시장체제 안에서 확대재생산이 한계에 봉착하자 영국, 프랑스, 스페인 등 먼저 산업혁명을 달성한 나라들은 앞선 무기체계를 이용하여 남미, 아프리카, 아시아를 정복하고 식민지를 건설하여 자원과 인력을 헐값에 수탈하고 제국의 본국에서 생산한 상품을 식민지 시장에서 비싸게 팔아 막대한 이윤을 획득했다.

산업혁명은 자유주의 경제와 부르주아 민주주의를 촉진시켰다. 농민과 시민이 귀족의 통제에서 벗어나 제한적으로 자유로운 임금 노동자로 전환하고 신흥 부르주아 계급이 자본과 권력을 갖게 되자 왕족과 귀족은 권력과 헤게모니를 상실했다. 부르주아 계급은 정치와 경제, 사회문화의 전 영역에 걸쳐서 여러 개혁을 추진하여 위로는 귀족과 왕족의 권력을 빼앗고 아래로는 노동자를 착취하고 억압하는 제도적 장치를 수립했다. 이들은 공장에서 마음대로 노동자를 부리고 시장에서 아무런 규제나 제한이 없이 상품을 사고팔 수 있는 자유를 획득했다.

산업혁명이 야기한 공업화로 농촌과 공동체가 해체되고 도시화가 빠른 속도로 진행되었다. 자연이 파괴되고 대기와 수질은 오염되고, 도시의 인구가 폭발적으로 늘면서 위생과 환경은 나빠지고 폭력과 범죄, 전염병이 늘어났다. 농경과 도시화가 시작된 차탈회유크 시대 때부터 자연의 파괴가 시작되었지만 이는 지역에 한정되었다. 하지만 산업혁명은 전 지구 차원의 환경위기를 야기했다. 산업혁명 이후 공장과 자동차에서 쏟아져 나온 매연과 화학물질들은 대기를 오염시켰고, 공장에서 생산하거나 방류한 중금속과 화학물질, 대중이 버린 플라스틱과 쓰레기들은 대지와 바다를 오염시켰다. 이로 거의 약 38%에 달하는 동물들이 멸종위기에 놓이고, 역대급의 태풍과 홍수, 가뭄, 이상 기온, 미세먼지 등 기후위기가 닥치고 신종 바이러스가 4~5년 주기로 창궐하여 세계적 대유행을 일으키고 있다.

시민혁명으로
근대국가가 수립되다
이런 모든 요인이 복합적으로 작용하여 노동자들은 비참한 상황에 놓였다. 그들은 장시간 노동하면서도 부당하게 착취를 당하여 그에 대한 대가를 제대로 받지 못했다. 그들이 받는 임금으로는 늘 굶주릴 수밖에 없었고 자식들을 상급학교로 진학시키기도 어려웠기에 계급이동도 구조적으로 불가능했다. 그들이 일하는 공장과 거주하는 도시의 집들은 위생 상태와 환경이 좋지 않았다. 비위생적인 환경에서 잘 먹지도 못하면서 장시간 노동을 하면서 노동자의 건강은 악화했다. 이에 노동자들이 자본가의 착취와 억압에 맞서서 노동조합을 결성하고 파업, 사보타주 등 다양한 방법으로 투쟁했다. 마르크스, 레닌 등 이들의 입장에서 자본주의 체제를 비판하고 노동자의 투쟁과 평등한 사회를 향한 혁명을 주장하는 이론과 담론들이 생산되었고, 이는 투쟁하는 노동자의 이념과 좌표가 되었다. 마침내 소련과 중국에서는 혁명이 성공하였고, 그 여파는 전 세계로 퍼져나갔다.

서유럽의 국가에서는 혁명을 맞지 않기 위하여 노동자의 노동조건과 생활을 개선하는 개혁이 이루어졌다. 아시아와 아프리카, 중남미의 국가의 엘리트와 대중들은 선거, 투쟁, 혁명을 통하여 두 체제 가운데 하나를 선택했다.

"연이은 흉작, 인구감소기, 기근과 전쟁 등의 요인도 있어서 정확히 추산하기 어렵지만,"[12] 1347년에서 1351년 사이 유럽에서만 인구의 거의 1/3에서 절반가량인 7,500만 명에서 2억 명 사이의 사람이 페스트로 죽었다.[13] 성직자들은 그 대안으로 속죄와 기도, 면죄부를 제시했다. 죽음의 공포 속에서 대중들은 경험과 사례를 통하여 기도가 아니라 과학이 자신을 흑사병으로부터 구원함을 분명히 인식했다. "소빙기로 기온이 내려가고 사람들의 내성이 생긴 것도 기인하지만 영양을 개선하고 환자를 격리하고 검역을 실시하고 방역 등 공중보건 정책을 실시하면서 페스트 시대는 막을 내렸다."[14] 이 소문이 퍼져나가고 정치집단도 차츰 과학적 대안들을 수용하고 실시하면서 교회의 권위는 무너지고 시민들은 교회 바깥에 시민사회를 건설하기 시작했다.

---

12 박흥식, 「흑사병과 중세 말기 유럽의 인구 문제」, 『서양사론』 93권, 2007년, 5~32쪽 참고함.
13 〈위키피디아〉 영어판, 'black death.'
14 수잔 스콧, 크리스토퍼 던컨, 『흑사병의 귀환』, 황정연 옮김(황소자리, 2005), 280~284쪽.

여기에 르네상스 이후의 과학혁명과 계몽사상, 산업화와 도시화, 보통교육, 금속인쇄와 출판의 대중화 등이 보태지고 시민들이 "지속적인 독서습관을 갖게 되면서 사적 영역의 한가운데에서 상대적으로 두터운 의사소통망이 형성되었다. 서적, 잡지, 신문의 현저한 생산확대, 문필가, 출판사, 서점의 증가, 대본貸本 도서관과 열람실의 설립, 그리고 무엇보다도 새로운 독서문화의 사회적 구심점으로서 독서회의 설립에 상응하여 독자수가 비약적으로 증가한다. (…) 계몽회, 교양협회, 프리메이슨 비밀결사, 광명회는 창립회원들의 자유로운, 다시 말해 사적 결의에 의해 구성된 결사체로서 자유의사에 따라 회원을 충원하였고 내부적으로는 평등한 교류 형식, 토론의 자유, 다수결 등을 실천했다."[15]

시민들은 책을 읽고 신문을 보며 살롱 등에 모여 모든 사람들이 원칙적으로 동등한 기회와 권력을 갖고서 과학과 이성에 근거하여 의견을 피력하고 토론을 하고 여론public opinion을 형성하고 때로는 합의consensus에 이르렀다. 부르주아의 공론장public sphere을 만든 것이다. 공중public은 공론장에서 합리적으로 토론을 하며 신의 죽음을 선언하고 흑사병, 연금술, 면죄부로 대표되는 어두운 주술의 정원에서 탈출하여 계몽의 빛이 환하게 비추는 세계로 나아갔다. 그들은 이 공론장에서 합리성을 바탕으로 근대 국가 체제, 근대 민주주의 체제, 보편적 인권, 계몽사상, 과학적 발견에 대해 논의하고 공유했다.

페스트 이후 노동력 감소와 도시화로 장원제와 봉건제가 급속히 해체되었지만, 봉건모순이 잔존한 상황에서 초기 자본주의의 모순

---

15 위르겐 하버마스, 『공론장의 구조변동』, 한승완 역, 나남, 2019, 17쪽.

마저 심화하자 부르주아는 민중과 연합하여 프랑스 대혁명, 미국독립혁명, 영국의 명예혁명 등을 추진했다. 언어와 역사, 문화의 동질감을 가졌거나 의미를 공유하는 국민들이 안전, 이해집단의 조절과 좋은 삶을 보장받는 대신 병역, 조세의 의무를 수행하기로 협약을 체결하고 근대 국가를 건설했다. 모든 인간이 다같이 존엄하고 평등하다는 원칙을 바탕으로 헌법을 제정하고, 법률적으로 자유로운 시민이 민주적으로 선출한 권력을 가졌다. 자유, 평등, 박애의 이념을 근간으로 한 계몽사상, 인간의 존엄성과 인권을 보장한 근대 법체계가 보편화하였으며, 삼권분립, 언론의 자유 등 대의 민주주의 체제가 확립되었다. 하지만, 혁명의 또 다른 주체였던 노동자와 민중들은 부르주아에게 혁명의 열매를 내준 채 이들의 지배를 받게 되었다.

신, 부활, 천국, 영생 등 종교에 바탕을 둔 의미들은 쇠퇴하고, 그 자리를 이성, 과학, 인간, 자유, 정의, 진리, 욕망, 쾌락, 행복 등 세속적이고 근대적인 의미들이 점유했다.

3. 4차 산업혁명과 인공지능 시대

산업혁명에 이어서 문자, 음성, 영상 등 모든 정보를 0과 1의 디지트로 전환한 컴퓨터를 바탕으로 디지털 혁명이 일어났다. 시대는 아날로그 사회에서 디지털 사회로 전환했다. 정보가 상품이 되고 전 세계의 거의 모든 정보와 사람을 인터넷과 스마트폰을 매개로 하나의 네트워크로 연결했다.

화석연료를 연소한 에너지를 동력으로 내연기관을 작동하여 대량

생산을 하며 2차 산업혁명이 열렸다면, 3차 산업혁명은 전기와 전자 에너지를 동력으로 인터넷과 스마트폰, 3D프린터를 연결하여 적은 에너지로 수십억 명의 네티즌들이 무한하게 정보를 생산하고 소비하고 공유하고 있다. 농장, 공장, 도시가 스마트 농장, 스마트 공장, 스마트 도시로 전환하고 있다. 에너지는 차츰 태양광과 풍력 등 재생 에너지로 대체될 것이고, 인터넷과 더불어 자율주행 차량, 드론 등이 운송과 물류 커뮤니케이션을 상당 부분 대체할 것이다.

현재 상황에서 보면 디지털 혁명의 연장이지만, 앞으로 대략 30년에서 50년 사이에 4차 산업혁명이 인류 역사에 혁명적 변화를 가져올 것은 확실하다. 인류는 7단계에서 138억 년의 우주 역사로부터 얻은 지혜, 38억 년 지구상의 생명들이 진화한 결과물들, 인류가 700만 년 동안 발달시킨 과학기술과 정신을 모두 총 융합하는 경이로운 대단원을 구성할 것이다.

인간의 존재 유형과 정체성이 바뀌고, 인간과 다른 존재의 관계가 전혀 다른 양상으로 펼쳐지며, 인류 최초로 가상공간과 우주공간에서 집단으로 살게 될 것이다.

인간은 인류 역사상 최초로 생명을 창조하는 신, 곧 호모 데우스의 지위에 올랐다. 앞으로 코로나의 무증상 감염력에 니파의 치사율(77.6%)을 결합한 바이러스가 만들어지고 그것이 실수로 실험실을 벗어난다면 페스트를 넘어서는 팬데믹이 벌어질 것이다. 인간은 이미 유전자를 합성하여 새로운 생명체를 만들거나 기계에 생명체의 유전자나 두뇌신경세포를 장착하여 기계가 유기적 생명체처럼 살아가게 했다.

뉴로모픽 칩Neuromorphic chip 기술을 로봇공학과 결합하면 적어도

30년 안에 인간의 지능을 앞서는 초지능을 가진 인공지능이 탄생할 것이다. 만약 이 인공지능이 자유의지마저 알고리즘화하여 장착한다면, 이 인공지능들은 인간의 통제를 벗어나 인공지능의 의지대로 인간을 지배할 것이다. 그것까지 가지 않는다 하더라도 인간은 자신처럼 사고하고 감정을 갖고 이를 표현하는 인공지능을 맞아 정체성의 혼란을 맞을 것이다.

인간 또한 육체적이나 정신적으로 초인적인 능력을 가진 포스트휴먼으로 거듭날 것이다. 600만 불의 사나이나 로보캅처럼 인간의 육체는 생명공학과 로봇공학의 도움을 빌려 육체적 능력을 획기적으로 증대할 것이다. 육신만이 아니라 뉴로모픽 칩과 뇌과학을 응용하여 정신과 도덕을 향상시킬 수 있다.

인류는 전혀 다른 실존, 곧 매트릭스적 실존을 모색해야 한다. 가상현실과 실제 현실의 경계가 무너지고 가상현실이 실제 현실을 대체하고 있고 텔레프레즌스tele-presence는 기존의 어떤 매체가 형성하였던 리얼리티보다 더 실제 현실과 유사한 현실감을 겪게 한다. 롤플레잉 게임에 중독된 아이가 실제 현실에서 게임상의 악마로 착각하여 친구나 가족에게 폭력을 휘두른 데서 잘 드러나듯, 가상현실이 현실을 대체하거나 전도하는 '재현의 위기the crisis of representation'는 점점 일상이 되고 있다. 증강현실 또한 현실과 경계를 해체하고 있다. 이제 인간은 이 세 현실에 걸쳐서 현존하면서 세 현실을 구분하는 인식을 가져야 함과 동시에 세 현실을 오고 가며 삶을 확장하는 즐거움을 누려야 한다.

330만 년 전에 도구를 발명하여 이를 자신의 목적을 수행하기 위한 방편으로 이용하며 지배한 인간은 이제 거꾸로 도구의 지배를 받을

소중한 사람을 위한 이야기

특별한서재

글을 쓰는 이도 책을 만드는 이도 책을 읽는 이도
자신만의 특별한 서재를!

http://blog.naver.com/specialbooks
www.specialbooks.co.kr
facebook.com/specialbooks1
instagram.com/specialbooks1
Tel. 02-3273-7878
E-mail. specialbooks@naver.com

특별한서재의 신간

특서 인문

베스트
셀러

내 삶의 의미는 무엇인가 신간

이시형·박상미 지음

**정신과 의사 이시형과
심리 상담가 박상미의 의미치료!**

공허한 사람들을 위한 로고테라피!
나와 타인을 살리는 최고의 처방전!
셀프 의미치료!

★ 세바시 북토크 추천도서

특서 에세이

2020
문학나눔
선정도서

쓴다,,, 또 쓴다 신간

박상률 수필집

**삶과 세상을 읽다,
박상률의 솔직하고 담대한 고백!**

"언어를 사랑한다는 건,
언어로써 세계를 되찾는 것이다."

특서 에세이

2019
문학나눔
선정도서

어른답게 삽시다

이시형 에세이

**미운 백 살이 되고 싶지 않은
어른들을 위하여**

"나이를 먹는다고 어른이 될까요?"

★ 한국청소년신문사 에세이부문 최우수상
★ 국립중앙도서관 사서추천도서

2017
세종도서
문학나눔
선정도서

바람을 만드는 사람

마윤제 장편소설

**광대한 원시의 땅 파타고니아를 배경으로
자신의 길을 찾아가는 한 남자의 이야기!**

"아무도 나의 삶을 대신할 수 없고 속박할 수 없다"

★ 한국출판문화산업진흥원 추천도서

2018
세종도서
문학나눔
선정도서

내일은 내일에게

김선영 장편소설

어른이 된 내가 열일곱 살의 '나'에게 건네는 위로

스무 살이 되기 전에 몸 속 눈물을
모두 말려버리는 것이 목표인 연두의 이야기!

★ 2019 아침독서신문 선정도서 ★ 2018 충남 남부권역
함께 한 책 읽기 선정도서 ★ 2018 순천시 One City One
Book 선정도서 ★ 서울시 교육청 청소년 추천도서

거울이 된 남자 신간

샤를 페로 지음 / 장소미 옮김

**「신데렐라」, 「장화 신은 고양이」,
「푸른 수염」, 「잠자는 숲속의 공주」의 작가**

국내 최초로 소개되는
샤를 페로의 첫 성인 동화!

눈을 맞추다

김미나 지음

**오직 한 사람 '특별한 존재'라는 자존감,
단 한 번뿐인 '특별한 인생'을 위한 이야기!**

것이다. 인간과 기계, 생명과 기계의 이분법은 무너지고 기계생명과 기계인간(안드로이드)이 나타나면서 기계와 인간, 기계와 생명의 이분법에서 파생된 패러다임과 철학, 삶에 일대 전환이 일어날 것이다.

인간은 수명의 제한에서 벗어날 것이다. 아날로그상에서는 세포의 수명을 관장하는 텔로미어를 조정하는 실험에 성공하는 등 생명공학에서 경이적인 발전을 하고 있기에 인간의 수명을 여러 배까지 늘릴 것이다. 디지털상에서는 뇌의 디지털 복제가 가능하여 자신과 똑같이 사고하고 행동하는 아바타를 만들어 무한하게 복제하거나 영생을 누리는 것이 가능할 것이다.

인간과 짐승의 경계 또한 무너질 것이다. 법적으로 제한함에도 인간과 짐승의 유전자를 합성한 반인반수半人半獸가 나타날 수 있다. 게놈합성을 하지 않더라도 반인반수는 얼마든지 가능하다. 다른 요인과 몸의 다른 부분도 작용할 수 있지만, 반려견과 인간처럼 대화를 하고 싶은 사람은 강아지의 뇌에 FOXP2 유전자를 주입하면 개의 발성기관이 정교해질 것이다. 침팬지의 뇌에 ARHGAP11B 유전자를 주입하면 점점 신피질의 주름이 형성되면서 몇 년 뒤에는 침팬지의 지능이 획기적으로 증대하고 이성적인 사고도 할 것이다. 더 큰 문제는 이 강아지와 침팬지의 자손들은 FOXP2 유전자나 ARHGAP11B를 주입하지 않아도 정교한 언어활동을 하고 이성적 사고를 할 것이라는 점이다.

700만 년 동안 사물은 인간에게 대상으로만 존재했다. 하지만, 초연결사회가 되면 지구상의 모든 사물과 인간이 초연결되어 하나의 네트워킹을 형성하고 사물이 스스로 말을 하게 된다.

빅브라더가 개인을 통제하는 것은 디지털 시대의 악령이다. 4차 산업혁명 시대에서는 빅마더the Big Mother가 모든 자유를 부여하면서도 관리하고, 겉으로는 시민을 체포하거나 구금하지 않고도 디지털상으로 통제하고, 개인의 욕망과 무의식을 조절한다. 시민은 자신이 원하던 대로 행위를 한다고 생각하지만, 이는 빅마더가 매체의 이미지와 플랫폼의 알고리즘을 통하여 통제한 틀 안에서 자유일 뿐이다. 이밖에 22세기에 인간은 화성이나 다른 공간에 식민지를 건설할 것이다.

핵심 관건은 자본주의체제다. 4차 산업혁명 시대 이후에도 자본주의 체제가 유지된다면, 이 시대는 0.01%에게만 천국이어서 그들은 생명공학을 응용하여 수명을 한껏 연장하고 인간의 육체적, 정신적 역량을 향상시키고, 노동은 인공지능에 맡기고서 뇌과학을 이용하여 인간이 할 수 있는 최대의 쾌락을 즐기며 살아갈 것이다. 반면에 99.99%는 인공지능의 노예로 살면서 무의식마저 통제당하면서도 이를 인식하지 못한 채 자유롭다고, 행복하다고 착각하며 살 것이다.

7단계 이후 8단계가 인류사회에 주어질지 장담할 수 없다. 자본주의 체제와 결별한다면 평등한 공동체로 되돌아갈 수도 있다. 그렇지 않다면 인류 문명은 종말을 맞거나 인간이 살기 어려울 정도의 공해나 이상 기온을 피해 지하의 특정 지역이나 화성에 겨우 연명할 가능성이 농후하다.

마무리

우리는 어디에서 와서 어디로 갈 것인가. 38억 년에 걸친 생명의 진화 과정에서 700만 년 전에서야 영장목에서 침팬지-보노보 진화 선과 분기된 인류는 지능을 발달시키고 소통과 협력을 하면서 모든 종의 지배자가 되었다. 이제 4차 산업혁명이 인류사 이래 전혀 다른 풍경을 보여줄 것은 확실하다. 인간 자신이 포스트휴먼으로 거듭나고 자신보다 더 지능이 높은 자와 관계를 맺고 소통을 해야 하고 가상현실과 증강현실, 실제 현실에서 매트릭스적 실존을 해야 한다.

이 상황에서 4차 산업혁명을 선도하고 있는 기술들은 천사와 악마의 얼굴을 모두 하고 있다. 로봇은 인간의 노동을 대체하고 로봇을 소유한 0.01%들이 부와 권력을 독점하며 불평등은 더욱 극단화할 것이다. 가난한 이들은 열악한 환경에서 치료나 지원을 제대로 받지 못한 채 병, 굶주림, 물부족을 겪으며 쉽게 죽지만, 부자들은 장기를 교체하고 텔로미어를 조절하여 수백 년을 살 것이다. 인간이 합성한 바이러스가 팬데믹을 야기할 수 있으며, 인공위성과 인터넷과 미디어와 스마트폰을 연결한 네트워킹과 빅데이터는 개인의 무의식마저 감시하고 통제한다.

반면에, 미생물로 고기를 만드는 기술 하나만 잘 개발해도 육지의 1/3을 차지하는 목장을 숲으로 되돌리고 10억 명이 먹을 수 있는 곡식을 절약하고 전체 이산화탄소의 18%를 덜 배출할 것이다. 그렇듯, 4차 산업혁명은 선과 악, 천사와 악마의 잠재력을 모두 내포하고 있다. 관건은 자본주의 체제다. 4차 산업혁명이 이 체제와 결별하지 못한다면 그 끝은 디스토피아다.

티끌보다 더 작은 한 점에서 찰나의 순간을 살며 돈과 권력, 쾌락을 더 얻기 위하여 에너지를 낭비하며 서로 다투는 것은 얼마나 편협하고 어리석은 것인가. 인류사를 통해서 얻은 지혜로 오늘을 냉철히 분석하고 4차 산업혁명으로 야기될 미래를 올바르게 전망하면서, 나와 다른 인간은 물론 다른 생명, 다른 존재와 공존하는 지혜를 공유하고 실천하지 않는다면, 4차 산업혁명은 인류에게 마지막 문명이 될 것이다.

과학기술과 신, 인간, 진리의 관계

계몽의 변증법과 과학과 도(道)

1. 종교와 과학의 대립

유신론자의 주장　　　물과 바람과 불이 헤아릴 수 없는 시간 동안 절차탁마하여 빚어놓은 기기묘묘한 형상의 산과 골짝, 그를 감돌며 흐르는 연녹빛 냇물과 푸른 비단으로 수놓은 나무와 풀, 그 틈새로 흐드러진 온갖 형상과 때깔의 꽃들, 그 터에서 뛰노는 갖가지 생명체들, 이 얼마나 아름다운가? 현미경으로나 볼 수 있는 미생물이든, 벌레든, 물고기든, 날짐승이든, 길짐승이든 어찌 그리 정교하고 복잡한 기관을 가진 채 자기 생존에 꼭 맞는 품새를 하고 목숨이 길든 짧든 모두 그리도 강인한 생명력을 갖고 살아가는가? 머리만 들면 어두운 하늘에서 밝고 맑게 반짝이는 별들, 천공을 가로질러 부옇게 흐르는 은하수, 두리둥실 솟아 만물을 아무런 구분 없이 비추어주는 달, 쉼 없이 엄청난 속도로 움직이면서도 특정 시간에 특정의 위치에서 정확하게 빛나는 행성들, 가끔씩 그 하늘에 금빛 사선을 수놓는 유성들, 아득하고 또 아득하게 끝없이 이어지면서 중력과 연기에 따라 움직이는 이 우주는 또 얼마나 경이로운가. 주재자 없이 이 자연과 우주가 저리도 아름다울 수 있고, 저리도 정확하게 작동할 수 있겠는가?

유신론자들이 볼 때, 전지전능한 능력을 가진 초월적 절대자를 전제하지 않고서 우주, 자연, 생명들의 경이로움과 질서를 설명할 수 없다. 인간의 과학이 아무리 발달하더라도 신비의 영역은 계속 남을 것이며, 인간이 자신과 집단의 운명을 조정하거나 통제할 수 없다. 소돔과 고모라, 바벨탑처럼, 인간의 능력과 한계를 넘어 신의 섭리가 개인과 사회, 나라의 운명을 결정한다. 유신론의 주장에서 유명했던 것 중 하나가 마이클 베히Micheal Behe의 지적 설계론이다.

> 섬모의 기능은 모터로 움직이는 노에 해당한다. 이런 기능을 이루기 위해 미세소관mocrotuble, 넥신연결부nexin linker, 그리고 운동단백질 모두가 정확하게 질서 있게 배열되어야 한다. (…) 그것은 서로를 상세하게 인식하고 있어야 하고 정확하게 상호작용해야 한다. (…) 섬모는 정확한 장소에 위치해야 하고, 정확하게 방향을 잡고 있어야 하며, 세포의 필요에 따라 켜지거나 꺼져야 한다. (…) 내가 논했던 다른 생화학 시스템의 기능은 쉽게 확인할 수 있고 상호작용하는 부품들도 연결할 수 있다. 그 기능은 각 부품이 복잡하게 얽혀 있는 상호작용에 크게 의존하기 때문에 우리는 쥐덫처럼 그것이 설계되었다고 결론을

내려야만 한다. [1]

이처럼 마이클 베히는 다윈의 이론으로는 섬모나 편모를 설명하지 못하며, 편모, 혈액 응고, 항체 형성은 생화학적으로 너무도 복잡하고 환원이 불가능하기에, 이것은 신과 같은 존재가 지적으로 설계해야만 가능하다고 주장했다.

지적 설계론에 대한
비판

현재 우리가 알고 있는 맹목적이고 무의식적이며 자동적인 과정인 자연선택은 확실히 어떤 용도를 위해 만들어진 모든 생명체의 형태와 그들의 존재에 대한 설명이며, 거기에는 미리 계획한 의도 따위는 들어있지 않다. 그것은 마음도, 마음의 눈도 갖고 있지 않다. 그것은 미래를 내다보며 계획하지 않는다. 전망을 갖고 있지 않으며 통찰력도 없고 전혀 앞을 보지 못한다. 만약 그것이 자연의 시계공 노릇을 한다면, 그것은 '눈먼' 시계공이다. [2]

이기적 유전자가 조종하는 생존기계인 모든 생명들의 진화는 눈먼 시계공이 고쳐보려 애쓰지만 늘 실패를 거듭하다 어쩌다 요행을 부려서 작동하는 것과 같다. 목적도, 의도도 없었지만, 간혹 퇴행도

---

1   마이클 베히, 『다윈의 블랙박스』, 김창환 외 역, 풀빛, 2001, 283~285쪽.
2   리처드 도킨스, 『눈먼 시계공』, 과학세대 역, 민음사, 1994, 21쪽.

제3장 과학기술과 신, 인간, 진리의 관계 __ 119

했지만, 거시적으로 보면 모든 생명들은 불완전한 것들을 극복하여 좀 더 완전한 상태로 진화했다.

지적 설계론은 논리 오류로 따지면 '허수아비 공격의 오류'를 범하고 있다. 허수아비 공격의 오류는 허수아비를 찌르고 이겼다고 착각하는 사람처럼, 어떤 논리의 내용과 피상적으로는 유사하지만 실제적으로 관련 없는 허수아비의 환상을 만들어내어 그를 반박하는 것을 뜻한다. 환상을 아무리 논리적으로 비판한다 하더라도 원래의 논리는 전혀 손상되거나 반박되지 않은 채 고스란히 남는다. 생화학의 관점에서 다윈 진화론 가운데 극히 일부의 허점을 비판한 것은 타당하지만, 그 지적으로 다윈 진화론 전체를 부정할 수는 없는 것이다. 진화는 목적이 없이 이루어졌지만 정교하게 생명체의 결점들을 극복하며 진행되었다.

유신론의 비판　　　유신론에 대한 비판은 근대 이전부터 있었다. 하나는 세계의 부조리함이다. 아무 죄도 짓지 않은 어린이가 교회에 가다가 교통사고로 죽고 예배를 보다가 학살당할 때, 반면에 어린이와 여성을 학살하고 권력을 잡은 이가 죽을 때까지 부귀영화를 누릴 때, "우리는 신이 과연 계신가?"라고 반문한다. 이렇게 특수한 사례만이 아니라 주변을 보면 선한 사람이 더 고통을 받고 악인이 잘사는 경우가 너무도 많다. 신이라는 존재의 전제는 선함과 완벽함이다. 이런 사례들은 선함과 완벽함의 실체로서 신의 존재를 부정한다.

다음으로는 현존 생명체의 불완전성이다. 인간을 포함하여 현재 생존해 있는 모든 생명체는 불완전하다. 인간만 하더라도 알레르기성 질환은 유전자나 면역시스템이 불완전하기에 걸리는 병이다. 신이 인간을 창조했다면, 두 개의 심장을 갖게 했을 것이다. 둘이라면 선한 사람들이 예고나 준비도 없이 심장마비로 죽는 일이 일어나지 않는다. 한 개의 심장이 허벅지에 있다면, 심장에 부하가 덜 걸리고 혈액순환이 더 원활하다. 만약 설계자가 있었다면 처음부터 결함이 없어서 진화가 필요하지 않은 완벽한 생명을 만들었을 것이다.

진화론의 증거 우리는 여러 분야에서 진화론의 증거를 입증할 수 있다. 첫째, 화석의 비교이다. 화석을 연대순으로 배열하면 생물의 진화 여부와 과정을 쉽게 파악할 수 있다. 현재 고래는 물고기처럼 바다에서 헤엄치며 살지만 가젤이나 하마처럼 우제목偶蹄目에 속하는 포유류이다. 고래의 먼 조상인 파키세투스는 육상에서 우제목의 동물처럼 걸어 다녔다. 이것이 주로 물가에서 기어 다니던 로도세투스로, 이것이 바다로 들어가서 발라에나로, 그리고 현생 고래로 진화가 이루어졌다. 이렇게 유사하면서도 조금씩 변화한 것을, 즉 우제목의 네 발이 있는 육지 짐승에서 바다의 해양 포유류인 고래로 점점 변해간 과정을 화석의 비교를 통해서 확인할 수 있고, 이 비교를 통해서 진화를 입증할 수 있다.

둘째, 비교해부학적 증거이다. 고래의 가슴지느러미, 박쥐의 날개, 침팬지의 팔, 인간의 팔처럼 모양과 기능은 다르지만 해부학적인 기본 구조와 발생 기원이 같은 상동기관을 비교하거나, 곤충의 날개나 새의 날개처럼 발생 기원은 다르지만 모양과 기능이 비슷한 기관인 상사기관, 사람의 꼬리뼈처럼 퇴화하여 흔적만 남은 기관을 보면 진화를 확인할 수 있다.

셋째, 진화 발생학적 증거이다. 연체동물인 조개와 환형동물인 갯

지렁이는 공통적으로 트로코포라 유생 시기를 거친다. 특히 동물의 발생 과정에서 기관 형성을 조절하는 핵심 조절 유전자를 호메오 유전자라 하는데, 이 유전자는 거의 모든 진핵생물에서 공통적으로 발견되며 그 발현 부위와 기능이 비슷하다. 지렁이든, 토끼든, 물고기든, 사람이든 모두 진핵생물의 후손인 것이다.

넷째, 생물 지리학적으로도 우리는 진화를 확신할 수가 있다. 주지하듯, 캥거루와 코알라는 오스트레일리아에만 있다. 호주 대륙이 일찌감치 곤드와나 대륙Gondwana land에서 분리가 됐기 때문에 거기에 있는 동물들은 전혀 다른 과정을 거쳐서 진화가 이루어진 것이다. 반면에 남미 대륙과 아프리카는 원래 붙어있었기에 남미 지도와 아프리카 지도를 오려서 붙이면 서로 맞물린다. 남미와 아프리카에서 같은 종류의 조개류 화석이 발견된다.

다섯째, 분자생물학으로 볼 때도 마찬가지이다. 인간하고 침팬지의 유전자는 98.4%가 같고 1.6%만 다르다. 보노보와는 98.7%가 같고 1.3%만 다르다. 쥐하고도 85%가량이 같다. 포유류로부터 영장목이 떨어져 나오고, 침팬지-보노보 진화선과 인류의 진화선이 분리되었다. 이처럼 진화적으로 가까운 종일수록 유전체의 유사도가 높게 나타난다.[3]

여섯째, 진화는 뇌과학의 관점에서도 증거를 입증할 수 있다. 우리의 신체 기관 가운데 가장 지능적인 기관이 두뇌인데, 에너지의 면에서는 가장 비효율적으로 작동한다. 2킬로그램이 채 안 되는 뇌가 몸

---

3 지금까지의 논의는 〈Zum 학습백과〉, '생물 진화의 증거'(http://study.zum.com/book/13168)를 참고하여 재구성함.

이 사용하는 전체 에너지의 20%가량을 소모한다. 뇌가 이렇게 비효율적인 이유는 아이스크림 담듯이 뇌가 쌓여서 이루어지는 방식으로 진화한 때문이다. 가장 안 쪽에 파충류 뇌reptilian brain인 뇌간brain stem과 소뇌cerebellum, 기저핵basal ganglia이 자리하고, 이를 포유류 뇌mammalian brain인 대뇌 번연계limbic system의 해마hippocampus, 편도체amygdala, 시상thalamus, 시상하부hypothalamus가 둘러싸고 있다. 그 바깥에 인간의 뇌인 신피질neocortex이 감싸고 있으며, 신피질은 전두엽frontal lobe, 두정엽parietal lobe, 후두엽occipital lobe, 측두엽temporal lobe으로 구성되어 있다.[4] 만약 신이 창조했다면 당연히 기능에 따라 체계적으로 구성하였을 것이다.

천체 물리학과

진화생물학의 비판

아득한 때부터 지금까지 저 광대한 우주에서 내 눈앞의 산과 들, 거기에 깃들어 사는 무수한 생명들, 모두 아무런 목적과 의도가 없이 그렇게 나고 변하고 사라지고 다시 나는 것을 되풀이했다. 과학은 미지의 것들을 탐구하고 분석하여 이해와 앎의 영역으로 꾸준히 이전시켰고, 우리를 미신과 주술로부터 해방시켰으며 자연의 횡포에 맞서서 인류를 보호하고 경이적인 발전을 이룩하게 했다.

물리학자들은 우주의 창조와 별들의 탄생, 또 소멸에 목적이 없으며, 신이 개입한 근거도 하나도 없다고 주장했다. "138억 년 전에 플랑크 스케일Planck scale이라는 10^{-35}미터의 공간에서 플랑크 시간Planck

---

4   정용 외, 『1.4 킬로그램의 우주, 뇌』, 사이언스북스, 2016, 15~55쪽 참고함.

time이라는 10^{-43}초 동안의 짧은 시간에 대폭발Big Bang이 일어났다. 이는 '양자요동quantum fluctuation'이라는 양자중력적 현상에 의해 촉발되었으며 10^{32}K에 달하는 뜨거운 온도에서 빛보다 빠른 속도로 팽창inflation했다. 아무 것도 없는 우주에서 양자요동이 일어나 양성자와 중성자가 생기고 이것이 결합하면서 원소와 물질을 만들었다. 우주는 무無로부터 만들어진 것이며 또다시 무로 돌아갈 수도 있다.[5]

생명도 마찬가지이다. 생명의 창조와 죽음, 진화에 어떤 목적이 없으며 신이 관여하지 않았다. 모든 생명체는 자연 및 다른 생명체와 상호작용하며 자연선택과 성선택을 하며 진화를 했다. 약 38억 년 전 최초의 살아 있는 생명체이자 가장 단순한 구조를 가진 원핵세포 생물이 지구상에 출현했다. 원핵세포가 다시 수억 년에 걸쳐 진화하면서 스트로마톨라이트stromatolite와 같은 시아노 박테리아로 진화하여 광합성을 통해 에너지를 얻고 산소를 배출하게 된다. 그전까지 무산소 상태에서 살았던 박테리아들은 광합성을 하는 박테리아를 흡수하고, 이것이 세포 내의 미토콘드리아로 변한다. 다세포 생명체로 진화가 이루어진 것이다. 다세포 생명체는 자연선택을 하며 1천만 종 이상의 다양한 종으로 진화를 한다. 리처드 도킨스가 말한 대로, "자연선택은 점진적인 개선을 향한 누적적인 일방 통로이기 때문에 기능을 한다."[6] "잠자리의 날개나 독수리의 눈처럼 겉으로 보기에 설계된 듯한 것들이 사실은 무작위적이면서 전적으로 자연적인 원인

5 로렌스 클라우스, 『無로부터의 우주』(박병철 역, 승산, 2013) 258쪽과 브라이언 그린, 『우주의 구조』(박병철 역, 승산, 2005) 581쪽을 참고하여 필자가 재구성함. 로렌스 클라우스는 이 책에서 137억 2,000만 년 전에 빅뱅이 일어난 것으로 보았지만, 최근의 연구 성과를 반영하여 138억 년으로 수정함.
6 리처드 도킨스, 『만들어진 신』, 이한음 역, 김영사, 2007, 219쪽.

들의 긴 연쇄사슬의 최종 산물임을 추측할 수 있었겠는가."[7]

138억 년의 우주 형성 시간을 1년으로 환산하면, 인간의 역사 700만 년은 4.44시간에 지나지 않으며, 신을 자각하고 문명을 건설한 역사인 1만 년은 22.9초밖에 되지 않는다. 12월 31일 밤 8시경 태어나서 11시 59분에야 문명적 의식을 갖게 된 아이가 그 앞의 1년의 시간을 제대로 통찰하고 감당할 수 있겠는가? 우주의 역사에서 볼 때 찰나의 순간에 인간에 의해 만들어진 신이 끝도 시작도 없이 무궁한 시간의 우주를 창조하고 주재한다는 것은 어불성설語不成說이다.

2. 종교와 과학의 종합

과학과 정신성의 종합

종교와 과학을 종합할 길은 없는가. 사이비 과학에 대해 신랄하게 비판하였음에도 칼 세이건은 과학과 정신성을 종합할 것을 역설했다.

> 과학은 정신성spirituality과 단지 양립 가능할 뿐만 아니라, 바로 정신성의 뿌리의 깊은 원천이기도 하다. 우리가 광년으로 측정되는 광대한 우주 공간과 시간의 흐름 속에서 우리의 위치를 인지할 때, 생명의 복잡성과 아름다움, 섬세함을 파악할 때, 그때 솟구치는 감정, 즉 우쭐함과 아울러 자괴감은 확실히 정신적이다. 위대한 예술이나 음악, 문

---

7   위의 책, 180쪽.

학작품 또는 우리에게 모범이 되는 모핸다스 간디나 마틴 루터 킹 목사와 같은 사람의 자기를 돌보지 않는 용기 있는 행위를 대할 때 우리에게 일어나는 감정도 그러하다. 과학과 정신성이 어떻게든지 상호 배타적이라는 생각은 양자 모두에게 해가 된다.[8]

우리가 138억 년에서 수천억 분의 1밖에 안 되는 찰나의 시간을 살다가는 존재이지만, 그렇다고 해서 인간의 정신성과 그 힘을 모두 부정할 수는 없다. 우리 인간은 100년도 채 못 살지만, 찰나의 순간에 우주의 창조에서 종말까지 수십억, 수백억 년에 걸친 시간의 경과와 그 시공간에 켜켜이 쌓인 주름들을 사유할 수 있다. 또, 우주와 자연이 아무런 목적이 없이 작동하고 반복을 되풀이하지만, 거기에 목적과 의미를 부여하는 것은 바로 인간이다.

신과 과학의 화해

신과 과학이 화해하는 지름길은 신을 초월적 절대자나 창조자가 아니라 폴 틸리히Paul Tillich처럼 '관계성의 원천과 힘'이나 '무한을 향한 지향'으로 정의하고, 과학을 보편적이고 객관적으로 타당한 진리로 보는 신화를 해체하는 것이다.

리처드 도킨스는 종교의 부정적인 사례만을 논거로 활용하며 제 논에 물 대기 식의 논지를 펴고 있다. 그는 인류의 구원, 수많은 종교인들의 타인을 위한 희생과 헌신, 아시아에서 종교인들의 독재에 반대한 민주화운동, 제3세계에서 종교인들의 인간 존엄과 평등, 해방

---

8   칼 세이건, 『악령이 출몰하는 세상』, 이상헌 역, 김영사, 2001, 43쪽.

을 향한 운동과 희생 등 종교가 20세기의 보편적이고 합리적인 가치와 부합한 긍정적인 요인들을 소거한다. 대신 그는 이슬람 근본주의나 기독교 복음주의자 등 극단적 광신도들의 광기를 중심으로 종교를 비판하고 신을 부정한다. 근본주의의 광기에 휘둘릴 때 종교가 고문, 대량학살, 전쟁과 같은 야만을 저지르고 전체주의와 결합했지만, 과학 또한 도덕과 가치를 상실할 때 히로시마 원폭 투하나 생체실험과 같은 야만을 자행했다.

이제 종교의 교리와 과학이 맞설 때 교리나 경전을 수정하는 용기가 필요하다. 종교가 과학을 수용하여 주술성을 일소하고 신화를 해체한다면 종교는 21세기나 그 이후에도 힘을 갖고 존재할 것이다. 과학 또한 과학의 발전과 도덕의 향상이나 사회의 진보가 영향을 받지만 비례하지 않음을 직시해야 하며, 과학으로 해명하지 못하는 영성과 신비의 영역이 있음을 인정해야 한다.

우리는 신이 우리의 기도에 응답하기를 소망한다. 신을 믿고 섬긴만큼 신 또한 우리의 불행을 행복으로 전환하는 데 개입하기를 바란다. 이것이 이루어지지 않으면 신을 원망하기도 한다. 이기적인 소망만이 아니라 선한 자들이 고통을 받고 핍박을 당할 때, 악한 권력에 의해 선량한 약자들이 죽음을 당할 때, 그들을 위하여 온몸으로 기도하였음에도 아무런 변화가 없을 때 우리는 "신은 과연 어디에 계시냐?"며 절규한다. 하지만, 자신의 이익을 위하여 신을 이용하는 것은 신을 모독하는 것이며, 아무 때나 신을 부르는 것은 신을 개인의 의지처로 전락시키는 것이다. 신은 이 세계 안에서 물리적으로, 화학적으로 또는 생물학적으로 존재하지는 않는다. 신은 우주의 창조나 진화의 진행과 인간의 자유로운 활동이 이루어지는 곳에는 개입하지 않는다. 신을 믿거나 부정하는 것은 증명의 문제가 아니다. 죽어야 할 것은 인간의 실존이나 초월과 별 관련이 없는 실체로서, 최고의 존재자로서, 내 기도의 응답자로서, 우주와 생명의 창조자로서 신이다. 신은 인간존재의 유한함과 초월, 의미 체험과 실존적 문제의 근거에 대한 질문에서 의미를 지닌다.

신은 없지만 존재한다. 신은 실체로 존재하지 않으며 형상도 없다. 신은 우리가 느끼는 어떤 존재의 떨림, 초월적 힘에 대한 감수성이며, 존재자로서 인간 존재의 심연에서 우러나는 울림, 존재의 소리를 듣는 영적인 지평에 관계된 개념이다. 경주 남산의 아름다운 불상이 바위에 부처의 형상을 조각한 것이 아니라 조각가의 마음과 바위 속의 부처를 드러낸 것이듯, 신은 유한한 존재로서 한계가 많고 불안하고 고독한 인간이 무한으로 포월匍越, 抛越, 包越할 때 자신의 내면으로부터 체험하는 무엇이다. 고통 받고 있는 타자들의 아픔을 자신의 병처럼 아파하며 공감하고, 손해와 희생을 기꺼이 감수하고 그들과 연대하는 자리에 신은 자리한다.[9]

신을 초월적 절대자나 창조자로 정의한 채 과학과 화해할 길은 없는가. 이번에는 과학의 개념을 달리해보자. 보편적이고 객관적으로 타당한 진리란 없다. 과학의 역사는 이전의 진리와 방법의 폐기와 극복의 과정이다. 뉴턴을 중심으로 한 고전 역학을 아인슈타인이 해체

9　이 단락은 신승환, 『철학, 인간을 답하다』(21세기북스; 2014), 351~364쪽 ; 이도흠, 『인류의 위기에 대한 원효와 마르크스의 대화』(자음과모음; 2015), 411~412쪽을 합치며 약간 수정함. 여기서 포월은 크게 세 가지 뜻이다. 첫째, 김진석 교수가 제안한 대로, "바로 초월하거나 해탈하려는 유혹을 떨치고 현실의 바다에 배를 깔고 치열하게 포복하면서 그 과정에서 그 혼돈을 넘어서는 거룩함을 추구하는 '포월(匍越)"이다. 둘째, 모든 이익과 향락, 욕망, 어리석음, 분노를 비롯하여 자신과 관련된 모든 것을 포기하고 초월하는 포월(抛越)이다. 셋째, 열반은 나와 타인이 동시에 이루어야 하기에, 타인을 아우르며 초월하는 포월(包越)이다.

하였고, 양자역학은 아인슈타인의 입장에서는 주사위 놀이와도 같은 물리학과 우주의 세계를 제시한다. 진리는 상대적이며, 패러다임 안에서 가설을 세우고 예측하고 실험하고 검증한 결과일 뿐이다. 때로 사회적 합의에 의한 구성물일 때도 있지만, 과학은 끊임없이 작동하면서 오류를 수정하고, 헤아릴 수 없이 많은 실험과 검증 과정을 통하여 잘못된 가설과 이론과 방법을 폐기하였으며 패러다임마저 스스로 혁신했다. 아직 미지의 영역이 더 많이 남았지만, 그러면서 자연과 우주의 실재에 점점 다가갔고 그 지식을 통해 수수께끼를 해명하고 이를 응용한 무수한 과학기술과 도구들을 산출하여 인류를 주술과 질병과 무지몽매함과 불편함으로부터 구원하고 계몽의 빛과 건강과 행복, 자유를 선사했다.

우리의 우주에 신이 간섭한 증거는 없다. 우리의 우주에 극락이나 천국이 없는 것 또한 분명하다. 하지만, 평행우주설이나 순환우주모형으로 확대하면, 우리의 우주 너머나 다른 차원에 다른 우주가 존재할 수도 있다. 대략 1,000억 개에서 4,000억 개의 별을 가진 은하가 1,800억 개에서 대략 2조 개가 있는 광대한 우주 또한 관측 가능한 우주일 뿐이다.[10] 반우주나 평행우주가 있을 수도 있다. 그것이 아니라도 이 책을 읽고 있는 사람의 얼굴과 책 사이의 공간에도 광대한 우주가 존재할 수 있다. 관측 가능한 우주 바깥에, 그보다 우리 눈앞에, 다른 차원에 천국과 지옥이 있을 수 있다.

팽창을 막고 되돌릴 만한 물질이 우주에 충분하지 않기에 순환우

---

10 Christopher J. Conselice·Aaron Wilkinson, Kenneth Duncan·Alice Mortlock는 "The Evolution of Galaxy Number Density at z 〈 8 and its Implications," *Astrophysics of Galaxies*, 13 Jul 2016 (v1)에서 은하의 개수를 최소 1.4조 개에서 2.7조 개로 파악했다.

주모형은 한계가 있지만, 빅뱅 뒤에 138억 년에 이른 우주는 대폭발과 대수축Big Crunch을 수조 년에 걸쳐서 되풀이하는 한 단위, 즉 순환 체제일 수도 있다. 우주는 대폭발과 대수축을 하는 가운데 중력 등 여러 요인이 어우러져 쉼 없이 운동을 한다.

우리 주변에서 원자보다 작은 플랑크 길이의 공간에서 어떤 조건만 주어지면 양자요동에 따라 새로운 우주가 만들어질 수 있다. 우리 눈앞의 한 점도 안 되는 공간에도 막대한 에너지가 있으며 양자요동이 일어나면, 아주 미세한 작용이지만 여기에 중력만 결합해도 빅뱅을 만들 수 있다.

노자老子는 『도덕경』 5장에서 "천지는 어질지 않아서 만물을 짚으로 만든 강아지처럼 여긴다天地不仁, 以萬物爲芻狗."라고 했다. 우리가 아프리카의 사파리에 갔을 때 관람 원칙은 동물의 삶에 인간이 개입하지 않는다는 것이다. 연약한 가젤 새끼가 악어에게 먹힌다고 해서 자비심에서 구해주려 하면 안 된다. 그처럼 신도 시작도 끝도 없는 시간에 양자요동을 하여 우주를 만들고 초기에 게임설계자처럼 대폭발과 대수축, 양자얽힘 등 여러 운동을 결정하는 알고리즘만 부여한 뒤에 우주의 작동과 생명의 진화, 인간사회에 전혀 개입하지 않는 지도 모른다.

우주 생성의 순간에 물질과 반물질이 대칭이라면 양자가 합쳐져 모두 사라졌을 것이다. 하지만, $1/10^9$의 아주 미세한 비대칭으로 인하여 쿼크 6개, 렙톤 6개의 12개의 기본입자와 이 입자 사이에서 힘을 전달하며 상호작용을 하는 4개의 매개입자, 힉스입자Higgs boson 등 총 17개의 소립자가 생성되었다. 이 비대칭 값이 이보다 더 작았다면 은하들이 만들어질 만큼 물질이 충분히 존재하지 못했을 것이며,

이보다 더 컸더라면 엄청난 양의 물질들이 별과 은하를 만들지 못하고 응결되어 있었을 것이다. 이 비대칭으로 인하여 우주의 모든 원소는 수소로부터 핵융합을 통해 만들어진다.

강력은 원자핵의 구성 요소들을 묶는 힘, 곧 원자핵을 깰 때 극복해야 하는 핵력을 의미한다. 강력은 수소가 타서 헬륨을 형성할 때 에너지로 전환되는 수소핵의 질량비인 E로 측정된다. 우리 우주에서 이 값은 0.007이다. 강력이 0.007이 아니라 0.006이면 우주엔 수소밖에 없었을 것이고, 0.008처럼 너무 크면 수소는 모두 융합되어 더 무거운 원소로 변했을 것이고, 그러면 우주에 물은 존재할 수 없게 된다.[11] $1/10^9$의 비대칭과 0.007의 강력 값을 처음에 부여한 이가 신이 아닐까? 온라인게임처럼 우주든, 생명이든, 인간이든 알고리즘에 따라 나고 상호작용하고 사라짐을 반복하는 것이라고 생각할 수 있다.

포스트세속화 시대에서

종교와 과학의 종합 문제   인류는 세속화, 곧 교회를 떠나 그 바깥에 시민사회를 형성하고, 국가와 시민사회의 매개로서 공론장에서 합리적으로 토론하고 소통하면서 신에게서 인간으로, 주술에서 과학으로 이행했다. 그런데 21세기에 와서 포스트세속화의 양상들이 나타나고 있다. IS는 신의 이름으로 종교나 종파가 다르거나 자신들의 교리에 위배된다는 이유로 무고한 이들을 학살하거나 테러를 가

---

11 지금까지 우주의 기원에 대해서는 로렌스 크라우스, 『무로부터의 우주』(박병철 역, 승산, 2013)와 크리스 임피, 『세상은 어떻게 시작되었는가』(이강환 역, 시공사, 2013), 브라이언 그린, 『우주의 구조』(박병철 역, 승산, 2005)을 참고하여 재구성함.

하고 전쟁까지 감행하고 있다. 미국의 근본주의 기독교도들은 과학적 성취를 부정하고 다른 종교를 악마화하면서 신비에 귀의하고 있다. 신부, 목사, 스님들에 대한 팬덤fandom 현상도 더욱 극단화하고 있다. 한국의 경우 중세의 잔재인 기복성과 가부장적 질서를 극복하지 못한 상태에서 재주술화의 파도에 휘청이고 있다. 유럽에서 공론장이 퇴화하고 있다면, 한국에서는 공론장이 제대로 형성되기도 전에 주술적 담론을 더욱 강화하는 양상으로 나아가고 있다.

　이에 하버마스는 의미의 원천으로서 시민사회의 담론을 구성하고, 대신 종교는 공론장으로 들어와서 '이성적'이기 위해서는 "타인의 종교를 인정하고, 세계와 관련된 지식에 관한 한 과학의 권위를 인정하고, 세속적 권위에 기초하고 있는 헌법국가를 인정하는 삼중의 반성을 수행하여야 한다."[12]라고 말하고 있다. 하나 덧붙인다면, 종교, 국가, 과학 사이에 서로 창조적 긴장관계를 유지하면서 종교와 과학의 변증법적 종합을 모색해야 한다. 종교는 신적 권위를 갖고 국가를 견제하고 대중을 윤리적 삶으로 이끌며, 국가와 대중은 세속의 권력의 힘으로 종교가 타락하거나 도그마화하는 것을 경계해야 한다. 과학은 종교의 주술성을 비판하고 종교는 과학의 객관성이 닿지 못하는 신비와 영성의 세계를 보여주어야 한다. 종교와 과학이 대립하면 과감하게 종교를 수정하되, 과학 너머의 영성과 신비에 대해서도 인정하는 자세가 필요하다.

12　위르겐 하버마스, 『인간이라는 자연의 미래』, 장은주 역, 나남, 2003, 164쪽.

3. 구세주로서 과학과 디스토피아의 매개로서 과학

과학으로 인하여 우리는 두려움과 경이로움, 신비로움의 대상이던 우주와 자연, 생명을 이해하고 설명하게 되었다. 프리츠 하버의 암모니아 대량생산 방법 개발은 근대 화학비료 산업을 추동하여 농업혁명을 촉발했지만, 1차 세계대전에서 화학무기로 전용되었다. 과학자와 이를 집행하는 정책당국자, 이를 견제하는 시민사회는 과학기술의 영향력이 인류문명 이래로 가장 강하게 미치는 4차 산업혁명을 맞아 과학기술의 이중용도 연구에 대한 우려Dual-use research of Concern를 해야 한다.

구세주로서
과학

과학은 계몽의 빛이다. 인간이 연금술, 페스트, 마녀사냥으로 얼룩진 주술의 정원에서 탈출하여 환한 빛의 세상으로 나아가게 한 것은 과학과 계몽사상이다. 78억 명의 인류가 먹고살 만한 물질적 풍요를 안겨준 것, 산업혁명의 원동력으로 작용한 것, 교통수단과 인터넷을 통해서 인류가 한 마을이 되게 한 것, 거의 모든 질병으로부터 벗어나게 한 것 또한 과학의 힘이다. 더불어 우리에게 여가를 선사하고 여성 해방을 앞당긴 것 또한 과학이다. 옛날엔 겨울에 솜이불을 빠는 데만 엄청난 시간과 힘이 필요했다. 양잿물을 붓고 다리가 쥐가 나도록 구정물이 빠져나올 때까지 발로 밟고, 다음 날까지도 팔이 아프도록 물기를 짜서 빨랫줄에 넣었다. 명태처럼 얼고 녹기를 여러 차례 반복하면서 며칠을 말려야 했다. 하지만, 이제 세탁기에 넣고 그 시간 동안 음악감상을 할 수 있다. 물론, 여성들이 온몸을 사슬로 묶고 연대하는 등 주체로서 가부장제에 맞서서 투쟁한 것이 결정적으로 작용했지만, 과학기술도 일등공신의 역할을 했다. 여성들은 가전제품의 도움을 받아 힘든 가사노동에서 벗어나 취미생활을 하고 여가를 즐기게 되었다.

디스토피아의 매개로서

과학   과학은 디스토피아의 매개 역할도 하고 있다. 첫째로 들 수 있는 것은 전 지구 차원의 환경 위기와 기후위기다. 과학기술은 환경을 해치는 수많은 기계를 만들었고, 기계들은 자연을 파괴하는 막대한 쓰레기와 오염물질을 양산하고 있다. 2018년에 3억 5,900만 톤의 플라스틱 쓰레기가 생산되었고,[13] 2010년에만 480만 톤에서 1,270만 톤의 플라스틱 쓰레기가 바다로 흘러 들어갔다.[14] 세계는 매년 360억 톤의 이산화탄소를 배출하고 있고 이는 매년 증가하고 있다.[15] 우리는 미세먼지와 중금속으로 오염된 공기를 마시고 나노 상태로 분해된 플라스틱을 흡입한 물고기와 중금속과 항생제가 축적된 가축들을 먹고 있다. 온난화로 극지방과 고산지대의 빙하가 녹고 해안지방이 침식하고, 역대급의 태풍, 폭염, 폭설, 홍수, 가뭄이 일상화하고 대형 산불도 다반사로 발생한다. 심지어 숲의 과도한 파괴로 인하여 숲의

---

13 https://www.statista.com/statistics/282732/global-production-of-plastics-since-1950/ "In 2018, world plastics production totaled around 359 million metric tons."
14 Jenna R. Jambeck·Roland Geyer·Chris Wilcox·Theodore R. Siegler, Miriam Perryman·Anthony Andrady·Ramani Narayan·Kara Lavender Law, "Plastic waste inputs from land into the ocean," *Science*, Vol. 347, 13 Feb 2015. p.768.
15 https://ourworldindata.org/co2-and-other-greenhouse-gas-emissions#how-have-global-co2-emissions-changed-over-time. "Globally we emit over 36 billion tonnes of CO2 per year - this continues to increase."

바이러스들이 차례로 팬데믹을 일으키고 있다.

기술결정론 또한 허구의 이데올로기이다. 기술이 중대한 영향을 미치기는 하지만, 정치, 경제, 사회, 문화, 세계관 등 여러 요인들이 얽혀서 사회를 변화시킨다. 대형 토목사업을 하려는 사회적 필요와 노벨의 아이디어가 결합하여 다이너마이트가 발명되었지만, 그것은 대규모로 인간을 살상할 수 있는 전쟁시대를 열었다. 맨해튼 프로젝트도 마찬가지이다. 파시즘을 피해 온 망명 과학자들과 미국의 과학자들이 전쟁을 끝내고 평화를 도모하기 위한 '억지 전략'의 일환으로 원자탄을 개발했지만, 그것은 수만 명을 즉시에 죽이고 수십만 명을 방사능에 관련된 각종 질병을 앓게 만들고 인류의 멸종도 야기할 수 있는 대량살상무기가 되었다.

무엇보다 기술은 예상치 못한 결과나 부작용을 야기하기에 기술로 기술의 문제를 해결한다는 발상은 위험하다. 근본적으로 기술결정론이나 환원론은 과학기술이 야기하는 문제에 대해 미시적으로만 인과를 따지기에 그 범주 바깥의 인과관계를 고려하지 못하며, 이는 늘 오랜 시간 뒤에 위기의 모습으로 나타난다. 과학기술이 인간에 대한 통찰, 윤리와 도덕을 상실할 때 프랑켄슈타인과 같은 괴물은 언제든 나올 수 있는 것이다.

과학의 도구화도 심각한 문제다. 예를 들어서 아우슈비츠 수용소에서 독일군 장교의 명령에 따라 화학자가 유대인을 가장 빨리 죽이면서도 그 시신에서 비누 한 장이라도 더 나올 수 있는 화학물질을 개발할 때, 과학은 피와 살과 영혼을 가진 인간을 비누로 전환하는 도구에 지나지 않는다. 정도 차이는 있지만 현대 사회에서 과학기술은 자본의 이윤 추구의 도구, 국가의 경쟁력과 군사력, 폭력 강화의 도구로 전락했다. 인간 자신이나 자연이 목적이 되지 못한 채 자본을 더 축적하고 국가의 엘리트들이 더 많은 권력을 갖기 위하여 과학기술을 동원하고 이용하고 있다.

이보다 더 심각한 것은 호모 데우스의 문제다. 이미 인간이 생명을 창조하고 조작하는 신의 경지에 올랐다. 예쁜꼬마선충과 같은 기계 생명을 창조하거나 유전자를 조작해서 새로운 종의 생명체를 만드는가 하면, 전자 알고리즘과 생명공학의 알고리즘을 결합하여 바이러스도 만들어냈다. 스페인 독감에 걸려서 5,000만 명이 죽고 현재도 코로나 바이러스로 80만 명이 넘게 사망한 것처럼, 인간이 창조한 바이러스가 실험실을 빠져나와 어떤 위기를 야기할지 아무도 예측할 수 없다. 인간이 산업화와 도시화로 지구상 생명들의 균형을 깨고 환경위기와 기후위기를 야기하고 있는데, 이에 더하여 인간이 만든 생명이 통제의 범위를 벗어난다면 그 혼란의 양상은 상상하기조차 어렵다. 인간이 신의 경지에 오른다면, 그 오만이 제2의 바벨탑을 부를 수도 있다.

과학은 불평등과 계급갈등을 심화한다. 과학기술을 다루는 이들은 고연봉 고학력자이다. 높은 임금을 주고 이들을 관리하는 자본은 연구투자와 특허를 통해 과학기술을 독점하여 막대한 이윤을 획득한다. 과학기술이 고도화할수록 노동을 숙련노동과 비숙련노동으로 이원화하며, 이에 비례하여 임금 격차가 더 벌어진다. AI와 자동화로 대다수 노동자들이 일자리를 박탈당할 것이다. 더 나아가 이를 공유하지 않는다면, 소수의 로봇 소유자가 노동자를 농노처럼 부리는 새로운 봉건제가 도래할 수도 있다.

생명이 산업화하고 있다. 2019년 말 세계 제약시장의 규모는 자동차나 반도체 시장의 두세 배를 능가하는 1조 2,500억 달러(약 1,480조 원)에 달한다.[16] 유전자공학은 신약 개발이나 장기 공급에 이르기까지 수천조 원 이상의 가치를 지녔고, 이미 미국과 특정 선진국이 이를 독점하고 있기에 선진국과 후진국의 격차는 더욱 벌어지고 있다. 제약 업계의 대기업들은 인류 공동의 자산인 생명과학 유전자에 대해 특허를 내고 있고, 이걸로 엄청난 돈을 벌고 있다. 반면에, 조나스 소크Jonas Salk는 소아마비 백신을 개발하여 대략 5조 원의 특허료 수입을 벌 수 있는 상황에 있었지만, 소아마비로 고통 받을 어린이를 위하여 이를 무료로 개방했다. 특허를 내라는 사람들을 향하여 그가 말했다. "태양을 특허낼 것인가Would you patent the sun?"[17] 마찬가지다. 생명은 인류 공동의 자산인데, 몇몇 기업들이 독점한 기술과 정보로 막대한 돈을 벌고 있다. 유전자 조작으로 맞춤 아기를 생산하여 인간이 획일화할 수 있다. 또 생명산업과 함께 생명권력이 등장했다. 어떤 미치광이가 히틀러 수십 명을 복제해서 다시금 나치즘과 같은 일을 한다면 얼마나 끔찍한가. 생명을 조작하고 인간의 수명과 건강을 관장하는 생명권력이 주권권력, 훈육권력과 결합하며 작동하고 있다.

　디지털 시대를 맞아 개인의 자유를 억압하고, 사적인 영역을 지배하고, 억압하고, 통제하는 것이 아주 쉬워졌다. 우리나라 1970~1980년대에는 대학교에서 사찰을 할 때 형사나 국가정보원의 요원들이 목적하는 인물을 따라다니며 감시했다. 하지만, 이제 이들은 가만히 앉

16　Matej Mikulic, "Pharmaceutical market: worldwide revenue 2001-2019," May 25, 2020. (https://www.statista.com/statistics/263102/pharmaceutical-market-worldwide-revenue-since-2001/)

17　"The Real Reason why Salk Refused to Patent the Polio Vaccine," Bio, Jan. 27, 2012. (https://www.bio.org/blogs/real-reason-why-salk-refused-patent-polio-vaccine)

아서 패킷 감청을 하며, 우리가 다녀간 모든 곳이 핸드폰의 유심에 저장되며, 카드를 사용하고 검색하거나 방문한 사이트가 모두 빅데이터로 입력된다. 우리는 정보를 알려고 노력한 만큼 우리의 정보도 노출하고 있다. 코로나 사태 때처럼 국가와 자본은 빅데이터나 다른 정보를 활용하여 권력을 작동하고 이윤을 획득할 수 있다.

드론, 레이저 무기, 나노 무기, 생화학무기, 신종 바이러스들을 인간의 살상에 활용할 경우 인류는 지금까지 상상했던 것과 전혀 다른 양상의 전쟁과 집단학살과 마주칠 것이다. 물론 윤리적이고 법적인 차원에서는 제한하겠지만, 앞으로 특정 인종의 단백질에만 작용하도록 하는 바이러스 유전자를 합성하여 몰래 퍼트린다면 그 인종만 지구상에서 조용히 사라지게 할 수도 있다.

"기술은 이미 자연과 인간에 대한 지배가 되었으며, 방법적이고 계산되고 계산하는 지배이다."[18] "테크놀로기는 자연을 기술적으로 통제함으로써 보편화·개념화를 지향하고 모든 것을 동일화함으로써 도구적 이성이 되고 있다."[19] "테크놀로기는 고도의 합리성으로 자신을 위장한다. 이 속에서 인간은 비판과 부정의 힘인 이성을 잃고 상식과 기존체제를 긍정하는 힘인 오성으로서 사회를 보게 된다. 따라서 인간의 이성은 도구화하고 기존 질서는 계속 그 정당성을 유지하게 된다."[20] 테크놀로기로 생산성이 크게 증대함에 따라 현대국가 또한 기술국가로 전락하였다. 과학기술을 매개로 국가와 자본이 유착

---

18 하버마스, 『이성적인 사회를 향하여』, 장일조 역, 종로서적, 1980, 6쪽.

19 이도흠, 「테크놀로기와 인간해방」, 『인문연구』 창간호, 한양대 문과대학 학술지 편집위원회, 1982, 15쪽.

20 이도흠, 같은 글, 14쪽.

을 맺게 되면서 국가는 정당성을 상실하고 기술관료들은 테크놀로지를 통해 국민을 통제하고 조작한다.

이처럼 과학기술은 여러 역기능과 부작용을 야기하기에, 이를 미리 예측하고 대안을 세워야 한다. 과학기술이 권력이나 자본과 결합할 때 이는 가공할 만한 파괴를 가져올 수 있다. 그렇기 때문에 이를 규제하고 국가나 자본이 아니라 시민사회가 과학기술을 통제해야 한다.

4. 신과학/운동: 대안의 과학인가, 사이비과학인가?

대안으로서

신과학운동　　신과학운동의 스펙트럼이 넓지만, 1970년대에 미국을 중심으로 '신시대과학New Age Science, New Wave Science'을 펼친 역사로서 신과학운동으로 한정하면, 이 운동의 가장 핵심적인 이론가는 프리초프 카프라Fritjof Capra이다. 그는 기계론적 과학을 비판하고 동양의 신비주의로 현대 물리학을 해석하면서 "(힌두교의) 춤추는 신과 물리학적 이론은 양쪽 다 마음의 소산이며, 그 지어낸 이의 실재에 대한 직관을 기술하는 모형이다."[21]라고 말한다. 그는 불교나 도가 사상에서 진여眞如나 도道를 언어나 이성을 통하여 헤아릴 수 없다고 인식한 것이 물질의 실재성을 부정하고 확률적으로 관찰된다는 현대 물리학과 통한다고 본다. 그는 "현대 물리학에서 우주는 본질적으로 항상

21　프리초프 카프라, 『현대물리학과 동양사상』, 김용정·이성범 역, 범양사, 2006, 68쪽.

관찰자를 포함하는 역동적이며 불가분의 전체로서 체험된다. (…) 이것은 동양의 신비주의에서 가장 놀랄 만한 유사성을 보이고 있다."[22]라고 말한다.

대다수 서양 과학자들은 실체론적이거나 이분법적인 사고를 한다. 누가 길 가다 딱정벌레를 밟았다면, 서양 과학자들은 당연히 "딱정벌레가 죽었다"라고 말한다. 하지만 그 벌레를 계속 지켜보면, 개미들이 와서 해체한다. 그리고 딱정벌레 살을 여왕개미한테 먹이면, 여왕개미는 개미 알을 낳는다. 딱정벌레 껍데기에도 수억의 미생물이 깃들이게 된다. 실체론에서 보면 죽은 것이지만, 관계론에서 보면 딱정벌레가 개미와 미생물로 전이된 것이다.

"컴퓨터 화면으로 물고기와 물속 장면을 담은 애니메이션을 보여주고 회상을 하라고 했더니, 물, 바위, 물거품, 수초 등의 배경 요소에 대해 일본 학생들이 미국 학생보다 60% 이상 더 많이 언급했다. 미국 학생들은 '송어 같은데 큰 물고기가 왼쪽으로 움직였어요'처럼 초점의 구실을 했던 물고기부터 언급하기 시작하고, 일본 학생들은 '음, 연못처럼 보였어요'라며 전체 맥락을 언급하는 것에서 말을 시작했다."[23] 이처럼 서양은 부분을 보며 실체론적 사고를 하고, 동양은 전체를 보려 하고 관계의 사유를 한다. 이에 서양은 그리스 시대부터 "너는 누구인가, 이데아란 무엇인가, 인간의 본성은 무엇인가, 우주의 실체는 무엇인가?"라는 질문을 하고 답했다. 반면에 동양은 "너의 부모와 친구는 누구인가, 실체란 허상이니 그 너머에 있는 무無와 도

22   위의 책, 113쪽.
23   리처드 니스벳, 『생각의 지도』, 최인철 역, 김영사, 2004, 91~92쪽 요약.

道란 무엇인가, 인간은 세계나 타인과 어떻게 관련을 맺는가, 우주는 어떻게 작용하며 인간과 어떤 연관을 갖는가?"에 대해 탐구했다. [24]

서양은 실체론에 더하여 이 세계를 둘로 나누어 코스모스로 전환하였다. 그들은 세계를 이데아와 그림자, 주체와 객체, 이성과 감성식으로 구분하였다. 이는 여러 문제를 야기한다. 프리초프 카프라를 비롯한 신과학 운동자들은 동양처럼 전일적이고 관계론적이며 유기적인 사유를 하여 서양과학의 한계를 극복하려 했다. 이들은 불가와 도가 사상, 힌두 사상과 결합한 새로운 과학을 제안했다.

이 신과학운동자들이 행한 것은 아니지만, 이들의 이념을 잘 드러내는 사례가 카이바브 고원의 역설이다. 1907년에 카이바브 고원에 사는 주민들이 멸종위기에 놓인 사슴을 구하자는 회의를 한 끝에 사슴을 죽이는 천적을 잡자고 결론을 내렸다. 이들은 전국에서 사냥꾼을 동원하여 퓨마와 늑대, 코요테, 살쾡이들을 사냥했다. 그랬더니 그들이 바랐던 대로 4,000마리였던 사슴이 1924년에는 10만 마리로 늘어났다. 그런데, 1924년과 25년 사이에 6만 마리의 사슴이 굶어 죽었다. 사슴들은 계속 굶어 죽어 갔고, 1939년에는 결국 1만 마리만 남았다. [25] 카이바브 고원 지역에 너무 많은 사슴들이 늘어나다 보니 이들이 먹을 풀이 모자랐던 것이다. 이 사례처럼, 실체론적 사고로 사슴만 바라보고 천적을 없애면 사슴이 많이 살아날 것이라고 생각한다. 하지만, 그 고원의 생태계는 사슴, 천적, 풀들이 서로 깊은 연관 관계에 있었던 것이다.

---

24 이도흠, 『인류의 위기에 대한 원효와 마르크스의 대화』, 자음과모음, 2015, 92쪽.

25 M. B. V. Roberts, *Biology; A Functional Approach*, 4th edition, Cheltenham; Replika Press, 1986, p. 528.

카이바브 고원의 역설처럼, 신과학은 기계론적 세계관을 벗어나서 전일적이고 생태론적인 세계관으로 전환하여 서양과학의 한계를 돌파하려 했다. 이들에게 깊은 영향을 준 것은 엔트로피 이론이다. 열역학 제2법칙대로, 자연은 엔트로피가 낮은 상태에서 높은 상태로 변화하고, 변화의 과정에서 항상 엔트로피는 증가하고, 시간은 엔트로피가 최대가 될 때까지 한 방향으로 흘러간다. 그러므로 전 지구가 경쟁적으로 추구하는 경제성장이란 사용 가능한 자원을 사용 불가능한 쓰레기로 바꾸는 것에 지나지 않는, 결국 모든 것이 쓰레기가 되는 종말로 치닫는 질주일 따름이다. 이 우주 안에서 어느 곳에 질서와 발전이 이루어진다는 것은 다른 곳에 그보다 더 큰 무질서와 쓰레기가 생긴다는 것을 진리로 천명한다.

신과학운동론자들은 데카르트와 뉴턴에 기반한 고전물리학에 담긴 기계론적 세계관을 비판하고 그것이 파기해버렸던 유럽과 비유럽의 전통 사상을 결합해 대안을 모색한다. 이들은 절대적 공간과 시간, 물리현상의 결정론적 인과율, 기본적인 고체의 물질 입자를 파기하고, 유기적이고 전일적인 동양의 세계관으로 자연현상과 물리적 현상을 관찰한다. 신과학운동이 고전역학이 범한 기계론과 실체론을 비판하고 전일적으로 세계를 바라볼 것을 제안한 것은 타당성이 있다. 이는 근대과학이 한정된 영역에서 인과를 분석한 것을 넘어서서 우주와 자연을 부분과 부분이 서로 밀접하게 연관된 총체로, 찰나의 순간에도 서로 영향을 주고받으며 동시에 변해가는 역동적인 과정으로 체험한다. 동양사상을 서양의 물리학과 결합하는 다리를 놓은 것도 중요한 공적이다.

사이비과학으로서

신과학운동　　그럼에도 신과학운동은 사이비 과학이다. 당위적이고 선언적이어서 과학의 원리를 이데올로기화하였고, 과학적으로 분석할 수 있는 부분까지 모호하게 신비화하고 은유화했다. 과학은 검증과 재현이 가능해야 되는데, 이들의 주장 가운데 대다수가 검증과 재현이 불가능하다. 과학적 객관성보다 운동적인 이념으로 신과학의 사상들을 밀고 나갔기 때문이다.

칼 세이건은 "과학이 성공한 이유 중 하나는 오류 수정의 기제가 과학 자체에 마련되어 있기 때문"[26]이라며, "과학과 사이비과학 사이의 가장 예리한 구분은, 인간의 불완전성과 오류 가능성을 과학이 사이비 과학보다 훨씬 더 철저하게 인정한다는 점이다."[27]라고 말한다. 그의 지적처럼 과학도 숱하게 오류를 범한다. 그러기에 과학과 사이비과학을 구분하는 것은 오류의 유무가 아니라 오류를 과학적인 방법과 분석, 논증으로 수정할 수 있는가의 여부이다. 신과학은 동양사상과 서양의 물리학의 연관성을 주장한 것에 대해 오류의 가능성을 인정하고 이를 과학적인 방법론을 통해 분석하고 오류라고 판단할 경우 수정했어야 하는데 그러지 않았다.

카프라가 불교의 연기론으로 기계론적 세계관을 극복한 것, 불교의 연기론과 불확정성의 원리를 결합한 것, 화엄 사상과 물리학을 종합하여 전 우주를 따로 분리할 수 없는 에너지 모형들의 역동적인 그물로 보면서 부분과 전체의 관련성과 과정에 주목한 것에 대해서는

26　칼 세이건, 『악령이 출몰하는 세상』, 김영사, 2001, 40쪽.
27　위의 책, 33쪽.

긍정적인 평가를 하고 싶다. 하지만, 힌두의 신비주의를 양자물리학과 결합하면서 춤추는 신으로 동일화하고 물리학의 이론을 마음의 소산으로 파악하고, 동양사상의 개념을 자의적으로 해석하여 물리학에 대응시킨 것은 유사성이나 개연성이 있기는 하지만 논증과 반증을 통해 증명되는 과학이 아니다. 신과학은 과학이 야기한 역기능, 과학이 도구화한 현실 사회 자체의 모순을 분석하거나 비판하지도 않기에 이에 합당한 대안도 제시하지 않는다. 환원주의적 사고가 벽에 부딪혔을 때 전일적 사고를 해보는 것도 좋지만, 정확한 계산을 통해 예측하고 실험 관찰로 검증하는 작업을 하지 않았기에 이는 은유의 유추로 그치고 말았다.

세이건은 수많은 사람이 영국의 여왕, 마오쩌둥, 고대 이집트의 파라오의 장수나 영생을 기도했지만 실패했다며, "종교는 더 이상 세상에 관해 결코 도전을 허용치 않는 주장들을 선포할 수 없다고 선언한다."[28] 자연재해나 전염병을 신이 내린 벌로 생각하고 기도를 하고, 종교 의례를 행하는 이유는 단 한 가지이다. 그 원인을 과학적으로 이해하지 못했기 때문이다. 화산이 마그마가 일정한 압력을 넘어 지각을 뚫고 분출하는 것이며, 전염병이 세균이나 바이러스 등의 병원체에 의해 감염되어 발병하는 질환이라고 생각하는 자리에 신이 깃들일 여지가 없다. 이런 사이비 과학의 신비주의적이고 은유적인 사기술에 비과학적인 대중이 기만당하면 비합리, 미신과 주술의 악령들이 지배하는 사회가 될 것이다.

---

28 위의 책, 318~319쪽.

5. 과학/기술과 도의 종합

과학과 기술의
개념

과학은 "무엇을 발견해내는 특별한 능력이자 발견한 것들로부터 나오는 지식의 체계로, 이것으로 만들어낼 수 있는 새로운 것들이나 그 새로운 것들을 현실에서 구현해내는 것"[29]이다. 필자는 과학을 '미지의 자연과 우주에 대하여 패러다임에 따라 객관적인 관찰과 측정을 하고 이를 보편적인 방법에 의해 체계적인 실험을 통하여 허위를 버리고 진리를 채택하고 이것을 다시 검증해서 진실로 입증된 것으로 축적되는, 검증과 반복이 가능하고 반증에 열려 있어 오류와 불완전함을 스스로 수정하는 기제를 내재한 지식체계'라 정의한다.

과학이란 미지의 우주, 자연, 인간과 사물에 대해서 관찰과 측정을 하는 것이다. 그런데, 토머스 쿤Thomas Kuhn이 통찰한 대로 이 작업에는 패러다임이 작용한다. 천동설의 패러다임에서는 온 우주의 중심이 지구라는 틀 안에서 우주와 자연을 관찰하게 되고, 지동설의 패러다임에서는 지구가 태양을 도는 일개 행성이라는 틀 안에서 우주와 자연을 관찰하는 것이다. 패러다임 안에서 가설을 세우고 주관을 배제한 채 보편적인 방법론을 동원하여 최대한으로 객관적으로 관찰을 하고 측정하여 계량화한다. 반복되는 실험을 통하여 가설을 세운 것이 진리인가 허위인가 가려서 허위는 버리고 진리만 남긴다. 이것으로 그치는 것이 아니다. 산수에서 검산을 해야 답이 맞다고 확

---

29   리처드 파인만, 『과학이란 무엇인가』, 정무광·정재승 역, 승산, 2008, 12쪽.

정을 하듯, 검증하여도 똑같은 결과가 추출되는가 확인을 한다. 그럴 경우에만 진리로 채택한다. 이렇게 지난한 과정을 거쳐서 확정한 것만 과학적 진리로 축적한다. 그럼에도 이것으로 끝난 것이 아니다. 검증하여 확정한 진리라도 반증의 가능성이 열려 있어야 한다. 현재 지구상에 존재하는 까마귀의 깃털이 모두 검다고 하더라도 돌연변이로 흰 까마귀가 출현한다면, "까마귀는 검다."라는 진리를 수정할 수 있어야 한다. 고전역학이 당시에는 주술의 장막을 벗기고 과학의 세계로 진입하게 하였음에도 이를 상대성의 원리나 불확정성의 원리, 양자역학에 의해 수정하는 데서 잘 나타나듯, 오류와 불완전함을 인정하고 스스로 수정하는 기제를 그 자체에 내재하여 끊임없이 진리로 수렴하는 지식체계가 바로 과학인 것이다.

근대 시대에 수많은 과학자들이 객관적인 관찰을 하기 위하여 도구의 성능을 높이고 외부의 물질은 물론, 눈에 보이지 않는 미생물이나 공기마저 차단할 수 있는 완벽한 실험실을 만들었다. 이들은 이 작업에 고통과 번민을 거듭하며 헌신했다. 근대 과학은 대다수가 그런 노력의 성과이다. 그럼에도 과학자들은 아무리 주관과 외부적 요인을 철저히 배제한다 하더라도 관찰 자체가 전적으로 객관적일 수 없다는 것, 곧 불확정성의 원리를 깨달았다. 관찰과 해석은 패러다임이나 세계관에 따라 달라진다. 보는 자의 빛이 입자에 영향을 미치는 것에 잘 나타나듯 관찰자가 관찰 대상에 변인으로 작용을 하며 입자의 위치position와 운동량momentum, 에너지와 시간은 상보적인 변수complementary variables로 두 개의 관측가능량observable에 대해 동시에 정확하게 측정하는 데 물리적인 한계가 있다. 불확정성은 측정방법에 상관이 없이 원래 물체에 내재되어 있는 근본적인 한계이다.[30] 하지만, 오자와 마사나오Masanao Ozawa가 측정의 한계, 측정 행위에 의한 교란과 양자 자체의 성질에 의한 양자의 움직임을 엄밀하게 구별하는 수학식을 제안함으로써 기존의 위치−운동량 불확정성의 측정의 한계를 넘는 측정이 가능하게 하여 불확정성의 원리의 오류를 보완했다.[31] 고전역학의 오류를 불확정성의 원리를 통하여 수정하고 불확정성의 원리조차 다시 오류를 발견하고 수정하는 것, 바로 이것이 과학의 진면목이다.

기술이란 무엇이고 과학과 어떤 차이를 갖는가. 이에 대해서는 아리스토텔레스가 잘 정리했다. 아리스토텔레스는 "기술techne이란 참된 이성이 수반되는 제작할 수 있는 마음가짐과 같은 것이다. 모든 기술은 생성에 관련되며 (…) 기술의 관심사는 행위가 아니라 제작이어야 한다. (…) 그 반대인 기술의 결핍은 그릇된 이성이 수반되는 제작할 수 있는 마음가짐이다."[32] 기술은 학문적 인식episteme, 실천적 지혜phronesis, 철학적 지혜sophia, 직관nous과 구분되는 것이며, 인간이 어떤 목적을 수행하고자 할 때 이성을 동반하여 무엇인가를 제작할 수 있는 고유한 품성이다. 아리스토텔레스는 이미 그리스 시대부터 그릇된 이성을 동반하여 제작하는 것을 기술의 결핍이라고 지적하고 있다.

---

30 가다야마 야수히사, 『양자역학의 세계』, 김명수 역, 전파과학사, 1979, 3장 2절 ; 브라이언 그린, 『우주의 구조』, 승산, 2005, 156~165쪽 참고함.
31 M. Ozawa, "Universally valid reformulation of the Heisenberg uncertainty principle on noise and disturbance in measurement," *Physical Review Journals*, 2003, 67: 042105 참고함.
32 아리스토텔레스, 『니코마코스 윤리학』, 천병희 역, 숲, 2015, 226~227쪽.

우주/자연과

의미　　우주와 자연, 생명은 아무런 목적이 없다. 목적도 의미도 없이 우주와 자연, 생명은 나고 상호작용하며 변하고 사라짐을 반복한다. 그에 의미를 부여하는 것은 인간이며, 이에 따라 우주와 자연, 생명은 달라진다. 비로소 존재한다. 과학이든 철학과 문학이든 짓[用], 곧 사물이 작용하고 운동을 하는 것을 통해, 본질을 유추하기는 마찬가지이다. 우리는 은유의 매개를 통해 우주나 사물의 실체를 한 자락이나마 이해하고 표현한다. 아래 나병춘의 시, 「호박」을 보자.

> 동자승 하나
> 배꼽 환히 드러내놓고
> 알몸으로 와선 중이다
>
> 따가운 햇볕도 배고픔도
> 다 눌러 베고서

　호박으로 못난 여자나 마음씨 좋은 농부를 노래했다면 이 시도 상투적인 진술로 그쳤을 것이다. 하지만 시인은 '호박'을 '동자승'으로 은유화했다. '호박'이 어떻게 동자승이 되었을까. 우선 겉모습을 볼 때 털 없이 둥그런 호박의 형상은 동자승과 비슷하다. 이보다 핵심은 호박의 짓[用]의 은유이다. 광합성 작용이란 빛에너지를 이용하여 이산화탄소와 물을 재료로 포도당과 같은 유기물을 합성하는 것이다. 시인은 호박이 빛을 받아 광합성 작용을 하여 열매를 키우는 것을 동자승이 뙤약볕이란 고행을 견뎌내는 선수행을 하며 자신의 내면을 성숙하게 하는 것과 유사한 것으로 보았다. 또 그리하여 충분히 익은 열매는 사람과 짐승의 먹이가 된다. 이런 호박의 본성은 수행 정진하여 깨달음에 이르고, 자신의 열반만 추구하는 것이 아니라 중생을 구제하는 보살과 유사한 것이다. '호박'이 '동자승'이라는 은유의 출발은 호박이 여름에 자라 몸에 좋은 열매가 된다는 자연지능이다. 여기에 광합성 작용에 대한 과학기술이 더해진다. 여기에 부귀영화와 쾌락과 탐욕을 벗어나 더 거룩한 삶을 지향하고 고통에 있는 중생을 구제하는 보살행을 행하는 것이 인간성을 완성하는 길이라는 사회지능을 한데 종합한다. 그리하여 "여름햇살에 익어가는 호박"을 놓고 자연과학자들은 "호박이 빛을 에너지로 삼아 대기에서 빨아들인 이산화탄소와 뿌리에서 흡수한 물을 결합하는 광합성작용을 통하여 이를 포도당으로 전환하고 있음($6CO_2 + 12H_2O \rightarrow C6H_{12}O_6 + 6O_2 + 6H_2O$)"을,[33] 철학자들은 "호박이 여름날의 고행을 통해 익어가듯 인간은 고통과 수행을 통해 내면의 성숙을 꾀하고 있음"을, 시인은 "광합성작용을 통하여 이산화탄소를 포도당으로 전환하는 호박은 수도승의 은유 metaphor임"을 각각 진리로 해석한다.

과학과 진리, 문학/예술의 관계

구름을 구름이라 하지 않고 '나그네'라 하고, 바람을 바람이라 하지 않고 '자유'라고 노래하는 것이 시인이다. 이에 플라톤은 이데아를 왜곡한 채 그림자를 말하는 시인을 공화국에서 추방하여야 한다고 생각했다. 반면에 아리스토텔레스는 "시는 역사

---

33 〈Zum학습백과〉, '광합성' 참고함. (http://study.zum.com/book/13540)

보다 더 철학적이고 중요하다. 왜냐하면 시는 보편적인 것을 말하는 경향이 더 많고 역사는 개별적인 것을 말하기 때문이다. '보편적인 것을 말한다' 함은, 다시 말해 이러이러한 성질의 인간은 개연적으로 또는 필연적으로 이러이러한 것을 말하거나 행하게 될 것이라고 말하는 것을 의미한다."[34]라고 반박하여 문학과 예술이 존재할 수 있는 타당성을 제시했다.

한 예로, 역사가가 17~18세기의 어떤 천민 여성이 양반 도령하고 순수하게 사랑하여 결혼하려다가 양반 집안의 반대로 성사되지 못하자 자살한 것을 역사서에 기술할 수 있을 것이다. 반면에 예술을 하는 사람은 판소리 〈열녀춘향수절가〉를 짓고, 몇몇은 이를 소설 『춘향전』으로 기술한다. 역사서보다 이 소설을 읽고 더 많은 사람이 감동하며, "모든 인간은 신분에 관계 없이 다 같이 존엄하고 평등하다."라는 보편적인 진리를 터득한다. 그처럼 허구인 것은 맞지만, 문학과 예술은 보편성을 추구하기 때문에 역사보다 오히려 더 진리를 드러낸다.

과학은 문학이 좀 더 객관성과 개연성을 가지고 보편적 진리를 지향할 수 있는 길을 열어준다. 어떤 작가가 소설을 썼는데 내용 가운데 과학적으로 오류인 부분이 있다면, 우리는 그 소설이 객관성과 개연성을 상실했다고 말한다. 우주의 신비가 속속 드러나고 자연현상의 비밀이 알려지고 인간의 신체에 대한 진실이 밝혀짐에 따라 문학과 예술은 더욱 넓이와 깊이를 더하였고, 인간 내면에 대한 진리는 심화했다. 생물학과 진화론, 게놈공학은 인간의 본성과 실체를 파악

---

34 아리스토텔레스, 『시학』, 천병희 역, 문예출판사, 1993, 138쪽.

하는 문의 구실을 했고, 두뇌공학과 인지과학은 인간 정신세계의 비밀을 탐색하는 나침반이 되었으며, 천체물리학은 우주의 본질을 규명하고 우주적 사고와 상상을 펼치는 길잡이가 되었다. 갈릴레이의 『별들의 소식』이 별들과 혹성에 대한 시적 상상력을 확장했으며, 아인슈타인의 상대성의 원리나 하이젠베르크의 불확정성의 원리, 양자역학의 원리들이 알려지자 시인이나 예술가뿐만 아니라 대중들은 이제까지 절대적이고 확정적인 관점에서 세계를 바라보던 패러다임 자체를 상대적이고 확정 지을 수 없는 것으로 대전환을 했다.

과학적 추론과 은유적 상상은 서로 넘나들며, 이카로스의 신화에서 SF에 이르기까지 문학과 예술은 과학의 발전을 촉진한다. 태양을 향해서 날아간 이카로스는 날개의 밀랍이 녹는 바람에 떨어져 죽었지만, 바로 이카로스의 날려는 상상이 비행기 발명을 이끌었다. 쥘 베른Jules Verne를 비롯하여 SF의 상상력이 과학발전을 이끌었다. 그처럼 예술은 과학에 상상력을 부여하고, 은유를 만들어서 자연과 우주를 이해하는 데 도움을 준다.

원래 '포이에시스poiēis'에 바탕을 두고 있었기에 "기술은 '탈은폐의 한 방식이다. 이 점에 우리가 유의한다면 기술의 본질이 갖는 전혀 다른 영역이 우리에게 열린다. 탈은폐의 영역der Bereich der Entbergung, 즉 '진리의 영역'이 그것이다."[35] 현대의 과학기술에는 이런 기술의 본질적 요소가 사라지고 "도발적 요청이라는 의미의 '닦아세움das Stellen'의 성격을 띠고 있다."[36] 한마디로 현대인은 존재망각에 빠져서 진리

---

35 마르틴 하이데거, 『기술과 전향』, 이기상 역, 서광사, 1993, 35쪽.
36 위의 책, 43쪽.

제3장 과학기술과 신, 인간, 진리의 관계 ___ 151

와 본질을 상실한 채 도구화하고 있다. 예전의 농부는 생명을 자식처럼 키우고 잘 돌보았지만, 현재의 농부는 가장 적은 에너지를 들여서 가장 많은 이윤을 얻을 수 있는 상품을 생산하기 위하여 기계로 땅을 뒤엎고 비료와 농약을 뿌리며 자연을 도발적으로 닦아세운다. 이렇게 과학이 존재자로서 있는 그 자체로서 세계를 보여준다면, 앞의 예에서 나병춘이 그런 것처럼, 예술은 은폐하고 있는 대지earth를 찢고 탈은폐화, 곧 세계의 숨겨진 진실과 의미, 세계다움worldness을 드러낸다.

과학이 계몽의 빛에서 도구화한 이성으로 전락하여 그 주체여야 할 인간을 소외시키고 생명을 조작하고 이를 상품화하고 더 나아가 인간의 통제를 벗어나 인류 문명의 존속조차 위협할 때, 타락한 시대에서 진정한 가치를 추구하는 인/문학은 이를 미리 경고하고 대안의 지평을 연다. 자연과학과 달리 인/문학은 밥을 먹여주지도, 밥을 먹는 숟가락이나 밥솥을 만들어주지도 못한다. 대신, 인/문학은 인간이 밥만으로 살 수 없는 이유를 밝혀준다. 진정 인간에게 유용한 도구를 만드는 상상력을 제공함은 물론 그를 뛰어넘어 밥을 먹을 수 있는 길을 알려준다. '프랑켄슈타인'이나 '배부른 돼지'를 초월하여 참으로 인간답게 사는 길, 주체로서 자기 앞의 세계를 올바로 판단하고 해석하는 길, 부조리와 모순에 저항하여 자기를 거듭나게 하고 자기 앞의 세계를 자신의 의도와 목적대로 변화시키는 길을 알려준다. 더 나아가 인/문학은 배부름만으로 채워지지 않는 행복과 진정한 삶의 의미를 가져다준다. 인/문학(성)이 없는 자연과학은 별을 잃어버린 나그네이다. 대신 인/문학이 자연과학과 결합할 때 추론과 상상에서 벗어날 것이다.

현 시점에서 과학은 끈이론이든 아니든, 거시적인 상대성의 원리와 미시적인 양자역학이 시공간에 무관한 방식으로 결합되고 수학적으로도 검증되어 우주와 자연에서 양자에 이르기까지 모든 물질과 별들이 시공간에서 나고 사라지고 서로 영향을 주며 변하고 사라지는 원리를 밝히는 과제를 향하여 나아갈 것이다. 인/문학은 은유를 통하여 이를 유추하는 길을 열거나 과학에서 밝힌 객관적 사실들을 은유화할 것이며, 무엇보다도 객관적 사실로 규명되지 않는 영역을 가장 인간적으로 해석하는 길을 열 것이다.

과학과 궁극적 진리의

화쟁 과학적 진리와 동양의 도道는 어떤 관계인가. 갈릴레이, 뉴턴, 아인슈타인, 스티븐 호킹Stephen W. Hawking이 그랬던 것처럼 기존의 패러다임을 벗어나서 물질의 실체에 좀 더 가까이 다다르는 이들이 있다. 우주만 하더라도 갈릴레이는 천동설을 떠나 지구가 태양을 도는 행성의 하나일 뿐이라고 밝혔다. 뉴턴은 중력에 의하여 지구나 달이 질서 있게 운행하는 것을 밝혔다. 아인슈타인은 지구가 태양 주위를 도는 것이 아니라 태양의 중력에 의해 휜 공간에 구덩이로 빨려 들어가는 쇠구슬처럼 움직이는 것이라고 밝혔다. 스티븐 호킹은 블랙홀에서 빛이 허수의 시공간에서 임계속도인 광속보다 빨리 움직이며 사건의 지평을 넘어 빠져나올 수 있다고 밝혔다. 양자역학자들은 관찰에 따라 양자가 입자로 드러나기도 하고 파동으로 드러나기도 한다고 주장한다.

그러나 이것도 기존의 본질에 비하여 조금 더 우주의 실체에 이른 것뿐이지 진정한 실체에 접한 것은 아니다. 힉스입자나 암흑물질에 대해 규명이 되면, 끈이론이 가설을 넘어 검증이 가능하면 원자의 구조나 천체의 원리는 달라진다. 그러니 인류의 과학이 앞으로 수만 년 더 발달한다 하더라도 물질의 진정한 실체인 참에는 영원히 도달할 수 없다. 이처럼 진정한 깨달음의 세계에서 보면 누구도 궁극적 진리에 이를 수 없다.

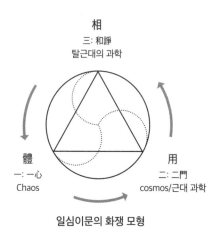

일심이문의 화쟁 모형

체용상의

영겁 순환

삼재사상과 원효元曉의 화쟁을 결합해서 궁극적 진리와 과학의 화쟁을 모색한다. 자연 그 자체는 혼돈으로 하나다. 도와 레 사이에, 파랑과 남색 사이에 무한대의 소리와 색이 존재한다. 이렇듯 원래 자연은 하나이지만 우리가 허상이나마 인간의 틀로 범주를 만들어, 진동에 따라 도와 레로, 파장에 따라 파랑과 남색으로 나누어놓아야 세계를 이해할 수 있고 이용할 수 있다. 원효는 다음과 같이 말한다.

만약 상주常住를 논한다면 다른 것을 따라서 이루어지지 않는 것을 체體

라 하고, 무상無常을 논한다면 다른 것을 따라서 생멸하는 것을 상相이라 하니 체는 상常이요 상相은 무상無常이라고 말할 수 있을 것이다. (…) 일심이 무명無明의 연을 따라 변하여 많은 중생심을 일으키지만 그 일심은 항상 스스로 둘이 없는 것이다. (…) 비록 심체가 생멸하나 늘 심체는 상주하여 이는 심체가 하나도 아니고 다른 것도 아니기 때문이다. 이른바 이는 심체가 둘도 아니고 하나도 아닌 성질이며 움직임과 머묾이 같지도 않으면서 다른 것도 없는 성질인 것이다.[37]

빛은 원래 하나이나 이를 명明과 암暗으로 가르고 다시 명도와 채도, 파장으로 세분하여 빨, 주, 노, 초로 나눈다. 그렇듯 세계의 실체는 원래 하나이나 그러면 인간이 이를 이해할 수도 이용할 수도 소통할 수도 없으니 이데아와 그림자, 본질과 현상, 주主와 객客, 노에시스noesis와 노에마noema 등 둘로 나누어본다. 이처럼 하나를 둘로 나누는 것은 실제 그런 것이 아니라 인간이 이해하고 이용하고 소통하기 위한 것이니 하나가 둘로 갈라지는 것은 용用이다.

아무리 궁극적인 진리에 다가갔다 하더라도 둘로 나눈 것 — 또는 이에 이름 붙인 언어기호 — 으로는 세계의 실체를 드러내지 못한다. 그럼에도 근대 서양의 주류 철학자들은 세계를 둘로 나누고 이를 통해 진리에 이르려 했다. 그러니 셋을 두어 둘의 허상을 해체하여 하나로 돌아가는 것이 바로 체體이다.

---

37 元曉, 『대승기신론소 기회본(大乘起信論疏記會本)』 권2, 『한국불교전서』 제1책, 동국대출판부, 1979, 746-하-747-중. "若論其常住 不隨他成 曰體 論其無常 隨他生滅 曰相 得言體相 相是無常 (…) 如是一心隨無明緣變作多衆生心 而其一心常自無二 (…) 又雖心體生滅 而恒心體常住 以不一不異故 所謂心體不二而無一性 動靜非一而無異性".

그럼 이들은 어떤 관계를 가질까? 우리는 나무의 본질을 알 수가 없다. 그러나 나무가 광합성 작용과 증산작용을 하는 것을 보고 나무의 본질을 유추한다. 인간도 마찬가지이다. 어떤 사람에 대해서 그 사람의 본성을 알 수 없다. 그 사람이 말하고 행동을 하는 걸 보고 "정의롭다, 정의롭지 못하다, 선하다, 악하다, 아니면 성질이 급하다, 급하지 않다."라는 식으로 판단한다. 우주도 마찬가지다. 우주의 본질은 알 수 없다. 별의 움직임과 폭발 등 우주의 작용을 보고 우주의 본질을 유추한다. 이처럼 체(體, 본질, 실체)는 용(用, 작용, 운동, 행위와 실천, 우리말로 '짓')을 통해서 드러난다.

그러나 근대 과학이 범했던 오류는 용用을 통해서 드러나는 본질을 참이라고 착각했던 것이다. 필자는 체體를 '몸'과 '참'으로 구분한다. 몸은 용用을 통해서 드러난 본질이다. 참은 용을 통해서 아직 드러나지 않은 채 숨어 있는 본질이다. 사람을 만나면 우리는 그 사람의 말과 행동을 보고 그 사람의 성품이 어떨 것이라고 판단하지만, 더 자주 만나며 다른 품성을 겪고 나서는 그 판단을 수정한다. 또, 10년을 넘게 친하게 사귀었어도 그 사람의 성품을 모두 알지 못한다. 그처럼 자연, 우주, 사람 모두 작용과 운동을 통해 본질을 유추하지만, 아직 작용하지 않거나 작용을 했더라도 인간이 관측하지 못하면 그 실체에 대해 알 수 없다. 용을 통해 드러난 것만으로 몸을 유추할 뿐이며 참은 숨어 있다. 달이 떨어지지 않은 채 지구를 도는 작용을 볼 때는 둘 사이의 중력이 본질인 듯하지만, 중력에 의하여 시공간이 휘어지는 작용을 볼 때는 상대성의 원리가 실체인 듯하고, 양자얽힘 작용을 보면 양자의 입자성과 파동성이 관찰자에 의하여 결정되는 불확정성이 물체의 본질인 듯하다. 이처럼 체는 용을 통해 드러나는 한편

숨어버린다. 근대 과학이나 근대 학문 체계는 그 용을 통해서 드러난 부분인 몸을 본질, 본성, 실체, 진리라고 착각했던 것이다.

용이 상相(현상, 형상, 우리말로 '품')을 만든다. 광합성과 증산작용을 하는 데 따라 식물의 형상이 만들어진다. 높은 온도와 충분한 물속에서 광합성과 증산작용을 활발하게 하는 열대 지방의 식물은 너른 이파리를 가지지만, 그 반대인 사막의 선인장은 이파리가 아주 작거나 가시 형태를 한다. 그렇게 달라진 형상이 고무나무와 선인장의 특성을 드러낸다. 인간 또한 직립의 자극과 뇌를 많이 쓰는 지능작용으로 뇌가 커진다. 뇌가 커진 인간은 대뇌피질이 없는 원숭이와 다른 본성을 갖게 된다. 이처럼 체體는 용用을 통해서 드러나고, 용은 상相을 만들고, 상은 다시 체를 품는다.

용을 통하여 아직 드러나지 않아서 알 수 없는 부분이 바로 참이다. 원래 체는 하나이다. 이를 인류는 이데아, 궁극 진리, 일심一心, 진여眞如, 도道라고 불렀다. 이를 인간이 나름대로 범주나 준거를 정하여 이데아와 그림자, 진리와 허위, 이렇게 둘로 나눠서 코스모스로 만들어 이해했다. 이것이 근대 과학 체계이다. 하지만, 이는 참과 다르며 허상이다. 이에 셋을 두어 다시 원래 카오스였던 세계로 돌아가고자 한다. 소리를 진동에 따라 도/레/미/파/솔/라/시/도라고 구분하는 것이 근대 과학 체계라면, 도와 레 사이에도 무한한 소리가 존재한다고 인식하고 그 소리 그 자체로 돌아가려고 하는 것이 탈근대의 과학이다.

원자핵과 양성자, 중성자, 전자, 쿼크 등이 모여 원자를 이루고 원자는 서로 결합하여 물질의 본질과 특성을 갖는 분자라는 1차 품[相1]을 형성한다. 분자들이 결합하여 2차 품[相2]인 물질을 형성한다.

이들은 운동을 하고 작용[짓, 用]을 한다. 이를 자연상태나 실험을 통하여 관찰하고 귀납적 결론에 이르거나 개별적 현상을 통해 그에 내재하는 보편 원리를 연역적으로 추론하여 물질의 몸[體2]에 다다른다. 그러나 과학자들은 패러다임의 틀 내에서 사고하고 관찰하고 실험한다. 갈릴레이나 아인슈타인이 그랬던 것처럼 기존의 패러다임을 벗어나서 물질의 실체에 좀 더 가까이 다다르는 이들이 있다. 그러나 이것도 기존의 본질에 비하여 조금 더 실체에 이른 것뿐이지 물질의 진정한 실체인 참[體1]에 이른 것은 아니다. 실험과 연구를 진행하고 우주의 천체에 대해 관찰할수록 새로운 소립자와 빛과 우주가 계속 발견되어 원자와 우주의 구조와 원리 또한 달라지는 것처럼 물질의 진정한 실체인 참에는 영원히 도달할 수 없다. 한마디로 말해, 몸은 짓을 통해서 드러나고, 짓은 품을 만들고, 품은 다시 몸을 품으며 영겁 순환을 하지만, 참은 드러나지 않는다.

이처럼 모든 것이 무상하고 공하지만 허공과 이 원리는 존재한다. 이처럼 단순히 천체나 물질의 작용이 아니라 더 큰 단위에서 물질과 우주의 상호작용을 관장하는 원리가 바로 도道이다. 빅뱅이 일어나 힉스입자가 질량들을 나누어주고, 물질들이 우주 공간에 성간물질로 퍼지고, 그것이 온도 차에 따라 별을 만들고 은하로 뭉쳐져선, 중력과 에너지를 매개로 서로 관계를 맺고 운동하게 하는 것, 상대성의 원리와 양자역학을 모두 포괄하는 것, 막을 충돌시키고 초끈을 진동시키고 양자를 요동하게 하는 근본원리가 바로 참[體1]이자 도道다. 이것이 바로 궁극적 진리이자 진여실제眞如實際다.

일심과 이문의 회통을 통한

과학과 도의 화쟁

필자는 석굴암 본존불과 처음 대면했을 때, 대학 새내기 때 훼손되기 전의 강원도의 화진포의 해변과 호수 사이의 작은 언덕에 섰을 때, 이탈리아 아카데미아 박물관에서 미켈란젤로의 〈다비드〉상과 마주쳤을 때, 한참 동안 그대로 서서 입을 벌리고 감동한 채 침묵할 수밖에 없었다. 이에 대해 굳이 표현하라고 한다면, "말로 표현할 수 없을 정도로 아름답다."일 것이다. 그처럼 궁극적 진리는 언어와 사고를 떠난 곳에 있다. 실제 색이나 소리는 무한대다. 이것이 일심―心이다.

하지만 그 아름다움에 이를 수 없음을 알고도 우리는 그 장면을 시로 묘사하고 그림으로 그린다. 실제의 색이나 소리가 무한대이지만 우리는 어떤 틀로 범주화하여 구분하고 이름을 부여한다. 그렇듯 원효는 일심의 세계와 이에 이르는 길만 말하지 않았다. 일심―心과 이문二門의 회통會通을 추구하여, 부처와 중생, 깨달음의 세계와 일상의 세계가 둘이 아니라 하나일 수 있는 방편을 제시한다. 이를 과학의 장에 끌어오면, 일상에서는 과학적으로 분석하고 해명하면서도 이로 해명되지 않는 참의 부분을 전제하고 끊임없는 관찰과 실험을 통해 이를 해명하는 것이다.

궁극적 진리를 해명하는 초월의 과학을 지향하되, 세속의 과학 차원에서는 진리에 부합하되 인간과 자연이 상생하고 약자들과 생명을 살리는 과학기술을 도모하는 것이다. 윤리로 규제하고 법적 통제도 해야 하지만, 근본적으로 세속의 과학은 자본주의 체제와 결별해야 한다. 자본주의를 해체하거나 최소한 자본과 과학기술의 유착의 고리를 끊지 않는 한, 과학기술이 자본과 권력의 이윤과 이해관계와 탐욕을 충족시키거나 확대하는 방향으로 이용되는 일은 계속될 것이다.

초월의 과학의 대안은 석굴암의 과학을 21세기에 재현하는 것이다. 석불사(석굴암)엔 가까운 동해변으로부터 습기와 염기를 가득 품은 바람이 불어오는데, 이는 석조물에 치명적이다. 이를 막기 위하여 일제는 석굴암을 해체하여 콘크리트로 지붕을 둘렀고, 한국 정부는 유리창으로 입구를 막았다. 외부와 내부 온도 차이로 생기는 결로 현상은 더욱 문제였다. 지금도 습기 제거기를 돌리고 있으나 그 진동으로 석불사의 그 아름다운 불상들은 하나둘 부스러지고 있다. 그러면 천여 년 동안 동해로부터 습기와 염분이 많은 해풍이 불어오는 산록에 있으면서도 석굴사는 어떻게 하여 전혀 부식되지 않았는가.

답은 자갈층과 통풍, 그리고 지하 샘이었다. 동해변에서 불어온 습기가 많은 바람이 석굴암의 차가운 자갈층 내부를 통과하면서 수증기는 응축하여 자갈층에 남고 공기는 차가워진다. 이렇게 차갑고 건조해진 공기만이 석굴암 내부를 향하여 흘러 들어간다. 자갈층 내부에서 차가워진 공기는 밀도가 높으니까 자연히 아래쪽으로 흘러 석실 내부는 언제나 뽀송뽀송한 상태가 유지되는 것이다. 또, 지하수가 석굴암의 본존불 대좌 밑바닥의 암석 기초층을 관통해 흐르게 했다. 이로 굴 안에서의 위도에 따른 온도 차를 만들었다. 결로는 온도가 낮은 바닥에만 생겼고 불상엔 생기지 않았다.[38]

팔만대장경이 보관된 해인사 장경판전 또한 주변의 능선과 바람

---

38 이성규, 「석굴암의 과학」, 국립문화재 편, 『문화유산에 숨겨진 과학의 비밀』, 고래실, 2007, 242~243쪽 참고함.

의 방향, 습도 등을 고려하여 창의 크기를 모두 다르게 하여, 내부로 들어온 공기가 아래위로 돌아 나가도록 하면서 공기 유입량과 유출량을 조절한다. 이 바람에 법보전, 수다라장, 동사간전, 서사간전 등 총 4동의 건물로 구성된 장경판전은 적정 습도를 유지하고 그 안의 대장경 경판들은 750년 동안 원형을 그대로 보존할 수 있었다. 이런 방식은 쓰레기나 오염물질이 배출되지 않는, 엔트로피가 거의 제로에 근접하는 방안일 뿐 아니라 완벽한 순환의 체제이다.

이처럼 자연을 지배하는 과학에서 도道와 연기의 원리를 알아 자연의 순리를 따르며 연기된 무질서에 다가가는 것이 진정 새로운 과학의 길이리라. 우주 삼라만상을 인간의 잣대로 억지로 질서화할 것이 아니라 짓을 통해 그 연기된 무질서에 가까이 가려 해야 21세기의 과학은 실증적 사실을 넘어 진정한 실체에 다다를 것이며 인간과 전 우주가 하나로 공존하는 길을 열 것이다.[39]

---

39 이제까지 이 절은 필자의 앞의 책, 381~420을 참고함.

Reading Human History and Artificial Intelligence Through Meanings

제 2 부

인공지능과
인류의 미래

```
┌─────────────────────────────┐
│       제1장                  │
│                              │
│      자동화와 로봇화          │
│  □─────────────────────■     │
│   노동과 자본주의의 양상과 미래  │
│                              │
└─────────────────────────────┘
```

1. 노동이란 무엇인가

카를 마르크스Karl Marx와 프리드리히 엥겔스Friedrich Engels는 "사람들이 어떠한 존재인가는 그들이 수행하는 생산의 물질적 조건들에 따라 좌우된다."라고 말했다.[1] "인간의 의식이 그들의 존재를 규정하는 것이 아니라, 역으로 그들의 사회적 존재가 의식을 결정한다."[2] 선한 자가 선한 존재를 구성하는 것이 아니다. 노동자는 선한 자건 악한 자건 노동자 의식을 갖게 된다. 직접 생산을 담당하면서 생산의 가치를 육화하고, 노동자로서 자본에게 착취당하는 것을 부당하게 여기

---

1 카를 마르크스·프리드리히 엥겔스, 『독일 이데올로기 I』, 청년사, 2009, 42~43쪽.
2 카를 마르크스, 「정치경제학 비판 서문」, 맑스·레닌주의 연구소, 『맑스엥겔스 선집 1』, 백의, 1989, 383쪽.

고 이를 개선하려 한다. 자본가도 선한 자건 악한 자건 자본가의 의식을 갖는다. 노동은 하지 않으면서 갖은 방법으로 노동자가 생산한 잉여가치를 착취하여 더 많은 이윤을 획득하고 더 많은 자본을 축적하려 한다. 더 많은 이윤을 내는 것이라면 노동자의 죽음도 그다지 상관하지 않으며, 경쟁에서 이기기 위하여 물불을 가리지 않는다. 그럼, 노동이란 무엇인가에 대해 먼저 카를 마르크스의 목소리를 들어 보자.

노동은 우선 무엇보다도 인간과 자연이 참여하는 한 과정, 다시 말하면 인간이 자기 자신의 행위를 통해서 인간과 자연 사이의 물질대사를 시작하고 규제하며 통제하는 한 과정이다. 인간은 하나의 자연력으로서 자연과 대립한다. 그는 자연 소재를 자신의 생활에 유용한 형태로 만들기 위하여 자신의 타고난 신체적 힘인 팔·다리·머리·손 등을 움직인다. 그는 이러한 움직임을 통해서 자기 외부의 자연에 작용하여 이를 변화시키며 또한 이를 통해서 자신의 본성까지도 변화시킨다. 그는 자신의 본성 안에 잠자고 있는 잠재력을 개발해내고, 그것이 자신의 통제 아래 발휘하게 한다. 여기서 우리는 동물적이고 본능적인 최초의 노동 형태는 다루지 않는다. 노동자가 자기 노동력의 판매자로서 상품시장에 나타나는 것은 인간노동이 아직 그 최초의 본능적인 형태를 탈피하지 못했던 시기부터 엄청난 시간이 경과되고 난 뒤였다. 여기에서 우리가 다루게 될 것은 바로 전자의 노동 형태, 즉 오로지 인간에게만 특수하게 나타나는 노동 형태이다. 거미는 직물업자가 하는 것과 비슷한 작업을 수행하고, 또 꿀벌은 자신의 집을 지음으로써 수많은 인간 건축가를 무색하게 만든다. 그렇지만 아무리 서툰 건축가라도 가장 우수한 꿀벌보다 애초부터 앞서 있는 점은, 건축가는 밀랍으로 집을 짓기 전에 미리 그것을 자신의 머릿속에서 짓는다는 데 있다. 노동과정이 끝나고 마지막에 나오는 결과물은 노동과정이 시작되는 시점에 벌써 노동자의 머릿속에(따라서 이미 관념적으로) 존재하고 있던 것이다. 그는 단지 자연물의 형태를 변화시키는 데 그치는 것이 아니라, 동시에 그 자연물을 통해 자신의 목적(즉 그가 잘 알고 있는 것이면서 동시에 자신의 행동방식을 결정하는 기준이기도 하며 또한 자신의 의지를 예속시켜야만 하는 그런 자신의 목적)도 실현한다. 그리고 목적을 위한 이런 의지의 예속은 노동과정과 별개로 이루어지는 행위가 아니다. (…) 노동과정의 기본요소는 1. 인간의 개인 행위, 즉 노동 그 자체, 2. 노동대상, 그리고 3. 노동수단이다.[3]

위의 인용문의 이해를 위해 한 예를 들겠다. 어렸을 때 흙집을 짓는 일을 도운 적이 있다. 행상을 하는 부부가 급히 겨울을 나야 하는데 마침 우리 동네에 빈방이나 빈집이 없어서 우리 집 텃밭에 흙집을 지었고, 필자는 그 일을 도왔다. 필자의 선친은 황토를 퍼 와서 잘게 부숴 체로 거른 후, 짚을 썰어 넣은 다음, 이를 분화구처럼 만든 후 물을 붓고 반죽을 했다. 필자는 반죽에 올라가서 맨발로 눌러 다졌다. 다진 흙 반죽을 퍼서 벽돌 틀에 넣으면, 선친은 다시 주먹으로 꾹꾹 누르고서 사각 틀을 들어 올렸다. 그러면 메주 모양의 흙벽돌이 빠져나왔다. 그늘에 시멘트 포대 포장지를 깔고 그곳으로 옮겨 말렸다. 잘 마른 흙벽돌을 날라주면, 집 짓는 일을 하는 아저씨는 솜씨 좋

---

3 카를 마르크스, 『자본 I-1』, 강신준 역, 길, 2010, 265~267쪽.

게 올려 쌓았다. 구들을 놓고 지붕을 올리고 미장을 하고 전깃줄을 이어놓고 보니, 창문도 없는 집이지만 그런대로 겨울을 날 만한 집 한 칸이 들어섰다.

노동은 목적에 따른 자연의 변형 생성 행위이다. 개미나 꿀벌도 집을 짓는다. 건축가의 행위가 꿀벌이 집을 짓는 것과 어떤 차이가 있겠는가. 아버지와 아저씨는 행상 부부가 겨울을 춥지 않게 지내게 한다는 목적으로 자연의 흙을 퍼 와서 흙벽돌로 변환시켜서 흙집을 지었다. 꿀벌은 본능을 따라 짓지만, 인간은 어떤 목적을 갖고 생각을 하면서 자신의 육체와 정신을 투여하고, 도구를 이용해 자연을 변환시켜서 집을 짓는다. 이처럼 노동은 목적을 가지고 인간의 육체와 정신을 투여하여 도구를 매개로 자연을 변형 생성하는 행위이다.

노동은 새로운 가치를 창조하는 행위이다. 흙은 원래 부드럽고 점도가 있어서, 물을 주어 반죽을 하면 변형이 가능하면서도 고체성을 유지하는 성질이 있다. 이를 흙벽돌로 만들면 단단해져서 어느 정도 물과 공기를 틀어막던 흙의 가치가 더욱 증대된다. 비와 바람, 찬 기운을 차단함은 물론, 습기를 조절하고 공기를 소통시키는 가치를 창출한다. 이로 흙벽돌은 사람들이 비와 바람과 추위를 피해서 안전하고 편안하게 주거할 수 있도록 돕는다. 이처럼 노동은 본래 가치를 가지고 있던 자연에 인간의 육체와 정신을 투여하여 새로운 가치를 창출하는 행위이다.

노동은 진정한 자기실현으로서 자유, 곧 인간의 본성을 구현하는 실천이다. 아버지가 흙집을 짓지 않고 방관자에 머물렀다면 아버지는 게으르고 이타성이 전혀 없는 냉정한 인간으로 남았을 것이다. 하지만, 흙을 흙벽돌로 만들면서 자연을 변형시키는 주체가 되었으며,

흙집을 지어서 행상 부부가 겨울을 춥지 않게 보내게 하여 부지런하고 인간미와 이타성이 있는 존재가 되었다. 이처럼 노동은 인간이 자연을 변형하여 새로운 가치를 창출하는 행위를 통해 진정한 자기실현을 하면서 자신의 본성을 구현하는 실천 행위이다.

노동은 대자적 자유를 실현하며 인간을 유적 존재로 거듭나게 하는 행위이다. 흙집 짓기를 마치자 아버지는 당시 초등학생이었던 필자에게도 막걸리 한 잔을 권했다. 내 인생에서 가장 맛있었던 술이었다. 아버지에게서 한 일원으로 인정받았다는 기쁨 때문이었을 것이다. 필자는 큰 도움이 되지는 않았겠지만, 아버지를 도왔고 그것이 조금은 당신의 힘을 덜어주었을 것이다. 또 그렇게 아버지와 아저씨와 필자가 합작해서 지은 집은 행상 부부가 겨울을 따뜻하게 보내고 봄에 다시 먼길을 떠나는 데 도움을 주었다. 행상 부부는 사는 내내 고마워했고, 필자의 머리를 자주 쓰다듬어주고 어떤 때는 부침개를 부쳐주기도 했다. 이처럼 노동은 인간이 집단의 구성원으로서 거듭나게 하고 타자를 자유롭게 하여 자신도 자유로워지는 대자적 실천 행위이다.

노동은 세계 속으로 시간을 끌어들여 구체화하는 행위이다. 누구에게나 똑같이 하루 24시간이 주어지지만, 노동을 하지 않을 때 시간은 인간과 구체적인 관련을 맺지 않은 채 의미 없이 흘러갈 뿐이다. 흙이 자연의 상태에서 흙으로서 본래의 가치를 갖고 있던 것이 과거다. 흙을 퍼 와서 거르고 반죽을 하여 흙벽돌로 만들어 비와 바람, 추위를 막는 새로운 가치를 창출하는 그 순간이 현재다. 이로 흙집을 지어 행상 부부가 겨울을 따뜻하게 나는 목적을 구현하는 것이 미래다. 노동은 시간을 세계 속으로 끌어들여 구체적으로 구현하는 행위이다.

이처럼 노동은 도구를 이용하여 자연을 변화시켜 생산물로 만들며, 낡은 가치를 보존하면서 새로운 가치를 창조하고, 살아 있는 시간을 만들면서 개인이 진정한 자기실현을 하며 자신의 본성을 구현할 뿐만 아니라 타인과 더불어 유적 존재로서 실존하게 하고, 나아가 대자적 실천 행위를 구현하게 하는 것이다. 그러면서 인간 주체가 자연을 변화시키고 이 행위를 통해 자신을 거듭나게 하는 실천이다. 그러나 자본주의 체제에서는 노동 자체가 소외의 한 양식이 되고 인간이 기계의 부품으로 전락하며 자본이 노동자가 생산한 잉여가치를 착취하여 자본으로 축적하며, 더 나아가 인간이 인간보다 돈을 더 섬기게 하기에 서로 소외를 심화한다.[4]

2. 로봇시대의 도래와 자동화

로봇은 이제 우리의 노동과 삶 안에 자리를 잡았다. IFRInternational Federation of Robot에 따르면, 2018년에는 240만 8,000대의 로봇이 있었으며, 2021년에는 378만 8,000대의 로봇이 작동할 것이라고 한다.[5] 대다수 노동자들은 로봇이 일자리를 빼앗을 것으로 여기며 걱정한다. 하지만, "로봇공학의 목표는 업무를 기계화하고 자동화해 인간의 일을 빼앗는 데 있는 것이 아니다. 오히려 기계가 효과적으로 인간을 돕고 함께 일하는 방안을 찾는 데 있다. 로봇은 숫자를 계산하고 무

---

4   이도흠, 『인류의 위기에 대한 원효와 마르크스의 대화』, 193~197쪽 참고하며 약간 수정함.
5   https://ifr.org/downloads/press2018/WR_Presentation_Industry_and_Service_Robots_rev_5_12_18.pdf

거운 물체를 들어 올리며, 특정 환경에서 정밀하게 작업하는 면에서 사람보다 우세하다. 사람은 추론하는 능력, 과거 경험에서 도출하는 능력, 상상하는 능력을 지닌 덕에 추상화, 일반화, 창의적 사고에서 로봇보다 앞선다. 이처럼 로봇과 인간은 더불어 일하면서 상호 간의 기술을 향상시키고 보완할 수 있다."[6]

"로봇의 능력은 몸체가 수행할 수 있는 동작과 두뇌가 계산하고 제어할 수 있는 업무에 좌우된다. 오늘날의 로봇은 육상, 공중, 수중에서 기본적인 동작을 수행할 수 있다. 즉 물체를 인식하고, 새로운 환경을 측정하며, 조립 공정 라인에서 물체를 집고 놓을 수 있는 '픽 앤 플레이스pick-and-place'를 수행할 수 있다. 그뿐만 아니라 인간의 간단한 동작을 흉내 내고, 단순한 기술을 익히며, 한 단계 더 나아가 로봇 상호 간과 로봇과 인간 사이에 어우러져 일할 수도 있다. (…) 이런 기능을 구현하는 데에는 로봇이 감지하고, 추론하고, 제어하며, 협력할 수 있도록 이끌어준 알고리즘의 발전과 로봇디자인의 혁신이 한몫을 톡톡히 했다."[7]

그럼에도 아직 로봇은 한계가 많다. "첫째, 아직까지는 새로운 로봇을 만드는 데 너무 많은 시간이 소요된다. 둘째, 오늘날의 로봇은 여전히 자신의 주변 환경을 감지하고 추론하는 데 상당한 한계를 지닌다. 로봇은 프로그래밍된 대로 연산하므로 제한된 추론만 수행할 수 있어서, 로봇에게는 '제가 전에 여기 왔었나요?'와 같은 질문에 답하는 것이 상당히 어려운 일이다. 또, 로봇은 예기치 않은 상황에 대

6 　다니엘라 러스, 「로봇이 온다」, 슈밥 외, 『4차 산업혁명의 충격』, 김진희 외 역, 흐름출판, 2016, 120쪽.
7 　위의 글, 121쪽.

처할 수 없다. 즉, 사전에 프로그래밍되지 않은 상황에 직면하거나 능력 밖의 상황에 내몰리면 이를 오류로 인식하고 작동을 멈춘다. 셋째, 로봇의 커뮤니케이션 능력이 매우 취약한 상태이다. 로봇은 오디오 센서와 음성 인식 소프트웨어를 활용하여 '문으로 가' 정도의 기본적이고 간단한 명령만 알아듣고 수행한다."[8]

이 한계에 대해 대안도 계속 모색되고 있다. "첫째, 로봇 생산에 많은 시간이 소요되는 점에 대해서는 맞춤 로봇의 제작 속도를 향상시키기 위한 시스템을 개발하고 있다. 둘째, 추론이 약한 점에 대해서는 빅데이터를 활용하여 추론 능력을 향상시키고 있다. 예를 들면, 장애인을 산책시키는 로봇은 비가 올 경우 로봇 스스로 장애인을 실내로 산책시키는 추론을 못 하고 입력된 대로 실외로 장애인을 인도할 것이다. 하지만 일기예보 빅데이터를 활용하여 날씨에 따라 산책 거리를 조정하고 코스를 실내나 실외로 전환하는 알고리즘을 연동한다면, 로봇은 추론 능력이 없음에도 결과론적으로 추론하는 것처럼 비가 올 경우 장애인을 실내에서 산책하도록 이끌 것이다."[9] 또, 앞으로 뉴로모픽 칩을 활용하면 인간처럼 추론하는 로봇도 가능할 것이다. "로봇이 감지하고, 추론하고, 제어하며, 협력할 수 있도록 이끌어준 알고리즘의 발전과 로봇디자인의 혁신이"[10] 로봇의 대중화를 불러올 것이다.

셋째, 커뮤니케이션 능력 취약에 대해선 시적/철학적 의미나 맥락적 의미를 해석할 수 있는 음성 인식 체계를 알고리즘으로 구성하

---

8 위의 글, 124~128쪽.
9 위의 글, 124~130쪽 참고함
10 위의 글, 121쪽.

여 장착하면 해결될 것이다. 필자는 화쟁기호학을 응용하여 이 원리를 정리하고 국내 특허로 출원했다. 시적/철학적 의미란 인간이 그 대상에 대하여 현상, 본질, 기능으로 나누어 세계를 형성하고 은유metaphor와 환유metonymy의 매개에 따라 사전적 의미를 넘어서서 2차적 의미를 연상하는 것이다.

예를 들어, '구름'의 겉모습을 보고 '솜사탕, 성城, 양떼'라고 의미를 부여한다. '구름'의 본질이 '쉼 없이 변하거나 사라지는 것'이라고 유추한 이들은 '변화, 무상無常, 허무'의 의미를 떠올린다. '구름'이 '이동한다'라는 기능을 수행한다고 생각하는 이들은 '나그네'를 연상하지만, '비를 내리는 기능'을 행한다고 보는 이들은 '구세주'로, '태양을 가리는 짓'을 행한다고 생각하는 이들은 '간신'으로 은유를 구성한다. 이렇게 낱말마다 현상, 본질, 기능으로 분류한 다음 은유와 환유의 의미를 부여하여 체계화한 것을 알고리즘화하면 시인이나 철학자처럼 시적/철학적 의미를 창조하고 비평가처럼 해석하는 인공지능이 가능하다.

다음 단계로 맥락을 설정한다. 맥락적 의미란 '돌'이 집회의 맥락에서는 '저항', 길을 가는 나그네의 맥락에서는 '장애', 대화하는 맥락에서는 '침묵', 수행하는 스님의 맥락에서는 '적멸'의 의미를 갖는 것이다. 각 낱말마다 맥락에 따른 의미를 체계화하여 알고리즘을 부여한다. 이후 인류가 시적 대상으로 삼는 모든 낱말을 천지인天地人 삼재三才의 체계에 따라 동물을 종, 속, 과, 목, 강, 문, 계로 분류하듯 분류하고, 각 낱말의 현상, 본질, 기능에 대한 은유와 환유에 대해 기호를 부여하고 이것을 맥락과 결합한다.[11]

---

11 이에 대해서는 부록에서 전문을 기술하고 여기서는 이렇게 핵심만 간단히 기술한다.

인간 두뇌와 로봇을 결합하는 연구가 활발하게 진행되고 있다. 인간 두뇌의 뇌신경과 로봇을 연결하여 운동적인 개입을 하지 않은 채 인간이 생각하는 것만으로 로봇 팔을 움직일 수 있다. 대표적인 기술이 뉴럴 레이스neural lace이다. 테슬라·스페이스엑스의 CEO 일론 머스크Elon Musk는 아주 얇은 칩의 신경끈neural lace을 인간의 두뇌 안에 심고 이를 컴퓨터로 연결하여 인간의 두뇌와 기계 사이의 인터페이스를 형성하는 연구를 수행하고 있다. 기술이 더욱 진보하고 인간과 로봇이 뉴럴 레이스를 매개로 한 협업을 훈련함에 따라 점차적으로 레이스는 뇌의 일부로 받아들여지고, 뇌가 움직일 때 레이스도 함께 작동할 것이다.[12]

바이옷BIOT, Biological robOT도 로봇에 새로운 지평을 열고 있다. 생명체의 DNA와 로봇을 결합하여 생명처럼 활동하는 생물학적 로봇은 아서 클라크Arthur Clarke가 1972년에 출판한 SF 소설 『라마와 랑데뷰 Rendezvous with Rama』에서 따왔다. 바이옷으로 인하여 인간이 기계를 만든 이후 처음으로 기계와 생명의 이분법이 깨진다. 기계인데 생명의 DNA를 결합한 것이기에, 자기복제, 바깥세계와 상호작용, 물질대사 등 생명의 속성을 드러내는 것이다. 앞으로 아기를 낳는 로봇도 가능하다고 한다. Li S.와 그의 동료들은 암세포가 번졌을 때 살아 있는 세포들이 집단적으로 반응하는 것을 응용하여 입자-로보틱스 시스템을 만들었는데, 이는 외부의 자극이 없을 때는 무작위로 움직였지만, 빛의 자극을 주었을 때 집단적으로 장애물을 피하는 동작을 보여

---

12 Christina Mercer, "What is neural lace?," *Tech Advisor,* 14 Sep. 2017. https://www. techworld. com/data/what-is-neural-lace-3657074/

주었다. 특히, 구성 요소의 20%가 고장이 났을 경우에도 거의 모든 생명이 외부와 상호작용하면서 변화하고 자기 치유 메커니즘을 갖고 있듯이, 입자-로보틱스 시스템도 운동을 유지했다.[13]

3. 로봇자동화와 일자리/불평등 문제

로봇과 관련지을 때 대중이 가장 불안하게 생각하는 지점이 일자리와 불평등의 문제이다. 비단 로봇 때문만은 아니지만, 미국 일자리의 47%가 자동화의 높은 위험에 처해 있다.[14] 이 문제를 놓고 낙관론자들과 비관론자 사이에 의견이 팽팽하게 대립하고 있다. 냉철하게 두 주장의 타당성과 한계에 대해 고찰하고, 합리적이고 현실적인 대안을 세우지 않으면 디스토피아로 가는 길을 앞당길 것이다.

낙관론 가운데 대표적인 것이 '노동총량의 오류론'이다. 이들은 "해야 하고 할 수 있는 일의 양은 무한하게 증가하므로 고정된 '노동총량'이란 없다. 따라서 기술 발전이 인간 고용을 감소하게 하리라는 생각은 오류다."[15]라고 주장한다. 새로운 기술이 노동을 없애더라도, 인간의 욕망의 요구와 욕망이 셀 수 없이 많고 종류도 다양하기에 새로운 일을 창출한다는 것이다.

하지만, 이들이 간과하고 있는 것은 기술이 무한한 욕망과 완전 고

---

13 Metin Sitti, "Bio-inspired Robotic Collectives," *Nature*, V. 567, 20 March 2019, pp. 314~315.
14 칼 베네딕트 프레이·마이클 오즈번·마틴 울프, 「기술 낙관론에 대한 반박 — 미래는 과연 황홀하기만 할 것인가」, 『4차 산업혁명의 충격』, 173쪽.
15 에릭 브리뇰프슨·앤드루 맥아피, 「제2의 기계시대의 노동」, 위의 책, 150쪽.

용의 연결고리를 잘라버릴 수 있다는 점이다. 그 실례로 마차의 보급으로 미국의 말 사육두수는 끝없이 늘어날 것으로 보여, 1840년에서 1900년까지 말과 노새가 2,100만 마리까지 증가했다. 하지만, 자동차와 트랙터의 사용 이후 1960년에 말 사육두수는 300만 마리로 불과 반세기 만에 88%가 감소했다. 제대로 된 기술이 개발되자 노동력으로서 말의 운명이 다한 것이다.

브리뇰프슨Erik Brynjolfsson과 맥아피Andrew McAfee는 절충론의 입장에서 말의 사례 또한 반박한다. 말의 사례는 인간과 말의 차이를 간과했다는 것이다. 인간은 말과 달리 자본을 소유할 수 있기에, 로봇에게 잃은 소득을 만회하기 위해 자본을 재분배할 수 있다. 또, 인간은 사회적 동물이기에 인간 사이의 상호작용을 중시하고 욕구의 양이 아니라 욕구의 질에 집중할 수 있다. 사람들이 특정 바나 레스토랑을 자주 찾는 것은 음식이나 음료만이 아니라 그들이 베푸는 환대 때문이다.[16]

낙관론이든 절충론이든 간과하고 있는 점은 노동의 양보다 이로 인한 불평등의 문제이다. 김대식은 "판사와 CEO, 심리상담사나 치료사, 데이터 창조자 등은 인공지능 로봇이 대체할 수 없는 직업군으로 분류한다. 사회의 중요한 판단을 하는 직업들인 판사, CEO는 자동화할 수 없어서가 아니라 사회에서 절대 허용하지 않을 것이기 때문에, 인간의 심리, 감성과 연결된 직업은 약인공지능이 인간을 이해하지 못할 것이기 때문에, 새로운 가치를 창출하는 직업은 데이터가 없는, 존재하지 않는 새로운 데이터를 만들어내기 때문에 인공지능

16 위의 글, 149~157쪽 요약함.

로봇으로도 대체가 불가능할 것이라고 본다."[17]

하지만 이는 표층만 본 것이다. 심층적이거나 구조적 요인을 고려하면 다른 결과가 나타날 것이다. 초창기에는 이 추정대로 진행될 것이다. 하지만, 현재의 낮은 단계의 약인공지능 수준에서도 MLB에 인공지능 야구심판이 등장했다. 인공지능 심리상담사, 목사와 신부도 극소수이지만 이미 활동하고 있다. 강인공지능Strong Artificial Intelligent이 만들어질 경우 대체하는 것은 시간문제이다.

문제는 직업의 성격이나 기능이 아니라 효율성이다. 인공지능으로 대체하는 것이 인간보다 비싸거나 정밀성이 떨어진다면 굳이 인공지능으로 대체하지 않을 것이다. 가장 대표적인 사례가 IBM의 의료 AI 왓슨WATSON이다. 처음에는 왓슨의 암진단 정확도가 90% 이상이라고 알려졌지만, '왓슨'은 인도 마니팔 병원에서 85%의 의사와 일치율로 직장암 판단을 내렸다. 그러나 폐암은 17.8%에 불과했다. 유방암의 경우 비전이성은 80% 일치했지만, 전이성은 45% 일치하는 데 그쳤다. 인종별로도 차이가 있었다. 이에 IBM은 2018년에 왓슨의 암 치료 프로젝트와 신약 개발을 위한 AI 플랫폼을 중단하거나 축소했다."[18] 사법의 장을 보면, 인공지능 판사는 빅데이터를 활용하여 인간 판사가 열흘 이상 걸릴 사건 관련 자료와 관련 법률, 판례들을 단 1분 만에 검토할 수 있고, 알고리즘을 공정하게 잘 구성하면 권력이나 자본의 영향을 받지 않고 판결할 수 있다. 사법부의 부패와 타락이 점점 더 심해지는 반면에 인공지능 판사의 성공사례가 속속 발

---

17 김대식, 『인공지능이란 무엇인가 ― 김대식의 인간 vs 기계』, 동아시아, 2016, 284쪽.
18 「'왓슨' 폐암 진단 정확도 18%, 자율차 사고 속출… AI 거품?」, 『중앙선데이』, 2019년 9월 28일.
   https://news.joins.com/article/23589243

표된다면 대중들이 인공지능 판사를 요청할 것이다.

무엇보다 중요한 것은 이런 표층적인 분석에서 떠나 일자리와 자본, 노동 사이의 역학관계에 대하여 심층적이고 구조적으로 통찰하는 것이다. 정보기술과 컴퓨터 시대의 발전에 따라 투자 상품의 상대 가격이 하락하기에 기업들은 노동에서 자본으로 이동한다. 예외가 많지만, 무어의 법칙Moore's Law에 따르면, 컴퓨터 마이크로 칩의 용량이 18개월마다 끊임없이 두 배로 증가한다. 기술 숙련도 중심의 기술 변화는 숙련된 노동자에 유리하게 작용하고, 자본 중심의 기술 변화는 노동력보다 자본을 선호하도록 이끈다. 자동화, 디지털화에서 승자는 새로운 제품과 서비스, 비즈니스 모델을 창조해낼 수 있는 혁신적인 소수이기에, 한 수數가 다른 수의 거듭제곱으로 표현되는 두 수의 함수적 관계를 나타내는 멱법칙冪法則, power law의 양상을 띤다. 곧, 소수의 승자가 대부분의 소득을 차지하고 나머지 참가자들이 80% 가량 긴 꼬리의 부분을 차지하는 롱테일을 이룬다. 실제로 1990년에 미국 CEO의 급여는 노동자 급여의 70배였으나 2005년에는 300배에 이르렀다. [19]

"19세기에는 기계가 장인을 대체해서 비숙련 노동자들에게는 유리했다. 20세기에는 컴퓨터가 중간 소득자를 대체해서 양극화된 노동시장을 만들었다. 가까운 장래에 전산화가 주로 저숙련·저임금 일자리를 대체할 것이다. 반면, 고숙련·고임금 직종은 컴퓨터 자본에 가장 덜 민감할 것이다. (…) 이것이 이미 진행되고 있는 불평등

---

19 에릭 브리뇰프슨·앤드루 맥아피·마이클 스펜스, 「세계를 지배할 새로운 질서 — 멱법칙이 적용되는 경제에서 노동, 자본, 아이디어」, 슈밥 외, 『4차 산업혁명의 충격』, 133~144쪽.

추세를 더욱더 악화시킬 것이다. (…) 로봇이 노동자를 대체하면 노동자의 소득이 로봇 소유자로 이동한다."[20]

이에 대해 클라우스 슈밥도 "로봇과 알고리즘이 점차 노동을 자본으로 대체하고, 투자는 자본집약성이 완화될 것이다. 다른 한편으로 노동시장은 전문적 기술이라는 제한된 범위로 더욱 편중될 것이고, 전 세계적으로 연결된 디지털 플랫폼과 시장은 소수의 '스타'들에게 지나치게 보상을 주게 될 것이다. (…) 새로운 아이디어와 비즈니스 모델, 상품과 서비스를 제공하는 등 혁신이 주도하는 생태계에 완벽히 적응할 수 있는 능력을 갖춘 사람들이 승자가 될 것이다."[21]라고 말한다.

현재 고스트 워크Ghost work가 새로운 노동으로 나타나고 있는데 로봇이 활성화하면 인간의 상당수가 로봇의 부스러기 일인 고스트 워크에 종사할 것이다. 이미 인터넷과 온라인 기업이 대형화하면서 법적 지위도, 조합도 없이 임시직으로 보조 역할을 하는 고스트 워크가 발생했다. "이들은 지금 조앤이란 여성이 아마존닷컴이 운영하는 엠터크에서 음경 사진을 거르는 일을 매일 10시간씩 수행하고 40달러를 버는 것처럼,"[22] 인공지능이 작업을 하다가 알고리즘의 한계나 작업상 결함으로 놓치거나 제대로 관리하지 못하는 부수적인 일들을 처리하는 보조 노동을 할 것이다. "이대로 방치될 경우 수억 명의 노동자들을 눈에 안 보이는 존재로 만들 수도 있다."[23]

20 마틴 울프, 「기술낙관론에 대한 반박」, 슈밥 외, 『4차 산업혁명의 충격』, 173쪽.
21 슈밥, 『클라우스 슈밥의 제4차 산업혁명』, 새로운 현재, 2016, 148~149쪽.
22 메리 그레이 외, 『고스트 워크』, 신동숙 역, 한스미디어, 2019, 13~14쪽.
23 위의 책, 13쪽.

지금부터 대안을 모색하지 않으면, 21세기에는 로봇이 숙련 노동자와 반복 작업을 모두 대체하고, 노동의 대가가 로봇 소유주로 이전하여 노동시장 자체를 파괴하고 0.0001%의 로봇 소유주와 플랫폼 기업 소유자에게 소득이 집중되어 0.0001% 대 99.9999%의 사회가 될 것이다.

로봇을 통한 자동화 확대로 세계화에 역행하는 현상도 나타나고 있다. 선진국의 경우 로봇을 통한 자동화에 따라 임금이 싼 중국과 제3세계로 이전했던 생산시설들이 국내 회귀를 하면서 제3세계와 선진국 모두에서 노동자의 일자리를 급속하게 줄이고 있다. 이로 선진국에서 외부 투자를 끌어들이고 생산성과 기술 수준을 보상하기 위해 저임금 노동을 제공하는 후진국의 전략이 위협을 받고 있다.[24]

불평등은 비단 빈부격차로 인한 부자와 빈자의 갈등과 대립, 투쟁으로 그치지 않는다. 불평등은 개인의 몸과 마음을 파괴하고 사람들 사이의 관계를 해치고 사회를 오염시킨다. "불평등이 심할수록 사람들은 협력하여 문제를 해결하는 전략 대신 경쟁과 힘에 의해 해결하는 전략을 선호하게 된다."[25] "불평등이 심해지면, 타인에 대한 신뢰도가 낮아지고 사회통합이 줄어들며 사회적 관계의 질은 내려가고, 범죄와 폭력은 증가하고, 스트레스가 증가하여 건강은 나빠지고 평균 기대수명이 떨어지며, 사람들 사이의 신뢰수준은 내려간다."[26] "소득 불평등이 높을수록 적대감, 인종적 편견이 심하고 여성의 지위

---

24 에릭 브리뇰프슨·앤드루 맥아피·마이클 스펜스, 앞의 글, 앞의 책, 36~138쪽.
25 리처드 윌킨슨, 『평등해야 건강하다』, 김홍수 역, 후마니타스, 2008, 321쪽 참조하여 요약함.
26 위의 책, 315쪽 참조하여 요약함.

도 낮다."[27] "불평등사회는 수감자의 수가 더욱 많으며, 정신질환과 비만 수준 역시 훨씬 높고, (…) 당연한 결과로 평균소득을 조절한 후 더욱 평등해진 사회에서는 아동 복지가 좋아졌고 스트레스와 약물 사용이 줄어들었으며 유아 사망률 또한 낮아졌다."[28]

불평등이 심하면 좋은 정부가 개혁 정책을 수행한다 하더라도 실패로 귀결되기 십상이다. 왜냐하면, 개혁은 법과 시스템에 이어 사람과 문화가 바뀌어야 안착하는데, 불평등이 심할수록 사람들이 협력전략보다 지배전략을 선택하고 반개혁적 성향과 행동을 표출하기 때문이다. 불평등이 심하면, 울타리 안의 기득권은 자신과 자식들의 자본과 권력을 유지할 수 있는 '유리창'을 강화하기 위해 모든 권력과 자본, 정보를 동원해 제도와 법을 바꾸고 편법을 구사하며, 울타리 밖의 서민 또한 탐욕을 키우고 살아남기 위하여 치열하게 경쟁한다. 불평등이 심화한 사회에서는 기득권층은 누구나 '나경원'과 '조국'이 될 수 있고, 하층은 누구나 '송파 세 모녀'가 될 수 있다.

이 때문에 몇몇 학자들은 로봇과 자동화로 인하여 노동자들의 일자리가 박탈될 경우 제2의 기계파괴운동이 일어날 것이라고 예상한다. 19세기 말에 직물기계의 보급으로 10명 중 8명이 일자리를 잃고 숙련공도 쓸모가 없어지자 1811년과 1812년 사이에 노동자들이 대규모로 수많은 방직기 등 기계를 파괴하는 러다이트Luddite 운동을 벌였다. 흔히 기계를 파괴했다는 사실 때문에 러다이트 운동을 민중들의 우매한 감정적 폭동으로 여기지만, 실제로는 노동자들이 자본가

---

27 위의 책, 68쪽 참조하여 요약함.
28 Richard Wilkinson·Kate Pickett, "The Spirit Level: Why Greater Equality Makes Societies Stronger. ; 슈밥, 『클라우스 슈밥의 제4차 산업혁명』, 150쪽 재인용.

에 맞서 계급투쟁을 벌인 노동운동이었다. 영국의 섬유 노동자들은 자본가로부터 하청을 받아 일하는 비정규직 노동자들이었는데, 일하는 노동에 비해 이윤의 분배가 너무 적어 받은 임금으로는 가족 부양이 힘들었다. 더구나 영국 정부가 자본가와 결탁하여 단결금지법을 제정했기 때문에, 19세기 영국 노동자들은 노동조합을 결성하고, 단체교섭을 하거나 단결하여 싸우는 노동운동을 하지 못했다. 이에 자본가에게 빌려 사용하던 기계를 파괴함으로써 자본가의 착취에 맞서 계급투쟁을 한 것이다. 운동의 가담자 30여 명이 교수형에 처해졌지만, 결국 자본가들은 노동자들의 단결투쟁에 굴복하여 노동자들의 권리를 존중하지 않을 수 없었다. 투쟁에서 승리한 노동자들은 폭력 투쟁으로는 한계가 있음을 깨닫고, 그 후 의회민주주의의 방식으로 투쟁했다. 노동조합이 자본가와 협상하고 협상한 내용을 단체협약으로써 문서화하는 권리인 단체교섭권도 러다이트 운동에서 유래한다.[29] 러다이트 운동에 비춰 볼 때 로봇화와 자동화의 최대 피해자인 노동자가 잘 단결하여 합법적인 투쟁과 비합법적 투쟁을 잘 조합해 자본을 견제하고 대안을 모색하는 것이 관건일 것이다.

앞으로 새로운 기술이 새로운 일자리를 창출할 것이다. 새로운 기술이 생산성을 끌어올려 사람들의 소득이 증대하고 이는 소비와 투자, 고용의 증대로 이어질 수도 있다. 하지만, 자동화와 로봇이 일자리를 잠식하는 속도가 새로운 기술이 일자리를 창출하는 속도를 넘어설 것이다.

일자리의 양이 문제가 아니다. 양적인 문제보다 로봇이 비숙련 노

---

29 〈위키피디아〉 영어판, 'Luddite' 참고함.

동을 담당하면서 그렇지 않아도 임금 수준이 낮은 비숙련 노동자들은 실업의 굴레에서 벗어나기 힘들 것이며, 노동자 상당수가 고스트 워크에 종사할 것이다. 무엇보다 로봇이 생산한 소득은 극소수의 로봇 소유자가 가져갈 것이기에 불평등은 더욱 심화할 것이다. 그럼에도 노동자들은 쓸모없는 자로 전락한 탓에 노봉거부로 맞설 수 없다. 자본가는 노동자가 저항할 경우 로봇으로 대체하면 되기에 추호도 양보할 필요를 느끼지 않을 것이다. 정부와 시민사회, 노동세력이 이를 조정하지 못할 경우 제2의 러다이트 운동이 일어날 수 있다. 이의 대안은 로봇을 사회화, 공유화하는 것이다. 그것이 로봇봉건제와 일자리 감소는 물론 노동자들이 고스트 워커로 전락하는 것을 막는 유일하고 근본적인 길이다.

4. 자본주의 체제와 4차 산업혁명의 역학관계

문제의 핵심은 자본주의 체제이다. 비단 로봇화와 자동화 문제만이 아니다. 4차 산업혁명에 관련된 모든 기술들이 인류를 유토피아와 디스토피아 가운데 어디로 이끌 것인가를 결정하는 관건은 자본주의 체제다. 자본주의와 4차 산업혁명이 결합한다면, 4차 산업혁명의 과학기술은 이윤을 추구하는 방향으로 이용될 수밖에 없다. 반대로 자본주의로부터 이탈한다면, 4차 산업혁명의 과학기술은 인류와 자연, 생명을 위하는 방향으로 이용될 것이다. 이에 400년 동안 번성기를 누린 자본주의가 4차 산업혁명 이후에도 번영을 누릴 것인가, 아니면 사멸할 것인가. 붕괴 가능성과 이를 상쇄하는 요인에 대하여 냉철하게 따져보겠다.

▌자본주의 체제의 붕괴 가능성

**이윤율의
경향적 저하**　　　1869년에 46%였던 이윤율이 계속 떨어져 지금은 나라마다 차이가 있지만 10% 이하이고 계속 하향세이다. 단순화시키면 1869년에 1만 원 투자하여 4,600원을 벌었다면 지금은 1,000원 벌기도 어렵고 그 가운데 상당 부분을 이자로 내놓아야 한다. 만약 이윤이 0%에 이른다면 자본주의 체제는 더 이상 존속할 수 없다. 마르크스의 말을 들어보자.

> 가변자본에 대한 불변자본 비율의 점진적인 상승은, 잉여가치율(혹은 자본에 의한 노동착취도)이 불변일 때, 필연적으로 일반이윤율의 점진적인 하락을 가져온다. (…) 불변자본(따라서 총자본)에 대한 가변자본의 끊임없는 상대적 감소는 사회적 총자본의 유기적 구성이 그 평균에서 끊임없이 고도화하는 것과 동일한 이야기이다. (…) 자본주의적 생산은 불변자본에 대한 가변자본의 끊임없는 상대적 감소와 함께 총자본의 유기적 구성의 고도화를 낳고 그러한 유기적 구성의 고도화의 직접적인 결과로서 노동착취도가 불변인 경우는 물론 그것이 상승할 경우에도 잉여가치율은 끊임없이 하락하는 일반이윤율로 나타나게 된다. 즉 일반이윤율의 점진적인 하락 경향은 사회적 노동생산력의 끊임없는 발전에 대한 **자본주의적 생산양식의 한 고유한 표현일 뿐이다.** (…) 사용되는 살아 있는 노동의 양이 그것에 의해 움직여지는 대

상화된 노동(즉 생산적으로 소비되는 생산수단)의 양에 비해 계속 감소하기 때문에, 이 살아 있는 노동 가운데 지불되지 않고 잉여가치로 대상화되는 부분도 사용된 총자본가치의 크기에 비해 점차 그 비율이 감소할 것이 분명하다. 그런데 사용된 총자본가치에 대한 잉여가치의 비율이 곧 이윤율이기 때문에 이윤율은 분명 계속 하락할 수밖에 없다.[고딕체 강조는 원문]30

　자본주의가 만인 사이의 투쟁이 된 핵심 요인은 이윤 때문이다. 자본가가 산업재해를 남발하면서까지 노동자를 극단적으로 착취하고 억압하고 구조조정과 정리해고를 단행하고 때로는 전쟁까지 불사하는 것은 오로지 이윤 때문이다. 이 이윤을 늘리는 방법은 여러 가지이다. 자본을 잘 집적하고 집중하여 자본의 총량을 늘리는 것, 생산을 확대하고 많이 팔아 이윤의 총량을 늘리는 것, 노동을 잘 통제하면서 잉여가치를 될 수 있는 한 최대한으로 착취하는 것, 자본 자신의 소비를 줄이고 불변자본을 절약하여 자본을 최대한으로 축적하는 것, 자본의 회전속도를 빠르게 하는 것, 자본의 유기적 구성을 고도화하는 것이다. 이 중에서도 자본가가 이윤을 늘리는 손쉬운 방법은 절대적 잉여가치와 상대적 잉여가치를 더 많이 늘려 이를 빼앗는 것이다. 절대적 잉여가치를 늘리는 방법은 잔업이나 야근 등으로 노동시간을 연장하거나 단위시간에 노동강도를 높이는 것이다. 상대적 잉여가치란 필요노동시간을 단축하고 상대적으로 잉여노동시간을 연장시키는 것을 말한다. 기술이 개선되고 생산성이 향상되어 노

30　카를 마르크스, 『자본Ⅲ-1』, 강신준 역, 길, 2010, 284~286쪽.

동자의 생활 자료의 가치가 하락하면, 노동자는 전보다 더 적은 시간을 노동하여 자신의 생활 자료를 획득할 수 있으므로 사회적 필요노동시간이 감소한다.

이 중에서도 자본의 유기적 구성을 고도화하면 이윤을 대폭 확대할 수 있다. 유기적 구성이란 생산수단을 구입하는 데 지출하는 불변자본과 노동력을 구입하는 데 지출하는 가변자본을 기술적으로 구성하여 가치의 구성에 반영하는 것을 뜻한다. 예를 들어 새로운 기계와 기술을 도입하여 이의 구입비를 늘리고 대신 노동력을 구입하는데 드는 가변자본을 줄이면, 전체 자본 중에서 가변자본의 비율이 낮아진다. 자본가는 자본의 유기적 구성을 고도화하며, 그럴수록 산업은 노동집약적 산업에서 기술집약적 산업으로 구조가 바뀐다. 이때 전체 이윤의 양은 늘어난다. 기계에 많은 비용을 투자한다 하더라도 자본가는 고용을 줄이고 임금을 낮추면서 반대로 노동 강도를 높여 잉여가치를 더욱 많이 착취할 수 있기 때문이다.

하지만, 이윤율은 저하하는 추세에 이른다. "이윤율의 하락은 노동자가 적게 착취되기 때문이 아니라 사용되는 자본에 비해 사용되는 노동량이 줄어들기 때문에 일어난다."[31] 간단히 말해, 자본의 이윤은 노동자가 생산한 잉여가치를 착취하여 전화한 것이다. 유기적 구성을 하여 불변자본의 투자비율을 늘릴수록 이윤율은 떨어진다. 더불어 생산성을 향상하기 위하여 기계설비 등 불변자본을 증대하려면 산업자본가는 대부자본가로부터 자본을 빌려야 하는데 이 경우에 이자라는 추가 비용이 늘어난다. 노동을 기계로 대체하여 노동량

---

31 위의 책, 325쪽.

을 줄이게 되면, 고용이 줄고 실업은 늘어 노동자가 산업예비군으로 전략하며, 자본가는 노동자를 싼값에 고용할 수 있으므로 노동자의 실질임금은 감소하고 노동환경 또한 열악해진다. 자본가들은 이윤율이 떨어지는 것을 보전하고자 이윤의 절대량을 늘리려 한다. 가장 손쉬운 방법은 생산의 총량을 늘리는 것이다. 자본은 특별잉여가치를 획득하고자, 이윤을 독점하고자 독점자본화하면서 과잉 중복투자를 한다. 이렇게 되면 자본은 서로 생산 경쟁을 추구하고 이는 통제를 벗어나 생산의 무정부적인 양상을 빚어낸다. 이는 자본의 가치 파괴를 야기하여 자본은 상품을 가치 이하의 가격으로 시장에서 판매한다. 이를 견디지 못한 기업들은 속속 도산하면서 공장과 기계 등의 주요 생산수단 또한 헐값에 시장에 내놓는다. 반면 구조조정에 의하여 거리로 내몰리고 임금이 삭감된 노동자들은 소비를 대폭 줄이게 되며, 이 괴리가 점점 커지면서 결국 공황이 야기된다.[32] 이 공황은 주기적일 수도 있고 파국적일 수도 있지만, 주기적 공황이라 하더라도 이를 극복하려는 자본과 국가의 대응이 실패할 경우 자본주의는 붕괴한다.

디지털 혁명과

공유경제 수십에서 수백만 원을 주고 다양한 사전이나 백과사전을 사던 사람들이 인터넷에서 위키피디아를 비롯한 사전을 무료로 이용하고 있다. 제러미 리프킨이 잘 통찰한 대로, 사물인터넷과 3D/4D프린터를 매개로 지구상의 거의 모든 사람과 사물을 네트워

---

32 이제까지 이 단락의 논의는 위의 책, 13장, 14장, 15장을 참고하여 기술함.

크하는 초연결사회가 되면 공유경제의 영역이 현재 5%대에서 30%
이상으로 확대될 것이다. 이 경우 이윤과 사적 소유를 기반으로 한
자본주의는 붕괴되기 시작할 것이다.[33]

에너지 혁명　　　세바와 리프킨이 말한 대로, 전 세계적으로 재생에
너지 비중이 40%를 넘어서고 2040년에서 50년 이후 에너지가 태양
광으로 거의 대체되고 이것이 사물인터넷을 매개로 공유된다면, 화
석연료를 주요 에너지원으로 하고 이에 대한 개발과 판매에서 많은
자본을 축적한 자본주의는 위협을 받을 것이다.[34]

인간 본성의 선한 측면에 기반한

자유로운 개인의 연합으로서 코뮌의 건설　　　인간은 이기와 이타, 선과
악이 공존하는 유전적 키메라이며, 오스트롬Elinor Ostrom이 잘 관찰한
대로 인간은 공동체에서는 사리사욕을 절제한다.[35] 아직 중심에 가
려서 잘 보이지 않지만, 지금 지구촌은 양적 발전보다 삶의 질, GDP
보다 국민의 행복지수, 경쟁보다 협력, 개발보다 공존을 지향하고 있
다. 이제 무역량보다 이 땅의 강과 숲에 얼마나 다양한 생명이 살고
있는지, GDP보다 거리를 지나는 시민들이 얼마나 미소를 짓고 있는
지에 초점을 맞춰 나라를 경영하고 정책을 구사하려는 사람들이 곳
곳에서 목소리를 내고 있다. 인간 본성의 선한 측면에 기대어 이타
적 협력을 도모하려는 이들, 소외와 불평등의 극대화, 환경위기와 기

33　이에 대한 상세한 논증은 2권의 1부 3장 '초연결사회와 공유경제'를 참고하기 바람.
34　이에 대한 상세한 논증은 2권의 1부 3장 '초연결사회와 공유경제'를 참고하기 바람.
35　이에 대한 상세한 논증은 2권의 1부 3장 '초연결사회와 공유경제'를 참고하기 바람.

회위기를 극복하려는 이들 가운데 상당수가 온라인이건 오프라인이건, '자유로운 개인의 연합으로서 코뮌'을 건설하고 있다.

불평등에 대한
대중의 조직적 저항과 세계혁명

지금 불평등은 점점 심화하고 구조화하고 있다. 2018년 현재 상위 10%가 전체 소득의 48.86%를 차지하고 있다. 이는 2009년의 44.38%에서부터 꾸준히 증가한 것으로 박근혜 정권 말기인 2016년의 47.76%, 문재인 대통령이 취임한 2017년에 48.79%, 2018년에 48.86%로 가파르게 상승하고 있다.[36] 상위 10%의 배당소득과 이자소득은 각각 93.9%와 90.8%를 차지한다.[37] 실업률은 4.2%에 달한다.[38] 지금 대략 820만 명의 노동자가 같은 일을 하고도 절반의 월급을 받는 비정규직이며 그중 상당수가 정리해고의 공포에 시달리고 있다. 부동산과 물가를 포함한 사회적 불평등은 더욱 악화했다.

세계로 눈을 돌려도 마찬가지다. 슈퍼 갑부 8인의 재산이 세계 절반인 36억 명의 재산과 동등하고,[39] 2019년 기준으로 전 세계 억만장자 2,153명이 46억 명보다 많은 부를 소유하고 있다.[40] 세계불평등데이터베이스World Inequality Database의 2020년 6월 30일 현재 통계를 보면, 통계 측정 연도가 다르지만, 세계 주요 국가의 상위 10%는 전체 소득의 40%가량을 차지하고 있다. 한국 43.3%, 일본 41.6%, 중

---

36 『월간 노동리뷰』 2020년 2월호, 88쪽.
37 『한국세정신문』 2019년 10월 4일.
38 『월간 노동리뷰』 2020년 5월호, 93쪽.
39 『경향신문』 2017년 1월 16일.
40 『옥스팜 보고서』 2020년 1월, 2쪽.

국 41.4%, 미국 46.8%, 러시아 45.5%, 영국 35.5%, 프랑스 33.3%, 독일 36.8%, 스페인 34.9%에 달한다. 상위 1%는 전체 소득의 10% 이상을 차지하고 있다. 한국 12.2%, 일본 10.4%, 중국 13.9%, 미국 20.5%, 러시아 20.2%, 영국 12.6%, 프랑스 11.2%, 독일 12.5%, 스페인 11.9%이며, 스웨덴 정도가 각각 29.8%, 9.0%로 양호한 편이다. [41]

한 도시 안에서 상위 10% 소득이 하위 10% 소득의 수백 배에 이른다. 2018년 서울의 경우 상위 10%의 종합소득 평균은 2억 2,600만 9,397원으로 하위 10%의 평균 116만 4,957원의 194배에 달했다. [42] 한국의 200대 기업의 최고경영인CEO급 임원 1인당 평균 보수는 6억 8,783만 원으로 최저 연봉(2,094만 원)과 비교하면 32.8배에 달한다. [43] 2018년 기준 CEO와 일반 노동자들의 평균 임금의 차이는 미국 265배, 인도 229배, 영국 201배, 독일 136배, 중국 127배에 달한다. [44] 지니계수는 남아프리카공화국은 0.620에 이르며, 멕시코 0.458, 미국 0.390, 영국 0.357, 한국 0.355, 일본 0.339, 독일과 프랑스 0.289, 스웨덴 0.282, 덴마크 0.261에 이른다. [45]

앞에서 기술한 대로, 이윤율이 저하하면서 자본은 이윤을 높이기 위하여 구조조정을 더욱 확대할 것이고, 더욱 많은 노동자들이 정리해고를 당할 것이다. 그 자리는 비정규직으로 채워지고, 그러지도 못하는 노동자들은 유령노동자나 실업자로 전락할 것이다. 불평등과

41 https://wid.world/world/#sptinc_p90p100_z/US;FR;DE;CN;ZA;GB;WO/last/eu/k/p/yearly/
    s/false/23.237500000000004/80/curve/false/country(2020년 6월 30일)
42 『한국세정신문』, 2020년 1월 28일.
43 『일간 투데이』, 2020년 5월 7일.
44 https://www.statista.com/statistics/424159/pay-gap-between-ceos-and-average-workers-
    in-world-by-country/(2020년 6월 30일)
45 https://data.oecd.org/inequality/income-inequality.htm.(2020년 6월 30일)

실업에 대한 대중의 분노가 언제든 어떤 사건을 계기로 임계점을 넘어 분출할 수 있다. 월스트리트 점유Occupy Wall Street 운동이 다시 재발하고, 이것이 조직화하고 세계적 연대를 구성할 경우 세계혁명으로 이어질 수 있다.

▌자본주의 체제의 붕괴를 막는 상쇄요인

비정규직과 대량해고를 포함한

노동착취의 강화 및 임금인하   앞 절 '자본주의 체제의 붕괴 가능성'만 보면 곧 자본주의 체제는 붕괴할 듯하다. 하지만, 자본주의의 붕괴를 상쇄하는 요인들이 많다. 마르크스는 제14장 '상쇄요인'에서 노동착취도를 증가시키는 것, 노동력 가치 이하로 임금을 인하하는 것, 불변자본 요소를 저렴화하는 것, 상대적 과잉인구로 인한 임노동이 저렴화하고 사치 소비재 생산부문이 등장하는 것, 외국무역으로 잉여가치율이 상승하고 불변 가치가 저하하는 것 등으로 이윤율이 상승될 수 있다고 지적한다. "일반적으로 일반이윤율의 저하를 유발하는 요인은 동시에 이 저하를 저지하고 완화하며 부분적으로는 상쇄해버리기까지 하는 반대작용을 불러일으키기도 한다."[46]

이런 상황 때문에 이윤율의 경향적 저하 여부에 대해 많은 논란이 있었다. 이는 자본주의의 붕괴를 설명하는 핵심 논리인데 수학적으로 엄밀하게 증명된 것이 아니다. "1961년에 발표된 오키시오Okishio 정리에 의하면, 현재의 가격체계에서 어느 한 기업이 생산비용을 감

---

46   카를 마르크스, 『자본 Ⅲ-1』, 317쪽.

소시키는 새로운 기술을 도입하여 초과이윤을 획득할 경우, 신기술의 확산과 가격변동을 거쳐서 구축된 새로운 가격체계에서 모든 기업의 이윤율이 상승한다."[47] "오키시오 정리 이전의 이윤율 저하 경향에 대한 논의는 개별기업이 신기술을 도입하게 하는 동인이 갖는 함의를 간과했다. 오키시오 정리는 (…) 개별기업들이 이윤극대화 가설에 따라 기술을 선택한다면 전체 국민경제의 이윤율은 상승한다는 것을 입증한 것이다."[48] 그럼에도 마르크스의 논리를 정면에서 비판하는 것이기에 오키시오의 정리를 반박하는 많은 논문이 발표되었다. 하지만, 대부분의 기존 논의는 오키시오 정리가 성립하기 위한 전제조건을 다른 조건으로 대체하여 이에 대한 반증의 사례를 구성하는 방식으로 진행되었기에 허수아비 공격의 오류나 평행선의 논리를 벗어나지 못했다. 반면에 이상헌은 이윤율의 경향적 저하에 대해 수학적으로 입증하면서 오키시오 정리를 도출하기 위하여 사용된 모형의 특이성을 지적하여 이 정리가 일반적으로 성립하지 않음을 지적하며, "유효 수요의 제약이 존재하고, 신기술을 구현하는 상품에 대한 수요가 증가하는 방향으로 한정된 유효수요의 지출형태가 변화한다면, 오키시오 정리는 성립하지 않는다. 그리고 신기술이 산출 노동비와 자본─산출비의 상승을 수반한다면, 마르크스의 이윤율 저하 경향이 성립한다."[49]라고 결론을 내린다.

실제에서 이에 대해 규명해보자. 죽은 노동이 살아 있는 노동을 대체하면서, 노동자가 생산한 잉여가치를 착취하여 얻는 이윤에 비하여

47　이상헌, 「마르크스의 이윤율 저하 경향에 대한 재고찰」, 『사회경제평론』 29(3), 2007, 26쪽.
48　위의 글, 26쪽.
49　위의 글, 32쪽.

기계설비 등 불변자본에 투여되는 비용이 증대하고 이에 대한 이자비용도 늘면서 이윤율의 저하가 나타난다. 이에 자본은 다양한 방법으로 이를 막기 위한 대응조치를 취한다. 가장 손쉽게 행하는 것은 정규직을 해고하고 같은 일자리에 비정규직을 고용하여 상대적 잉여가치를 높이는 것이다. 쌍용자동차가 그런 것처럼, 한국의 기업은 법에 명시된 '긴박한 경영상의 필요'만이 아니라 회계 조작을 하면서까지 극단의 이윤을 축적하기 위하여 대량 정리해고를 단행하고 이를 비정규직으로 채웠으며, 3년을 같은 자리에서 일했어도 그 가운데 22.4%만 정규직으로 전환하였다. 50.9%는 여전히 비정규직이었고, 26.7%는 실직 등으로 일을 하지 않는 상태에 있다.[50] 2019년 8월 기준 전체 노동자 2,056만 명 가운데 41.6%인 821만 명이 비정규직 노동자이고, 그들의 임금은 정규직 임금의 절반 수준인 51.66%에 불과하다.[51] 이는 자본이 그동안 '821만 명×정규직의 임금×1/2'에 해당하는 막대한 돈을 과잉 착취하여 이윤을 거의 두 배로 늘렸음을 의미한다.

다음으로는 기업도산과 정리해고로 노동자를 협박하면서 노동강도를 강화하여 절대적 잉여가치를 늘리는 것이다. 대다수 기업이 일찍 출근하기와 늦게 퇴근하기 운동을 장려하거나 이를 암묵적으로 강압했다.

공간의 재조정　　공간의 재조정을 통해서도 이윤율 저하를 상쇄할 수 있다. 상당수 대기업이 임금이 저렴한 제3세계로 공장을 이전

50　『한겨레』, 2014년 10월 6일.
51　김유선, 『비정규직 규모와 실태』, 2019년 17호, 한국노동사회연구소, 2019년 11월.

하여 이윤을 증대했다. 희망버스의 현장인 한진중공업의 경우, 회사 측은 영도조선소의 수주물량이 제로 상태여서 515억 원의 적자를 냈 기에 정리해고가 불가피하다고 주장했다. "한진중공업의 2008년 및 2009년의 당기순이익은 각각 630억 원, 516억 원이었고, 2010년에는 515억 원의 적자를 기록했다. (…) 하지만, 한진중공업의 영업이익 상태를 보면 지난 3년간 영업이익이 평균 3,250억 원(2008년 3,659억 원, 2009년 3,904억 원, 2010년 2,186억 원)에 이른다."[52] "한진중공업의 조선 부문의 영업이익률은 2008년에 19.7%, 2009년에 15.5%, 2010 년에 13.77%에 달했다."[53] "경영진은 컨테이너선을 포함해서 영도 조선소에서 건조 가능한 규모의 선박도 수빅 조선소에서 계속 수주 해왔다. 결국, 영도조선소의 건조 실적은 수빅조선소가 본격 가동하 는 2008년에 45만여 톤CGT으로, 2006년 62만여 톤, 2007년 63만여 톤 과 비교할 때 급격한 감소 추세를 보였다. 한진중공업 경영진은 110 만여 톤(36척)의 수주물량이 남아 있던 2009년 말 800명의 정리해고 를 추진한 데 이어, 2010년 6월에는 기술본부를 폐지하고 용역회사 를 설립했다."[54] 한진중공업은 부지가 넓고 임금이 싼 수빅 조선소로 수주물량을 빼돌려, 영도조선소에서는 적자를 보았지만 수빅 조선 소를 포함한 한진중공업 전체에서는 이익을 보았다. 그럼에도 적자 라고 주장하며 노동자를 대량해고하여 더욱 극단적인 이익을 취했 던 것이다. 물론, 한진중공업의 경우는 극단적인 사례로 성급한 일반

52 허민영, 「한진중공업의 경영 실패와 총수체제의 문제점」, 교수학술3단체(민교협, 교수노조, 학 단협), 『한진중공업 사태 해법 모색을 위한 토론회 자료집』, 2011년 8월 11일, 2쪽.

53 위의 글, 〈표 3〉 주요 조선업체의 영업이익률 비교 참고.

54 신원철, 「한진중공업 정리해고 사태의 쟁점 분석」, 교수학술3단체, 앞의 책, 12쪽.

화의 오류를 범할 수 있지만, 정도 차이가 있을 뿐, 많은 기업들이 기술력이 받쳐주는 한 가장 임금이 낮은 곳에 공장을 짓고 세금이 제일 싼 곳으로 본사를 이전하고 물류수송 비용이 최고로 싼 곳에 창고를 짓는다.

투기와 금융사기,

그리고 국가총부채

자본은 새로운 탈출구로 투기와 금융시장을 공략한다. 자본은 금융부문에서 주식투자, 원자재 투기, 환투기, 다양한 파생상품 등 모든 방법을 동원하여 이윤을 증대했다. 하지만, 이는 거품만 만들고 국민과 기업 모두에 엄청난 빚을 안겼다. 2008년의 금융위기를 만든 핵심 세력은 정부나 시장이 아니라 헤지펀드와 이들과 공모한 투자은행이다. 이는 정부의 실정이나 시장의 불안정성에 의해서 구조적으로 촉발된 것만이 아니다. 일부 헤지펀드와 매니저가 투자은행과 짜고 가치가 붕괴할 수밖에 없는 금융상품을 만들고 거의 사기에 가까운 방식으로 외부 투자자들을 끌어모아 거품을 키울 수 있는 대로 키운 후 자신들의 이익을 최대한으로 챙기고 소위 '먹튀'를 자행한 데서 금융위기가 발생했다.

"헤지펀드는 주식과 채권, 파생상품 투자를 교묘하게 혼합해 부자 투자자들의 구미에 딱 맞는 적절한 수준의 위험과 수익률과 투자 기간을 제공한다."[55] "여기에는 약간의 눈가림 장치가 존재한다. (…) 헤지펀드들은 자본을 투자한 기업의 건전성 여부에는 아무 관심이 없다. 그들의 관심사는 그저 이용할 만한 작은 장점이라도 있는지 알

---

[55] 레스 레오폴드, 『싹쓸이 경제학』, 조성숙 역, 미디어윌, 2014, 57쪽.

아본 다음, 최대한 많은 이익을 챙겨서 재빨리 발을 빼는 것이다."[56] 그들은 거액을 챙기고 투자자를 망하게 한 후에 이 책임을 월가가 아닌 정부에 돌리며 정부에 '구제금융' 또는 '공적자금'을 요청했다. "2008년 유럽 금융위기 이후 그리스가 국제채권단의 구제금융을 요청한 2010년 당시의 국가부채는 약 3,100억 유로였다. 그런데 5년 동안 구제금융을 받고 난 2014년 말 그리스 국가부채는 3,170억 유로로 오히려 늘어났다. 그리스 국내총생산GDP 대비 부채비율도 2010년 133%에서 2014년 말 현재 174%로 높아졌다. 유럽 채권단의 주장과 기대와는 달리, 재정 구조가 건전화하기는커녕 더 악화된 것이다. 그리스 정부에 제공된 구제금융의 92%는 다시 채권단의 주머니로 들어갔다."[57]

결국 자본이 사기를 치면 정부가 국민의 혈세로 메우는 형국이 된다. 금융자본 및 헤지펀드와 카르텔을 형성하고 있는 정부는 국민의 혈세를 혁신금융상품의 매개를 통해 헤지펀드나 금융자본가에게 바치는 전달자 구실을 하는 것이다. 이런 방식을 통해 "애팔루사 헤지펀드의 대표 데이비드 테퍼David Tepper는 2009년에 40억 달러를 벌었고,"[58] "헤지펀드 매니저인 존 폴슨John Paulson이 투자 서비스를 제공하는 대가로 시간당 버는 돈은 230만 달러가 넘는다."[59] 장기침체에 따른 재정적자가 주요인이지만, 의도했든 의도하지 않았든 정부가 금융사기와 투기에 연루되어 공적자금을 투여하고, 복지비 증대와 노

---

56 위의 책, 58쪽.
57 「그리스의 살점 뜯는 '유럽의 샤일록'」, 『한겨레신문』, 2015년 7월 27일.
58 레스 레오폴드, 앞의 책, 41쪽.
59 위의 책, 28쪽.

령화, 토건사업 등 경기부양책으로 재정을 소모한 결과, 2020년 2월 24일 현재 세계의 부채는 77조 741억 달러에 달한다.[60]

한국의 경우 "2018년 말 기준 국가 부채의 총합은 4,426조 3,000억 원에 달한다. 이 가운데 민간기업 부채(비금융기업)가 1,811조 6,000억 원이고, 가계부채는 1,536조 7,000억 원, 공공부문 부채는 1,078조원이었다. 같은 기간에 GDP는 1,893조 4,970억 원으로 전체 부채 규모가 GDP에서 차지하는 비중은 2018년 기준 233.8% 수준에 달하고 있다."[61]

이명박 정권은 경제성 등을 따져보지도 않은 채 나랏돈을 투입한 사회간접자본SOC 등 대규모 토건사업에 49조 원을 쏟아 부었으며,[62] 그렇지 않아도 낮은 법인세를 3%나 낮추어, "집권 5년간 감면된 법인세는 모두 25조 2,641억 원에 달한다."[63] 결국 국민의 세금이 대기업으로 흘러들어갔고 그 결과가 대기업의 사내유보금이다. "10대 그룹 상장계열사들이 사내유보금의 형식으로 곳간에 쌓아둔 돈은 1년 새 40조 원 가까이 늘어나 500조 원을 돌파했다."[64]

"MB 정부 3년간 고환율 정책으로 무려 174조 원의 돈이 서민의 주머니에서 빠져나갔다. 그 결과 국민의 97%인 임금노동자와 자영업자의 실질소득은 무려 15.3% 이상 감소했다."[65] "이명박 정권은 출범 당시 947원이었던 환율을 1년여 만에 1,276원으로 35%를 끌어올렸

60 http://www.nationaldebtclocks.org(2020년 2월 24일).
61 「국가총부채 4426兆…전 국민 3년 간 한 푼도 안 써야 다 갚는다」, 『헤럴드경제』 2020년 1월 14일.
62 『한겨레신문』, 2013년 10월 27일.
63 『경향신문』, 2015년 7월 13일.
64 『연합뉴스』, 2015년 3월 23일.
65 송기균, 『고환율의 음모』, 21세기북스, 2012, 175쪽.

으며, 이는 대부분 수출 대기업의 이익으로 들어갔으며, 대기업들이 투자를 늘리지도 고용을 증가시키지도 않았으므로 서민에게 이익이 된 것은 하나도 없다."[66] 단순화해서 설명하면, 하루 100달러어치의 석유를 사용하는 국민은 9만 4,000여 원만 지불하면 될 것을 12만 7,000원이나 지불한 것이고, 대신 100달러짜리 전자제품을 수출한 삼성은 그 반대로 9만 4천여 원만 벌 것인데 12만 7,000여 원을 벌어들인 셈이 된다. 그렇게 하여 벌어들인 돈으로 수출 대기업은 해외에 공장을 세우고 주가를 올렸지만 서민과는 상관이 없는 일이었다. 그러니 결과론적으로 국가가 환율을 조작하여 서민에게서 빼앗아 재벌에게 준 돈이 174조 원이라 말해도 그리 과언이 아니다. 결국, 불평등을 줄여야 할 정부가 일방적으로 대기업의 편에 서서 불평등 격차를 키운 것이다.

이처럼 신자유주의 체제에서는 국가가 규제를 완화하여 산업자본과 금융자본이 법망을 피하거나 자유롭게 사기를 치고 수탈할 수 있는 길을 열어주고, 부자 감세와 국방비 증액, 금리 및 환율 정책, 토건사업 활성화 등으로 1%들에게 엄청난 특혜를 안기고, 국가의 재정 적자를 키우고 이를 다시 99%들의 세금으로 메우는 악순환이 계속된다. 이 악순환을 시정하기는커녕 정부는 더욱 악랄한 집행자를 자처한다. 공공영역을 민영화 내지 사영화하여 더욱 가난해진 99%들이 그나마 인간 최저선의 의료, 주택, 교육의 혜택을 받을 권리조차 박탈한다. 투자를 활성화한다며 금리를 인하하여 1%들이 싼 이자로 부동산과 금융에 투자하여 엄청난 이익을 챙기도록 도와주고, 1%들

---

66 위의 책, 178쪽.

의 사기로 위기에 놓인 것인데 금융을 살린다면서 은행에 막대한 지원을 하여 임원들의 상여금을 높여준다.

대중의 포섭과
1차원적 인간화

자본주의 체제의 붕괴를 상쇄하는 요인, 곧 대중의 포섭과 대중의 1차원적 인간으로의 전락 요인 또한 무시하지 못한다. 자본-국가의 카르텔은 너무도 공고하고 이들이 폭력, 자본, 정보, 법과 제도를 독점하고 있기에 대중이 저항하여 체제를 전복하는 것은 쉽지 않다. 국가-자본 연합체와 제국은 노동자들이 파업을 하면 다양한 법으로 옭아매서 구속하고, 수백억 원에 이르는 손배소를 청구하여 다시는 파업할 엄두를 내지 못하게 한다. 그래도 노동자가 거리로 나서면 그에 상응하는 무력을 동원하여 진압한다. 프랑스의 2월 혁명처럼 당시에는 패배로 끝났으나 역사 속에서 승리로 잉태되는 운동은 더욱 어렵다. 공론장이 붕괴된 상황에서 기득권층이 언론과 담론을 독점하여 노동자들의 정당한 저항을 '빨갱이의 난동'이나 경제혼란 행위, '다른 인종의 폭동'으로 조작하고 다양한 방식으로 대중의 분노를 잠재우기 때문이다.

언론의 조작과 대중문화의 영향, 자본의 포섭 전략에 의하여 노동자들이 계급의식을 상실하고 '1차원적 인간'이나 자본가적 의식을 갖는 '자본가형 노동자'로 전락했다. 노동은 자본의 배제와 포섭 전략에 의하여 아주 빠른 속도로 자본에 복속하고 있다. 해고 등으로 배제된 자들은 생존 위기 속에서 낮은 임금이라도 감수하며 고용되기를 열망하고 이는 전체 임금을 떨어뜨린다. 부재한 것이 현전한 것의 가치에 영향을 미치는 것이다. 이는 배제된 자와 배제되지 않은 자 사이의 갈등을 야기한다. 배제되지 않은 노동자들은 해고 노동자를 고용하는 것보다 배제를 유지한 채 자신의 노동조건이 현상 유지되거나 더 나아지기를 바란다. 배제된 자들의 고용으로 자신의 임금이 삭감되는 것을 원하지 않는다. 이 구도 속에서 자본은 정규직 노동자를 해고하고 그 자리를 비정규직으로 채우고, 임금이 많은 비정규직을 해고하고 그 자리를 임금이 낮은 비정규직으로 메운다. 이런 구조 속에서 배제되지 않은 자 사이에서도 갈등이 발생한다. 현대자동차에서 정규직 노동자로 이루어진 노동조합이 자신들의 자녀에게 취업상 특혜를 주도록 노사협상을 한 것에서 잘 드러나듯, 정규직은 비정규직을 정규직 유지의 안전판으로 삼을 뿐, 비정규직의 정규직화에 별로 관심을 기울이지 않는다. 자본은 이런 구도를 통해 노동에서 저항성을 거세하고 잉여가치를 톡톡 털어서 착취한다. 거세된 자와 거세되지 않은 자, 배제된 노동자와 포섭된 자, 정규직과 비정규직으로 분열된 노동자, 코로나 이후의 재택가능 노동자와 불가능 노동자들은 연대 정신을 상실한 채 서로 분열하여 대립하고 자본에 놀아나거나 투항하고 있다.

이렇듯 자본주의 체제는 배제하는 한편에서는 꾸준히 저항 세력을 포섭해왔다. 자본주의 체제에서 노동자들은 무지한 대중으로, 대중문화에 포섭되어 계급의식을 상실한 채 반역을 향한 열정을 스스로 거세한 1차원적 인간으로, 욕망 증식의 포로가 되어 자본가화한 노동자로, 이데올로기나 환상에 조작된 우중愚衆으로, 신자유주의적 탐욕을 내면화한 다중多衆으로, 전망과 연대정신을 잃고 투항한 노동조합원으로 전락한 채 자신들을 착취하고 억압한 자본과 체제의 정당성 강화에 이바지하고 있다. 그럼에도 이에 포섭되지 않는 자들인

국외자, 사회적 소수자, 철저히 배제된 비정규직 노동자에게 이 체제의 변혁의 희망을 기대했다. 하지만 디지털 사회는 이들 소수자들의 욕망과 취향마저 빅데이터로 파악하여 조작하고, 그 욕망과 취향에 부합하는 상품을 소비시켜 체제 안으로 포섭시킨다.

▌실제 이윤율

중요한 것은 이론이 아니라 실제이다. 자본주의 붕괴 가능성과 상쇄요인을 모두 종합하면, 자본의 대응과 상쇄요인으로 반등하기도 하지만 이윤율의 저하는 지속적으로 나타난다. 다음의 그래프에서 확인할 수 있는 것처럼, 1869년에 40%가 넘던 이윤율은 전쟁 등의 시기에 일시적으로 반등이 있기는 했지만 점진적으로 저하했으며, 이제는 10%대까지 하락했다.

핵심국가의 평균이윤율 변동 추이(1869~2010)[67]

67　Esteban Ezequiel Maito, "The Historical Transience of Capital-The downward trend in the rate of profit since XIX century," *MPRA paper 55894*, Munich: University Library of Munich 2014, p.9.

위의 그래프에서 볼 수 있듯, 현재 이윤율은 1930년대 대공황 때보다 낮다. 여기에 미국이 제로 금리를 포기하고 금리를 올려 대략 3%대의 이자 부담이 더해진다면 이윤율은 더욱 하락할 것이다. 물론 자본은 이윤율을 높이기 위하여 위에서 예로 든 모든 방법을 총동원할 것이다. "실제 미국 경제의 경제성장률을 비교해보면, 1970년대는 연평균 3.24%이고 1990년대는 연평균 3.23%이다. 별다른 차이를 발견하기 힘들다."[68] 설비 가동률 자료를 보아도 마찬가지이다.

물론, 반론도 있다. "이상을 종합해보면, 1970년대 이후 장기침체 가설은 여러 가지 면에서 실증할 수 없다. (…) 특히 2008년 금융위기 이후, 신자유주의가 일정정도 변화되고 있는 흐름에 대해서 이것을 퇴행으로만 해석하는 파국론적 경향에 대해 재고할 필요가 있다. 그 이유는 유례없을 만큼의 심각한 경제위기를 겪었지만, 자본가계급의 지배질서가 급격히 쇠퇴하는 징후를 발견할 수 없기 때문이다."[69]

하지만 앤드루 클라이먼Andrew Kliman은 1983년에서 2007년에 이르기까지 미국의 해외 다국적 기업의 이윤율과 다른 나라 경제와 관계에 대하여 조사한 결과, "미국의 해외 다국적 기업의 이윤율 저하는 광범위한 현상이었고, 이에는 국제적으로 작동하는 힘이 주요 요인이었다."[70]라고 결론을 내렸다. 신자유주의 체제가 등장한 핵심 요인도 이윤율 저하이고, 자본은 신자유주의 체제 동안에 이윤율을 올리기 위한 모든 방법을 동원하여 일시적으로 반등시켰으나 결국 10%

68   김덕민, 「신자유주의 위기 분석과 세계경제」, 『참세상』, 2015. 10. 26.
69   위의 글.
70   Andrew Kliman, "the Falling Profitability of U.S. Multinational Corporations Abroad — implications for an understanding of global profitability and the great recession," 『마르크스주의연구』 제9권 제2호, 2012년 여름, 242쪽.

대로 하락하는 것을 막지 못했다. 이는 이윤율 저하를 상쇄할 수 있는 요인이나 대안이 그리 많지 않음을 의미한다. 더구나, 4차 산업혁명은 이를 가속화할 것이다.

몇 년 더 지켜보아야 하지만, 지금의 장기침체는 이윤율 저하와 과도한 부채에서 비롯된 것으로 일시적이거나 순환적인 것이 아니라 구조적이다. 주기적 공황이 아니라는 것이다. 유가하락, 구조조정 등에 의하여 일시적으로 반등한다 하더라도 이윤율 하락 추세는 막기 어려울 것이다. 여기에 가장 큰 변수는 부채이다. 2020년 7월 현재 세계의 정부 부채는 78조 146억 달러에 달한다. 이는 세계총생산 GWP 91조 9,800억 달러의 84.96%에 달한다.[71] 이 부채는 줄기는커녕 시간당 500만 달러 이상 늘고 있어 부채가 GDP나 GWP에서 차지하는 비율이 급속히 늘고 있다. 문제는 금융위기 이후에는 개도국이 아니라 G7과 같은 선진국의 부채가 이를 주도하고 있다는 점이다. 금융위기에 따른 공적 자금 투자와 복지 확대로 정부 부채가 대폭 늘어나고 있기 때문이다.

조사 시점은 차이가 나지만, 2020년 7월 현재 미국의 GDP 대비 정부 부채 비율은 133.96%, 일본은 258.0%, 독일은 64.48%, 영국은 89.20%, 프랑스는 104.79%, 이탈리아는 149.79%, 러시아는 22.61%, 중국은 48.73%이다.[72] 더욱 심각한 것은 유럽과 일본의 경우 부채가 줄기는커녕 복지 지출과 노령화로 시간이 지날수록 더욱 악화하고 있다는 점이다. 이에 따라 GDP 대비 2% 수준이던 이자 상환 비용이

---

71 http://worldpopulationreview.com/countries/countries-by-gdp/2020년 7월 27일.

72 지금까지 통계는 http://www.nationaldebtclocks.org을 참고함.(접속일자: 2020.7.27)

2030년 대에는 10%를 넘어설 것이다. 그렇다면 이윤율이 0%에 이르는 시점이 2030년대 후반에서 2040년대 사이에 올 가능성이 크다.

이렇게 붕괴요인과 상쇄요인이 함께 작용하면서 자본주의 체제는 오랫동안 버틸 것이다. 하지만, 이윤율이 0%에 근접하고 부채에 대한 이자 상환 비용이 5%를 넘어서고 반면에 공유경제 영역이 30%를 넘어선다면 자본주의 체제는 붕괴하거나 최소한 주변화할 것이다.

주체는 주체성subjectivity을 획득하는 동시에 종속성subjection을 수용한다. 주체들의 집합체로서 대중은 산업화와 대중화, 자본주의의 물신화, 자본-국가의 이데올로기 공세, 대중문화의 조작 속에서 원자화하고 부품화하고 이질화하여 물신과 탐욕, 환상을 좇는 고립적·비조직적 개체이자 세계의 모순과 부조리를 인식하고 노동하고 자유와 해방을 하면서 타자와 연대를 맺고 조직을 형성하며 공동체와 세계를 구성하는 주체이다. 지식인이 대중에게 영향을 줄 수 있지만, 대중은 스스로 조직하고 역사와 문화를 창조한다. 5·18 민중항쟁이나 부안사태를 보면, 대중은 지식인도 사라진 그 자리에서 그들 자신을 스스로 조직했고 그들 스스로 학습하고 거듭났으며, 그들 스스로 즐거운 저항을 하며 코뮌을 만들었다. 신자유주의에 완전히 포획되었다고 생각한 그 지점에서 대중은 희망버스를 탔고 촛불을 들었다. 대중에게 선의 씨앗과 이타심도 있고 악의 씨앗과 이기심도 공존하며, 대중은 지배이데올로기에 휘둘리는 대상이자 지배층에 맞서서 저항을 실천하는 주체이다. 대중은 무지하고 대중매체에 쉽게 조작당하는 우중이자 텍스트와 담론들을 주체적이고 비판적으로 읽는 적극적 독자이기도 하다. 문제는 이들이 어떻게 저항하는 주체로 정립하고 연대하느냐에 있다.

"솔로몬 애쉬의 선분 실험에서도 드러나듯, 3명이면 상황을 변화시킬 전환점이 생긴다. 3명이면 상황을 바꾸는 집단을 형성할 수 있는 것이다. 실제로 2003년 10월 13일 지하철 2호선 신당역에서 승강장에 낀 사람을 구하기 위해 승객들이 모여 전동차를 밀어냈다. 2005년 10월 17일 지하철 5호선 천호역에서 사람이 전동차에 낀 후 두세 사람이 나서자 주변 시민이 모여들어 33톤의 차량을 밀어내고 사람을 구했다."[73] "(스탠리 밀그램 실험처럼) 상황에 종속되어 있는 게 우리 인간이지만, 동시에 소수가 전체 상황을 바꿀 수도 있는 능동적인 행위자들이며,"[74] 그 출발은 서로에 대한 공감과 연대다. 자본과 국가의 공세와 조작에 의해 대중들은 파편화하고 우중화하고 계급의식을 상실했지만, 과도한 착취와 수탈, 억압에 침묵하다가 약자의 고통에 공감하고 임계점을 넘은 지배층의 부패와 부조리, 폭력에 분노하여 스스로 조직하며 투쟁하고 새로운 세계를 만들어갈 것이다.[75]

---

73 한국교육방송공사, 『인간의 두 얼굴: 내면의 진실』, 시공사, 2010, 111~118쪽 요약.
74 위의 책, 116쪽.
75 지금까지 자본주의 붕괴와 상쇄에 대한 논의는 이도흠, 「자본주의 붕괴 가능성에 대한 탐색」, 『좌파가 미래를 설계하는 방법』, 문화과학사, 2016, 224~251쪽을 수정하여 2016년 4월에 〈이후포럼〉에서 발표한 것을 요약하며 일부 수정함.

제 2 장

인공지능의 쟁점 1

인간 본성의 프로그래밍

---

1. 인간의 본성에 대한 융합적 분석

자신이 조각한 것을 실제 여인으로 바꾼 그리스의 피그말리온 Pygmalion에서 비롯하여 사람처럼 생각하고 감정을 갖고 말하고 행동하는 기계는 인류의 영원한 꿈이었다. 이제 그 꿈이 달성될 문턱에 왔다. 인공지능 AIArtificial Intelligence는 넓게는 시스템과 알고리즘으로 이루어진 지능을 뜻하며, 좁게는 인간처럼 사고하고 행동하는 시스템을 뜻한다. 인공지능의 목표는 사람과 거의 유사한 수준으로 사고하고 행동하는 시스템을 만들거나 인간의 지능을 초월한 인공지능을 만드는 것이다. 인공지능이 기계인간이 되려면 관건은 인공지능이 인간과 유사한 본성을 가져야 한다는 것이다. 이를 위해선 먼저 인간의 본성이 무엇인지 알아야 하고, 그 다음으로는 이를 분석하고 계량화하여 디지털로 전환해 프로그래밍할 수 있어야 한다.

4차 산업혁명 가운데 인류에게 가장 큰 변화를 줄 기술은 인공지능이다. 이는 인간의 일을 덜어줄 것이라는 희망과 함께 인류 문명을 멸망시킬 수도 있다는 두려움도 함께 안겨주고 있다. 인공지능과 관련한 핵심 쟁점은 크게 다섯 가지다. 첫째, 인공지능이 얼마만큼 인간의 본성을 닮을 것인가? 둘째, 인공지능이 인간의 지능을 넘어설 것인가? 셋째, 자의식을 가지고 자율적으로 작동하는 강인공지능을 제작할 수 있는가? 넷째, 감정과 무의식의 영역까지 프로그래밍할 수 있는가? 다섯째, 인공지능이 인류와 공존할 수 있는가? 첫째에 대해서 이번 장에서 다루고 3장에서는 둘째와 셋째에 대해, 4장에서는 넷째와 다섯째에 대해 다루기로 하겠다.

맹자의 성선설과 순자의 성악설을 어느 정도 믿는가. 인간은 선한 존재인가, 악한 존재인가. 전혀 알지도 못하고 피가 섞이지 않은 일본 사람을 구하려다 죽은 고 이수현 씨를 생각하면 선한 존재인 듯하고, 화성 연쇄 살인범인 이춘재를 떠올리면 악한 존재일 것이라는 생각이 든다. 인간은 워낙 복잡한 존재이기에 이를 철학이나 심리학의 영역에서만 따질 수 없다. 인간도 동물에서 진화한 생물의 일종이기에 생물의 본성이 깔려 있으니 생물학의 관점에서도 보아야 한다. 인간의 본성이 단번에 형성된 것이 아니라 인류 역사 700만 년을 통해 서서히 진화한 것이니 인류학의 입장에서도 관찰해야 한다. 나쁜 짓이든 좋은 짓이든 뇌에서 모두 이루어지는 일이니 뇌과학의 입장에서도 분석해야 한다. 본성은 실체적이고 정적인 것이 아니라 타자와 관계, 노동과 사회관계에서 변화하는 관계적이고 역동적인 것이기에 사회적이고 연기적인 해석도 뒤따라야 할 것이다. 이렇게 다양한 분야에서 융합적으로 인간의 본성을 분석하고, 이어서 이를 프로그래밍한 인공지능이 가능한지, 가능하다면 어떤 방법으로 구체화할 수 있는지에 대해 알아보겠다.

인간의 본성에 대한 고전적인 해석은 맹자의 성선설과 순자의 성악설이다. 많은 이들이 권력과 돈을 더 얻기 위하여 타인을 속이고 폭력을 가하며, 때로는 죽이는 일도 서슴지 않는다. 반면에, 많은 이들이 자신보다 약한 이들을 구원하기 위하여 평생을 헌신하고, 악의 세력으로부터 약자를 구하려다가 폭행, 구속, 고문, 살해를 당한다.

이런 상반되는 사실을 맞아 오래전부터 동양과 서양의 성인과 현자들이 인간의 본성에 대하여 탐구했다. 성선설자들은 인간의 심성은 본래 선한데, 제도나 사회구조적 모순, 무지, 잘못된 명령, 타인과 관계에 따라 악하게 나타나니 이를 바로잡아야 한다고 주장한다. 반대로 성악설자들은 인간의 본성은 본디 악하니, 교육과 훈육, 문화를 통해 교화해야 한다고 주장하며, 더욱 강경한 이들은 개인을 규범과 법, 제도를 통해 통제할 것을 주장한다. 특히 후자는 전체주의나 독재를 옹호하는 논리로도 이용되었다. 반면에, 틱낫한Thich Nhat Hanh 스님은 인간에게 선한 심성을 내는 씨앗과 악한 심성을 내는 씨앗이 공존하니 선한 씨앗만 가려서 물을 주는 수행을 통해 세상을 선의 꽃밭으로 흐드러지게 할 수 있다고 주장한다. "그들의 마음속에 있는 행복, 애정, 환희라는 긍정의 씨앗에 물을 준다. 대신 증오와 폭력 등 부정의 씨앗엔 물을 주지 않는다. 이를 '가려서 물 주기 수행'이라고 부른다. 쓰레기는 버리고 꽃에 물을 준다. 그러면 꽃들은 다른 이의 마음 밭에서도 피어난다.[1]

---

1   틱낫한, 『엄마 — 인생이 선사한 가장 아름다운 선물』, 이도흠 역, 아름다운인연, 2009, 90쪽.

과연 어느 것이 맞는 말이겠는가. 이는 성인이나 현인의 반열에 오른 이들이 추론한 것이지만 과학과 결합한 것은 아니다. 그러면 과학과 결합하면 인간 본성의 진실에 어느 만큼 다가갈까?

▌진화생물학의 관점

인간은 700만 년 전에 침팬지-보노보 진화선에서 분기되어 진화했고, 더 거슬러 올라가면 포유류, 파충류, 양서류, 어류, 진핵세포로 이어지고, 인간도 생물의 일종이기에 생물의 특성을 갖는다. 지구상의 생명체는 38억 년의 기나긴 시간 동안 자연환경에 적응하여 진화해왔고, 인류 또한 그 소산이다. 모든 생명체는 다른 생명이나 물질을 취하여 물질대사를 하여 에너지를 만들어 생존을 하고 자기복제self replication를 한다. 인간도 예외는 아니다. 그럼, 생물의 본성은 무엇일까. 리처드 도킨스가 그 핵심을 가장 잘 통찰했다.

유전자는 박테리아에서 코끼리에 이르기까지 기본적으로 모두 동일한 종류의 분자이다. 우리 모두는 같은 종류의 자기 복제자, 즉 DNA라고 불리는 분자를 위한 생존기계이다. 그러나 세상을 살아가는 데는 여러 종류의 생활방법이 있는데, 자기 복제자는 이 방법들을 이용하기 위해 다종다양한 기계를 만들었다. 원숭이는 나무 위에서 유전자를 유지하는 기계이고, 물고기는 물속에서 유전자를 유지하는 기계이다.[2]

---

2   리처드 도킨스, 『이기적 유전자』, 홍영남·이상임 역, 을유문화사, 2010, 68~69쪽.

이기적 유전자의 목적은 유전자 풀 속에 그 수를 늘리는 것이다. 유전자는 기본적으로 그것이 생존하고 번식하는 장소인 몸에 프로그램 짜넣는 것을 도와줌으로써 이 목적을 달성한다.[3]

리처드 도킨스는 『이기적 유전자』에서 모든 생명이 유전자 보존과 복제를 위해 프로그램된 생존 기계라는 것, 유전자는 철저히 자신의 유전자를 복제하는 목적을 수행한다는 것, 이타적 행위라고 생각한 것도 실은 자신, 혹은 자신이 가지고 있는 유전자와 같은 유전자를 지닌 개체의 수를 늘려 유전자를 더 많이 남기려는 진화적 선택이라고 주장한다.

그처럼, 모든 동물과 식물들, 바이러스 등 지구상의 모든 생명체는 자신의 유전자를 남기려 모든 조건과 환경을 최대한으로 이용하여 생존을 하고, 수정과 교미를 하고, 다양한 전략을 구사하여 자신의 유전자를 복제한 자손을 퍼트린다. 사자를 비롯해 대다수의 포유동물의 경우 수컷들이 교미기가 되면 싸움을 하여 이긴 자가 암컷을 독점한다. 암컷 또한 자신의 새끼를 가장 잘 양육할 수 있는 강한 수컷을 받아들인다. 뻐꾸기는 남의 둥지에 알을 낳아 다른 새에게 탁란을 하고, 사마귀는 교미 시에 수컷이 암컷에게 먹혀 새끼의 먹이가 되며, 벨벳거미는 어미가 새끼에게 자기 몸을 통째로 내준다.[4] 연어나 하루살이처럼 대다수의 어류와 곤충은 자손을 번식한 후에 죽음을 맞으며, 조류나 포유류의 평균수명은 새끼를 키워서 스스로 생존

---

3   위의 책, 166쪽.
4   「새끼에게 자기 몸 먹이고 껍질만 남는 어미 거미」, 『한겨레신문』, 2015년 3월 31일.

할 수 있는 수준까지 양육하는 기간과 유사하다.

더 나아가 리처드 도킨스는 이타적이라 생각한 것 또한 이기적 유전자의 진화적 선택이라고 주장한다. 예를 들어, 울새나 박새와 같은 작은 새 무리 위로 천적인 새매가 나타나면, 먼저 새매를 목격한 새가 소리를 내어 동료들에게 경계음을 낸다. 하지만, 그 새는 새매에게 쉽게 발견되어 먼저 잡아먹히기 십상이다. 이를 이타적이라 생각하지만, 이 또한 이기적 유전자가 자신과 유전자가 비슷한 동료들을 남기기 위한 진화의 전략이라는 것이다. "경계음을 내도록 하는 유전자는 유전자 풀 속에서 수가 늘어날 가능성이 있다."[5] 대다수 동물에서 관찰될 수 있는 이타적 행위는 자신과 유전자가 비슷한 개체를 더 번식시키려는 진화적 전략이다. 인간의 경우에도 부모와 조부모, 더 나아가 친인척의 사랑과 이타적 희생이 자신과 유전자가 유사한 정도인 근연도(r)에 따라 행해지는 본능적 반응으로 해석할 수 있다.

인간 또한 생명의 한 종으로서 자신의 유전자를 더 많이 복제하려는 본능을 향하여 작동한다. 이런 본능은 사회를 형성하면서 자신, 자신과 같은 유전자를 지닌 자손 및 개체를 더 많이 복제하려는 욕망으로 전환했다. 이를 위하여 인간은 유전자가 다른 인간이나 집단과 싸워서 더 많은 양식, 양식을 키울 수 있는 땅, 생존을 보장하는 자원과 자본, 이를 확보하는 힘으로서 권력을 얻고자 했다. 물론 예외도 있고 다른 요인도 작용하지만, 21세기인 오늘에도 상당수 남성들은 더 많은 여자를 욕망하고, 상당수 여성들은 자식을 잘 양육할 능력 있는 남자를 열망한다.

---

5   리처드 도킨스, 앞의 책, 288쪽.

자신의 짝이 다른 이성과 불륜을 행했을 때, 대다수의 남자가 성행위 여부를 묻는다면, 대다수의 여자는 사랑 여부를 따진다. 미시간 대학의 데이비드 버스David Buss는 이에 대해 실험을 했는데, "남성의 60%가 성적인 불륜에 더 질투심을 느낀다고 답한 반면, 여성은 17%만 그쪽을 택했고, 83%는 연인이 상대에게 감정적으로 집착할 때 더 질투심을 느낀다고 했다."[6] 남성들에게 가장 최악의 경우는 자신의 유전자를 가지지 않은 다른 개체의 새끼를 양육하면서 에너지를 낭비하는 것이다. 여성의 입장에서는 남성이 다른 여성을 더 사랑할 경우 제3의 여인에게 사냥감을 가져다준다면 자신의 자식이 굶어죽을 수 있다. 물론, 인간의 사랑은 이런 본능을 넘어서서 상대방에 대한 설렘과 존중과 배려, 존재의 합일과 연속성을 추구하는 것이다.

도킨스의 이기적 유전자론이 실체론이나 유전자 결정론에서 벗어나지 못한 채 오류를 범한 것이 분명하지만, 지구상의 모든 생명체가 이기적 유전자에 조종되는 생존기계이고 그 유전자의 목적이 자신의 유전자를 늘리는 것이라는 점은 모든 생명체가 공유하고 있는 핵심을 통찰한 것이다. 다만, 문제는 그 이기적 생존기계들이 다른 생명체와 서로 상호작용하는 양상들이다.

▌사회생물학과 인류학의 관점

개체적으로는 이기적 유전자를 가진 생존기계들이 분명함에도 다른 존재들과 어우러지며 사회적 협력을 하고 공진화를 하는 것이 또

---

6   이한음, 『호모 엑스페르투스 : 실험, 인류의 미래를 열다』, 효형, 2008, 32쪽.

생명의 오묘한 세계다. 사회생물학의 관점에서 볼 때, 도킨스의 이기적 유전자론은 많은 오류가 있다. 유전자 결정론에서 벗어나지 못했고, 생명체들이 서로 공진화한 것을 무시하고 있으며, 사회적 협력까지 이기적 유전자의 목적으로 해석하는 한계를 지닌다. 에드워드 윌슨Edward Osborne Wilson은 사회생물학의 입장에서 다른 견해를 피력한다.

> 울새, 박새 같은 작은 새들은 매가 접근하면 경고음을 내지만, 그 경고소리가 음원이 어디에 있는지 찾기 어렵게 만드는 음향적 특성을 갖고 있다. (…) 인간을 제외하면 모든 포유류 중 침팬지가 가장 이타적일지 모른다. 그들은 공동사냥 뒤에 고기를 공유할 뿐만 아니라 양자를 들이기도 한다. (…) 제인 구달은 (…) 고아가 된 아기를 떠맡은 사례를 세 번이나 관찰할 수 있었다. (…) 인간에게 비견될 만한 이타적 자살은 오직 하등동물, 특히 사회성 곤충한테서만 만나 볼 수 있다. 개미, 꿀벌, 말벌 군체의 구성원들은 집을 방어하기 위해 침입자에게 미친 듯이 돌격할 준비가 되어 있다.[7]

이처럼 윌슨은 도킨스를 반박하며 이타적 유전자에 대한 사례들을 제시한다. 이를 인간과도 결부시켜서 인간이 벌이나 개미처럼 혈연을 위해 헌신하는 맹목적 이타성을 가졌을 뿐만 아니라 어떤 목적을 바라고 이타성을 구현하기에, 궁극적으로 맹목적 이타성과 목적적 이타성을 모두 지니고 있다고 주장한다. "인간의 이타주의는 가장 가까운 친척에게 향할 때면 사실상 맹목적인 것처럼 보인다. 비록 사

---

7   에드워드 윌슨, 『인간 본성에 대하여』, 이한음 역, 사이언스북스, 2014, 187~188쪽.

회성 곤충과 군체성 무척추동물에 비하면 아직 훨씬 덜하긴 하지만 말이다. 우리 이타주의의 나머지 부분들은 본질적으로 목적적이다. 그래서 개인의 마음은 양가감정, 기만, 죄의식으로 뒤범벅이 되어 언제나 근심에 차 있게 된다."[8]

암사자나 침팬지 등은 서로 협력할 경우 사냥의 성공 확률이 높아지기에 연대하는 경우가 많다. 이 협력이 근연도가 높은 형제나 가족과 행해진다면 이기적 유전자의 진화 전략이겠지만, 그렇지 않을 경우 이는 호혜적 보상에 따른 협력의 사례가 된다. 1부 1장에서 말하였듯, 우리 인간은 보노보-침팬지 진화선에서 갈라진 것이다. 침팬지와 98.4%, 보노보와 98.7%의 유전자가 일치한다. 그런데, 갈등이일 때 침팬지는 싸우고 폭력을 휘두르는 경우가 많지만, 보노보는 집단적으로 성교 행위를 하거나 포옹하며 해소한다.

인류는 침팬지 때부터 무리생활을 하고 협력을 행했겠지만, 불을 사용하면서 더욱 체계적인 사회를 형성하게 되었다. 1부 1장에서 말한 대로 인류는 최소한 142만 년 전에는 불을 사용하고 화로를 만들었다. 침팬지들이 무리를 이루어 사회적 생활을 하는 것으로 유추하면 인간도 원래부터 사회를 형성했을 것이다. 하지만, 불을 사용하면서 불가에 모여 많은 이야기를 나누고 사냥물을 익혀 먹고, 더 이후에는 쇠를 녹여 청동기나 철기를 만들며 불에 관련된 정보를 공유하고 계승했다. 인류는 불의 사용을 계기로 원시적인 사회단계에서 문명적인 사회단계로 도약했다.

해밀턴의 정리에 의하면, "어떤 행동의 전체적인 이득(rb)이 비용

---

8   위의 책, 196쪽.

(c)을 초과하면, 해당 유전자는 번성하게 된다(r은 비용의 계수, 종종 근연도를 말한다). 여기서 결국 비용은 유전자의 빈도가 줄어드는 것이고, 이득은 유전자의 빈도가 늘어나는 것이다."[9] 인간이 사회생활을 하면서 근연도가 가까운 혈족이건 아니건 이타적 협력이 이기적 유전자의 목적에도 부합함을 보편적으로 깨달았을 것이다. 홀로 사냥을 나가서 한 달에 사슴 3마리를 잡던 원시인이 10명이 짝을 이루어 사냥한 후 평균 40마리를 잡았다면, 자신의 몫이 4마리로 늘어났고 맹수의 공격도 힘을 합쳐서 더 쉽게 막아냈을 것이다. 이것을 깨닫자 인간은 협력을 증대하며 본격적이고 능동적으로 사회생활을 하였을 것이다.

사회를 형성한 대신 대가도 따랐다. 어떤 이가 함께 사냥을 다니는 동료의 몫을 빼앗거나 그의 여인을 겁탈한다면, 그 동료는 다시는 가해자와 함께 사냥을 하지 않을 것이다. 이처럼 인간은 사회와 문명을 수용하는 대가로 본능과 욕구를 유보하고 이타적 협력을 했다. 유보된 본능과 욕구는 무의식을 형성했다.

▌인지과학의 관점

한 인간의 두뇌에 있는 신경세포는 과연 얼마나 될까. 흔히 1천억 개라고 한다. 누가 세어보았는가? 브라질의 신경과학자 수자나 에르쿨라누 호우젤Suzana Herculano-Houzel은 "한 인간의 몸속에 있는 모든 체세포들의 유전체가 같다."는 사실에 착안하여 뇌 속의 모든 세포를

---

9 존 카트라이트, 『진화와 인간행동』, 박한선 역, 에이도스출판사, 2019, 361쪽.

제2장 인공지능의 쟁점 1 __ 215

파쇄하여 그 파쇄액 속에 있는 유전체의 총량을 측정하고, 이 값을 세포 하나가 가진 유전체의 양으로 나누었다. 이렇게 두뇌 한 부분의 신경세포의 숫자를 정확하게 세고 이를 전체의 값으로 곱하는 방식으로 뇌신경세포의 숫자를 명확하게 헤아렸다. 이 결과 인간 뇌의 신경세포는 869억 개인 것으로 나타났다.[10] 여기에 1,000여 개에서 1만여 개에 이르는 시냅스Synapse가 연결되어 전기신호와 화학신호를 주고받으면서 사고하고 몸에 명령을 내리므로, 인간 뇌의 신경 네트워크는 대략 180조 개에서 320조 개의 네트워킹을 형성하는 것이다.[11]

뇌의 용량과 기능에서는 천양지차지만, 인간이든 다른 동물이든 신경세포 체제의 범주는 감각신경세포, 운동신경세포, 연합신경세포로 구성된 것으로 보았다. 예를 들어, 숲 속의 토끼를 보는 순간 토끼를 반사하는 빛이 눈동자를 지나 망막에 맺히면 이의 이미지를 시신경세포視神經細胞가 전기신호로 바꾸어 연합신경세포로 전달한다. 그러면 연합신경세포에서는 모든 정보를 종합하여 토끼를 '약하고 잡아서 먹을 만한 동물'로 판단하여 운동신경세포에 잡으라고 명령을 내리고, 이에 인간은 창을 던지는 행동을 한다. 반대로 호랑이처럼 강한 동물일 경우 연합신경세포가 '나를 해칠 동물'로 판단하여 운동신경세포에 빨리 도망가라는 명령을 내릴 것이고, 이는 시속 268마일(431킬로미터)의 빠른 속도로 발끝까지 뻗친 시냅스에 전달되고, 이에 사람은 잽싸게 달음박질칠 것이다.[12]

---

10 Suzana Herculano-Houzel, "The Human Brain in Numbers: A Linearly Scaled-up Primate Brain," *Neuroscience*. V. 3, 2009, Article 31.
11 "Scale of the Human Brain," *AI IMPATCS,* https://aiimpacts.org/scale-of-the-human-brain/
12 Valerie Ross, "Numbers: The Nervous System, From 268-MPH Signals to Trillions of Synapses," Discover, May 15, 2011.)

하지만, 이 분류는 1996년에 이탈리아 파르마대학의 신경심리학 연구소의 리촐라티Giacomo Rizzolatti 소장을 비롯한 연구원들에 의해 깨졌다. 그들은 "머카그원숭이 실험을 통해 영장류와 인간은 거울신경세포mirror neuron가 있어서 이를 통해 타인의 언어나 행위를 모방하고 타인의 감정에 공감한다."고 밝혔다.[13] 아기에게 감기약을 주려 하는데 아기가 쓴 기억을 하고 입을 다물 때, 엄마가 "아!" 하고 입을 벌리면 아기도 엄마를 따라 입을 벌린다. 또, 멀리 창 너머 급브레이크를 밟는 소리와 사람의 비명이 들리면, 사람들은 누구인가 다치는 것을 상상하고 안타깝게 여긴다. 이렇게 상대방을 모방하거나 공감하게 하는 것이 거울신경세포이다. 즉, 인간과 영장류는 감각신경세포, 연합신경세포, 운동신경세포에 더하여 거울신경세포가 있어서 타자를 모방하거나 공감할 수 있다는 것이다.

처음에는 거울신경세포가 전두엽frontal lobe의 전운동피질premotor cortex, 두정엽parietal lobe, 측두엽 뇌섬엽 앞쪽anterior insula에서 주로 활성화하는 것을 관찰했다. 하지만 최근에는 거울신경세포가 기본적으로 운동신경세포motor neuron에 속하거나 이와 통합한 시스템인 것으로 의견이 모아지고 있다. 그동안 운동신경세포는 근육의 조절과 통제 등에만 관여했지 인지 기능에는 전혀 관여하지 않는 것으로 알려졌는데 이런 생각에 근본적인 전환을 하게 되었다. 누가 빈방에 뱀을 집어넣으면 모두 기겁하며 총알처럼 빨리 자리를 피할 것이다. 그처

(ttps://www.discovermagazine.com/health/numbers-the-nervous-system-from-268-mph-signals-to-trillions-of-synapses)

13 Giacomo Rizzolatti·Luciano Fadiga·Vittorio Gallese·Leonardo Fogassi, "Premotor cortex and the recognition of motor actions," *Cognitive brain research* v. 3 no. 2, 1996, pp. 131~141.

럼 운동신경세포란 것이 외부의 자극이나 상황에 즉각 반응하는 시스템이기 때문에 타자에 대한 반응을 하는 거울신경세포도 이것과 관계하게 된 것으로 보인다. 그래서 거울신경체계mirror neuron system로 명칭을 바꾸었다. 영국의 심리학자 세실리아 헤이즈Cecillia Heyes는 "거울신경세포는 원래 시각 동작의 조절을 위해 진화한 감각신경세포의 연합을 강화한 결과로 발달이 행해질 때 나타난다."[14]라고 말한다. 리촐라티와 씨니가글리아C. sinigaglia는 "손동작을 수행하거나 이 행위를 시각적으로 인지할 때 거울신경세포가 활성화한다. 이런 현상이 뇌의 한 영역만이 아니라 전운동피질과 아래두정피질에도 나타나므로 이런 증거는 특정행위의 개념의 틀에 동작과 감각을 통합하는 특정 행위 사이의 연계가 존재함을 강력히 증명한다."라고 주장한다.[15]

"거울신경세포의 시스템은 언어 학습과 소통에 관여하고 도움을 주면서 인간이 다른 동물과 현격히 다르게 사회적 상호작용을 하는 데 관여한다."[16] 페라리P.F Ferrari 등은 "거울신경체계의 핵심적인 구성 요소가 인간이 어떤 목적을 지향하는 행위를 할 때 활성화한다는 점"이라고 밝혔다.[17] 페라리와 리촐라티의 말대로, "타자의 행위를 관찰

14 Cecilia Heyes, "Tinbergen on mirror neurons," *Biological sciences*, v. 369 no. 1644, 2014, p. 180.
15 G. Rizzolatti·C. Sinigaglia, "The Function role of the patrieto-frontal mirror circuit: Interpretations and misinterpretations," *Nature Review Neuroscience*, Vol. 11, 2010, pp. 264~274.
16 Glacomo Rizzolatti·Leonardo Fogassi·Vittorio Gallese, "The Mirror Neuron System: A motor-Based Mechanism for Action and Intention Understanding," *The Cognitive Neurosciences*, Michael S. Gazzaniga (eds.), Cambridge, Mass.; MIT press, 2009, pp. 625~640.
17 G. Coude·R. E. Vanderwert·S. Thorpe·F. Festante·M. Bimbi·N. A. Fox·P.F. Ferrari, "Frequency and topography in monkey electroencephalogram during action observation: possible neural correlates of the mirror neuron system," *Biological sciences*, no. 1644, 2014, p. 6.

할 때 그걸 바라보는 관찰자의 운동신경세포 또한 충분히 방아쇠를 당길 준비가 되어 있는 것이다."[18]

여러 연구를 통해 거울신경세포가 인간과 영장류만이 아니라 노래하는 새에서도 관찰되었다. 노래하는 새의 경우에도 거울신경세포가 새의 노래의 학습과 소통에 관여하는 것으로 드러났다.[19] 또, "새의 노래를 관장하는 뇌의 영역인 HVC와 인간의 언어 생산과 지각을 관장하는 브로카Broca 영역이 상당히 유사한 기능적 역할을 수행"한다.[20] 한 마리의 새가 노래하는 것은 짝, 곧 다른 새를 향한 것이다. 다른 새는 그 노래의 리듬과 박자, 소리의 좋고 나쁨, 메시지에 공감할 때 반응을 한다. 공감을 필요로 하므로, 뇌가 손톱만 한 새에게서 거울신경체계가 발달한 것으로 보인다.

앞으로 더 많은 연구와 실험을 해보아야 하지만 지금까지의 연구를 종합하면, 양육, 사회적 협력, 타자와 소통과 공감이 거울신경체계를 발달시킨 것으로 보인다. 새와 영장류, 인간 등 거울신경체계가 발달한 생명체의 특성은 새끼를 키우고 사회적 생활을 한다는 점이다. 엄마는 아기를 자신의 몸처럼, 때로는 그 이상으로 아끼고 사랑하고 돌본다. 아기는 엄마의 지극한 사랑과 돌봄을 받으며 모방력과 공감력을 증진시킨다. 이렇게 엄마를 모방하며 언어를 학습하고 문

---

18 P. F. Ferrari·G. Rizzolatti, "Mirror neuron research: the past and the future," *Philosophical Transactions of the Royal Society*, 2014, B369: 20130169. p. 2.

19 R. Mooney, "Auditory-vocal mirroring in songbird," *Biological sciences*, v. 369 no. 1644, 2014, p. 179.

20 A. D'Ausilio·L. Maffongelli·E. Bartoli·M. Campanella·E. Ferrari·J. Berry·L. Fadiga, "Listening to speech recruits specific tongue motor synergies as revealed by transcranial magnetic stimulation and tissue-Doppler ultrasound imaging," *Biological sciences*, v. 369 no. 1644, 2014, p. 418.

명을 배우고 엄마의 사랑을 받고 자란 아기는 집단을 이루어 사냥을 하면서 상대방의 마음이나 행동을 예측하고 모방하게 된다. 진화론적으로 볼 때도 육체적 능력이 뛰어난 자만이 아니라 상대방의 감정을 잘 읽어 협력을 잘하고 모방을 잘하는 자가 사냥을 잘하여 자신의 유전자를 더 많이 남길 확률이 높아졌을 것이다. 이런 진화적 선택과 사회생활, 정서적 공감을 통해 발달한 것이 바로 거울신경체계일 것으로 보인다. 그래서 페라리 등도 여러 실험을 거쳐서 인간은 "타인의 행위를 잘 관찰하기 위한 자연선택의 결과로서, 타인의 동작을 더 빠르고 정확하게 인지하고 이를 잘 표현하려는 후성유전적 메커니즘으로서 거울신경체계를 발달시켰다."[21]라고 말한다.

수렵시대에 한 사람이 며칠 전에 모친상을 치른 동료에게 사냥을 가자고 제안했을 때 살짝 미소를 짓기는 하지만 슬픔이 가득한 얼굴로 팔을 약간 올리다가 내렸다고 가정하자. 그 행동이 아직 슬픔이 크기에 가기 어렵다는 뜻인지 아니면 아직 슬프지만 그를 극복하기 위해서라도 사냥을 가겠다는 의미인지 재빨리 정확하게 읽고 대처하는 자가 동료들의 협력을 잘 이끌어내 생존과 자손의 번식에 유리했을 것이다. 이처럼 거울신경체계는 인간이 자연과 상호작용하고 자연선택을 하면서 형성된 진화의 결과물이다. 거울신경체계는 인간이 협력과 모방을 잘하기 위하여 다른 이들의 동작과 표정을 더 빨리 인지하고 그에 담긴 메시지를 정확하게 읽고 이에 대해 올바르게 반응하면서 후천적으로 형성된 메커니즘이다.

---

21 P. F. Ferrari·G. Rizzolatti, "Mirror neuron research: the past and the future," *Philosophical Transactions of The Royal Society*, 2014, B369: 20130169. pp. 1~3.

한마디로 말하여, 거울신경체계는 타인의 행위와 동작을 관찰하는 나의 인지와 반응 시스템이다. 엄마와 아기, 사랑하는 연인, 마주 보고 대화하는 사람, 어깨동무를 하고 함께 독재정권에 맞서는 시민, 넘어진 사람을 일으켜주는 사람 등 인간은 거울신경체계를 통해 타인의 행위를 보면서 무엇인가 느끼고 모방하고, 타인을 이해하고, 더 나아가 타인과 협력하면서 이를 발달시키게 된다. 거울신경체계는 기존의 감각신경세포, 연합신경세포 등이 수행하지 못하던 일을 수행한다. 인간이 대상과 만날 때 눈과 귀와 같은 감각기관이 먼저 파악하고 이를 뇌로 전달하면, 뇌 안에 있는 869억 개에 이르는 신경세포 가운데 일부가 작동하면서 사고한다. 어떤 것이든 이는 물질과 감각, 더 나아가 오온五蘊에 얽매인 인식이다. 눈, 귀, 코, 혀, 몸의 오근五根으로 빛깔, 소리, 향기, 맛, 촉감의 오경五境을 느끼며 물질계로 이루어진 대상을 인식하는 것이다. 하지만 거울신경체계는 오근과 오경에 얽매인 인식에서 벗어나 "우리가 본 것과 우리가 직접 느끼는 것 사이를 연결해주는 신경생리학적 연결체이다."[22] 타인이 고통 속에 있을 때 그를 바라보는 내 마음이 아픈 것도 거울신경체계가 일으키는 반응 가운데 하나다. 우리가 다른 사람으로부터 "관심과 애정을 받으면, 우리의 뇌에서는 고통을 완화시켜주는 물질인 내인성 오피오이드opioide, 도파민dopamine, 옥시토신oxytocin 등이 나온다. 반면에 "소외당한 사람의 신체는 극단적인 응급반응의 상태가 되는데, 특히 교감신경과 부교감신경이 지나치게 활성화"[23]한다. 어려운 상황에 놓인 이

22　요아힘 바우어, 『공감의 심리학』, 이미옥 역, 에코리브르, 2006, 167쪽.
23　같은 책, 118쪽.

를 도와주면 기분이 좋아지는 것 또한 이런 작용의 일환이다. 이는 타자의 고통에 공감하고 연대하는 행위에 대한 보상체계가 이미 진화를 통해 두뇌의 시스템으로 구조화했음을 의미한다.

이처럼 인간은 타인의 고통과 마주쳤을 때 머릿속에 거울신경체계가 작동하여 그 아픔을 자신의 것처럼 공감하며, 그중 일부는 공감으로 그치지 않고 연대의 손길을 내민다. 붓다의 자비, 예수의 사랑, 공자의 인仁 등 성인의 최고의 가르침은 모두 공감을 바탕으로 한다.

▌윤리적 관점

38억 년에 걸친 진화, 700만 년 동안 이루어진 사회화의 결과, 인간은 이기적 유전자가 조종하는 생존 기계이자 이를 극복하고 타자의 아픔에 공감하고 이타적 협력을 하는 유전적 키메라genetic chimera가 되었다. 1부 1장의 차탈회유크의 사례에서 잘 볼 수 있듯이, 인류는 이기적 본능을 가진 상황에서 한정된 자원과 공간을 놓고 개성과 권력의 차이에 따라 여러 방식으로 경쟁하는 동시에 타자의 아픔에 대해 공감하고 이타적 협력을 하여 새로운 가치를 생산하고 이를 공정하게 분배하면서 도덕성을 진화시켜왔다.

왜 이기적 인간이 이타행을 행하겠는가. 진화생물학이나 인류학에서 보면, 인간은 유전자에 각인된 맹목적 이타성과 이를 넘어선 목적적 이타성이 있다. 그 가운데 상대방을 도우면 그도 언제인가 나와 내 가족을 돕는다는 호혜적 보상에 대한 기대 때문이다. 필자가 대학에 다닐 때까지만 해도 전혀 모르는 사람도 집에 찾아오면 밥을 주고 잠을 재워주었으며, 필자 또한 배낭에 옷가지만 넣고 무전여행하는 것이 어느 정도는 가능했다. 호혜적 보상이 잘 이루어진 사회에서는 낯선 이에 대한 환대문화가 당연한 듯 행해진다.

인지과학에서 보면, 타자의 고통에 대한 공감과 두뇌의 보상체계가 작동하여 그러는 순간에 도파민 등이 발생하여 환희심에 이르게 하기 때문이다. 타자가 어려운 상황에 있을 때 그를 보는 사람의 거울신경체계가 활성화하여 그 아픔에 공감한다. 운동 중독에 걸린 평범한 시민이 메달이나 연봉 등 아무런 보상을 받지 않음에도 이를 악물고 계단을 오르고 마라톤을 뛰는 것은 극단의 고통을 이겨내는 순간 도파민이 분비될 때의 쾌감을 못 잊기 때문이다. 그 정도까지는 아니지만, 뇌과학적으로 보면, 선행 뒤의 쾌감이 선행을 계속하게 만든다.

철학이나 윤리에서 보면, 그것이 실존과 자기완성의 길이기 때문이다. 선행을 하면 누구나 자신에 대한 자부심과 만족감을 갖게 된다. 부조리한 세계에서 무엇인가 의미 있는 일, 진정한 가치를 추구하는 실천을 하며 자신에게 내재한 착한 본성을 구현했다고 생각한다.

종교적으로 보면, 세속의 탐욕과 이기심을 극복하고 성스러운 존재로 거듭나거나 그 선행으로 천국이나 극락에 가는 보상을 받을 수 있다고 확신한다. 불교에서 보면, 그와 내가 서로 인과와 조건으로 작용하며 서로 의지하는 연기의 관계에 있음을 알기 때문이다. 타인이 나와 깊은 인과와 조건, 연관 속에 있다고 생각하면 우리는 그를 돕는 것이 나를 위하는 길임을 깨닫는다.

이에 피터 싱어Peter Singer는 『사회생물학과 윤리』에서 "인간은 사회를 형성하고 농경을 시작하면서 혈연 이타성kin altruism만이 아니라 호혜적 이타성reciprocal altruism, 집단 이타성group altruism을 추구하기 시작했고,"[24] "고도의 이성을 바탕으로 맹목적 진화에 도전하여 공평무사한 관점을 증진시키며,"[25] 윤리적 이타성ethical altruism 또한 추구했다고 말한다.

피터 싱어의 의견에 생물학과 인류학, 인지과학을 종합하여 말하면, 이기적 유전자를 가진 생존기계인 인간이 육아를 하면서, 타자를 인식하면서, 사회적 협력을 하면서 이타성과 공감이 형성되었으며, 모방과 이타성이 오히려 유전자의 번식에도 유리함을 인지하고 자연선택의 일환으로 거울신경체계를 발달시켰다. 이타성도 처음에는 유전자의 근연도가 높은 가족과 친족 등 혈연을 위하여 자신을 희생하거나 헌신하는 데 그쳤지만, 점차 확대되었다. 인간이 호혜적 보상 심리를 형성하면서 본능에 많이 근거한 맹목적 이타성은 보상과 공유를 바탕으로 호혜적 이타성 등 목적적 이타성으로 발전한다. 집단의 가치를 공유하고 공동의 기억을 하면서 안중근 의사처럼 자신이 소속된 집단의 구성원을 위하여 희생하고 헌신하는 집단적 이타성을 형성했다. 더 나아가 인류는 이성적 판단, 자비심이나 공감, 정의감, 윤리적 실천, 자신에 대한 만족감과 자부심에서 자신과 아무런 유전자가 섞이지 않았고 집단의 일원이 아님에도 아프리카의 어린이나 중동의 난민을 돕는 윤리적 이타성을 구현한다.

---

24 피터 싱어, 『사회생물학과 윤리』, 김성한 역, 연암서가, 2014, 22~49쪽 요약.
25 위의 책, 280쪽.

인간은 시계추다. 인간은 이상과 현실, 행복과 불행, 해방과 억압, 완성과 미완, 만족과 불만, 주체와 구조 사이에서 진동한다. 이상에 이르려 하지만 현실의 굴레에서 허덕이고, 이상과 현실 사이의 괴리로 괴로워하고 무력해지고, 그러면서도 이상을 향해 나아간다. 행복을 꿈꾸지만 구조적 모순으로 인하여 달성하기도 어렵거니와 늘 지속은 어렵고 개인적 요인은 물론, 타자와 사회와 질병, 사고, 전쟁과 같은 외적 요인이 방해한다. 자유와 해방을 바라지만 무의식과 권력과 타자는 쉼 없이 억압하고, 완성을 향하여 나아가지만 그럴수록 거리를 절감하고, 만족한 상태를 지속하려 하지만 너무도 쉽게 불만에 자리를 양보한다. 지극히 선한 자도 자신의 의지와 관계 없이 죄를 지을 정도로 세계는 부조리하고, 개미조차 죽이지 않으려고 조심하며 길을 가던 스님이 무심코 흘린 플라스틱 병 하나로 많은 생명을 죽일 수 있다. 인간은 이 양자 사이의 괴리를 인식하고 절망하고 좌절하면서도 희망을 품고 다시 실천하고 그러다가 또다시 좌절한다.

이렇게 양자 사이에서 시계추처럼 진동하기에 인간은 늘 불안하다. 그러는 가운데 끊임없이 선택해야 하고 그 선택에 대해 책임을 져야 하고, 그 누구도 자신만큼 그 선택을 이해할 수 없기에 고독하다. 선택의 결과가 늘 좋은 것만은 아니어서, 모든 노력을 다해도 세계는 늘 부조리하여 완성과 만족에 도달하지 못하기에 무력감을 안긴다. 우주 삼라만상이 찰나의 순간에도 변하고 자신도 병들고 늙고 죽음을 향해 가기에 무상감을 느낀다. 이에서 벗어나고자 신이나 타인과 합일을 추구하고, 더 거룩한 세계와 무한으로 초월하고, 진정한 의미를 찾아 타인으로부터 인정받고자 요동을 한다. 이 떨림을 하지 않을 때 인간은 술과 마약, 섹스, 소비의 매개를 통해 환락에 빠지거나, 권력과 자본의 힘에 기대어 존재를 확인하려 하거나, 종교나 이데올로기, 독재자, 국가에 광적으로 자신을 던져서 전체 속에서 의미를 찾으려 한다.

인간은 본성을 타고나는 것이 아니다. 용기 있는 사람, 용기 없는 사람이 따로 있는가. 유전자에 조금은 있을지 몰라도, 군사독재정권에서 어느 지식인이 침묵하였다면 그는 용기 없는 본성을 구현하는 것이고, 반대로 결단하여 맞섰다면 그는 용기 있는 지식인이 되는 것이다. 인간은 언젠가 죽는다. 우리 주변에 보면 굉장히 이기적이고 사악한 사람이었는데 죽을 고비를 넘긴 다음에는 선하고 이타적인 사람으로 돌변하는 사례가 많다. 병원에 가서 암으로 한두 달밖에 더 못 산다는 시한부 선고를 받았다면 처음에는 충격을 받고 부정하며 여러 병원을 전전할 것이다. 하지만 다른 병원에서도 똑같은 진단을 받는다면 병을 인정하며, 그 후에는 그렇게 만든 자신과 타인을 원망하겠지만 곧 죽음을 받아들인다. 그런 후에 그 가운데 대다수가 성인聖人처럼 남은 기간을 보낸다. "죽기 전에 가장 의미 있는 일이 무엇일까? 사랑하는 이들에게 조금이라도 더 베풀고 가는 길이 무엇일까?"에 대해 생각하고 실천한다. 이들과 정도 차이는 있지만 자신이 죽음으로 가는 존재라는 것을 알게 되면 우리는 인간의 유한성에 대해 생각하고, 이는 어떻게 사는 것이 의미로 가득한, 가장 인간다운 삶인가에 대한 인식과 실천으로 발전한다. 이처럼 인간은 세계 내 존재로서 유한성을 인식하고 세계의 부조리에 맞서서 실존하면서 자신의 본성을 구현한다. 곧, 존재가 본질을 만든다.

마르크스에 따르면, 인간은 노동을 통해 자신의 본성을 구현한다. 한 사람이 가만히 있으면 그는 아무런 의미가 없는 존재이다. 하지만 쟁기를 들고 땅을 개간하면, 그는 그 땅을 황무지에서 기름진 옥토로 변화시키는 주체가 된다. 더 나아가 그 밭에 보리씨를 뿌려 보리 한 가마라는 새로운 가치를 생산하는 주체가 된다. 그는 다른 농부와 어울려 밭을 갈고 씨를 뿌리고 잡초를 뽑으면서 진정한 자기실현, 곧 적극적 자유를 쟁취하는 인간, 타인과 연대하는 인간으로 자신의 본성을 구현하는 것이다.

종교적으로 보면, 인간은 비속한 세계에서 거룩한 세계로 지향하려 한다. 유한에서 무한을 초월하려 한다. 그럴 경우 인간은 수행을 통해 세속의 탐욕과 이기심을 버리고 성스러운 존재로 거듭난다.

▌소결

사람의 몸, 특히 뇌에는 38억 년의 생명의 진화, 700만 년에 걸친 인류의 진화와 역사가 각인되어 있다. 우리 인간은 짐승 때부터 가지고 있는 생존과 번식의 본능도 있고 이를 간뇌 등 원시적 뇌를 통해 행하며, 소뇌를 통해 몸의 균형을 잡고 근육을 움직이고 후두엽을 통해 대상을 바라보며, 편도체를 통해 공포를 기억하고 조절하며, 고등생물로서 변연계의 뇌를 통해 대상을 파악하고 이에 반응하며, 자연에 적응하여 도구와 문화를 만든 인간으로서 전두엽을 통해 지적이고 이성적인 사고를 하고 정서를 느끼며, 타인과 더불어 사회를 형성한 인간으로서 전두엽과 거울신경체계를 통해 타인과 교감하고 모방하며, 더 나아가 타인의 고통에 공감하고 연대한다.

타인의 얼굴 표정이나 동작을 보고 타인의 의도를 남보다 더 잘, 더 빨리 읽는 이들은 이성을 잘 선택할 수 있으며 타인과 협력하여 사냥과 수렵, 농경을 하는 데서도 유리하다. 이타적 협력이 자신의 생존과 번식이라는 이기적 목적과 부합하는 것이다. 이 체계는 오랜 기간 동안 자연선택을 하여 진화한 결과이며, 지금 이 순간에도 후성유전에 의해 발현되고 있다. 이렇게 자연선택과 후성유전에 의해 거울신경체계가 작동하기에 인간은 이기적 목적과 부합하지 않을 때에도 이타성을 구현한다. 생존과 번식의 욕망에 들끓던 인간이 이를 중지하고 선을 지향하는 것은 전두엽을 통해 윤리적 사고를 하고 거울신경체계가 타인의 고통을 알아채고 이를 나의 고통으로 삼을 때이다.

이처럼 인간은 복합적이기에 지극히 선한 자에게도 타인을 해하여 자신의 이익을 확대하려는 악이 있고, 악마와 같은 이에게도 자신을 희생하여 타자를 구원하려는 선이 있다. 하지만, 인간은 유전자로 이루어진 알고리즘이나 두뇌 신경세포 시스템을 넘어서는 존재이다. 유전자와 뇌신경세포가 인간의 사고와 의지, 행동을 관장하고 결정하지만, 인간은 그것만으로 해명될 수 없는 통찰과 깨달음, 실천, 기적과 같은 행동을 하는 존재이다.

인간의 본성은 사회적이고 연기적이다. 본성은 인간의 몸 안에만 있는 것이 아니라 세계와 나의 해석, 내가 발을 디디고 있는 맥락, 나와 너, 개인과 사회 '사이에' 있다. 선과 악은 세계의 해석과 타자와 관계 속에서 나타나며, 제도와 타인의 관계에 따라 서로 악을 조장하기도 하고, 반대로 서로 선을 더욱 증장시키기도 한다. 지극히 선했던 자도 상대방에게 분노하여 우발적으로 그 사람을 죽일 수 있으며, 그 반대로 지극히 악한 자 또한 주변의 요구에 이기지 못하거나 혹은 더 큰 이익을 위하여 선을 행하기도 한다. 지극히 선한 자도 주변의 사람과 상황에 따라 악한 자로 변하고, 반대로 지극히 악한 자도 장발 장처럼 선한 이웃의 사랑, 또는 한마디의 말로도 깨닫고 선한 자로 변한다. 평등한 공동체에서는 서로 이타성을 키우는 반면에, 자본주의 체제에서는 서로 이기심과 경쟁심을 조장한다. 무엇보다도 우리는 유전자의 조종을 넘어서 의미를 해석하고 결단하여 실천하고 노동을 행하고 새로운 존재로 거듭나려 하면서 우리의 본성을 구현한다.

이처럼 인간은 타인과 관계, 제도, 구조, 사회에 따라 인간 내면의 여러 특성과 자질들이 상호작용하면서 선을 더 드러내기도 하고 그 반대로 행하기도 한다. 존재와 총통을 동일시하여 나치에 동조한 하이데거Martin Heidegger와 달리, 레비나스Emmanuel Levinas는 유대인 수용소에서 여러 차례 가스실 처형 직전의 상황에 놓여 존재, 전체, 무한에 대해 성찰하며 타자성alterity의 윤리에 주목한다. 타자란 동일성과 대립적인 개념도, 동일성의 주체가 사유하는 대상도 아니다. 내가 나의 관점에서 타자를 이해하고 사유한다는 자체가 폭력이다. 타자란 주체가 영원히 해석할 수도, 이해할 수도, 동일성에 포섭하여 담아낼 수도 없는 것이다. 유토피아처럼, 사랑하는 님처럼 끊임없이 그를 향하여 다가가 얼굴을 마주 대하고서 그 목소리에 귀를 기울이고, 그를 향해 모든 것을 던지고 달려가지만 그럴수록 갈증이 더 커지는 그런 것이다. "인간이란 만날 때마다 이 만남 자체를 상대방에게 늘 표현하는 유일한 존재이다."[26] 만나서 얼굴을 대할 때 두 사람은 인간

---

26 E. Levinas, *On Thinking-of-the-Other*, (tr). Michael B. Smith·Barbara Harshay, New York: Columbia University Press, 1998, p. 7.

관계에 들어간다. 더욱 가까이 다가가서 얼굴을 바라보고 그의 목소리에 귀를 기울일 때 "그 순간 타자 속에 진실로 신이 현존한다. 나와 타자의 관계 속에서 나는 신의 음성을 듣는다."[27] 이는 은유가 아니라고 레비나스는 강변한다. 온전하게 사유하고 이해할 수 없는 타자와 얼굴을 마주하고서 끊임없이 그를 향한 사랑과 그리움을 반복할 때, 그의 나약한 얼굴을 보며 무한을 향한 초월을 할 때 우리는 신의 음성을 듣는다.

2. 인간의 존재론과 선을 증장하는 방법

▌인간의 복합적 존재론

위에서 본 것처럼, 인간은 생물학적 존재인 동시에 사회적 존재, 의미론적 존재이자 미적 존재이고 초월적 존재이다. 생물학적 존재로서 인간은 이기적 유전자가 조종하는 생존기계이다. 자신의 유전자를 더 많이 남기기 위하여 생의 의지를 갖고 생존하고, 짝과 자원을 놓고 타인과 경쟁하며, 때로는 타인을 공격하거나 죽여서 약탈하여 자신과 가족, 집단의 행복과 번영을 도모한다.

사회적 존재로서 인간은 사회를 형성하고 타인의 시선을 의식하고 그의 고통에 공감하고 그와 소통하고 협력한다. 타인과 협력하기 위하여, 타인에게서 인정받기 위하여, 때로는 보상을 바라고, 때로는

---

27 *ibid.*, p.110.

아무런 보상이 없더라도 타인의 고통에 공감하여, 이기심과 욕망을 절제하고 타인을 돕거나 연대한다. 그렇게 하여 사회가 역기능을 산출하고, 악한 이들이 죄악을 범했어도 인류는 사회와 문명의 발전을 도모했다.

의미론적 존재로서 인간은 자기 앞의 세계의 의미를 해석하고 지향하는 가치에 따라 의미를 실천한다. 일제 강점기의 한 소년은 어두운 하늘에서 반짝이는 별을 보고 조국 독립의 꿈을 키우고 그중의 일부는 목숨을 걸고 만주까지 가서 독립군이 되었다. 어떤 청년은 아버지 죽음으로 좌절해 있다가 다른 꽃들은 시들어버리는데 국화꽃이 무서리를 머금고 외려 더 함초롬하게 피어 있는 것을 보고 "그처럼 인간은 좋은 조건이 아니라 좌절과 절망, 실패를 극복하고 자신의 진정한 본성을 구현할 때 실존을 하는 것이다."라고 해석하며 좌절을 딛고 일어선다. 이처럼 인간은 자기 앞에 무한히 열린 세계를 향해 자신을 끊임없이 던지고 대응하면서 그 의미를 해석하며, 진리, 자유, 정의, 신 등 더 나은 의미를 좇아 결단하고 실천하며, 이를 위하여 자신의 이익은 물론 번식욕을 비롯한 욕망을 버리고, 심지어 목숨마저 바치는 의미론적 존재이다. 인간은 죽음, 미래, 자연, 타인에 대한 불안과 공포와 소외 속에서 자신과 유한성을 성찰하고 실존하며 자신의 본성을 창조하는 존재이다. 인간은 타인을 발견하고 타인의 고통에 공감하고 연대하며 이타성과 더 나은 삶을 추구하는, 타인 및 자연/우주와 연기적 관계 속에서 서로가 서로를 생성하는 상호생성자inter-becoming, 서로 원인과 결과를 주고받으며 의존하며 서로 생성하는 상호의존적 생성자interdependent becoming로서 윤리적 존재이다.

인간은 더 에너지가 소비됨에도 욕망과 이익과 권력을 떠나 좀 더 새롭고 아름다운 것을 창조하고 이에 감동하는 미적 존재다. 동굴벽화에서 근대의 미술에 이르기까지 인간은 주술적 소망, 돈, 권력, 명예를 떠나 새롭고 아름다운 것을 추구하고 이를 예술로 제작하고 그 작품을 감상하며 황홀감을 느끼는 미적 존재다.

인간은 초월적 존재이다. 소설 『레 미제라블』은 제목 그대로 불쌍한 사람들이 부조리한 세상에 맞서서 서로 사랑하고 모두 존엄하고 평등한 세상을 만드는 운동에 참여하는 혁명 서사이자 죄 많은 한 인간 장발장이 미리엘 주교의 용서와 관용으로 깨달음을 얻고 선하고 아름다운 인간으로 승화하며 더 나아가 성인으로 거듭나는 종교 서사이다. 프란치스코 성인은 부유한 상인의 아들로 향락을 즐기다가 예수의 환시를 보고는 가난과 결혼하고서 모든 재산을 봉헌하고 나병 환자와 가난한 이들의 목자가 되었으며, 결국 라 베르나 수도원에서 예수와 같은 징표인 다섯 오상五傷을 받고 성인이 되었다.[28]

이처럼 인간은 비속함에서 거룩함, 유에서 무, 불완전에서 완전, 이승에서 천국이나 극락, 유한에서 무한을 향하여 자신이 맞은 현실을 감내하면서 넘어서려는 초월적 존재이다.

▌개인과 집단의 선을 증장하는 방법

모든 인간에게 선과 악, 이기와 이타가 공존한다. 이것은 고정된 것이 아니라 타자, 상황과 맥락, 소속된 집단과 사회에 따라 진동한

---

28 요하네스 예르겐센, 『아씨시의 성 프란치스코』, 조원영 역, 프란치스코출판사, 2014, 395~396 쪽. 오상이란 예수님이 십자가에 못 박혀 죽을 때에 양손, 양발, 옆구리에 입은 다섯 군데의 상처를 뜻한다.

다. 개인의 마음과 사회구조, 개인의 업[別業]과 공동의 업[共業], 개인
의 윤리와 집단의 윤리는 서로 연기緣起의 관계다. 서로 인과와 조건
으로 작용하며 영향을 미친다. 아무리 선한 자도 악한 자가 연이어서
괴롭히면 화를 내며, 반대로 악한 자도 선한 자의 자비를 계속하여
받으면 자신도 남들에게 선행을 베푼다. 그렇듯, 개인도 타자에 따라
착했다가 악했다가 수시로 변하며, 집단 또한 전체가 광기에 휩싸여
다른 인종이나 이교도에 대하여 집단학살을 벌이는가 하면, 죽은 난
민 어린이에게 공감하여 난민을 수용하라는 집단시위에 나서고 국
민 대다수가 자선기금을 내놓는다.

그럼 개인의 차원이든 집단의 차원이든, 선과 악의 비율을 결정하
는 요인은 무엇인가. 필자가 지금까지 공부한 것을 종합하면, ① 노
동과 생산의 분배를 관장하는 체제 ② 타자에 대한 공감 ③ 의미의
창조와 공유 ④ 사회 시스템과 제도 ⑤ 종교와 사상 ⑥ 도덕과 윤리
⑦ 의례와 문화 ⑧ 집단학습 ⑨ 타자의 시선/행위와 인정, 공론장 ⑩
수행 ⑪ 법과 규정 ⑫ 정치체제와 지도자 등 대략 열두 가지이다.

① 노동과 생산의 분배를 관장하는 체제

1부 1장에서 예로 든 차탈회유크의 사례에서 잘 알 수 있듯, 인류
학자들의 보고에 따르면, 인구가 어느 정도 유지될 경우 노동과 생
산의 분배가 공정하고 평등하게 이루어지는 공동체에서는 악이 최
소화한다. 한국에서도 1960년까지도 존속했던 두레 공동체에서는
수십에서 수백 년 동안 단 한 건의 범죄도 행해지지 않은 경우가 많
다. 우선, 노동과 생산의 분배가 공정하고 평등하게 이루어지면, 경
제적으로든 사회적으로든 갈등이 생길 요인이 사라지며, 설혹 갈등

이 발생하더라도 사회적 협력을 통해 수시로 해소하게 된다. 무엇보다 호혜적 이타성을 구체적으로 자주 확인하게 되므로 서로 이타성을 조장하게 된다. 또, 오스트롬의 연구에서 드러난 바와 같이, 공동체에서 가장 큰 벌은 공동체로부터 추방당하거나 배제당하는 것이기에, 사적 이익이나 욕심을 추구하는 것을 서로 경계하고 절제한다.

② 타자에 대한 공감

타자에 대한 공감이 커지면 커질수록, 타자에 대한 배제와 폭력이 줄어들고 타자를 배려하고 존중하게 된다. 캐나다의 교육자 메리 고든Mary Gordon은 1996년부터 '공감의 뿌리roots of empathy' 교육 프로그램을 진행했다. 유치원에 갓난아기를 데려와서 원아들이 9개월 동안 아기와 교감하면서 자신의 공감 능력을 향상시켰다. 예를 들어 갓난아기가 우유를 먹으러 가다가 넘어지면 아이들의 마음이 같이 아파지는 체험을 한다. 원아는 "아기가 장난감을 보고 웃을 때 아기 기분이 어떨까?"라는 선생님의 질문을 받고 생각했고, 아기가 불안한 표정을 지으면 원아들도 불안한 마음이 들었다. 이렇게 한 결과 원아들의 공감 능력이 향상되었고 교실은 돌봄의 공동체가 되었다. 메리 고든이 공감의 뿌리 교육을 통해 내린 결론은 "감정을 표현하는 능력, 다른 사람의 입장을 이해하는 능력, 다른 사람의 감정 표현에 공감하는 능력은 인간관계를 맺는 데 기본적인 요소"[29]이며, "이런 능력은

---

29 메리 고든, 『공감의 뿌리』, 문희경 역, 샨티, 2010, 262쪽.

학습할 수 있고 개발할 수 있다."[30]는 것이었다.

2000~2001년에 밴쿠버에서 1학년에서 3학년까지 초등학교 저학년 10개 교실에서 학생 132명을 평가한 결과, 공감의 뿌리 교육 프로그램을 실시한 집단에서는 적극적 공격 성향을 보이던 아동의 88%가 사후 검사에서 적극적 공격 성향이 줄어든 반면, 비교집단에서는 9%만 줄어들었다. 게다가 비교집단의 50%는 사전 검사와 사후 검사에서 적극적 공격 성향이 증가했다.[31] 더 나아가 연약한 여자아이가 다른 아이의 모자를 빼앗은 남자아이에 맞서서 당당하게 모자를 돌려주라고 말했다.[32] 모자를 빼앗긴 아이의 아픔이 자신의 아픔으로 느껴졌기 때문이다. 이로 유추할 때, 진정한 용기와 정의감도 공감에서 싹트는 것이다.

③ 의미의 창조와 공유

1부 1장에서 말하였듯, 인간은 ARHGAP11B 유전자의 돌연변이 이후 대뇌피질을 발달시켜 이성을 형성했고, 20만 년 전에 FOXP2 유전자의 돌연변이를 거쳐 언어를 정교하게 구사하고 소통했으며, 은유와 환유를 만들어 의미를 창조하고 공유하기 시작했다. 리처드 도킨스의 이기적 유전자론이 가장 적용되지 않는 집단군이 성직자와 수행자들이다. 짐승의 경우 강한 수컷이 암컷을 독차지하여 자신의 유전자만 퍼트리려 한다. 인간도 이런 본능이 일부 작동한다. 하

---

30 위의 책, 262쪽.
31 킴벌리 스코너트 레이철, 「'공감의 뿌리'가 아동의 감성 능력과 사회 능력 향상에 미치는 효과」, 위의 책, 283쪽.
32 위의 책, 29~30쪽.

지만, 중세시대까지만 하더라도 가장 강한 권력을 가진 집단이 성직자와 수행자임에도 이들 대다수가 독신을 계율로 삼아 강력하게 쾌락과 탐욕을 절제했다. 그들은 사막이나 동굴로 가서 모든 즐거운 것을 끊고 기도하고 명상했다. 그로도 부족한 이들은 기둥 위로 올라가서 수행했다. 그들은 모든 탐욕을 버리고서 대자유를 획득했고, 고통 속에서 진리를 깨달았으며, 절대 고독 속에서 신의 음성을 들었다. 이들이 자신의 유전자를 퍼트리려는 본능이나 성행위로 얻는 쾌락보다 신, 궁극적 진리, 거룩함, 무한, 니르바나, 천국 등의 의미를 추구했기 때문이다. 이들처럼 지극하지는 못하지만, 평범한 인간들도 자기 앞의 세계를 해석하고 거기에서 의미를 찾아 결단하고 실천한다. 인간은 선, 진리, 정의, 조국과 같은 대의에서 우정, 사랑, 가족, 때로는 자기 자신의 자존감이나 실존을 위하여 목숨도 바칠 정도로 좀 더 나은 의미를 추구하고 실천한다.

④ 사회 시스템과 제도

선한 자가 복을 받고 악한 자가 벌을 받는 시스템과 제도가 발달한 사회일수록 서로 선함을 증장한다. 물론 지극히 선한 사람은 아무도 모르게 선행을 하고 이에 대한 보상도 바라지 않는다. 하지만, 절대 다수의 사람들은 상대방이나 대중, 기관으로부터 칭찬, 인정, 포상을 받을 때 선행을 한 보람을 느낀다. 사회나 국가에서도 선행에 대한 보상이 공정할수록 선행은 증대한다. 신상필벌信賞必罰이 투명하고 공정하고 엄정할 경우 선한 자는 더욱 선행을 하려 노력하고 악행을 하려는 자는 벌과 징계를 두려워하여 절제하게 된다. 검거율이 높은 사회일수록 범죄율이 떨어진다는 연구는 많다.

⑤ 종교와 사상

종교는 현세는 물론 내세에까지 선과 악에 대한 보상과 벌을 강조한다. 거의 모든 종교는 권선징악을 강력하게 표방한다. 때로는 다른 집단과 종교에 대해서는 악일 수도 있지만, 종교와 이데올로기의 억압이 강한 집단일수록, 집단의 구성원은 그 종교에서 권하는 선을 더 많이 행하기 마련이다. 예수는 "네가 원하는 바를 남에게 베풀라.(마 7:12)"고 말씀하셨다. 공자도 "네가 원하지 않는 바를 타인에게 베풀지 말라."[33]라고 하셨다. 『유마경維摩經』에서 유마거사維摩居士는 "'모든 중생이 아프다면, 저 역시 아픕니다."[34]라고 말한다. 불교에서는 나쁜 일을 하는 것은 업業을 짓는 것이고, 좋은 일을 하는 것은 이 업을 소멸하고 선업을 쌓는 것이다. 불교는 개인의 업만이 아니라 자신이 소속된 집단이 지은 공업共業을 소멸하라고 말한다. 다시 말해, 개인이 선행을 많이 하여 지은 악업을 모두 소멸시켰다 하더라도 자신의 가족, 친족, 마을, 나라가 행한 업을 소멸시키도록 참회하고 선한 일을 많이 해야 한다. 이 업에 따라 지옥으로 갈지 극락으로 갈지, 윤회의 사슬에서 고통스런 삶을 살지 아니면 이에서 벗어나 해탈을 할지 결정된다. 신라 사람들은 절에 구름떼처럼 몰려가서 『점찰업보경』의 가르침대로 주사위를 굴려 전생의 업까지 알아보고 이를 없애기 위하여 참회하고 다투어 선행을 했다.

---

33 孔子,『論語』,「衛靈公」, "己所不欲勿施於人."
34 鳩摩羅什 譯.『維摩詰所說經』第2卷,『大正藏』第14册, No.0475, p.0544b20. "以一切眾生病, 是故我病."

⑥ 도덕과 윤리

종교와 사상을 바탕으로 한 것이지만, 도덕과 윤리는 사람들이 악과 이기심을 절제하고 선과 이타심을 드러내는 다양한 가치와 방안을 제시한다.

⑦ 의례와 문화

선을 공유하는 공동의 의례가 잘 행해지고 그런 문화가 발달한 곳일수록 구성원들이 선을 행하려 노력한다. 성당에 가서 미사를 드리거나 절에 가서 새벽예불에 참여한 적이 있는가. 그 자리에서 눈물을 흘렸거나 그런 사람을 본 적이 있을 것이다. 의례는 인간이 비천하고 유한한 세속의 일상에서 벗어나 성스럽고 무한한 세계로 나아가서 거룩한 존재와 만나 성속聖俗의 일치를 이루려는 조직적이고 정형화한 종교적 실천체계이다. 프리드리히 텐브룩Fredrich H. Tenbruc의 지적대로 "인간에게 있어서는 모든 것이 무엇인가를 의미하기 때문에 행위 속에서 항상 새로운 의미가 생성되고, 행위를 낳는 의미의 파악은 의례적이고 제의적인 표현 양태 속에서 발견되므로 우리는 의식을 통하여 문화모형을 파악할 수 있다."[35] 의례는 수많은 상징과 의미를 담고 있으며, 의례의 참여자들은 이를 상호작용을 통해 해석하고 공유한다.

미사나 예불에 참여한 사람들은 신심信心이 깊어지고 구성원 사이의 유대도 더욱 강해진다. 사회적으로 볼 때, 의례의 목적은 영혼을 구원하는 것이 아니라 사회의 보존과 안녕이다. 의례에 참여한 이들

---

35 프리드리히 텐브룩, 「문화사회학의 과제」, 『독일사회학의 흐름』, 형성사, 1991, 58~60쪽.

은 종교적 체험을 공유한다. 이 체험을 통해 대중은 공통의 가치체계를 공유하며, 이를 자신이 추구하고 지향해야 할 목표로 삼고 이에 헌신하고 봉사하는 태도를 취하게 된다. 의례는 사회규범과 제도, 질서와 역할을 성스러운 존재와 연결시킴으로써 그 규범과 제도, 질서와 역할에 대한 사회 구성원들의 동의와 존중을 증대시키면서 규범과 제도와 질서에 정당성을 부여한다. 또한 사회체제와 기존 질서를 용인하고 의례에 담긴 이데올로기를 수용하며 참여자들 사이의 유대를 증대하기에 사회통합에 기여한다.

⑧ 집단학습

침팬지들은 어릴 때부터 집단학습을 통해 무화과가 어디에 있고 언제 익는지, 그것을 따러 가려면 천적을 어떻게 피해야 하는지에 대해 깨우쳤다. 인간이 자연과 마주치고 적응하면서 많은 지혜를 터득하고 문자를 통해 기억을 정박시키면서, 사회가 복잡해지고 직업이 생기면서 집단학습은 점점 더 복잡해졌다. 집단학습은 자연에 대한 이해와 적응에서 사회에 대한 이해와 적응으로, 세계와 우주에 대한 이해와 적응으로, 인간 자신에 대한 이해와 본성의 구현으로 확대되었다. 인간은 집단학습을 통해 생존하고 자연에 적응하고 세계의 부조리에 대응하는 법을 배울 뿐만 아니라 선행과 이타적 협력을 통해 이기적 목적을 달성할 수 있는 길을 배우고 악을 행한 것에 대한 벌, 윤리적 행위에 대한 보상에 대해 배운다. 무엇보다도 자기 안의 선을 고양하고 악을 절제하는 길, 가장 인간답게 사는 길과 자신의 본성을 구현하는 길에 대해 여러 지혜와 방법을 배운다.

⑨ 타자의 시선/행위와 인정, 공론장

구성원의 유대가 긴밀한 집단과 공동체일수록 사람들은 타자의 시선과 행위를 의식하여 악을 억제하고 선을 행한다. 또, 한 사람이 간을 기증하면 이 기사를 보고 릴레이로 간을 기증하는 사례에서 잘 볼 수 있듯, 타자의 행위가 개인의 사고와 행위에 영향을 미친다. 타자의 인정이 실존의 전제다. 이기적 유전자가 작동할 때마다 인간은 타자의 시선을 인식한다. 더 큰 이기심과 부모와 주변 사람들의 인정을 받기 위하여 모든 즐거움과 쾌락을 유보한 채 공부에 매진하는 수험생처럼, 타자의 인정을 받기 위하여 이기적 본능을 유보한다.

타자의 시선, 공동체의 협동이 잘 어우러진 장이 한국의 두레 공동체에 있는 농청農廳이나 마당이다. 이는 양반의 지배력이 미치고 유교 이데올로기가 구성원의 사고는 물론 일상의 행위까지 규정하는 향촌/향약과 다르다. 향촌을 벗어난 영역에 있는 공동체가 두레다. 두레는 민중이 주도하여 마을 공동체를 이룬 곳이다. 두레는 자연마을을 바탕으로 했으며, 모든 마을 사람이 강한 공동체 정신을 갖고서 서로 협력했다. "두레는 민주적 방식으로 좌상座上, 영좌領座, 공원公員, 유사有司, 총각대방總角大方 등의 소임을 맡은 역원役員을 선출했으며, 역원들에게 나름의 역할을 부여했다."[36]

"두레로 상징되는 농촌의 공동체 문화는 '모둠살이의 지혜'이자 '공생共生의 지혜'였다. 그것은 눈빛과 숨소리만으로도 무슨 생각을 하는지 알 수 있을 만큼 다정하고 끈끈한 인간관계[情]가 밑바탕에 있었기 때문에 가능했던 문화였다. 또 그것은 법제적 배경이나 관념, 추

---

36 주강현, 「두레의 조직적 성격과 운영방식」, 『역사민속학』 제5권. 1996, 136쪽.

상적인 것이 아니고 실제적이었다. 구성원들의 사적인, 그리고 자율적인 필요와 목적을 기반으로 만들어졌고 지켜졌다."[37] 그들은 농청에 모여 민주적으로 회의를 하여 상부상조했다.

서양에서는 17세기 이후 교회 바깥에 시민사회를 만들고 이어서 국가와 시민사회 사이에 공론장을 형성했다. 처음에는 상인과 수공업자들의 공동체에서 출발했으나, 시민계급의 성장, 산업혁명과 자본주의의 발전, 과학혁명, 계몽사상, 금속 인쇄술과 이로 인한 책과 신문과 잡지의 출간, 공중public의 등장, 클럽·학회·살롱을 통한 모임 등이 어우러져 이루어진 것이다. "부르주아 공론장은 우선 공중으로 결집한 사적 개인들의 영역으로 파악될 수 있다. 이들은 곧 당국으로부터 규제받는 공론장을 공권력 자체에 대항하여 요구하며, 그 결과 기본적으로 사적인 것으로 되었지만 공적으로 중요한 상품교환과 사회적 노동의 영역에서 교류의 일반 규칙에 관해 공권력과 대결한다."[38]

시민들은 공론장을 통하여 과학과 합리성을 바탕으로 토론하고 합의를 하면서 교양과 상식을 증대하고 허위와 모순을 비판하며 진리를 추구하고, 왕이나 정부와 대항하여 시민사회의 합의를 요청하며 자신의 자유와 이익도 추구했다.

상당히 많은 사람들이 나쁜 짓을 한 대가로 감옥을 가는 것보다 언론에 자신의 죄악이 알려지는 것을 더 두려워할 것이다. 어떤 이들이 SNS에 올라온 댓글에 상처를 받아 자살하는 것처럼 부작용과 역기

37 이해준, 「한국의 마을문화와 자치·자율의 전통」, 『한국학논집』 제32집, 2005, 216~217쪽.
38 위르겐 하버마스, 『공론장의 구조변동』, 한승완 역, 나남, 2019, 107쪽.

능이 있다. 그럼에도 공동체의 유대가 긴밀하거나 공론장이 활발하게 작동하는 곳에서는 인간은 타인의 시선과 평가를 두려워하여 악을 억제하고 선을 행하게 된다.

⑩ 수행

인간은 수행을 통해 자신 안의 탐욕, 분노, 어리석음을 말끔히 소멸시키고 새로운 존재로 거듭날 수 있다. 더 나아가 인간은 고도의 수행을 하여 비속한 존재에서 벗어나 거룩한 존재로 거듭나고 깨달음과 니르바나에 이를 수 있다.

⑪ 법과 규정

법이 공정하게 선악을 심판하고 징벌을 하는 곳, 검거율이 높은 곳에서는 범죄가 줄어든다.

⑫ 정치체제와 지도자

똑같은 나라와 국민인데 독재자가 집권할 때와 민주화되었을 때를 비교하면 금방 알 수 있듯, 좋은 지도자는 자신이 속한 집단이나 공동체에서 앞의 열한 가지를 집단 구성원들의 선을 증장하도록 정치를 행하며, 나쁜 지도자는 그 반대다.

3. 인공지능의 인간화의 가능성과 한계

지금까지의 논의를 종합하여 각 항목별로 인공지능이 인간을 얼마만큼 인간을 닮을 수 있는지에 대해 학문 분야와 인간존재론의 관점으로 나누어 융합적으로 분석하겠다.

▌학문 분야별 관점

진화생물학의 관점　　진화생물학에서 볼 때 인간은 유전자로 이루어진 생명체의 한 종류로, 이 생명체는 알고리즘으로 이루어진 유기체에 지나지 않는다. 앞으로 생명공학과 진화생물학은 이 알고리즘을 속속 밝힐 것이고 이는 궁극적으로 계량화가 가능할 것이다. 이에 유전자와 단백질에 내재한 인간의 특성은 인공지능이 그대로 흉내낼 수 있다. 생명체의 DNA와 로봇을 결합한 생물학적 로봇인 바이옷Biot은 예외지만, 인공지능은 이기적 유전자의 조종을 받아 자신의 유전자를 가진 인공지능을 복제하려는 본능이 작동하지 않는다. 이는 인공지능이 인간에 비하여 이기적 유전자의 조종에 의한 본능적 이기심이 없음을 전제한다.

사회생물학의 관점　　철저히 이기적인 기업가의 관점에서 보더라도, 자신의 기업의 인공지능끼리 협력을 하는 것이 생산성을 높이는 길이다. 지금은 인공지능이 인간의 통제 아래 작동하고 각각 가정과 공장과 회사의 한 부문에서 고립되어 일하지만, 인공지능의 노동이 활성화하면 인공지능끼리의 협력은 필연적이다. 그렇게 하려면 협력에 관한 사항을 프로그래밍해야 한다.

협력을 도모하려면 두 가지 방식이 있다. 빅데이터를 활용하는 방식과 인간의 뇌신경세포과 유사한 시스템을 만드는 것이다. 전자의 경우 공감이 필요하지 않지만, 후자의 경우 협력이 이기적 목적을 달성하는 데 유리하다는 이성적 판단과 타자의 고통에 대한 공감이 필요하기에 전두엽과 거울신경체계와 유사한 뇌신경세포 시스템을 제작해야 한다. 이 경우 인공지능에 빅데이터를 주입하거나 뉴로모픽 칩을 통해 거울신경체계를 프로그래밍하여 장착한다면 다른 인간과 로봇에 공감하고 협력하는 로봇을 제작하는 것이 가능하다.

하지만, 사회성이나 이타성이 유전자에만 있는 것이 아니라 인간이 700만 년 동안 사회생활을 하면서 수많은 시행착오를 겪으며 진화해 온 것이고, 지금 이 순간에도 만들어지고 있는 것이기에 100% 완벽하게 인간을 닮지는 못할 것이다. 인공지능이 사회적 협력과 간섭 사이에서 착각하거나 혼동하는 일도 자주 벌어질 것이다.

인지과학의 관점　　뇌신경세포 시스템을 인공지능에 장착하는 방법은 크게 두 가지다. 하나는 인공신경망과 딥러닝을 좀 더 업그레이드하는 법이다. 둘째, 뇌신경세포 시스템과 똑같은 방식으로 지능과 감정을 같게 하는 것이다. 첫째 방식의 경우 알파고가 이세돌을 이기는 방식으로 특정한 분야에서는 인간의 지능을 초월할 것이다. 예를 들어, 미국에서 타겟Target이란 마트기업이 빅데이터를 활용해 아버지도 모르는 소녀의 임신을 알고 유아용품을 보냈다. 이처럼 양의 확대가 질의 심화로 이어지고, 드러난 정보가 숨은 정보까지 알려주지만, 이는 패턴으로 나타날 경우에만 한정된다. 둘째 방식의 경우 869억 개의 뇌신경세포와 최대 320조 개의 시냅스, 또 그것들이 어울려 기억과 정보, 감정을 전기신호를 통해 물리적으로 이동시키고, 도파민 등의 화학물질을 통해 소통하면서 서로 해석하는 방식에 대해 완벽히 이해하고, 이를 0과 1의 디지털 정보로 전이해야 한다. 인간의 뇌의 신경세포처럼 병렬적이되 네트워크처럼 연결한 뉴로모픽 칩Neuromorphic chip의 발달이 이를 좌우할 것이다.

윤리적 관점　인공지능이 인간이 형성한 윤리를 가질 수 있겠는가? 이에는 세 가지 방식이 있을 것이다. 첫째, 빅데이터를 활용할 경우 인공지능은 유전자 대신 자신과 데이터가 유사한 인공지능에 데이터적 이타성을 가질 것이다. 둘째, 윤리적 알고리즘을 만들어 내장할 경우 인공지능은 알고리즘대로 윤리적 사고와 행동을 할 것이다. 셋째, 인간처럼 전두엽에 목적적 이타성에 관한 뇌신경세포 시스템을 부여하고 운동신경세포에 타자의 고통을 자신의 고통처럼 공감하는 거울신경체계를 부여한다면, 인공지능은 호혜적 이타성reciprocal altruism, 집단 이타성group altruism만이 아니라 윤리적 이타성ethical altruism 또한 추구할 것이다. 테러리스트가 내일 수많은 사람을 죽이러 간다고 말했는데, 그 고해성사를 받은 신부라면 어떻게 할 것인가. 내 아버지를 구해준 관료가 수백억 원의 뇌물을 받았다는 정보를 접했다면 어떻게 할 것인가. 이런 사례처럼 윤리란 수많은 갈등과 딜레마 상황에서 숙고하여 판단해야 할 경우가 많다. 인류 역사상 모든 갈등과 딜레마에 대한 윤리적 판단을 빅데이터로 장착한다면 인간보다 더 윤리적인 인공지능도 가능할 것이다. 대신 인간처럼 기존의 사례에 없는 사안에 대해 창조적으로 판단하지는 못할 것이고, 패턴에 따라 반응할 것이다.

▌존재론적 관점

생물학적 존재　유전자의 알고리즘을 프로그래밍하는 만큼 생물학적 존재로서 인공지능은 만들어지고 발전할 것이다.

사회적 존재　사회적 협력을 하도록 알고리즘을 만들고 빅데이터를 활용하면, 인공지능 또한 사람처럼 타자를 인식하고 사회적으로 존재하려 할 것이며 인간이나 다른 인공지능과 사회적 협력을 할 것이다.

의미론적 존재　이세돌을 이기고 고흐풍의 그림을 훌륭하게 그린다 하더라도, 인공지능은 그 의미를 모른다. 뇌신경세포와 시냅스, 도파민 등의 신경전달물질, 전기신호 등이 어우러져서 물질이 정신으로 전환하는 원리가 밝혀질 때까지 인공지능의 '의미를 모르는 기계적 수행'은 계속될 것이다. 인공지능에게 단순한 낱말의 의미와 문법체계만이 아니라 화쟁기호학을 활용하여 사물의 현상, 본질, 기능에 따라 은유와 환유를 연상하며 의미를 해석하는 알고리즘을 부여하면, 인공지능은 사물이나 마주치는 환경과 사건마다 자기 앞의 세계를 형성하고 이의 의미를 해석하는 기능을 수행할 것이다.

미적 존재　지금도 알고리즘대로 그림과 음악, 시를 창작하는 인공지능은 가능하다. 이것이 아무리 인간을 감동시킨다 하더라도 이는 기계적 작업일 뿐이며, 인간과 협업의 소산이다. 창조와 인간의 정서에 작용하는 요인이 너무도 많기에 인간과 같은 수준의 예술창작을 하기에는 넘어야 할 산이 너무도 많다. 하지만 뇌신경세포 안에 아름다움에 대한 패턴 인식과 더 아름다운 것을 추구하는 뇌 신경시스템, 은유와 환유를 통해 의미를 창작하고 해석하는 시스템을 알고리즘으로 만들어 장착하면, 인공지능 스스로 아름다움을 추구하고 창작할 것이다.

초월적 존재　　가까운 미래에 초월적 존재로서 AI는 가능하지 않다. 하지만 뉴로모픽 칩 기술 등을 활용하여 인간의 뇌처럼 만들고 종교에 관련된 빅데이터를 연결한다면, 설교/설법만이 아니라 명상과 수행을 하고 궁극적 실재나 진리를 추구하여 새로운 존재로 거듭나는 AI 스님과 목사, 신부를 흉내 내는 정도는 가능할 것이다.

인공지능의 쟁점 2

초지능과 자유의지의 프로그래밍

알파고가 이세돌을 이겼다. 알파고 제로AlphaGo Zero는 이세돌을 이긴 알파고 리AlphaGo Lee에게 100전 100승을 거두었다. 딥러닝이 눈부신 속도로 발전하고 있지만, 이것으로는 강인공지능을 만들 수 없다. 지능이 가장 앞선 존재가 지구를 지배한다는 점에서 보면 인공지능의 인간 지능 초월 여부는 인류의 미래에 중요한 전기를 마련할 것이다. 하지만, 이 점 또한 강인공지능Strong Artificial Intelligence에 비하면 그리 큰 문제가 아니다. 스티븐 호킹Stephen Hawking을 비롯하여 많은 이들이 강인공지능이 나타나면 인류가 멸망할 것이라고 우려하며, 그중 상당수는 인공지능 기술을 폐기할 것을 주장한다. 강인공지능에서 가장 중요한 쟁점은 자유의지free will다. 자유의지가 없는 인공지능은 인간의 통제를 따르기 때문이다. 자유의지가 허구라고 주장하는 이들은 인간이 알고리즘으로 이루어진 유기체에 지나지 않기에 인간의 감정과 자의식, 자유의지로 간주된 시스템 일체를 프로그래밍한 인공지능을 만들 수 있다고 주장한다. 반면에, 자유의지가 있다고 주장하는 이들은 어떤 알고리즘으로도 자유의지를 프로그래밍할 수 없다고 주장한다. 머신러닝, 딥러닝, 뉴로모픽 컴퓨팅 등 인공지능 관련 기술과 함께 인간 지능 초월 여부에 대해 따져본 후 자유의지 허구론과 긍정론에 대해 융합적으로 분석하고 인문학적 통찰을 하겠다.

1. 근본 원리의 계량화와 컴퓨팅의 발전

우주의

근본원리는? E=mc², 에너지=질량×광속의 제곱. 아인슈타인은 특수상대성 원리를 아주 간단하고 명료한 공식으로 응축하여 보여주었다. 이처럼 이 우주의 근본원리를 간단히 공식이나 숫자 하나로 나타낼 수 있겠는가? 자전거가 작동하는 원리를 알면 자전거를 제작하고 정비할 수 있다. 나머지는 원료와 기술과 노력의 문제이다. 자연과 우주도 마찬가지다. 근본 원리를 알면 자연과 우주가 왜, 어떻게 작동하는지에 대해 이해하고 만들 수도 있다. 이에 고대부터 인류는 자연과 우주의 근본 원리를 해명하고자 했다. 이를 노자는 도道라 하였고, 플라톤은 이데아라 하였으며, 붓다는 진여眞如라 했다.

유럽에서는 자연의 근본 원리가 하나이기 때문에 자연과 우주를 이해할 수 있다는 희망하에 도구를 찾았다. 그 도구가 바로 논리요, 논리의 핵심요소는 기호와 규칙이고, 규칙이란 기호를 연결하는 도구라고 생각했다. 라이프니츠Gottfried Wilhelm Leibniz는 수학이 유일하게 오해가 없는 언어라고 생각했다. 증명이라는 것은 논리의 규칙에 따라서 그 말이 맞는지 틀리는지를 검증하는 것을 말한다. 수학은 증명의 학문이기에 주장하고 싶으면 증명하고 증명이 되었다면 믿으면 된다. 그래서 언어를 수학같이 바꾼다는 것은 수학화한 언어로 계산할 수 있게 되는 것이다. 이에 라이프니츠는 이진법을 만들었다. 이진법은 언어를 계산할 수 있는 숫자로 바꿔준다. 이 세상의 모든 것을 0과 1의 조합으로 바꿔서 대화할 수 있을 것이라고 기대했지만 실패했다.[1] 반면에, 조지 불George Boole과 고트로브 프레게Gottlob Frege는 언어를 0과 1의 기호로 표현할 수는 있지만, 논리가 제대로 작동하려면 이 기호들을 서로 연결하는 규칙이 필요하다는 생각을 했다. 이를 인간의 문법으로 하려 했기에 라이프니츠는 실패한 것이다. 조지 불은 이를 'and, or, not' 등 '불의 논리Boolean logic'로 대체했다.[2]

튜링머신과

에니악

튜링Alan M. Turing은 '증명한다'는 것과 '논리'라는 것이 무엇인가 곰곰이 생각한 끝에, 논리적으로 참인 것은 논리기계가 계산해낼 수 있다고 결론을 내린다. 한마디로 말하여 기계는 규칙에 따라 계산하고, 계산할 수 있는 것은 참, 할 수 없는 것은 거짓이라는 것이다. 이에 그는 보편적인 규칙에 따라 계산하여 참을 이끌어내는 '튜링머신Turing Machine'이라는 가상기계를 설정한다. 더 나아가 그는 다른 튜링머신을 시뮬레이션할 수 있는 '보편적 튜링머신'이라는 가상기

---

1   김대식, 『인공지능이란 무엇인가 — 김대식의 인간 vs 기계』, 동아시아, 2016, 58쪽.
2   위의 책, 65~66쪽.

계를 제시한다.[3]

프린스턴대학의 존 폰 노이만John von Neumann 교수는 튜링머신의 개념과 구조이론을 그의 에니악ENIAC에 적용했다. 노이만이 제안한 것은 바로 '프로그램 내장형 컴퓨터'이다. 노이만은 1944년 에니악 개발에 참여하다가 컴퓨터에 다른 일을 시키려면 전기회로를 모두 바꿔줘야 하는 불편함을 발견하고, 이 문제를 해결하기 위해 프로그램 내장형 방식의 컴퓨터를 제안한다. 프로그램 내장 방식은 중앙처리장치CPU 옆에 기억장치memory를 붙인 것인데, 프로그램과 자료를 기억장치에 저장해놓았다가 사람이 실행시키는 명령에 따라 작업을 차례로 불러내어 처리하는 방식이다. 기존의 에니악 컴퓨터는 작업할 때마다 전기회로를 바꿔 끼워야 했지만 프로그램 내장형 컴퓨터는 소프트웨어만 바꿔 끼우면 되었다. 그는 중앙처리장치CPU, 주기억장치, 입출력장치 3단계로 컴퓨터를 구성했다. 이는 여러 범용 컴퓨터의 기본 구조로 사용되었고, 그의 컴퓨터 모델은 현대 컴퓨터 구조의 표준이 되었다.[4]

컴퓨터의 진화   2차 세계대전 때 영국, 미국, 독일에서는 암호해독이나 무기개발을 위하여 프로그래밍이 가능한 계산기, 즉 컴퓨터를 만든다. 1946년부터 1959년 사이에 개발된 1세대 컴퓨터는 중앙처리장치에 메모리와 회로 기능으로 수천 개의 진공관을 수많은 케이블로 실타래처럼 연결했다. 이에 크기가 집채만 했고 이동도 불가

---

3   위의 책, 73쪽.
4   김의중, 『알고리즘으로 배우는 인공지능, 머신러닝, 딥러닝 입문』, 위키북스, 2018, 29쪽. https://100.daum.net/encyclopedia/view/73XXXXKS4365를 참고함.

능했으며 가격도 엄청 비쌌다. 프로그램을 하기 위해 기계어의 일종인 어셈블러assembler를 사용했다.

1959년부터 1965년까지 개발된 2세대 컴퓨터는 진공관 대신 트랜지스터를 사용하여 크기는 물론 전력량을 현격히 줄였다. 사람이 직관적으로 이해할 수 있는 고급 프로그래밍 언어로 포트란FORTRAN과 코볼COBOL을 개발하여 사용했다.

1965년부터 1971년에 사용된 3세대 컴퓨터는 트랜지스터 대신에 단일 실리콘 칩 위에 여러 개의 트랜지스터와 저항, 축전소자를 배치한 집적회로IC, integrated circuit를 사용했다. 프로그래밍 언어로는 파스칼PASCAL과 베이직BASIC 언어를 사용했다.

1971년부터 1980년까지 개발된 4세대 컴퓨터는 단일 실리콘 안에 수천 개의 트랜지스터를 집적하는 고밀도집적회로VLSI, Very Large Scale Integrated를 사용했으며, 이를 기반으로 마이크로프로세서가 개발되어 컴퓨터의 대중화 시대를 열었다.

1980년부터 5세대 컴퓨터가 사용되고 있으며, 이는 4세대 컴퓨터가 비교할 수 없을 정도로 수십억 개의 트랜지스터를 실리콘 칩에 집적한 초고밀도 집적화를 단행했고, 여러 개의 컴퓨터를 마치 하나인 것처럼 병렬시켜 사용하는 병렬컴퓨팅을 발전시켰다. 왜냐하면, 트랜지스터의 집적도가 18개월마다 2배씩 증가한다는 무어의 법칙이 1990년대까지는 잘 들어맞았으나 점차 집적도의 물리적 한계를 보이면서 성능포화현상이 나타나자 이를 극복하는 대안으로 병렬컴퓨팅을 적극 개발했기 때문이다.[5]

---

5   김의중, 앞의 책, 35~37쪽 요약함.

2. 인간의 뇌와 인공지능

인간 뇌의

작동체계   앞에서 말한 대로, 사람의 두뇌에는 869억 개의 뇌신경세포(뉴런)가 있고, 최대 320조 개에 이르는 시냅스가 뉴런들을 연결한다. 뉴런은 축삭돌기를 통해 전기적 신호를 내보내고, 가지돌기(수상돌기라고도 함)는 도파민, 세로토닌 같은 신경전달물질로 이루어진 화학적 신호로 정보를 수용한다. 세포체는 수많은 시냅스로부터 들어오는 정보를 취합하고 계산하는 일종의 중앙처리장치로 계산을 마친 결과를 축삭돌기를 통해 다른 신경세포에 전달한다. 시냅스에서 전기신호가 신경전달물질이라는 화학신호로 바뀌며, 축삭 말단까지 전해진 전기신호에 따라 신경전달물질을 세포 바깥으로 분비한다. 분비된 신경전달물질은 확산을 통해 다음 신경세포 가지돌기의 세포막에 도달하여 일종의 안테나인 수용체receptor를 자극한다.[6]

"가지돌기가 받는 입력값은 모두 아날로그 신호이며, 축삭돌기가 만들어내는 출력값은 모두

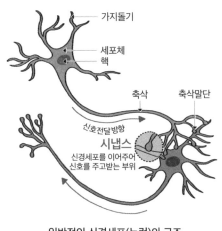

일반적인 신경세포(뉴런)의 구조

---

6   정용, 「뇌의 요람에서 무덤까지」, 『1.4킬로그램의 우주, 뇌』, 사이언스북스, 2016, 27~30쪽.

스파이크Spike 형태의 디
지털 신호이다. 인간의
뇌는 아날로그 신호를
디지털 신호로 바꾸는
세포체와, 디지털 신호를
아날로그 신호로 바꾸는
시냅스가 복잡하게 네트
워크를 이루고 있는 구
조이며, 아날로그와 디지

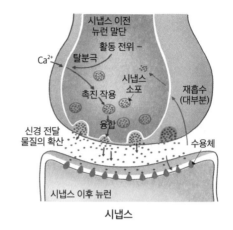

털 신호가 적절히 변환하면서 정신작용을 만들어낸다. 홍미롭게도
이 모든 과정은 전기신호를 통해 이루어지며, 화학적 신호들은 그저
전기신호를 돕는 일만 한다."[7]

인공신경망과

퍼셉트론   폰 노이만 방식의 컴퓨터는 연산 능력이나 입력된 프
로그램의 실행에서는 탁월하지만, 이미지나 소리와 같은 비정형의
데이터를 이해하고 처리하는 데 취약점을 보였다. 이에 이런 한계를
극복하여 인간의 뇌신경세포를 닮은 컴퓨터를 만들려는 연구들이
진행되었다.

1943년 신경외과 의사인 워렌 맥컬록Warren McCulloch과 논리학자인
월터 피츠Walter Pitts는 뇌의 신경세포들이 복잡하게 입력신호를 수용

---

7   정재승, 「물리학, 뇌를 어떻게 탐구할 것인가」, 웹진 『물리학과 첨단기술』, 한국물리학회, 2016. 9,
      9쪽 참고함. (http://webzine.kps.or.kr/contents/data/webzine/webzine/14803950991.)

한다 하더라도 출력은 '활성화'와 '휴면,' 두 가지라는 사실에 주목했다. 그렇다면, 활성화를 1, 휴면을 0으로 대체한다면 1과 0의 2진법, 혹은 디지털로 표시하는 것이 가능하다는 착안을 했다. 이로 전기스위치처럼 '온−오프on-off' 하는 기본적인 기능이 있는 인공신경을 그물망 형태로 연결하면 사람의 뇌에서 정신이 작동하는 것을 흉내 내는 것이 가능함을 보여주었다.[8]

프랭크 로젠블라트Frank Rosenblatt는 맥컬록과 피츠의 원시적인 인공신경망Artificial Neural Network 이론에 학습 개념을 추가하여 퍼셉트론Perceptron을 개발했다. 1949년 도널드 올딩 헵Donald Olding Hebb이 발표한 저서『행위의 조직The Organization of Behavior』에서 생물학적 신경망 내에 반복적인 시그널이 발생할 때 신경세포들은 그 시그널을 기억하는 일종의 학습효과가 있음을 지적한 데서 아이디어를 얻은 것이다. 인공신경망Artificial Neural Network이란 인간의 뇌에서 뉴런들이 시냅스를 통해 신호를 서로 주고받는 과정을 모델링한 것으로 인공지능 세포들을 뉴런처럼 연결시켜주고 반복적으로 신호를 주면 학습을 한 것과 같은 효과를 나타낸다.

몇 년 후 MIT의 마빈 민스키Marvin Minsky와 시모어 페퍼트Seymour Papert는 단층퍼셉트론으로는 학습할 수 있는 정보가 지극히 한정되어 있음을 깨닫고, 신경망에 여러 층을 연결하여 선형으로 분류할 수 없는 데이터를 구별할 수 있는 다층퍼셉트론MLP, Multi-Layer Perceptron을 제시했다. 여기서 각 계층layer은 다음 계층에 대해 적응형 기저 함수의 역할을 하는데, 데이터를 입력하는 입력계층input layer과 출력하

8　김의중, 앞의 책, 38쪽과 정재승, 위의 글, 9쪽을 참고함.

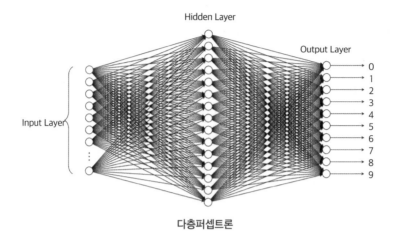

Hidden Layer

Output Layer

Input Layer

0
1
2
3
4
5
6
7
8
9

다층퍼셉트론

는 출력계층output layer, 그 사이의 은닉계층hidden layer으로 나눈다. 인지 심리학자 데이비드 럼멜하트David Rumelhart와 데이비드 매클렐런드David McClelland는 다층퍼셉트론을 효율적으로 학습할 수 있는 오차역전파법 back propagation을 개발한다.

신경망의 계수는
다음과 같이 찾는다

1. 초기화initialize
2. 입력 데이터input
3. 순방향 전파feedforward propagation
4. 오차 계산output and error calculation
5. 오차 역전파backpropagation
6. 표본 데이터에 따라 오차함수의 미분값을 계산하는 그래디언트 계산gradient calculation

7. 반복_{minibatch-size iteration}
8. 가중치 갱신_{weight update}[9]

예를 들어, 입력계층에 고양이와 개 사진을 입력한다. 픽셀값으로 표현된 고양이와 개 사진을 순방향으로 은닉계층으로 보낸 후 과정을 거쳐 다시 출력계층에서 출력한다. 출력한 후 차이값을 계산한 다다시 역전파하여 시냅스값을 고쳐준다. 이를 수천, 수만 번 반복하면서 매번 차이값을 계산하고 시냅스 수정을 거치면, 언제인가 다층퍼셉트론은 개와 고양이의 차이를 분별할 수 있는 보편적 원리를 학습한 것처럼 인지하게 된다.

머신러닝　　머신러닝_{Machine Learning}(기계학습)은 기계가 직접 데이터를 학습(러닝)함으로써 그 속에 숨겨진 일련의 규칙성을 찾는다. 즉, 우리가 가지고 있는 사례 형식의 데이터를 컴퓨터가 학습해, 그를 기반으로 새 데이터를 평가, 예상하고 이를 우리가 활용할 수 있게 한다. 예를 들어, 컴퓨터가 새롭게 입력된 필기체를 분류할 때 미리 만들어진 데이터 세트로 학습한 경험을 통해 정의된 확률 수준으로 필기체를 인식하면 컴퓨터는 학습했다고 할 수 있다. 감기에 걸린 환자들의 체온과 건강한 사람들의 체온 데이터를 컴퓨터에게 학습시킨 후 특정 체온을 제시했을 때, 그 체온을 가진 사람이 감기에 걸렸는지의 여부를 판독하게 하는 것이 기계학습의 예시다.[10]

---

9   「신경망 기초이론」, 데이터 사이언스 스쿨, 2016년 7월 1일) https://datascienceschool.net/view-notebook/0178802a219c4e6bb9b820b49bf57f91/ 참고함.
10   김의중, 앞의 책, 76쪽.

딥러닝　　하지만, 다층퍼셉트론은 치명적인 문제를 안고 있었다. 우선 인공신경망을 3층 이상으로 올리면 점차 학습을 수행하지 못했다. 오차값이 깊은 층수로 역전파되면 점점 왜곡되어버리는 '사라지는 경사도' 문제 때문이다. 다층퍼셉트론은 새로운 사실을 추론해내는 것도 어려워했다. 이에 2012년에 캐나다의 제프리 힌턴Geoffrey Hinton 교수의 연구팀이 깊은 층수의 다층퍼셉트론 역시 사전학습을 통해 훈련을 시킬 수 있음을 발견하고 딥러닝Deep Learning(심층학습)을 개발한다.[11]

딥러닝은 신경망의 층이 2~3개 층인 샬로우 러닝Shallow Learning보다 층수가 많은 것을 뜻한다. 딥러닝의 신경망 층수를 늘리면 연산에 필요한 복잡도가 제곱 크기로 늘어난다. 딥러닝(심층학습)이란 기계학습의 일부로 기계학습과 대부분의 것들이 매우 비슷하지만, "① 데이터의 특징을 사람이 추출하지 않는다. 데이터 전체를 학습시킨다. ② 주로 인공신경망 구조를 사용하여 학습한다."라는 두 가지 특성을 갖는다. 첫 번째 '데이터의 특징을 사람이 추출하지 않는다'라는 것은 데이터에서 일부 특징들만 사람이 뽑아서 기계에게 전달해 학습시키는 것이 아니라, 데이터 자체를 컴퓨터에 전달한다는 것이다. 예를 들면 컴퓨터에 개와 고양이 사진을 학습시켜 특정 사진의 동물이 개인지 고양이인지 분류하도록 한다면, 일반적인 기계학습의 경우 개와 고양이의 구별되는 큰 특징들만 뽑아 컴퓨터에게 전달시킨다. 하지만 딥러닝은 이런 특징을 사람이 입력시키지 않고 개, 고양이 사진 자체를 컴퓨터가 스스로 학습하도록 하는 것이다. 두 번째 특징, 주

11　김대식, 앞의 책, 146쪽.

로 인공신경망 구조를 통해 학습한다는 것은 딥러닝이 데이터를 학습할 때 인간의 뇌에서 일어나는 의사결정 과정을 모방한 인공신경망 구조를 통해서 학습한다는 것이다.[12]

뉴로모픽 컴퓨팅　　딥러닝은 크게 네 가지 단점이 있다. 첫째, 사람이 방대한 양의 학습 데이터를 만들어 입력시켜주어야 한다. 둘째, 이 작업을 처리하려면 엄청난 용량의 슈퍼컴퓨터가 필요하다. 셋째, 에너지, 곧 막대한 전기 비용이 든다. "인간의 두뇌 신경세포의 처리 속도는 초당 10회 정도, 약 10Hz에 수준이다. GHz 단위로 연산을 처리하는 CPU에 비해 약 1억 배 빠르다. 인간의 두뇌는 20와트의 에너지만 써도 메가와트급 전력을 소모하는 슈퍼 컴퓨터급의 정보를 처리할 수 있다."[13]

넷째, 무엇보다 인간의 뇌는 신경가소성을 갖는데 컴퓨터는 이 능력이 없다. 인간의 뇌는 최대 320조 개에 이르는 시냅스 연결이 작업의 양과 종류, 기능에 따라 늘어나거나 줄어든다. 학습을 할수록 필요 없는 시냅스는 사라지고 새로운 시냅스를 만들며 네트워킹을 새로 구성한다. 이 때문에 사람들은 정신적이건 육체적이건 노력을 할수록 잘하게 되고, 어느 시점을 넘으면 "눈을 감고도 한다."라고 말할 정도로 완숙의 경지에 이른다. 인간의 뇌는 소프트웨어(정신)에 따라 하드웨어(구조)가 변한다.

12　김의중, 앞의 책, 193~195쪽. http://yangjaehub.com/newsinfo/%ed%95%99%ec%83%9d%ea%b8%b0%ec%9e%90%eb%8b%a8/?mod=document&uid=39. 2020년 2월 10일. 참고함.
13　『조선비즈』, 2017년 3월 20일. https://biz.chosun.com/site/data/html_dir/2017/03/20/2017032001055.html

뉴로모픽 컴퓨팅Neuromorphic Computing(신경망모사 컴퓨팅)은 이런 딥러닝의 한계를 극복하여 컴퓨터 기계가 인간의 뇌처럼 하드웨어와 소프트웨어를 유연하게 연동시키고 아주 작은 전기로 두뇌의 신경세포 네트워크처럼 빠르게 정보처리를 하도록 고안한 것이다. 한마디로, 인간의 두뇌를 이루는 뇌신경망의 물리적인 구조와 기능을 모방한 인공신경망 반도체칩을 이용해 AI를 구현하는 컴퓨팅 기술이다. 뉴로모픽 컴퓨팅은 이런 사람의 뇌신경망처럼 뉴런과 시냅스로 구성된 반도체칩(하드웨어)으로 뇌에서 일어나는 작용을 모사한다. 뉴로모픽 칩은 인간 두뇌의 신경세포처럼 한 뉴런에서 스파이크(전기자극)가 발생하면 이 뉴런과 연결된 뉴런들을 기반으로 정보를 찾거나 입력하고 출력한다. 데이터를 순차적으로 주입해 학습시킬 수 있기 때문에 사전 학습 데이터를 축적할 필요가 없어 비용과 자원이 적게 든다.

3. 초지능: 인공지능은 인간의 지능을 초월할 것인가?

모라벡의 역설Moravec's Paradox이란 것이 있다. 컴퓨터가 쉽게 하는 것이 인간에게는 어렵고 인간이 어렵게 수행하는 것이 컴퓨터에는 쉬운 것을 말한다. 컴퓨터는 수학자가 몇 달 동안 수행할 연산을 단 몇 초 만에 해내고, 한번 저장된 정보는 거의 그대로 보존한다. 반면에 컴퓨터는 머핏과 고양이 얼굴을 구분하지 못하는 것에 잘 나타나듯 이미지 판독을 잘하지 못하며 잘 걷지도 못한다. 그럼에도 AI는 놀라운 속도로 발전하고 있다. AI는 인간의 지능을 앞설 것인가, 아니면 거기까지는 이르지 못하겠는가.

튜링은 논리적으로 참이란 것은 논리기계가 계산해낼 수 있다고 결론을 내리고 "수학적 직관을 포함한 인간의 모든 마음의 과정을 기계화, 형식화할 수 있다."[14]면서 '보편적 튜링머신'이라는 가상기계를 제시했다. 튜링 테스트는 서로 보이지 않는 공간에서 심사자가 인간과 컴퓨터가 정해진 시간 안에 서로 질문하고 응답하며 대화를 한후에 인간인지 기계인지 판별하는 것을 뜻한다. 전체 심판진 가운데 1/3 이상이 컴퓨터나 AI를 사람이라고 착각했다면 이 기계는 튜링 테스트에서 인간 수준의 컴퓨터라고 인정을 받는 것이다.

수학자 괴델Kurt Gödel은 보편적 진리기계universal truth machine가 존재할수 없다고 보았다. 괴델의 불완전 정리incomplete theorem에 따르면, "무모순적 공리계는 참인 일부 명제, 특히 스스로의 무모순성을 증명할수 없다." 이를 통해 "어떠한 형식체계일지라도 그 체계 내에서 증명될 수 없는 공식, 또는 명제가 존재한다."가 가능하다. 둘째, 첫째 정리의 따름정리에 의하면 한 형식체계의 일관성은 그 체계 내에서 증명될 수 없다. 괴델은 튜링의 주장이 ① 물질과 분리된 마음은 없다. ② 두뇌의 기능은 디지털 컴퓨터처럼 작용한다는 두 전제하에서만 가능한데 ②는 그럴지 몰라도 ①은 현대의 편견이며 과학에 의하여 반증될 수 있으리라 본다.[15]

---

14 A. M. Turing, "Computing Machinery and Intelligence," *Mind*, vol. 59, No. 236, 1950, pp. 433~460.

15 〈Stanford Encyclopedia of Philosophy〉, Gödel's Incompleteness Theorems. https://plato. stanford.edu/entries/goedel-incompleteness/ ; 이정모, 「Turing 기계와 마음: 마음은 기계인가?」『심리학의 연구문제』 No. 3, 서울대심리과학연구소, 1988, 322쪽 참고함.

드레이퍼스H. Dreyfus는 생각이란 것이 기호적인 연산으로 어느 정도 가능하지만, 인간의 지능과 감성이 기본적으로 의식적인 상징의 조작보다 무의식적 본능에 의존하기에 이런 무의식적 기술들은 공식으로 포착할 수 없다고 본다. 디지털 컴퓨터는 인간처럼 암묵적인 배경지식을 가지지 않기에 한계를 갖는다는 것이다.

이 중에서도 드레이퍼스가 주목한 것은 주변의식fringe consciousness과 모호성의 허용오차ambiguity tolerance다. 인간은 어떤 것을 해석하고 판단할 때 그에 대한 모든 관련 사항을 모아서 의식적으로 명료하게 판단하는 것이 아니라 무의식적으로 몇몇 관련 사항을 모아 해석하고 판단한다. 이를 윌리엄 제임스William James가 '주변의식'이라 했는데, AI는 주변 의식을 형성할 수 없다. 또 의미는 언제나 모호성을 갖는다. '꽃'이라는 낱말 자체가 '사랑, 축하, 존경, 여인, 미인, 여성의 성기, 미美, 신과 인간의 중개자, 우주, 화엄, 깨달음, 성스러움' 등으로 다양한 의미를 가지지만, 맥락에 따라 의미는 또 달라진다. "꽃을 주었다."라는 문장도 생일날이나 졸업식의 맥락이라면 '축하한다'의 뜻이지만, 예수나 붓다가 대상이라면 '경배하다'의 뜻인 것이고, 절에서 한 고승이 상좌 스님에게 그리 했다면 '법을 전수했다'의 뜻이다. 이렇게 맥락에 따른 모호한 해석을 AI는 할 수 없다.[16]

설John Searle은 "지향성intentionalty은 인간의 정신 과정과 뇌가 실제로 인과적으로 상호작용한 경험적 사실인데, 기계는 이런 지향성을 충분히 프로그램할 수 있는 인과적 힘casual power을 갖지 못한다."[17]라며

---

16 Hubert Dreyfus, *What Computers still can't do: A Critique of Artificial Reason*, Cambridge Mass.: MIT press, 1992. pp. 108~109 참고함.

17 John Searle, "Minds, brains, and programs," *Behavioral and Brain Sciences* 3 (3), 1980,

튜링을 비판한다. 형식적 속성이 그 자체로 지향성을 구성하지 못하기에 순수한 형식 모형을 바탕으로 한 디지털 컴퓨터는 뇌의 지향성을 프로그램할 수 없다는 것이다. 설은 '중국어 방Chinese Room'이란 용어를 만들어 튜링 테스트의 허상을 비판한다. 중국어를 전혀 모르는 사람이 '중국어 방' 안에 앉아서 그 방에 있는 중국어 관련 문법과 사전을 참고하여 중국어 질문에 중국어로 답하면 사람들이 그가 중국어를 하는 것으로 착각한다는 것이다. 튜링 테스트도 그와 같다는 것이다.

레이 커즈와일Ray Kurzweil은 설을 다시 비판한다. 그가 보기에 인공지능은 이미 형식론적이고 구문론적인 단계를 넘어선다. "설은 정보가 분산 패턴으로 존재한다는 사실, 창발적 속성을 갖는다는 사실을 제대로 파악하지 못한다. 설을 비롯하여 본질적으로 유물론적 시각을 가진 철학자들이 지적 기계의 가능성을 회의하는 이유 중 하나는 연산도 사람의 뇌처럼 카오스적이고, 예측불가능하고, 복잡하고, 명상적이고, 창발적일 수 있다는 사실을 외면하기 때문이다."[18] 그의 주장처럼, 애플사의 시리Siri는 설의 '중국어 방 이론'에 의해 프로그램이 되어 있음에도 '중국어방'의 한계를 넘어서는 지능을 보인다.[19]

드레이퍼스든, 설이든 인공지능 학자들은 인문학자들의 주장에 별로 관심을 기울이지 않았는데, 인간의 말을 이해하는 AI 프로그램인 '일라이자ELIZA'를 개발한 MIT의 컴퓨터 공학자 조지프 와이젠바움 Joseph Weizenbaum이 인공지능의 문제를 비판하고 나서자 자연과학계는

p. 417.
18 레이 커즈와일, 『특이점이 온다』, 김명남·장시형 역, 김영사, 2010, 642쪽.
19 https://ko.wikipedia.org/wiki/%EC%A4%91%EA%B5%AD%EC%96%B4_%EB%B0%A9

충격을 받았다. 일라이자는 인간과 채팅을 하는 프로그램인데, 이는 심리상담을 하는 정신과 의사 역할을 빼어나게 수행했다. 와이젠바움은 자신의 비서를 비롯하여 여러 사람들이 일라이자가 실제 감정을 가진 정신과 의사인 양 속마음을 털어놓고 의지하는 것을 보고 충격을 받았다. 이에 그는 『컴퓨터 권력과 인간의 이성_Computer Power and Human Reason_』을 출간했다. 와이젠바움은 이 충격을 책 서문에서 크게 세 가지로 정리했다.

> 첫째, 많은 수의 정신과 의사들은 이 프로그램이 거의 완전한 자동 심리치료 양식으로 발전할 수 있다고 굳게 믿었다. 둘째, 나(와이젠바움)는 이 프로그램과 대화하는 사람들이 얼마나 빠른 시간에 감정적으로 깊이 관여하게 되었는지, 또 그들이 명백하게 의인화하는 것을 보고 놀랐다. 셋째, 사람들은 일라이자 프로그램이 자연 언어의 컴퓨터 이해 문제에 대하여 일반적인 해결책을 제시할 것이라고 굳게 믿는 반응이 꽤 널리 퍼져 있었다.[20]

이에 와이젠바움은 인공지능이 인간성이나 인류 문명에 위협이 될 수 있다고 판단하여 인공지능 관련 연구와 발전을 조절할 것을 대안으로 제시했다.

"딥러닝 기계가 추론해낼 수 있는 깊이는 이미 인간보다 깊다. 인간은 10~20층 높이인데 알파고는 48층, 마이크로소프트사의 기계는

---

[20]   Joseph Weizenbaum, *Computer Power and Human Reason*, New York; W.H. Freeman and Company, 1972, pp. 5~7.

152층이다."[21]라며 딥러닝의 놀랄 만한 능력에 기대어 인간 추월을 예견하는 학자도 많다. 알파고 제로가 알파고 리를 이긴 사례처럼, 딥러닝은 빠른 속도로 진화하고 있다. 타겟사가 빅데이터를 활용하여 소녀의 임신을 가족보다 먼저 알고 유아용품 할인쿠폰을 보낸 것처럼, 빅데이터를 활용하면 양의 확대가 질의 변화로 바뀌어 인간의 마음을 들여다본 것과 같은 효과를 산출할 수도 있다. 또 인공지능으로 만든 인공 생명체가 알고리즘 이상의 생명활동을 한 것처럼 인공지능이 알고리즘 이상의 사고와 행위를 할 수도 있다.

하지만 딥러닝으로는 인간의 지능을 따라잡을 수 없다. 입력하는 빅데이터의 양과 질에 따라 딥러닝은 인간보다 나은 영역을 확보할 것이다. 하지만, 지금도 털이 많은 사람을 침팬지로 오인하며 공간에 대한 기억 등 사람에게 쉬운 것에 대한 인식에서 상당히 약점을 보이고 있다. 빅데이터를 입력한 자들이 주로 백인 남성이기에 인종적이고 가부장적인 편견을 나타낸다. 딥러닝 방식은 앞에서 말한 대로 전기가 많이 들고 빅데이터가 필요할 뿐만 아니라 인간의 뇌처럼 소프트웨어에 따라 하드웨어가 함께 연기적이고 생성적으로 변화하지 못하기에 알파고보다 1만 배 더 나은 장치를 개발한다 하더라도 딥러닝 방식의 컴퓨팅은 인간의 지능을 초월하기가 어렵다.

뉴로모픽 칩은 다르다. IBM이 2014년에 개발한 뉴로모픽 칩 '트루노스True North는 ㎽(밀리와트)급 전력으로 54억 개의 트랜지스터를 내장한 4,096개의 프로세서를 구동한다. 인텔이 2018년에 개발한 '로이히Loihi'는 0.47㎟ 크기의 코어 128개로 이뤄진 칩에 총 13만 개의

---

21   김대식, 앞의 책, 223쪽.

뉴런과 1억 3,000만 개 시냅스를 집적했는데, 반도체 집적도는 14㎚ (나노미터, 1㎚는 10억 분의 1m) 수준이다.[22] 브레인칩 홀딩스Brainchip Holdings는 2019년 말에 아키다Akida라는 NSoCneuromophic system on chip 프로세서를 출시했는데, 아키다 칩에는 120만 개의 뉴런과 100억 개의 시냅스를 집적했다. 인텔과 IBM의 뉴로모픽 칩보다 100배나 효율이 높다.[23] 뉴로모픽 칩은 인간의 뇌처럼 소프트웨어에 따라 하드웨어가 변하는 가소성을 지니고, 머지않아 뉴런 869억 개와 320조 개의 시냅스를 칩에 구현할 것이다. 아니, 그 1/10을 구현하는 칩을 10개 병렬하면 인간 뇌의 수준에 이르거나 이를 넘어설 것이다.

아예 인간의 뇌신경세포 자체를 디지털로 복제한다면 단번에 인간 수준의 컴퓨터를 만드는 것이 가능할 것이다. 지금 인간의 뇌를 디지털로 복제하는 연구도 상당 부분 진행되고 있다. "러시아의 억만장자 드미트리 이츠코프Dmitry Itskov는 2045년까지 자신의 뇌 속에 담긴 생각과 감정, 인격을 컴퓨터로 옮겨서 영생을 하는 연구를 지원하고 있다."[24]

이츠코프는 성공할 것인가. 이는 수백조 개에 이르는 뇌의 신경세포와 시냅스의 네트워킹을 매핑하는 작업, 전기신호와 전달물질의

22 IBM Research Editorial Staff, "The brain's architecture, efficiency… on a chip," IBM Research Blog, December 19, 2016. https://www.ibm.com/blogs/research/2016/12/the-brains-architecture-efficiency-on-a-chip/ 참고함. ; 〈위키피디아〉 영어판, 'Neuromorphic engineering'. ; 「2021년 알파고 한계 뛰어넘을 뇌 닮은 AI칩 나온다」,『동아사이언스』, 2018년 11월 25일.)
23 https://www.brainchipinc.com/products/akida-neuromorphic-system-on-chip: "Each Akida NSoC has effectively 1.2 million neurons and 10 billion synapses, representing 100 times better efficiency than neuromorphic test chips from Intel and IBM".
24 "Russian billionaire Dmitry Itskov seeks 'immortality' by uploading his brain to a computer," Independent, March 14, 2016.

각 기능을 해독하는 작업, 컴퓨터 칩에 이를 내장하는 작업 등을 모두 해내야 가능하다. 실제로 이 연구를 미국과 유럽의 몇몇 연구소에서 수행하고 있다. 미국 국방성은 DARPADefense Advanced Research Projects Agency를 추진하고 있는데, 이 프로젝트 가운데 실제 병사들이 안전한 곳에 머물면서 뇌를 이식한 AI 대리병사를 통해 전투를 수행하는 것이 그중에서도 가장 중점적인 사업이다.[25] 아이슬란드의 정형외과 회사 오수르Ossur는 절단 환자에게 가로 3밀리미터×세로 5밀리미터에 지나지 않는 근전기筋電氣센서IMES, implanted myoelectric sensors를 이식하여 의족의 사지를 움직이고 제어하는 데 성공했다.[26] 예쁜꼬마선충의 302여 개에 달하는 뇌신경세포를 매핑하여 이것이 실제 동물처럼 움직이고 활동하게 하는 데 이미 성공했음을 앞에서 밝혔다. 물론, 더 복잡하고 생각하지 못한 장애가 있을 것이다. 하지만, 완벽히 디지털화하는 것은 불가능하더라도 90% 정도의 수준에서 869억 개의 인간의 뇌신경세포를 디지털화하는 것은 시간문제일 것이다.

그럼에도 한계는 뚜렷하다. 다음 장에서 더 논하겠지만, 인간의 마음과 무의식은 단순히 뇌의 신경세포에서만 이루어지는 것이 아니라 몸 전체가 연기적으로 관련을 맺기에 알고리즘화할 수 없는 영역이 분명히 있다. 지구상의 생명체가 38억 년에 걸쳐 자연과 상호작용하며 진화한 과정을 인공지능이 모두 복제하는 것은 불가능하다. 모라벡의 역설이 통하는 이유는 크게 두 가지다. 하나는 딥러닝은 수많은 검색과 학습의 과정을 거쳐서 인식을 하지만, 인간의 뇌는 패

---

25 https://www.darpa.mil/work-with-us/ai-next-campaign
26 Amy Pollock, "Amputees control bionic legs with their thoughts," *Technology News*, May 20, 2015.

턴별로 입력하고 인식하기 때문이다. 뉴로모픽 칩은 인간처럼 패턴으로 인식하기에 이 문제를 극복한다. 하지만, AI가 700만 년의 인류의 역사 가운데 몸으로 진화한 것에는 어려움을 보이고 1만여 년 문명사가 이룩한 진보는 쉽게 따라잡았기 때문에 모라벡의 역설이 존재하는 것이다. 인공지능이 수학을 바탕으로 하고 계량화와 코스모스화를 지향한 문명사 1만 년은 잘 프로그램화할 수 있지만, 그 이전의 38억 년의 진화 작용은 수학과 무관했고 카오스적이었기에 프로그램화하는 것은 아주 어렵다. 이 문제를 극복해야 할 기술적, 과학적 장애가 너무도 많다. 지능은 복합적이다. 인간이 겪은 인지혁명의 과정을 인공지능도 겪으려면 더 많은 시간이 필요하다.

노자의『도덕경』의 경구처럼, "(말과 의식으로) 도라고 하는 도는 늘 도가 아니다."[27] 우리의 의식으로는 궁극적 진리나 실재를 알 수 없다. 이 우주와 자연을 형성하고 작동하는 근본 원리를 우리는 알 수 없다. 인간의 마음과 몸, 뇌도 마찬가지다. AI가 아무리 발달한다 하더라도 미지의 영역은 남을 수밖에 없을 것이다. 우리는 뇌신경세포와 유전자와 같은 물질이 정신으로 전환하는 과정에 대해 겨우 한 발만 들여놓은 상태다. 알파고 리는 이세돌을 이긴 순간에도 바둑을 두는 목적은 물론 승리의 의미도 몰랐다. 이것 또한 지능의 범주에 들어가야 할 것이다. 어떤 목적과 의도를 가지고 행위를 하고 또 이를 이해하는 인공지능을 만들려면 이 과정에 대한 완벽한 분석과 프로그래밍화가 이루어져야 하는 데 쉽지 않다.

결론적으로, 인공지능이 앞으로 대략 30여 년 안에 인간의 지능을

---

27   老子,『道德經』제1장; "道可道非常道."

스스로 학습하면서 기술적 특이점technological singularity을 돌파하여 지능 폭발을 하고 초지능super-intelligence을 습득한다 하더라도 부분적인 지능에 머물 것이며, 엉뚱한 곳에서 결함을 보일 것이다. 인간의 마음과 무의식, 이에 영향을 주는 인간 몸의 유기적인 시스템을 완벽히 복제하지는 못할 것이다. 인공지능이 초지능을 가진 뒤에도 인간보다 못한 영역들, 과학으로도 도달할 수 없는 마음과 궁극적 진리의 영역은 남을 것이다.

4. 자유의지 허구론 : 자유의지라고 생각하는 것만이 있다

초지능과 더불어 인공지능에서 가장 중요한 쟁점은 AI가 과연 자유의지의 영역마저 프로그래밍하여 장착할 수 있는가에 관한 것이다. 자유의지를 가진 AI는 인간의 통제에서 벗어나 자율성을 갖고 행동할 것이고, 이 경우 지능이 앞서고 진화 속도가 더 빠르고 죽지 않고 재생도 가능한 AI가 인간을 지배할 수도 있다. 그런데 신의 실재 여부와 비슷하게 평행선의 논쟁이 벌어졌다. 주로 자연과학계 학자들은 자유의지가 허구란 점을 과학적 실험과 생명공학, 뇌과학의 근거를 들어 밝힌다. 이에 맞서서 인문사회계의 학자들은 과학적 근거를 대지 않은 채 인문학적 추론만으로 자유의지가 실재한다고 주장한다.

▌문제의 제기

칸트I. Kant는 "어떤 판결을 내릴 때 다른 무엇에 의해 의식적으로 조종당하는 이성은 상상할 수 없다. 그것은 판단 결정권을 이성이 아니라 충동에 맡긴 것이기 때문이다. 결과적으로 행위 주체는 실천이성으로서, 혹은 이성 존재의 의지로서 스스로를 자유로운 존재로 여겨야 한다. 다시 말해 이성적인 존재의 의지는 자유라는 관념 바깥에서는 자기 자신의 의지가 될 수 없다."[28]라고 말했다. 우선 다음 네 경우에 대해 생각해보자.

> A: 영철이가 테러리스트에게 잡혀 있는 아들을 죽이겠다는 위협에 굴복하여 그들이 준 총으로 그들의 요청에 따라 초소에 있던 군인을 쏘아 죽였다.
>
> B: 영철이가 커피숍에서 누구인가 몰래 탄 환각제를 마시고 환각 상태에서 지나가던 행인을 죽였다.
>
> C: 영철이가 재산 문제로 다투다가 홧김에 사촌 동생을 죽였다.
>
> D: 영철이가 두뇌 안의 모노아민산화효소가 급격히 줄어들어 평소보다 폭력성이 증대하는 바람에 사소하게 말다툼을 하다가 흥분하여 친구를 죽였다.

A의 경우는 강제에 의한 것으로 사람을 죽인 것은 사실이지만 영철이의 자유의지가 없었으므로 현대 법정에서 영철의 죄는 정상참작이 되고 테러리스트도 살해 명령을 내린 죄로 처벌된다. B의 경우도 영철이가 약물에 의해 정신이상 상태에서 범행을 한 것이고 자유

---

28 임마누엘 칸트, 『굿윌(도덕 형이상학의 기초)』, 정미현 외 역, 이소노미아, 2020, 184쪽.

의지가 없다고 판단하기에 재판에서 영철은 감량을 받으며, 대신 환각제를 탄 사람도 처벌을 받는다. C의 경우는 자유의지에 의한 것이므로 영철이가 그에 대한 책임을 전적으로 지어야 하기에 법정에서 살인죄에 해당하는 형량을 선고받게 된다. D는 두뇌 안의 효소가 작용한 것이므로 B와 유사하지만, 현재 모든 나라의 법정에서는 자유의지가 있는 것으로 간주되어 C와 같은 처벌을 받는다. 과연 이 판결은 모두 정의에 부합하는가?

▌자유와 책임

자연필연성은 작용원인의 타율성이다. (…) 의지의 자율성은 이런 자연과는 달리, 의지가 자신에게 법률이 되는 특성이 있다. '의지는 모든 행위에서 그 자신에게 법률이 된다'라는 명제는, 준칙 그 자체가 보편적인 법률이 됨으로써 자기가 대상이 되는 그런 준칙을 따라서만 행동하라는 원리를 나타낸다. 이것이야말로 정언명령을 표현하는 정형문구이며, 도덕의 원리이다. 이리하여 자유의지와 도덕법률의 적용을 받는 의지가 하나가 된다.[29]

자유라는 이념은 자율성이라는 개념과 떼려야 뗄 수 없게 연결되어 있으며, 이는 다시 도덕의 보편원리와 연결된다. 그리고 이것이 이성적인 존재의 모든 행위의 토대다.[30]

---

29 위의 책, 181~182쪽.
30 위의 책, 192쪽.

칸트는 의지와 관련하여 자율성과 타율성으로 자연과 인간을 구분한다. 인과의 법칙에 따르는 것은 자연과 인간이 같다. 하지만, 자연은 인간이 쟁기나 불도저로 개발하는 것처럼 타율적인 원인에 의해 변화가 나타나는 반면, 인간은 자신의 자율적인 의지에 의하여 행동한다. 그렇다면 의지는 모든 행동에서 그 자신에게서 법률이나 준칙으로 작용한다. 인간은 남의 명령이나 강요에 의하지 않고, 또 자신의 본능이나 욕망도 따르지 않고 스스로 의지로 객관적인 도덕법칙에 따라 행한다. 그러기에 자유라는 이념은 자율성과 불가분리하게 결합되어 있으며, 도덕법칙의 보편 원리 또한 자율과 밀접하게 연결되어 있다. 만약 인간이 자연처럼 남의 명령에 굴복하거나 정신이 상인 상태에서 억지로 어떤 행위를 했다면, 이는 자율에 의한 것이 아니며 이성을 상실한 것이다. 자율적으로 자신의 자유의지에 따라 도덕의 보편원리에 따라 사고하고 행동하는 것은 이성을 가진 인간의 바탕이다. "의지를 지닌 모든 이성적인 존재에게는 자유라는 관념이 있으며, 온전히 자유라는 관념 아래서 행동한다. 자유로운 존재여야 실천적인 이성, 즉 대상에 관해 원인이 되는 이성을 우리가 생각할 수 있기 때문이다."[31] 그러기에, 이성적인 존재로서 인간의 의지가 자신의 의지로 될 수 있는 것은 오직 자유가 보장될 때만 가능한 것이다.

칸트가 잘 정리한 것처럼, 근대사회는 인간 주체가 이성과 자유의지를 가지고 있다는 전제에서 출발한다. 이성을 가진 존재인 인간은 자기 스스로 자기 앞의 세계를 해석하고 판단하며 의지를 가지고 강

---

31 위의 책, 183쪽.

제와 제약과 장애를 극복하고 실천할 자유를 가진다. 근대 인간은 사건이나 세계와 만났을 때 타인의 간섭이나 강요는 물론 자신의 본능과 나쁜 욕망도 이성으로 통제하며 자신의 가치, 신념, 지향성을 바탕으로 해석하고 자신의 의지에 따라 실천할 자유를 갖는다. 대신, 그 실천에 대해 책임을 져야 한다. 근대의 학문과 법, 윤리, 사회 제도는 인간이 이성과 자유의지를 갖는다는 전제에서 출발한다.

대개 인간의 사고와 행위는 '해석 → 판단 → 지향성 → 의지와 실천'으로 이루어진다. 예를 들어, 경찰이 어떤 사람을 만났을 때, '저 사람이 누구라는 해석 → 좋은 사람인가 나쁜 사람인가에 대한 판단 → 나쁜 사람이니 응당 내가 정의의 이름으로 응징하는 것이 옳다는 지향성 → 실제 체포하려는 의지와 실천'으로 이어진다. 자유라는 것은 이 해석과 판단, 지향성, 의지와 실천이 이성을 바탕으로 하되, 권력, 이데올로기, 타인의 간섭 등의 강제나 제약이 없이 행해지고 자율적으로 일관성을 갖고 행해지는 것을 말한다. 해석의 과정에서는 용모의 차이에 대한 구분 등이 작용하고, 판단에서는 정보와 지식, 편견, 이데올로기 등이 작용하며, 지향성에서는 가치관과 도덕관이 작용하고, 의지와 실천에서는 실천력과 용기, 힘 등이 작용한다. 이런 여러 요인이 작용하기에, 선한 빈민을 허름한 옷을 입었다는 이유로 범죄자로 의심하여 검문하고, 무고한 흑인을 용의자로 착각하기도 한다. 범죄자인 것이 확실하고 자신이 경찰로서 공무를 집행하는 지향성을 가져야 한다는 것을 분명히 인식하고 있다 하더라도 그를 체포하다가 자신이 다치거나 그가 직속상관과 유착관계를 맺고 있어 손해를 보는 것이 두려워서 체포하지 않을 수도 있다. 그러기 때문에 자유는 단순히 강제나 제약, 구속이 없는 상태를 의미하는 것만이 아니라 자유로운 사고와 행위를 방해하는 것들을 극복하는 것을 뜻한다. 또, 이렇게 하여 이루어진 자유로운 사고와 행위에 대해 개인은 자유를 구현하여 자기실현을 행하는 대신 도덕적·법적 책임을 진다.

이제까지 필자가 공부한 것을 종합하면, 자유에는 크게 세 가지, 곧 소극적 자유, 적극적 자유, 대자적 자유가 있다. 소극적 자유freedom from는 외부로부터 구속과 억압, 강제, 제약을 받지 않은 채 한 생명으로서 생의 환희를 몸과 마음이 가는 대로 누리면서 생존하고, 한 인간으로서 자신이 원하거나 지향하는 대로 의지를 가지고 목적을 구현하면서 실존하는 것을 의미한다.

적극적 자유freedom to는 타인과 관계 속에서 수양과 노동, 학문도야를 통해 자기 앞의 세계를 올바로 인식하고 판단하고 해석하면서 장애와 소외, 본능, 욕망을 극복하고 진리, 정의, 깨달음 등 진정한 가치를 구현하는 실천을 하거나 세계를 자신의 의지와 목적대로 개조하면서 진정한 자기를 실현하거나 새로운 존재로 거듭나는 것을 뜻한다. 노동과 실천을 통해 세계를 변화시키거나 수행을 통해 자기완성을 이룰 때 도달하는 희열감의 상태가 이 경지이다.

대자적 자유freedom for는 자신이 타자와 인과와 조건으로 얽힌 연기적인 존재임을 깨닫고 타자의 아픔에 공감하고 연대하며 타자를 더 자유롭게 하여 나 자신이 자유로워질 때 환희심에 이르는 경지이다.[32]

어떤 사람의 간섭이나 구속을 받지 않고 자율적으로 자신의 몸과 마음이 가는 대로 사고하고 행동할 때 느끼는 상태가 소극적 자유이

---

32 소극적, 적극적, 대자적 자유에 대해서는 졸저, 『인류의 위기에 대한 원효와 마르크스의 대화』, 250~251쪽을 참고함.

다. 힘이 들었지만 쟁기를 들고 밭을 갈고 여름 내내 땀을 흘리면서 자연과 나 자신의 장애를 극복하고 김을 매서 서너 가마의 밀을 수확했을 때, 열심히 자료를 모으고 현장을 조사하고 밤을 새워 연구하며 나태와 중단의 유혹을 이기고 허위와 치열하게 싸운 끝에 진리를 깨달았을 때, 절에 들어가서 모든 유혹과 번뇌를 이기고 탐욕과 어리석음과 화를 내려놓고 깨달음에 이르렀을 때, 바로 그 순간에 느끼는 환희심이 적극적 자유이다. 난민 캠프에 가서 난민 어린이에게 온 정성을 다하여 의료봉사를 하거나 가난하고 억압받는 자의 편에 서서 구속을 각오하고 연대투쟁을 할 때 느끼는 환희심이 대자적 자유이다.

흔히 보수 세력이 자유를 추구하고 진보세력은 정의를 추구한다고 말한다. 신자유주의 체제가 자유라는 이름 아래 자본주의 체제의 야만을 견제하던 규제를 해제하고 노동의 유연성을 추진하며 비정규직과 대량해고를 양산하여 불평등을 심화하고 공적인 영역을 사영화하면서 자유와 정의가 대립적인 가치가 되었다. 하지만 대자적 자유를 실현하는 바로 그 순간 정의를 구현한다. 자유와 정의는 둘이면서 하나다.

▌자유의지 허구론

지금 생명공학자, 로봇공학자, 뇌과학자, 신경과학자 등의 자연과학자는 당연하고, 유발 하라리와 같은 인문학자들마저 자유의지가 허구라고 주장한다. 이들은 인간이 유전자에 따라 사고하고 행동하며 마음 또한 뇌신경세포의 단백질, 전기신호와 화학물질들로 구성되는 유기체적 알고리즘에 지나지 않는다고 본다. 이에 따르면 인간의 의식과 정신작용도 유전자와 신경세포가 구성한 것이기에 유전자와 신경세포의 작동원리를 알고리즘화하면 지능도 프로그래밍할 수 있다고 본다.

유발 하라리Yuval Harari는 "호모 사피엔스를 포함한 모든 동물은 수백만 년의 진화를 거치며 자연 선택된 유기적 알고리즘의 집합이다."[33]라고 단언하고 베스트셀러가 된『호모 데우스』도 이 전제 아래 기술하면서 여러 장에 걸쳐서 자유의지 실재론을 반박하며 허구론을 주장하고 있다.

자유의지는 외부의 제약이나 구속, 강요 없이 한 개인이 자유롭게 세계를 인식하고 목적을 설정하고 이를 자율적으로 실천하는 내적인 힘을 뜻한다. 근대의 학문과 사회, 제도는 환경의 영향을 인정하면서도 이에 맞서서 인간이 자유의지를 통해 환경을 변화시키고 세계를 창조하고 자기 삶을 구성할 수 있는 독립된 주체라는 전제를 바탕으로 한다. 근대인은 자유의지를 가지고 타인을 사랑하거나 증오하고, 불의를 보고 저항하거나 침묵하고, 죽어가는 이를 보고 구원에 나서거나 지나친다. 그렇기에 근대인은 사유와 행위에서 자유로운 주체인 동시에 그 행위의 원인으로서 정립되었고 이를 전제로 근대사회가 형성되고 제도와 시스템이 만들어졌으며, 자신의 선택과 결정에 대해 도덕적이고 법적인 책임을 졌다. 종교에서도 인간이 자유의지를 가지고 신의 가르침을 따르기에 신은 그 인간에게 은총을 베풀거나 구원할 수 있는 것이다.

하지만, 그것이 인간의 몸과 마음이 움직여서 이루어진 것이 아니

---

33 유발 하라리,『호모 데우스』, 김명주 역, 김영사, 2017, 437쪽.

라 유전자나 뇌신경세포의 특정 물질의 과다에 따른 결과물이라고 해도 도덕적이고 법적인 책임을 부여해야 하는가. 38억 년에 걸쳐서 이루어진 수조 개체에 달하는 생명체들이 진화하여 이루어진 유전자의 작동으로 하나님 앞에 무릎을 꿇고 고행을 견뎌내며 기도를 하는 것이라 해도 신은 그 인간에게 은총을 내리실까.

생명과학 분야와 인지과학자들은 너무도 당연하지만, 유발 하라리처럼 학문적·대중적으로 상당한 위상에 있고 불교를 수용한 인문학자들마저 자유의지는 없으며 인간과 생명은 알고리즘으로 이루어진 유기체라고 단정한다. 인간에게 자유의지가 없다면 이를 전제로 한 근대의 학문과 제도, 법, 윤리와 도덕, 더 나아가 종교는 신기루로 둔갑한다.

"지금 우리 눈에 보이는 세상은 인풋input이 아니고 아웃풋output이다." 실재에서 반사한 빛이 눈의 망막에 영사되고 광수용기가 빛에 반응하여 빛을 전기에너지로 바꾸어서 뇌에 전기신호로 전달한다. 그러면 뇌의 신경세포의 시냅스들이 서로 신호를 주고받으면서 해석한다.[34] 우리가 알고 있는 착시현상만이 착시가 아니라 우리가 실재라고 바라본 모든 것이 착시이다. 우리는 그 사물, 대상, 자연을 있는 그 자체대로 보는 것이 아니라 뇌에서 그들의 형상으로 생각하는 틀에 따라 이를 바라보기 때문이다. 우리는 실재가 어떻게 생겼는지 영원히 알 수 없다. 우리는 뇌의 해석틀대로 생각하고 그 생각한 대로 실재를 바라본다.

라이프니츠Gottfried Wilhelm Leibniz는 "우리가 인과관계라고 느끼는 것

---

34 김대식, 앞의 책, 96~98쪽.

은 사실 우주가 창조되었을 때부터 미리 프로그램되어 있었던 것이다."[35]라고 말한 바 있다. 라이프니츠는 게임처럼 이 우주가 이미 알고리즘으로 구성되었다고 말한 것이다.

스피노자Baruch Spinoza는 "인간이 모든 것을 자유롭게 행한다고 주저 없이 믿었을 것이다. (…) 인간은 자신의 행동들을 의식하고 있지만, 자신을 결정한 원인들에 대해서는 아무것도 모르기 때문에 자기를 자유롭다고 믿고 있다."[36]라고 말했다. 인간이 어떤 강제나 억압이 없이 뜻과 의지대로 행동하며 자유롭다고 생각하지만, 이 자유행위 이면에는 이를 조종하거나 결정하는 다른 요인이 있는데 이를 모르기 때문에 자유롭다고 착각한다는 것이다. 인간의 자유행위 기저에는 유전자, 뇌신경세포, 무의식, 사회구조, 아비투스, 이데올로기 등이 작용한다.[37]

스피노자가 자유의지에 영향을 미치는 것에 대해 추론했다면, 벤저민 리벳Benjamin Libet은 과학적 실험을 통해 이를 밝혔다. 리벳은 1980년대에 실험을 통하여 피험자들이 결정을 내리기 전에 뇌에 이미 신호가 떴음을 밝혀 자유의지가 뇌의 도구에 불과하다고 주장했다.

피험자가 뇌전도검사EEG; Electroencephalography 기구를 착용하고서 자기 앞에 있는 버튼을 아무 때나 마음대로 누른다. 단, 그는 버튼을 누르기 전에 자신이 버튼을 누르겠다고 느낀 것을 생각한 시점을 타이

---

35 위의 책, 62쪽.
36 B, 스피노자, 『에티카』, 황태연 역, 비홍출판사, 2015, 165쪽.
37 아비투스(Habitus)란 특정한 환경과 구조에서 교육과 문화 향수 등에 의해 사회구조가 체화하여 형성된 성향이나 사고, 인지, 판단과 행동 체계, 구조적 문화관습을 뜻하며, 이는 주체의 행위와 구조를 매개한다. "아비투스는 실천과 지각을 조직하고 구조화하는 구조일 뿐만 아니라 동시에 구조화된 구조이다."(삐에르 부르디외 지음, 『구별짓기: 문화와 취향의 사회학 上』, 최종철 역, 새물결, 1995, 281쪽.)

머를 보고 확인한다(W). EEG로는 대뇌피질 운동영역에서 발생하는 준비 전위readiness potential를 측정하는데, 준비 전위란 사람의 근육운동이 이뤄지기 전에 활성화하는 두뇌 활동 신호를 뜻한다. 이때 피험자가 버튼을 누르는 시점을 A, 준비 전위가 측정되는 시점을 RP라고 했다. 실험을 여러 차례 한 결과, 평균적으로 RP는 -500밀리초, W는 -200밀리초, A는 0밀리초인 것으로 측정되었다. 즉, 이것이 정확하다면, 버튼을 누르기 0.5초 전에 준비전위가 활성화했고, 버튼을 누르기 0.2초 전에 버튼을 눌러야겠다는 생각을 하고, 그다음에 버튼을 눌렀다는 것이다.

이 실험 결과, 자발적인 의사결정에 앞서서 뇌의 준비 전위가 활성화하며, 행위는 인간의 자유의지에 따른 의사결정이 아니라 뇌 속의 물리적 변화에 따른 결과라는 것이다. 버튼을 누르는 행위의 원인이 자유의지가 아니라 뇌의 준비 전위 때문이라면 자유의지는 허구가 되는 것이다.[38]

리벳의 실험은 자유의지에 대하여 의심하지 않고 받아들이던 학계와 대중 모두에게 충격을 주었다. 당연히 이에 대한 비판이 쏟아졌다. 실험 자체의 허점에 대한 지적도 많았다. 리벳 실험은 타이머의 문제점과 더불어 시계를 보는 순간에 이미 뇌가 이를 인지했을 가능성이 있고, 판단이 시작되고 결정을 내리기까지 0.3초가 걸렸을 가능성 등 여러 허점이 있다.[39] 하지만, 이를 뒷받침하는 연구가 이어

---

38 B. Libet, E. W. Wright, C. A. Gleason, "Readines-potentials preceding unrestricted 'spontaneous' vs. pre-planed voluntary acts," in Electroencephalography and Clinical Neurophysiology 54, 1982, pp. 32~35. ; B. Libet, "Unconscious cerebral initative and the role of conscious wil involuntary action," *Behavioral and Brain Science* 8(4), 1985, pp. 529~556.

39 이기홍, 「리벳 실험의 대안적 해석 ─ 리벳 이후의 뇌 과학적 발견들과 자유의지」, 『대동철학』,

졌다.

존 딜런 하인즈John-Dylan Haynes를 중심으로 한 연구팀은 숫자 카드를 중심으로 한 실험을 통해 리벳을 옹호하는 일련의 논문을 발표했다. 하인즈의 연구팀은 "숫자를 더하거나 빼는 자유로운 결정의 결과가 참가자가 의식적으로 선택을 한다고 보고하기 전에 내측 전두엽 및 두정 피질에서 신경 활동으로부터 이미 해독될 수 있음을 보여준다."[40]라고 말하면서 좀 더 복잡한 자유의사 결정의 결과가 이전의 뇌 신호로부터 예측됨을 밝혔다. 즉, 숫자 카드와 더하기, 빼기 등의 카드를 놓고 피험자가 마음대로 골라 5-3=2 등 자유롭게 덧셈이나 뺄셈을 하는데, 카드를 선택하기 전에 뇌가 먼저 활성화했다는 것이다.

자유의지에 관한 연구에서 가장 극적인 것은 2002년에 행한 로봇 쥐 실험이다. 산지브 탈와르Sanjiv K. Talwar는 쥐의 뇌에서 감각영역과 보상영역을 찾아 전극을 이식하여 좌뇌와 우뇌를 자극하는 리모컨 조작만으로 쥐를 마음대로 움직이게 했다. 쥐는 우로, 좌로 움직이고 사다리도 오르내렸다. 쥐의 입장에서는 자신의 의사대로 자유롭게 움직인 것이지만, 실은 탈와르가 아주 단순하게 리모컨으로 좌뇌와 우뇌를 자극하는 조작을 한 결과이다. 이처럼, "뇌의 감각 활동을 원격으로 수신하고 이를 정확히 해석할 수 있는 능력은 이 조종된 쥐를 이동 로봇과 생물학적 센서로서 기능을 할 수 있게 한다."[41]

제49집, 2009. 347~371쪽 참고함.

40 Soon, Chun Siong·He, Anna Hanxi·Bode, Stefan·Haynes, John-Dylan, "Predicting free choices for abstract intentions," *Proceedings of the National Academy of Sciences of the United States of America* v.110 no.15, 2013, pp.6217~6222.

41 Sanjiv K. Talwar·Shaohua Xu·Emerson S. Hawley·Shennan A. Weiss·Karen A. Moxon·John K. Chapin, "Rat navigation guided by remote control Free animals can be 'virtually' trained by microstimulating key areas of their brains," *Nature*, 417: 6884, 2002, p.38.

2014년에 캘리포니아 주립대학의 연구팀은 지속적인 뇌신경 행위가 주어진 순간, 의사를 선택할 부분에 자발적인 결정을 편향시킴을 입증했다. 이들은 "자발적인 신경요동이 의사결정을 예측하게 하며, 그동안 잡음으로 간주되던 뇌신경 신호의 지속적인 가변성이 뇌의 본질적인 특성임을 밝혔다. 우리가 독립적인 선택을 내린다고 생각한 것은 뇌의 배경소음에 지나지 않는다. 자유의지란 것은 없으며 자유의지라고 생각한 것이 있을 뿐이다."라고 결론을 내린다.[42] 이들에 따르면, 뇌신경 신호가 지속적으로 변하는 것을 잡음으로 간주했는데, 이것이 뇌의 본질적인 특성이라는 것이다. 뇌신경세포에서 뇌신경이 전하는 신호들이 인간의 의지와 관계없이 변하는데, 이것이 인간이 의사를 선택할 부분에 편향을 일으켜 어떤 행위를 하도록 이끌어낸다는 것이다. 그러니, 자유의지란 허구이고 인간 스스로 자유의지라고 생각하는 것만이 존재한다는 것이다.

　자유의지를 부정하는 연구는 언어적, 분석적, 논리적 인지에 관여하는 좌뇌와 비언어적, 종합적, 창조적, 공간적, 예술적, 직관적 인지에 관여하는 우뇌를 분리한 연구[split-brain research]에서 더욱 잘 입증되었다. 가자니가 등은 좌뇌와 우뇌를 연결하는 다리인 뇌량에 이상이 있는 환자를 대상으로 언어인지에 관여하는 좌뇌에 닭의 갈고리 발톱을 휙 보여주는 동시에 우뇌에 눈 내린 풍경을 휙 보여주었다. 환자에게 무엇을 보았느냐고 물었더니 그는 '닭의 갈고리 발톱'이라고 대답했다. 일련의 그림카드를 주고 방금 본 것과 일치하는 사진

42　Bengson, Jesse J.·Kelley, Todd·Zhang, Xiaoke·Wang, Jane-Ling·Mangun, George, "Spontaneous Neural Fluctuations Predict Decisions to Attend," *Journal of cognitive neuroscience* v. 26 no. 11, 2014, pp. 2578~2584 요약함.

을 가리키라고 하자 환자는 오른손으로 닭 그림을 가리켰지만 동시에 왼손을 내밀어 눈삽을 가리켰다. 그에게 눈삽을 가리킨 이유를 묻자 그는 "아, 간단해요. 닭의 발톱은 닭과 가장 잘 어울리고, 닭장을 치우려면 삽이 필요해요."라고 답했다.[43] 가자니가를 비롯한 분리 뇌 연구자들의 연구에 따르면, 같은 인간이지만 좌뇌와 우뇌가 다른 생각을 하며, 여기서 만든 허구의 이야기대로 우리가 사고하고 행동하는 경향이 있다.

자유의지를 연구하는 학자들 사이에 거론되지 않지만, 자유의지를 믿는 필자에게 가장 충격을 준 연구는 더니든 스터디The Dunedin Study이다. 1972년에 뉴질랜드의 더니든이란 작은 도시에서 일군의 학자들이 1,037명의 어린이를 대상으로 오늘날까지 49년간 계속하여 '더니든 건강 및 발달 학제 연구Dunedin Multidisciplinary Health and Development Study'를 수행하고 있고 논문만 1,200편 이상 발표했다. 이렇게 많은 대상으로 오랜 기간 계속 수행해왔기에 심리학, 범죄학, 보건학, 사회학, 교육학 등에 걸쳐 엄청난 성과를 거두었고 여러 학술상을 휩쓸었으며, 지금은 세계적인 석학들도 이 프로젝트에 참여하고 있다.

이 연구팀이 30년을 관찰한 시점에서 수백 편의 논문을 발표했는데, 그 중 한 편을 보면, "어렸을 때 행동 문제를 보이는 어린이는 성인이 되었을 때 낮은 수준의 행동 문제를 가진 아동에 비하여 훨씬 더 많은 사회적 비용을 소비했다. 이 그룹은 인구의 9.0%에 불과

---

43 L. J. Volz, M. S. Gazzaniga, "Interaction in isolation: 50 years of insights from split-brain research," *Brain: a Journal of neurology*, v. 140 no. 7, 2017, p. 2054.

하지만, 모든 유죄 판결의 53.3%, 응급실 방문의 15.7%, 처방전의 20.5%, 부상 청구의 13.1%, 매달 복지 혜택의 24.7%를 차지했다."[44] 더니든 스터디에서 처음 제안하였고, 이후 많은 연구에서 확인된 것 처럼, 학대 등의 외부 요인도 작용했지만, "두뇌의 모노아민산화효소 monoamine oxidase Alpha, MAO-A의 낮은 발현 변이를 보이는 이들이 시냅스 에서 신경전달물질을 분해하는 효소인 MAOA를 적게 생산하는 바 람에 편도체는 활성화하고 전두엽은 활성화하지 못하여 공격성을 증대하는 것으로 나타났다."[45]

물론, 더니든 스터디의 연구들은 아동학대, 교육 등의 외부적 요 인이 많은 작용을 한 것으로 보며 섣불리 결론을 내리지는 않는다. 하지만 MAOA 효소가 적게 태어나서 어렸을 때부터 폭력적인 아동 이 성장하면서도 가정생활, 교육 등에서도 이를 늘릴 만한 변화를 갖 지 못한다면 커서도 폭력을 범하고, 그 경우 이 효소의 수치가 낮았 던 것이다. 누가 살인을 저지르고서 "MAOA 효소가 살인을 한 것이 지 나의 자유의지는 없었다."라고 항변한다면, 이 사실을 알고 있는 판사는 어떻게 판결할 것인가. 근대 법정이 정신병자가 살인했을 경 우 자유의지가 없다고 판단하여 정상을 참작하는 것처럼, 21세기에 는 판사가 MAOA 효소가 적은 이가 살인을 저질렀을 경우 가정 생 활, 교육, 치료 등을 통해 이 효소를 늘리지 않은 가정, 국가, 사회에 도 책임이 있다고 판결할 수도 있다.

---

44 Joshua G. Rivenbark et al., "The high societal costs of childhood conduct problems: evidence from administrative records up to age 38 in a longitudinal birth cohort," *Journal of child psychology and psychiatry and allied disciplines*, v. 59 no. 6, 2018, pp. 703~710.

45 J. W. Buckholtz, A. Meyer-Lindenberg, "MAOA and the neurogenetic architecture of human aggression," *Trends in Neurosciences*, Vol. 31 No. 3, 2008, pp. 120~129.

그렇다면, 자유의지라는 것도 실은 뇌신경세포와 효소들이 어우러져 발생하는 전기신호나 화학신호의 반응, 38억 년의 진화에 걸쳐 이루어진 뇌의 신경세포가 구성하는 허구에 지나지 않으며, 인간은 생체학적 알고리즘에 지나지 않는가. 생명과학자와 인지과학자들의 주장처럼 인간 또한 생체학적 알고리즘의 집합체에 지나지 않는다면 인공지능이 이를 전자 알고리즘으로 수학적으로 디지털화/프로그램화하는 것이 언제인가 가능할 것이다.

5. 자유의지 실재론 : 그래도 자유의지는 있다

실체론의 오류　　생명과학과 인지과학, 신경과학자의 주장대로 유전자의 특정 물질이나 뇌신경세포의 단백질, 전기신호, 화학물질 등이 의식의 바탕을 형성하는 것은 맞다. 하지만, 자유의지 허구론자들은 한마디로 기술결정론과 유전자 결정론에 매몰되어 있으며, 근본적으로 실체론과 이분법으로 생명과 인간을 분석하고 있다. 부분에 대해서만 참인 것을 전체에 일반화하는 '결합의 오류'도 범하고 있다. 게슈탈트 이론가들이 통찰하고 양자역학, 복잡계이론에서 확인된 것처럼, 전체는 부분의 합 이상이다. 인간의 마음은 38억 년 동안 자연, 다른 생명, 타자와 상호작용하며 공진화한 결과다. 자유의지 허구론자들은 짧은 시간에 특정한 상황에서 행한 실험을 일반화하고 있다.

유물론적 오류　　마음과 몸은 하나도 아니고 둘도 아닌, 불일불이

丕–不二의 연기관계에 있다. 우울할 때 마음을 고쳐먹고 억지로라도 밝게 웃으면 뇌신경세포에서는 도파민이 분비되며, 거꾸로 뇌에 도파민을 주사하면 기분이 좋아진다. 실제로, 언제까지 체중을 어느 정도로 줄이겠다고 구체적인 목표를 설정한 사람이 그냥 막연히 체중을 줄이려는 사람보다 다이어트 성공 확률이 높다. 가브리엘 외팅겐 Gabriele Oettingen 등은 이런 실험을 통하여, "행동할 좋은 기회가 왔을 때 단순히 사고하는 것보다는 예상되는 상황을 목표 지향적 행위에 연결시키며 성공하려는 의도가 더욱더 행동을 촉진한다."[46]라고 결론을 내리고 있다. 이는 장기적인 자유의지가 개인의 자기통제에 영향을 미침을 나타낸다.

2018년에 일본의 연구팀은 자유의지에 대한 믿음이 교감 활동을 통한 의사결정의 전략적 전환에 기여한다는 사실을 밝혔다. 그들이 자유 의지와 자기통제, 교감신경과 상관관계에 대해 분석한 결과, "자유의지에 대한 믿음이 교감신경의 행위와 자기통제에 간접적으로 기여했다."[47]라고 밝혔다. 이는 인간의 마음이 뇌신경세포와 몸의 유전자에 영향을 미침을 뜻한다.

자유의지는
몸과 뇌의 상호작용　과학적이고 객관적 실재라고 해서 100% 옳은 것은 아니다. 토머스 쿤의 지적대로 과학과 객관적 실재 또한 패

46　Gabriele Oettingen·Gaby Hö·nig, Peter Gollwitzer, "Effective self-regulation of goal attainment," *International Journal of Educational Research*, v. 33 no. 7/8, 2000, pp. 705~732.
47　Takayuki Goto·Yuya Ishibashi·Shogo Kajimura·Ryunosuke Oka·Takashi Kusumi, "Belief in free will indirectly contributes to the strategic transition through sympathetic arousal," *Personality and Individual Differences*, 128, 2018, pp. 157~161.

러다임과 해석의 지배를 받는다. 필자는 에커드 헤스Eckhard Hess의 실험을 다르게 해석한다. 헤스는 "눈동자 크기만 다르고 다른 부분은 똑같은 여성의 사진 두 벌 4장을 휙 보여주고 실험을 했다. '누가 더 매력적인가, 누구에게 더 친근감을 느끼는가' 등 긍정적인 질문을 할 경우 남자들은 동공이 확대된 여성을 더욱 많이 선택했고, '누가 더 이기적으로 보이는가' 등 부정적인 질문을 할 경우 동공이 작은 여성을 선택하는 경향이 강했다."[48]라고 말했다. "동공 확대의 이유는 컴컴한 곳에 들어갈 때, 복잡한 생각을 할 때 등 여러 가지가 있지만, 상대방에 대해 관심을 가질 때와 성적 충동이 일 때, 오르가슴에 올랐을 때도 확대된다."[49]

물론, 헤스는 동공의 크기가 비언어적 소통의 일환이고 심리의 반영이라는 심리학의 차원에서 이 실험을 한 것이다. 상대방의 눈동자 크기에 따라 상대방의 마음을 알 수 있다는 것이다. 하지만, 필자는 이것이 자유의지와 관련해서도 중요하게 해석될 여지를 갖는 실험으로 본다. 인간의 눈이나 뇌는 사진을 단 1~2초 사이에 휙 보고 동공의 크기가 다른 것을 인지하지 못한다. 그런데 왜 눈동자가 크게 확대된 여성에 매력을 느꼈을까? 필자는 이것이 여성과 남성이 서로 성적 매력에 이끌리는 기억들이 700만 년 동안 자연선택과 성선택을 하며 진화한 것이 몸에 각인된 결과라고 해석한다.

이와 유사한 실험이 최근에 행해졌다. "생후 6개월의 아기에게 뱀

---

48 Eckhard Hess, "The Role of Pupil Size in Communication," *Scientific American*, v. 233 no. 5 1975, pp. 110~112.
49 https://www.spring.org.uk/2011/12/what-the-eyes-reveal-10-messages-my-pupils-are-sending-you.php (2020년 2월 10일) 참고함.

과 거미 그림을 보여주자 동공이 크게 확대되었다."⁵⁰ 6개월의 아기
는 뱀과 거미에 대한 인식이 없다. 그럼에도 이들은 공포의 반응을
보인 것이다. 이는 700만 년 전부터 수렵채취를 할 때 뱀과 거미의
독을 경험한 공포의 메커니즘이 진화하여 뇌에 각인된 결과다.

두 실험 결과는 뇌가 인식하기 전에 뇌를 제외한 몸이 먼저 인지함
을, 우리의 의식을 지배하는 것은 뇌 이전에 몸임을, 마음이란 뇌 속
의 감각신경세포, 운동신경세포, 연합신경세포, 거울신경체계의 시
냅스들이 주고받는 전기신호와 화학물질에 따라 반응하는 것만이
아니라 전체로서 몸이 느낌을 의미한다. 마음은 우리 몸에 축적된 기
억과 정보 사이의 네트워킹에 의하여 연기적으로 발생하는 정보와
기억들의 연합작용이다.

후성유전학적

관점　　시골에서 올라온 할머니들은 대개 하루를 넘기지 못하고
가슴이 답답하고 머리가 아프다며 시골로 내려간다. 그만큼 서울 사
람들은 오염된 도시에 폐나 뇌가 적응되어 있다. 하지만 폐나 뇌가
중금속으로 오염된 서울에 아무리 잘 적응되었다 하더라도 그가 낳
은 자식이 그리 오염에 잘 견디는 폐나 뇌를 가지고 태어나지 않는
다. 그 자식은 처음부터 자신의 아버지나 어머니가 한 대로 적응을
거쳐야 한다. 그 자식은 적응을 잘하지 못하여 폐병이나 편두통을 앓
을 수도 있다. 그렇듯 라마르크의 용불용설은 허위로 판명이 났고 획

---

50 Stefanie Hoehl et. al., "Infants React with Increased Arousal to Spiders and Snakes," *Frontiers in Psychology*, 18 October 2017.

득형질acquired characteristics은 유전되지 않는다는 것이 진화론의 정설이다. 인간의 육체에서는 획득형질은 유전되지 않으며 돌연변이에 의해서만 수천만 년 이상의 세월을 거쳐 진화가 일어난다.

하지만 2014년에 이를 수정할 논문이 발표되었다. "수컷 생쥐를 아세토페논acetophenone이라는 아몬드 냄새가 나는 물질에 노출시킨 뒤 발에 충격을 주는 실험을 반복하면 생쥐는 아세토페논 냄새만 맡아도 공포반응을 보인다. 그런데 이 생쥐와 다른 암컷 생쥐를 교배해 나온 새끼 가운데 다수가 이런 학습을 하지 않았음에도 아세토페논에 민감한 반응을 보였다. 그 새끼가 낳은 새끼 또한 같은 반응을 보였다. 이들 생쥐에서는 아세톤페논과 결합하는 후각수용체의 유전자인 'Olfr 151'이 많이 발현됐다. 즉 아세토페논이 작용해 수컷 생쥐의 정자 게놈에서 Olfr 151 부근의 화학적 변이를 일으켜 유전자 발현이 더 잘되게 했고 이 구조변이가 후세에도 그대로 나타난 것이다."[51] 어떤 특정 물질을 먹고 털 색깔이 변한 생쥐가 낳은 새끼도 같은 색깔인 경우도 발견되었다.

후성유전학epigenetics이 나타나기 전까지 돌연변이에 의해서 DNA의 염기서열이 바뀔 때만 유전자가 달라지며 후손에게 유전된다고 생각했다. 한마디로 말해, 후성유전학은 DNA의 염기서열이 변화하지 않고도 유전자의 발현이 일어나고 이것이 후손에게 유전되는 것을 뜻한다. "독성물질의 침투 같은 환경적 요인이 DNA의 염기서열에는 아무런 변화도 주지 않은 채 유전자의 발현을 조절하여 유

---

51 Virginia Hughes, "Epigenetics: The sins of the father," *Nature*, v.507 no.7490, 2014, 0028-0836, pp.22~24.

기체의 생리 상태가 변화하고 이것이 유전적으로 대물림되어 후손에게 영향을 미칠 수 있다. 독성물질은 후성유전의 세 가지 경향인 DNA메틸화, 히스톤 변형, 코드화하지 않은 RNA의 발현 등에 관여한다."[52] 이처럼 환경과 상호작용하여 DNA 염기서열에 변화를 주지 않는 상태에서 유전자의 변화가 일어나고 이것이 후손에 유전될 수 있다. 단, 돌연변이와 달리 그 유전은 2~3세대로 한정된다.

유전자가 100% 완벽히 일치하는 일란성 쌍둥이들을 분석하면, 똑같아야 하는데 반대로 성격에서 능력, 질병에 이르기까지 많은 차이를 보인다. 특히 같은 질병에 걸리는 이들이 오히려 드물다. 일란성 쌍둥이의 후성유전적 요인에 착안하여 많은 연구를 수행한 팀 스펙터Tim D. Spector 교수에 따르면, "다른 질병을 앓고 있는 일란성 쌍둥이에서 유전성 DNA 메틸화 효과와 차별적 메틸화가 확인되었다."[53] 일란성 쌍둥이는 유전자가 같기 때문에 같은 병이 들어야 하는데 오히려 그 반대의 경우가 많았다. 예를 들어, 똑같은 외모와 능력, 유방암의 유전자를 가진 자매 가운데 한 사람이 먼저 결혼하면 남은 한 사람만 유방암에 걸렸다. 결혼하지 못한 이의 경우, 상대적 박탈감이나 상실감이란 요인이 발현을 조절하는 메틸기라는 스위치를 켜면서 후성유전적으로 유전암 유전자를 발현하는 데 영향을 미친 것이다.

물론, 스펙터의 연구 또한 일란성 쌍둥이에 나타난 후성유전학적 요인과 질병과 관계를 파악하기 위한 연구이지 자유의지와 아무런

---

52 Hyun-Wook Ryu·Dong Hoon Lee, et al. "Influence of Toxicologically Relevant Metals on Human Epigenetic Regulation," *Toxicological Research*, Vol. 31 No. 1, 2015, p. 1.

53 Jordana T. Bell·Tim D. Spector, "DNA methylation studies using twins: what are they telling us?," *Genome biology*, v. 13 no. 10, 2012, p. 172.

관련이 없이 행해진 것이다. 하지만, 이 연구에서 '그럼 무엇이 유전자의 스위치를 눌렀느냐'라는 질문을 던져보자는 것이다. 음식, 환경도 영향을 미쳤겠지만 가장 큰 요인으로 작용한 것은 마음이라 조심스레 추정한다. 이것은 스트레스나 마음 상태가 질병에 영향을 미쳤다는 수많은 연구들과 다르다. 마음이 유전자의 발현에 작용한다는, 곧 마음이 몸을 만든다는 좋은 사례 연구라고 본다. 스펙터의 일란성 쌍둥이에 대한 연구처럼, 유전자가 마음을 구성하기도 하지만 마음이 유전자의 발현에 작용한다. 스펙터는 일란성 쌍둥이에 관련된 수많은 관찰을 통해 유전자 결정론의 한계를 지적한다. 유전자의 정보가 기계적으로 발현되는 것이 아니라 환경 등 여러 요인과 상호작용하면서 다양하게 발현되며, 여기에 마음도 중요한 요인으로 작용한다. 이처럼, 수십, 수백 개의 유전자가 연기적으로 상호 작용하며, 인간 주변의 환경, 음식, 마음, 타자 등의 요인이 메틸기를 조절하여 유전자를 발현시키기도 하고 억제하기도 한다. 그만큼 우리의 몸은 오묘하고 복잡한 우주이다.

인간은 짧은 시간으로 보면 퇴행하고 나선형으로 반복되더라도, 긴 역사적 시간에서 보면 집단의 자유와 인권이 좀 더 확대하는 방향으로 발전을 해왔다. 자연과 우주에는 목적이 없지만, 인간은 그 자연과 우주, 자신에 의미를 부여하며, 때로는 세계의 부조리에 맞서며 실존해왔다. 역사적 자유의지가 발현되고 있는 것이다. 개인의 자유의지의 여부에 관계없이 역사적 자유의지, 실존적 자유의지는 있는 것이다.

화엄에서 말한 대로 하나가 곧 전체이고 전체가 곧 하나이다[一卽多 多卽一]. 하나와 전체는 서로 깊은 연관과 조건, 인과관계를 갖고서 서로를 생성한다. 유전자와 뇌신경세포가 전체의 마음을 구성하는 동시에 전체의 마음이 유전자와 뇌신경세포에 조건과 인과로 작용하며, 부분의 합이 전체가 아니며, 양자는 찰나의 순간에도 서로 영향을 미치면서 작동하고 생성한다. 그러니, 인공지능이나 디지털로 복제된 뇌는 몸에 새겨진 38억 년의 기억과 이들 사이의 연기적 총체를 모두 재현할 수는 없다.

이제 자유의지에 관한 논의를 인공지능에 결합하자. 인간의 자유의지 가운데 뇌신경세포에서 활성화하여 자유의지라고 생각하는 부분, 캘리포니아대학 연구팀의 용어로는 뇌의 배경소음은 디지털화가 가능하며, 이는 인공지능에 장착할 수 있다. 하지만, 인간의 자유의지는 이를 넘어서서 마음과 몸, 뇌신경세포와 온몸이 상호작용한 결과이다. 앞 장에서 말한 대로 뉴로모픽 칩은 인간의 뇌신경세포를 모방할 수 있다. 따라서 AI는 뇌의 신경세포에 각인된 자유의지를 흉내 낼 수는 있지만, 인간의 몸 전체가 어우러져 일어나는 자유의지와 100% 부합하는 자유의지를 갖지는 못할 것이다.

제 4 장

인공지능의 쟁점 3

감정의 프로그래밍과 공존의 문제

어떤 학생이 삼수 끝에 명문대 합격 전화를 받고 기뻐서 환호를 지를 때, 그 반대로 어느 사람이 사랑하던 이의 불륜 현장을 목격했을 때 그 마음의 정도를 객관적으로 측량할 수 있는가. 계량화하기 어려운 영역이 감정이다. 계량화하지 못하면 프로그래밍도 마찬가지로 불가능하다. 그럼에도 과학자들은 인간의 감정을 가진 인공지능에 도전하고 있다. 이는 성공하겠는가, 아니면 흉내를 내는 데 그치겠는가.

또, 인간과 유사한 감정을 가진 인공지능이 존재한다면, 우리는 어떻게 그들과 만나고 대화하고 감정을 교류하겠는가. 인공지능이 인간의 지능을 초월하고 인간과 유사한 감정을 가진다면 인간의 존재와 위상은 어떻게 달라지겠는가.

거의 100%의 완성도에 이르는 구글 만국어 통번역기 칩과 전 세계에 존재하는 모든 서사를 빅데이터로 모은 칩을 장착한 소설가나 로봇팔을 이식한 투창 선수를 상상하자. 인간은 도구를 사용할 때와 비교할 수 없을 정도로, 인공지능, 빅데이터, 나노기기를 활용하여 거의 무한하게 능력을 확장할 것이다. 그렇다면 30년이 지나지 않아 이 지구상에는 순수한 인간, 사이보그, 인공지능 로봇이 함께 존재할 것이다. 그럼 이들은 서로 공존할 수 있겠는가? 이에 감정에 대해, 고전적 이론을 거쳐서 최근의 구성이론을 중심으로 알아보고, 인공지능이 감정을 프로그래밍하는 문제에 대해 천착한 다음, 인간, 사이보그, 안드로이드의 공존 문제에 대해 분석해보겠다.

1. 감정에 대한 고전적 이론

누구나 좋은 일이 생기면 기분이 좋고 나쁜 일과 만나면 기분이 나쁘다. 미담을 들으면 마음이 흐뭇해지고, 뉴스에서 시민에게 폭력을 가하는 경찰이나 군인, 부패한 정치인의 모습을 보면 분노가 치민다. 이처럼 감정이란 어떤 현상이나 사건을 접했을 때 마음에서 일어나는 느낌이나 기분을 말한다.

자, 여기 한 가정이 있다. 그 집 부인이 시골에 사는 시어머니에게서 택배를 받았다. 매달 한 차례씩 당신이 손수 농사를 지은 제철 열매나 농산물을 보내왔기에 이번에는 무엇일까 설레는 마음으로 상자를 열고 비닐 포장을 뜯었다. 그러자 밤 열매 사이로 난 틈을 비집고 커다란 지네가 머리를 내미는 것이 보였다. 부인은 소스라치게 놀라 뒤로 엉덩방아를 찧었다가는 일어나서 두근거리는 가슴을 쓸어내리고 황급히 상자를 닫아 테이프를 여러 겹 붙여서 밀봉했다. 저녁에 남편이 오자 30센티도 넘는 커다란 왕지네가 상자 안에 있다고 말했다. 남편은 장갑을 낀 채 집게를 들고서 조심스럽게 상자를 열었다. 지네가 보이지 않았다. 밤을 이리저리 뒤지니 7~8센티가량의 지네가 한 마리 보였다. 부인은 분명히 30센티는 되었다며 무안해했다. 이 부인이 거짓말을 한 것인가, 아님 그 지네가 부인이 놀란 사이에 도망을 간 것인가. 지네가 도망간 것도, 부인이 거짓말을 한 것도 아니다. 상자를 열고 흉측한 지네를 본 부인은 놀라서 시댁 뒷산 밤나무 주변에서 한두 번 본 적이 있는 30센티급 왕지네라고 착각한 것이었다.

이 과정을 분석해보자. 지네에서 반사된 빛은 부인에게로 가 눈을 통해 망막에 맺혀졌고, 이 이미지는 시신경세포가 전기신호로 연합신경세포에 전하였고, 여기서 지네에 대한 정보와 기억을 모아 커다란 지네라고 판단했다. 이에 대하여 몸을 보호하기 위한 즉각적인 반응이 운동신경세포에 전해져서 찰나의 순간에 몸을 멀리 피하고자 뒤로 엉덩방아를 찧었다. 곧 아드레날린이 분비되면서 심장박동이 빨라졌고 체온도 올라갔다. 놀람에서 벗어나 정신을 차리고 지네를 상자에 가두고자 상자를 덮고 두려운 마음에 테이프로 여러 겹을 감아서 밀봉했다.

"기뻐서 웃은 것인가, 웃어서 기쁜 것인가?" 생리적인 반응이 먼저인가, 아니면 감정이 먼저 일어나고 생리적인 반응이 나타나는가? 자극에 대한 즉각적인 반응이 감정인가, 아니면 해석인가 등을 놓고 여러 가지 이론이 마주쳤다. 오로크와 오토나는 "감정과 인지는 불가분하게 엮여 있다."고 단언했다. 반면에 니코 프레이다는 "인지의 중재 없이 감정을 유발하는 자극을 발견한다."라고 말했다.[1] 윌리엄 제

---

1   윌리엄 M. 레디, 『감정의 항해』, 김학이 역, 문학과지성사, 2016, 33~34쪽.

임스와 칼 랑게는 자극에 대한 생리적인 반응이 주관적인 생각이나 감정보다 먼저 일어난다고 생각했다. 스텐리 샥터와 제롬 싱어는 감정이 생리반응을 해석하면서 나타난다는 점에서는 제이스−랑게의 설과 일치했지만, 인간의 생각과 인지가 신체적 반응을 유발할 수도 있다고 유연하게 보았다.

감정에는 여러 요인이 작용한다. 신체적·생리적 요인을 보면, 인간은 누가 팔다리를 때리거나 찌르면 고통을 느끼며, 반면에 성기나 성감대를 자극하면 쾌감을 느낀다. 겨드랑이를 간질이면 웃음이 나온다. 이렇듯 감정이란 몸의 자극에 대한 생리적 반응이다.

하지만, 자신이 싫어하는 사람이 그런다면 정반대로 불쾌감을 느낄 것이다. 심리적 요인을 보면, 승진, 합격, 로또 당첨 등 욕구나 욕망이 달성되면 쾌감을 느끼지만, 반면에 이에 실패하면 불쾌감을 느낀다. 감정이란 외부의 요인에 대한 심리적 반응이다.

사회적 요인을 보면, 타인과 서로 친밀하게 대화를 하고 칭찬을 들으면 기분이 좋아지고, 그 반대로 타인이 자신을 비난하거나 매도하는 발언을 하면 화가 나거나 수치심을 느낀다. 남보다 잘난 듯하면 우월감을 느끼고 그 반대의 경우엔 열등감을 느낀다. 이처럼 감정이란 타인과 관계, 타인의 말과 행동에 따른 정서적 반응이다.

문화적 요인을 보면, 약자를 도와주었을 때 보람을 느끼고, 불의와 맞서 싸울 때 정의감으로 충만해지며, 아름다운 미술품을 볼 때 미적 쾌감을 느끼며, 예수상이나 불상을 보면서 경외감에 젖는가 하면 낙엽을 보며 무상감을 느끼기도 한다. 이처럼 감정이란 도덕, 예술, 종교 등의 외부의 문화적, 가치관적 요인에 따른 정서적 반응이다.

한마디로 신체적이든, 심리적이든, 사회적이든, 문화적이든 감정은 외부의 자극이나 요인에 따른 마음과 신체의 즉각적 반응이나 느낌이다. 또, 감정은 우리 뇌의 이성이나 개념적 사고와는 분리된 두 뇌 활동이었다.

2. 감정의 구성이론

감각이란
구성한 개념대로 느끼는 것　　　서양에서는 고대부터 근대에 이르기까지 이데아 대 그림자, 이성 대 감정, 성스러움과 비천함, 신과 인간, 남성과 여성으로 나누고 전자가 후자보다 우월한 것이며 후자는 배제되어야 할 것으로 생각했다. 이 폭력적 서열구도 아래서는 감정은 이데아를 왜곡하는 그림자이고 비합리적이고 비천한 것이며 여성적인 것이다. 탈근대에 와서는 이에 대해 성찰을 한다. 감정이 이성에 영향을 미치거나 이성으로 판단할 수 없는 세계를 들여다보게 하며, 상호작용의 산물이기에 비천한 것도 여성적인 것도 아니다.

구성이론에서는 고전적 이론과 달리 감정과 뇌와 자극의 관계를 파악한다. 감각이란 대상을 있는 그대로 느끼는 것이 아니라 우리 두뇌에서 구성한 개념대로 느끼는 것이다. 한 예로 원효의 해골바가지 설화를 보자. 원효는 661년(문무왕 1년) 의상과 함께 당나라로 유학을 가던 길에 당항성(唐項城, 현 남양) 근처의 한 무덤에서 잠이 들었다. 잠자다 목이 말라 머리맡에 있는 바가지의 물을 달게 마셨다. 다음 날 아침에 깨어나 다시 보니 이는 해골바가지에 담긴 더러운 물이었다. 원효는 물을 토하면서 잠결에 먹은 물과 아침에 일어나서 보는 물이 똑같은 물인데 다만 생각에 따라 하나는 달게 먹었고 하나는 토하게 되었음을 생각하며, '일체유심조—切唯心造'의 진리, 다시 말해, 세상 모든 것이 마음이 빚어 일어나는 것임을 깨닫고 당나라 유학을 포기한다.

이것은 불교로 보면 일체유심조의 진리를 알리는 설화이지만, 뇌과학에서 보면 우리의 뇌가 개념적으로 구성한 대로 대상을 감각함을 나타낸다. 세상에서 가장 귀하고 맛있는 음식이라도 대변 냄새가 나거나 표면에 오물이 묻어 있는 그릇에 담아 진열한다면 아무도 먹지 않을 것이다. 2부 3장에서 말한 대로, "지금 우리 눈에 보이는 세상은 input이 아니고 output이다."

감각하는 것은
세계에 대한 반응이 아니라 시뮬레이션

우리가 감각하는 것은 세계에 대한 반응이 아니라 세계에 대한 시뮬레이션이다. 누가 우리에게 먹음직스런 빨간 사과를 건넨다면, 한 입 깨물어 사과의 상큼한 맛을 경험하고 그 순간에 뇌 속의 뉴런들이 점화한다. 운동뉴런들은 사과를 빨리 받아서 한 입 잘 깨물도록 팔과 입과 턱에 분주히 명령을 내릴 것이고, 감각뉴런들은 사과를 맛나게 먹도록 오감을 총동원할 것이다. 시각신경세포들은 잘 익었음을 느끼게 하는 짙은 빨간색을 망막에 영상 이미지로 담았다가 전기신호로 바꿀 것이고, 후각신경세포는 상큼하고 싱그러운 사과 향기를 몸 깊이 들이고, 청각신경세포는 사과를 깨물 때 들리는 아삭 소리를 미세한 진동까지 잡아낼 것이며, 촉각신경세포는 매끄러운 사과의 감촉을 포착하고, 미각신경세포는 미뢰를 한껏 열어 사과의 달면서도 시큼한 맛을 한껏 느끼면서 이들을 모두 전기신호로 바꾸어 연합신경세포로 전달할 것이다. 다른 뉴런들은 소화를 위해 효소를 방출해 군침을 흘리게 만들고 코티솔을 방출하여 우리 몸이 사과의 당분을 소화하는 대사작용을 준비하도록 할 것이다.

하지만, 이것보다 더 신기한 것은 사과가 없이 상상만 하더라도 우리의 뇌는 사과가 있는 것처럼 반응한다는 것이다. 우리의 뇌는 사과를 상상하는 것만으로도 우리가 과거에 보았고 맛보았던 사과에 관한 지식과 기억들을 조합한다. 그리고 우리의 감각과 운동 부위에 있는 뉴런들의 점화 방식을 바꾸어 머릿속에서 '사과'라는 개념의 한 사례를 구성한다. 우리의 뇌가 감각과 운동뉴런을 사용해 눈앞에 있지도 않은 사과를 꾸며내는 것이다. 이런 시뮬레이션은 심장 박동만큼이나 빠르고 자동적으로 일어난다.

이처럼, 시뮬레이션은 우리의 뇌가 세상에서 일어나는 일을 추측하는 과정이다. 이때 우리의 뇌는 과거 경험을 바탕으로 가설을 세우고 이것을 감각을 통해 전달되는 불협화음과 비교한다. 우리의 뇌는 시뮬레이션을 통해 잡음에 의미를 부여하면서 중요한 것을 선택하고 나머지는 무시한다. 우리가 보고 듣고 만지고 맛보고 냄새 맡는 것은 대부분 세계에 대한 반응이 아니라 세계에 대한 시뮬레이션이다.[2]

우리는 감각 입력의 수동적 수용자가 아니라 감정의 능동적 구성자이다. 우리의 뇌는 감각입력과 과거 경험을 바탕으로 의미를 구성하고 행동을 지시한다. 만약 우리에게 과거 경험을 표상하는 개념이 없다면, 우리가 앞에 있는 대상을 보고 듣고 느끼며 수용한 정보들은

---

2   리사 펠드먼 배럿, 『감정은 어떻게 만들어지는가』, 최호영 역, 생각연구소, 2017, 73~74쪽 참고함.

잡음에 지나지 않는다. 반면에 개념을 가지고 있으면 우리의 뇌는 감각에 의미를 부여하며, 이 의미가 때로 감정인 것이다.[3]

감정은
보편적이지 않다

감정은 보편적이지 않으며 다양하다. 폴 에크면Paul Ekman을 중심으로 한 고전적인 감정이론에서는 감정이 보편적이며, 특정한 안면 배치가 보편적으로 인식이 가능한 감정표현이라고 주장했다. 예를 들어, 눈동자의 표정, 눈 주변의 근육의 움직임, 입의 벌어짐의 정도나 미소, 볼 근육의 움직임에 따라 화, 즐거움, 불만, 슬픔 등의 감정을 읽어낼 수 있고 이는 보편적이라는 점이다. 이를 지지하는 연구자들은 아프리카나 뉴기니의 원주민에게 화, 슬픔 등의 기본 감정 그림이나 사진을 보여주고 연관된 낱말을 고르라고 하면 유럽과 별반 차이가 없다는 실험을 근거로 내세운다.

이렇게 본 이유 가운데 하나는 우리가 다른 사람의 얼굴과 신체 움직임에 우리 자신의 감정 '개념'을 적용해 그들이 행복하거나 슬프거나 화가 났다는 식으로 지각하기 때문이다.[4] 리사 펠드먼 배럿은 2008년 미국 오픈 테니스 챔피언십 결승에서 서리나 윌리엄스가 언니 비너스를 꺾은 직후에 환호하는 사진과, 이를 편집하여 눈 코 입 주변만 남긴 사진을 보여주면, 전자에서는 환희를 느끼지만 후자에서는 공포를 느낀다고 지적한다.[5] 예를 들어, 다음 사진에서 극심한 공포를 느껴 비명을 지르는 여성으로 인지할 것이다.

---

3   위의 책, 81쪽 참고함.
4   위의 책, 115쪽.
5   위의 책, 99쪽.

　하지만, 다음 사진을 보자. 실제로 이 사진은 2008년 미국 오픈 테니스 챔피언십 결승에서 세레나 윌리엄스가 언니 비너스를 꺾은 직후의 모습이다.

아프리카 나미비아의 힘바족 피험자들에게 낱말을 주지 않은 채 사진 더미를 준 다음 자유롭게 분류하고 명칭을 붙이라고 요청했다. 그러자 그들은 '미소 짓는 얼굴'에 '행복한ohnge' 대신 '웃는ondjora'이라 붙였고, 눈을 크게 뜬 사진 더미에 대해서는 '두려운okutira' 대신 '바라보는tarera'이라 했다. 힘바족의 피험자들은 안면 움직임을 보면서 정신 상태나 감정을 추론하기보다 행동으로 범주화했다.[6]

감정은 문화적 맥락에 따라 다르게 구성된다. 우리가 경험하고 지각하는 감정이 우리가 가진 유전자의 필연적인 결과가 아니다. 우리에게 낯익은 감정 개념들이 내장된 것처럼 느껴지는 까닭은 이런 감정 개념이 의미 있고 쓸모 있는 것으로 받아들여지는 특정 사회적 맥락에서 우리가 자랐기 때문이다. 그리고 우리의 뇌가 우리의 의식과 상관없이 이것들을 적용해 우리의 경험을 구성하기 때문이다. 다른 문화권이라면 똑같은 감각 입력에 대해 다른 종류의 의미를 부여할 수 있고, 또 실제로 그러하다.[7]

감정은
복합적 의미 구성의 결과   감정은 뇌와 신체의 핵심 체계에 의해 심리적으로 구성된다. 1960년대에 심리학자 스탠리 삭스터와 제롬 싱어는 피험자에게 몰래 아드레날린을 주입했다. 그러자 피험자는 원인을 모를 흥분을 주위의 맥락에 따라 분노로 경험하기도 하고 행복감으로 경험하기도 했다. 이처럼 감정은 촉발되는 것이 아니라 만

---

6   위의 책, 111쪽.
7   위의 책, 84쪽.

들어지며, 감정은 매우 가변적이고 지문이 없으며, 감정은 원칙적으로 인지나 지각과 잘 구별이 되지 않는다.[8]

감정은 복합적 의미구성의 결과이다. 지각이 없다면 감정도 없다. 물리적 실재는 지각을 매개로 감정을 유발한다. 감정은 대상/타자와 어우러져 일어나는 현상과 사건에 대해 감각신경세포가 반응하여 발생하는 것이 아니다. 감정은 내 몸과 대상/타자, 과거의 경험과 현재의 감각 정보, 지각과 세계, 뉴런과 몸이 상호작용/소통을 하여 이루어지는 복합적 의미 구성의 결과이다.

> **예1** 바위가 떨어짐(공기의 진동) → 청각신경의 전달(진동이 귀를 통해 내이의 유체를 자극하고 이 안의 섬모가 압력변화를 전기신호로 변환함) → 뇌 속의 뉴런들이 돌과 소리에 대한 과거의 경험과 정보를 종합하여 예측prediction → 시뮬레이션 → 비교 → 예측의 오류 수정

예를 들어, 돌과 소리에 대한 개념이 없다면 돌이 떨어져도 공기의 진동만 느낄 뿐이며, 빛깔에 대한 개념이 없으면 빨간 사과를 보고도 반사된 빛만 느낄 뿐이다. 지각하는 존재가 없다면 소리도, 빛깔도 없으며 물리적 실재만 존재한다. 자, 어떤 이가 산장에 있는데 바위가 쿵 하고 떨어지는 소리가 들렸다. 지각이 없다면 이는 그냥 공기의 진동으로만 존재할 것이다. 하지만 이 공기의 진동이 귀를 통해 내이의 유체를 자극하고 이 안의 섬모가 압력변화를 전기신호로 변

---

8 위의 책, 85~86쪽.

환하여 뇌의 신경세포로 전달한다. 연합신경세포들이 돌과 소리에 대한 기억과 정보를 종합하여 그것이 바위가 떨어진 소리로 인지하고 놀라게 된다.

감정은

사회적 실재　　감정은 외부 자극에 대한 반응이 아니다. 우리는 눈앞에 사과가 없더라도 빨간 사과를 상상하며 침을 흘릴 수 있고, 자신이 사랑하는 사람을 떠올리며 행복한 미소를 지을 수 있다. 우리는 외부의 대상과 자극을 수동적으로 수용하는 것이 아니라 능동적으로 구성한다. 조그마한 숲을 산책하기만 해도 우리는 무수한 식물과 동물과 광물, 이들이 어우러져 빚어내는 풍경과 마주친다. 땅 밑을 보기만 해도 개미, 거미, 지렁이, 지네, 쇠똥구리 등을 발견하지만, 대개 그냥 무심코 지나친다. 때로는 개미나 거미가 있는 땅을 바라보았다 하더라도 인지하지 못할 때도 많다. 그 영상 이미지들은 잡음으로 간주되기 때문이다. 하지만, 독거미를 발견했다면 우리는 보자마자 놀라움의 감정을 드러낸다. 이어서 도망가거나 피하는 동작을 취한다. 이는 우리의 머릿속에 독거미가 독이 있으며 그 독이 내 몸에 해롭다는 개념이 자리하고 있기 때문이다. 우리의 뇌는 감각 입력과 과거 경험을 바탕으로 의미를 구성하고 행동을 지시한다. 똑같이 흉측하게 생긴 두 마리의 거미라 할지라도 독거미가 아닌 거미를 분별하는 개념이 있다면 그 거미를 보고는 놀라지 않을 것이다. 감각 입력과 과거 경험을 바탕으로 한 개념이 없다면 감정도 발생하지 않는다.[9]

9　위의 책, 81쪽 참고함.

감정은 사회적 실재social reality다. 나 혼자만의 개념이 아니라 두 사람 사이에서 개념이 공유될 때 감정은 표출된다. 심장박동이 빨라지고 호흡이 가빠지고 혈압이 오르면 우리는 좋은 일이든 나쁜 일이든 당사자가 흥분했다고 생각한다. 심박수, 혈압, 호흡의 변화 같은 물리적 사태가 감정 경험이 되는 까닭은 문화 속에서 학습한 감정 개념을 가지고 있는 우리가 사회적 합의를 바탕으로 감각에 추가 기능을 부여하기 때문이다. 눈을 커다랗게 뜬 친구의 표정을 보면서 우리는 공포를 지각할 수도 있고 놀라움을 지각할 수도 있다. 번지점프를 하거나 롤러코스터를 타는 사람은 공포에서 쾌감을 체험한다. 여행객이나 낭만적인 예술가들은 노스텔지어, 멜랑콜리, 쓸쓸함, 고독감에서 만족을 느낀다. 감정은 우리가 어떤 개념을 사용하는가에 달렸다.[10]

우리는 돌이 떨어지는 소리를 들으면 놀라고, 바람이 잎새를 스치고 시냇물이 돌틈 사이로 졸졸 흐르는 소리를 들으면 평안함을 느낀다. 감정은 실재한다. 하지만 이는 지각하는 사람의 뇌에서 구성한 것이다. 윗사람이 불같이 화를 내면 벌벌 떠는 아랫사람이 있는가 하면, 그것을 허풍으로 인지하고 냉소를 짓는 아랫사람도 있다. 냉소를 짓는 사람에 대해서만큼은 아랫사람에게 화를 표현하여 권력을 행사하려 한 윗사람의 의도는 실패로 귀결된다. "공포와 분노는 신체, 얼굴 등의 특정 변화가 감정으로서 의미 있다고 동의하는 사람들에게 실재한다. 다시 말해 감정 개념은 사회적 실재이다."[11] 감정은 대상/타자와 어우러져 일어나는 현상과 사건에 대해 감각신경세포가

___

10 리사 펠드먼 배럿, 위의 책, 94쪽 ; 윌리엄 M. 레디, 『감정의 항해』 김학이 역, 문학과지성사, 2016, 47~48쪽 참고함.
11 리사 펠드먼 배럿, 앞의 책, 253쪽.

반응하여 발생하는 것이 아니다. 감정은 내 몸과 대상/타자, 과거의 경험과 현재의 감각 정보, 지각과 세계, 뉴런과 몸이 상호작용/소통을 하여 이루어지는 복합적 의미구성의 결과이다.

"감정은 집단지향성collective intentionality을 통해 실재가 된다."[12] 특정 맥락에서 눈살을 찌푸리는 것이 분노를 나타낸다는 동의가 두 사람 사이에 존재한다면, 한 사람이 눈살을 찌푸리는 것을 상대방은 분노로 인지한다. 그리고 이에 대하여 함께 눈살을 찌푸리거나, 미소를 지으며 상대방 마음을 풀어주거나, 왜 눈살을 찌푸리는가 하고 묻거나, 때로 폭력적인 사람들은 주먹을 날리는 등 여러 대응을 할 것이다. 이는 눈살을 찌푸리는 움직임 자체를 통해 분노를 전달하는 것이 아니다. 개념을 공유하고 있기에 눈살을 찌푸리는 행위가 상대방의 뇌 속에서 "저 사람이 화가 난 것 같은데 나는 어떻게 할까?"라는 예측을 개시하게 만드는 단서가 되기 때문이다. 만약에 눈살을 찌푸리는 것이 고민을 나타내는 동의였다면, 상대방이 현명할 경우 고민이 끝날 때까지 기다릴 것이다. 이렇게 감정은 나와 너의 인지와 예측의 매개를 통해 실제로 나타난다.

"우리는 소리, 빛깔, 돈의 경우 똑같은 방식으로, 즉 뇌의 배선 안에 구현된 개념 체계를 사용하여 감정의 사례를 구성한다. 감정은 사회적 실재의 전제 조건인 두 인간의 능력을 통해 우리에게 실재가 된다. 우선 '꽃', '돈', '행복' 같은 개념이 존재한다고 동의하는 일군의 사람들이 있어야 한다. 이렇게 여러 사람들이 공유하는 지식이 집단지

---

12 리사 펠드먼 배럿, 앞의 책, 256쪽. 집단지향성은 1부 2장에서 말한 '상호주관적 실재'라는 개념
     과 유사하다.

향성collective intentionality이다. 이것들이 실재한다고 우리가 동의하기 때문에 실재한다. 그러나 이것들은, 그리고 감정은 오직 지각하는 인간이 있을 때만 존재한다."[13]

예측과 감정의

범주화　범주는 "특정 목적상 등가로 분류되는 물체, 사태, 행동 등의 집합으로 정의된다. 그리고 개념은 범주의 심적 표상"[14]이다. 수족관에 가서 "어떤 물고기를 원하는가?"라는 질문에 "잘 훈제된 연어"라고 답할 사람은 없다. 흔히 자연이나 세계를 기준에 따라 분류하는 것이 범주라 생각하기 쉬운데 여기서 중요한 것은 범주는 목적에 따라 다양하게 분류될 수 있으며, 이에 따라 범주는 전형적이거나 빈번한 것을 넘어선다는 점이다.

흔히 자동차라 하면 "원동기를 장치하여 그 동력으로 바퀴를 굴려서 철길이나 가설된 선에 의하지 아니하고 땅 위를 움직이도록 만든 차"[15]라고 생각한다. 하지만, 목적이 주물鑄物이라면 이는 쇳덩이의 일종이고, 목적이 적의 방어라면 바리케이드의 구성물이며, 목적이 예술이라면 예술 작품의 오브제일 것이다. 또, 사전의 정의와 달리 바퀴가 없는 차, 눈 위를 달리는 자동차, 가설된 선로 위를 달리는 자동차도 가능하다. 감정도 마찬가지로 목적에 따라 범주가 달라진다. 뱀을 보는 자극이 늘 공포를 야기하는 것만은 아니다. 뱀을 애완용 동물로 키우는 소년이라면 흥분을 느낄 것이고, 이를 결단코 반대

13　위의 책, 267쪽.
14　위의 책, 175~176쪽.
15　〈naver 국어사전〉.

하는 엄마는 짜증을 낼 것이다.

　직장상사가 승진을 시켜준다며 죽도록 일만 시키고는 어떤 사정 때문에 다른 직원을 승진시켜 주었다고 말할 때 당사자는 고함을 지르며 분노를 표현할 수도 있고, 화를 삭이며 침묵할 수도 있고, 면전에서는 참지만 언제인가 복수를 하겠다고 마음먹을 수도 있다. 당사자는 직장상사와 자신과의 관계를 형성하는 권력, 직장상사의 성격, 인품 등에 관련된 정보를 종합하여 자신이 반응을 보인 이후의 결과에 대해 예측한다. '고함, 침묵, 복수' 등 당사자의 목표에 가장 적합하다고 판단하여, "예측의 경험에서 최종 승리한 사례를 선택하여 행동과 경험을 결정하는 과정이 범주화이다."[16]

감정의 작동 과정

　감정의 작동 과정에 대해 알아보겠다. 감정은 대체로 다음의 과정으로 전개된다.

　① 예측 → ② 시뮬레이션→ ③ 비교 → ④ 세계의 모형 형성과 범주화, 또는 예측 오류의 수정 및 해소 → ⑤ 감정의 표현

야구공 잡기의 사례

　① 야구공이 날아오면 시신경세포와 운동신경세포가 감각에 입력된 것과 기존에 공을 받은 경험을 바탕으로 그 궤적을 예측하고 반응을 한다. 이렇듯, 어떤 특정 맥락에서 어떤 상황이 일어나

16　리사 펠드먼 배럿. 앞의 책, 220쪽.

면 감각으로 입력된 것과 기존의 경험에서 비롯된 개념을 바탕
으로 예측을 한다. "예측은 (…) 주위의 세계에서 무슨 일이 일어
나고 있는지, 그리고 그것을 어떻게 처리해야 당신의 생명과 안
녕을 유지할 수 있는지에 대해 뇌가 행하는 최선의 추측이다."[17]

② 몇 밀리초도 안 되는 짧은 시간에 자신이 희망하는 성공적인 공
 잡기의 시뮬레이션을 한다. 공이 날아오는 방향으로 팔을 뻗어
 글러브의 정가운데와 공의 궤적을 맞추어 정확하고 멋지게 잡
 는 모습을 머릿속에서 미리 그린다. 보고 듣고 냄새 맡고 맛보
 고 만지는 것은 대부분 세계에 대한 반응이 아니라 세계에 대한
 시뮬레이션이다. 사과가 없는데도 사과를 상상하며 침을 흘리
 는 것처럼, 감각입력이 없어도 뇌가 개념에 기초하여 감각 뉴런
 을 점화하여 반응하는 것을 시뮬레이션이라 한다.

③ 그리고 실제 세계에서 받는 정보, 곧 시신경세포와 청각신경세
 포 등 감각 입력 데이터와 비교한다. 이들 눈, 귀, 코, 입, 살갗
 등의 감각기관을 통해서 들어온 수많은 정보 가운데 개념에 기
 초하여 대개의 정보를 잡음으로 분류하고 필요한 정보만을 선
 택하여 여기에 의미를 부여한다. 이 시뮬레이션과 실제 세계의
 정보를 비교하며 오차를 수정한다. 눈으로는 공이 날아오는 모
 습을 보고 방향과 예상 궤적을 추론한다. 귀로는 소리를 들으며
 속도를 가늠한다. 더 정확성을 요구할 경우나 경험이 많은 선수

---

17 위의 책, 129쪽.

들은 바람과 날씨, 기압까지 고려한다.

④ 예측과 실재는 괴리가 있기 마련이다. 공이 예측한 대로 오다가 바람을 타고 빗나갈 수도 있고, 상대방이 회전을 많이 주는 바람에 왼쪽이나 오른쪽으로 방향이 휘어질 수도 있다. 계속 눈을 커다랗게 뜨고 귀를 열어놓고 공을 주시하고 있어야 공을 놓치는 일이 발생하지 않을 것이다. 공이 날아오는 내내 예측과 수정을 되풀이한다.

뇌는 예측을 통해 가설을 만들고 감각입력 데이터에 비추어 이것을 검증한다. 그리고 반대 증거가 나오면 과학자가 가설을 조정하는 것처럼 뇌는 예측 오류를 통해 예측을 수정한다. 뇌의 예측이 감각 입력과 일치할 경우 이것은 그 순간에 세계에 대한 모형을 형성한다. (…) 뇌에는 세계가 바로 다음 순간에 어떻게 전개될지에 대한 정신적 모형이 있다. 이 모형은 과거 경험을 바탕으로 구성된 것이자 세계와 신체를 바탕으로 개념을 사용해 이루어지는 의미 구성making meaning 현상이다. 우리가 깨어 있는 매 순간 뇌는 개념으로 조직된 과거 경험을 사용해 우리의 행동을 인도하고 우리의 감각에 의미를 부여한다. 의미 구성은 주어진 정보 너머로 가는 것이다.[18]

⑤ 그런 후에 공을 성공적으로 잡거나, 공이 글러브를 스쳐 멀리 날아가는 것을 경험하게 된다. 성공적으로 잡았다면 마음이 기

---

18 위의 책, 240~242쪽.

뺄 것이고, 공을 놓쳤다면 실망할 것이다.

공항에서 친구를 만나는 사례

① 공항에서 친구의 모습을 예측하며 기다림 → ② 시뮬레이션 → ③ 친구에 대해 시뮬레이션한 세계와 현재 감각을 통해 입력된 정보의 비교 → ④ 예측 오류의 수정 및 해소, 세계의 모형 형성과 목적에 따른 범주화 → ⑤ 감정의 표현(반가움이나 실망감)

자, 석철이란 사람이 미국으로 유학을 간 고향 친구, 균태를 공항에서 마중하는 사례를 들어보자. 석철은 비행기 도착 시간에 맞추어 인천 공항의 입국자 출구에 가서 기다린다. 자신의 머릿속에 입력된 기억을 바탕으로 친구의 모습을 예측한다. 친구를 보기 전에 이미 머릿속에서는 뉴런들이 점화하여 친구의 얼굴과 몸매에 더하여 미국 생활에 관한 정보들을 종합하여 친구가 나오는 모습을 시뮬레이션한다. 곧 친구와 비슷한 사람의 모습이 보인다. 시뮬레이션한 친구의 모습과 현재 친구로 보이는 사람을 비교한다. 얼굴 모습은 비슷한데 머리 스타일이 다르고 몸은 뚱뚱하다. 그러면, 유학 생활을 하면서 가치관이 변하여 장발로 머리 스타일을 바꾸고 고기 위주의 미국의 식습관에 따라 몸이 늘어났을 것이라고 수정한다.

친구를 바라보는 석철의 뇌에서는 범주화가 일어난다. 마중의 목적이 우정이라면 그의 뇌는 심장에 산소를 보내 빨리 뛰게 하고 포도당을 얼굴과 손의 근육에 보내 환한 미소를 지으며 손을 들고 "균태야, 여기!"라고 외치게 한다. 그의 마음은 기쁨으로 충만할 것이다. 마중의 목적이 친구의 돈이라면 왠지 허름한 차림에 실망의 감정이

들 것이고 이를 애써 감추며 반가움을 가장할 것이다.[19]

맥락과 예측과

해석의 관계

기호학적으로 볼 때, '불'이 맥락에 따라 '화, 열정, 욕정, 혁명'을 뜻하듯, 기호의 의미는 맥락에 따라 달라진다. 맥락이 열려 있는 텍스트에 울타리를 치고 현실을 소거한 텍스트에 현실의 구체성을 부여한다. 감정에서도 표정과 제스처란 기호는 맥락에 따라 해석이 달라진다. 일그러진 얼굴로 크게 소리를 지르는 얼굴 표정의 의미는 맥락에 따라 다양하다. 어두운 길에서 강도가 나타난 맥락에서는 공포이지만, 축구결승전에서 결승골을 넣거나 로토에 당첨된 맥락에서는 승리나 당첨의 환희이며, 서로 싸우는 맥락에서는 상대방에 대한 자기과시이다.

심장이 크게 뛰는 신호가 분노일 수도 있고 공포일 수도 있고, 설렘일 수도 있다. 심장의 박동수 등 "생물학적 신호에 새 기능을 부여하는 범주화는 신호의 물리적 성질에 따라 이루어지는 것이 아니라 우리의 지식과 세계 안에 있는 우리 주위 맥락에 기초한다."[20] 감정을 야기하는 바탕인 예측은 맥락성을 갖는다. "신경과학의 최근 연구들은 뇌가 과거의 경험을 바탕으로 입력된 감각적 데이터를 지속적으로 미리 예상하면서 예측적으로 기능을 한다고 지적한다. 이러한 관점에 따르면, 예측 신호는 경험을 안내하고 제한하면서 지각에 영향을 미친다. 일련의 여섯 가지 행동 실험 결과, 얼굴 표정에 대한 예

---

19   리사 펠드먼 배럿, 앞의 책, 4~5장 참고하여 필자가 나름대로 기술함.
20   같은 책, 243쪽.

측이 사회적 지각을 끌어내는 동력이 되고 다른 사람들의 평가에 심대한 영향을 미친다는 것으로 드러났다. 개인은 표정이 예상될 때, 심지어 의식적인 변화가 없을지라도 더 바람직하고 신뢰할 만한 것으로 판단한다. 더욱이 사회적 판단에 대한 예측의 효과는 그러한 판단에 영향을 미칠 수 있는 보다 기본적인 지각적 과정(즉, 촉진된 기대되는 표정의 시각적 과정)뿐만 아니라 그러한 판단이 특히 중요한 실제 세계(즉, 다가오는 선거에 대한 대통령 후보자 평가)까지 확대된다."[21]

맥락은 사람끼리 만나는 상황에서 정치, 세계관, 이데올로기, 경제 등에 이르기까지 다양한데, 감정의 맥락에서 결정적으로 작용하는 것은 문화이다. 문화 전체가 우리가 형성하는 개념과 우리가 행하는 예측에 집단으로 역할을 한다. 예를 들어, 미국의 재판정에서 양심의 가책 여부를 판단하고 양형을 결정하지만, 이에 대한 표정과 해석은 문화권마다 다양하다. 보스턴 마라톤 폭탄 테러범 조하르 차르나예프Dzhokhar Tsarnaev는 2015년에 유죄 판결을 받아 사형이 선고되었다. 12명 중 10명의 배심원들은 재판 내내 돌처럼 무표정하게 앉아 있는 죄인을 보고 그가 양심의 가책을 전혀 느끼지 않는다고 판단했다. 하지만, 양심의 가책은 특정 상황과 결부된 많은 다양한 사례로 구성된 감정 범주이다. 피고의 양심의 가책은 예측의 다단계 과정으로 존재하는 그의 문화 내에서 그의 이전 경험으로부터 구성된 '양심의 가책'에 대한 그의 개념에 따라 구성된다. 차르나예프는 숙모가 증언대에서 목숨을 탄원했을 때는 눈물을 자아냈다. 이는 피고의 조국인 체첸

---

21 Lorena Chanes·Jolie Baumann Wormwood·Nicole Betz·Lisa Feldman Barrett, "Facial Expression Predictions as Drivers of Social Perception," *Journal of Personality and Social Psychology*, American Psychological Association, 2018, Vol. 114 No. 3, p. 380.

312 __ 제2부 인공지능과 인류의 미래

인의 문화에서는 사내가 역경에 처했을 때 태연할 것을 기대한다. 또한 체첸인들은 싸움에서 지면 용감하게 패배를 받아들여야 한다. 반면에 가족에게 수치를 안겨주는 일에는 매우 고통스러워한다. 이처럼, 양심의 가책에 대한 지각은 모든 감정 지각과 마찬가지로 탐지되지 않고 구성된다.[22]

감정의 기능　　감정은 여러 가지 기능을 수행한다. 첫째, 감정은 의미를 구성하는 기능을 수행한다. 수백 마디의 말보다 눈물 한 방울, 따스한 눈빛, 미소 한 번이 더 많은 의미를 내포하고 타인에게 효과적으로 의미를 전달하고 반응을 이끈다. "숨을 빠르게 쉬면서 땀을 흘리는 신체의 신호는 들뜸일 수도, 두려움일 수도, 몸이 기진맥진한 상태일 수도 있다. 이렇게 상이한 범주화는 상이한 의미를 표상한다. 우리가 감정 개념을 사용한 범주화를 통해 감정 사례를 만들어내면 우리의 감각과 행동은 설명된 것이다."[23]

둘째, "감정은 행동을 명령하는 기능을 수행한다. 숨을 빠르게 쉬면서 땀을 흘리고 있다면 무엇을 해야 하는가? 들뜬 마음으로 싱긋 웃어야 하는가? 겁에 질려 달아나야 하는가? 아니면 드러누워 낮잠을 청해야 하는가? 예측을 바탕으로 구성된 감정 사례는 과거 경험을 지침으로 삼아 특정 상황에서 특정 목표를 추구하도록 우리의 행동을 재단하는 기능을 한다."[24]

셋째, "감정은 신체 예산을 조절하는 기능을 수행한다. 땀이 나고

22　이 단락은 리사 펠드먼 배럿, 앞의 책, 419~423쪽 참고하여 기술함.
23　위의 책, 263쪽. 내용은 수정하지 않되 약간의 표현을 바꿈.
24　위의 책, 263쪽.

숨이 찬 상태를 어떻게 범주화하느냐에 따라 우리의 신체 예산은 다른 영향을 받을 것이다. 들뜬 마음으로 범주화하면, 팔을 번쩍 들기 위해 코티솔이 약간 방출될 수도 있다. 공포로 범주화하면, 달아날 준비를 하느라 더 많은 코티솔을 방출할 것이다. 반면에 기진맥진함으로 범주화하면 낮잠을 자려 할 것이고, 이 경우 코티솔은 추가로 필요하지 않을 것이다."[25]

넷째, "감정은 사회적 영향력을 행사하는 기능을 수행한다. 한 남성이 숨을 가쁘게 쉬면서 땀을 흘리는 장면을 보고 상대방이 어떻게 범주화하느냐에 따라 상대방은 다양한 반작용을 행할 것이다."[26] 당신이 제출한 보고서를 놓고 직장상사가 그렇게 한다면 당신은 보고서를 잘못 썼다는 것을 알고 직장상사의 말이 떨어지기 전에 미리 겁을 먹고 어제 밤늦게 술을 먹고 보고서를 멍한 상태에서 작성한 것을 자책할 것이다. 하지만, 조깅복을 입고 아침 산책길에서 만난 이웃이 그렇게 한다면 반갑게 아침 인사를 할 것이다.

한국인이 분류한
마음과 감정의 종류

앞에서 말한 대로 감정은 보편적이지 않다. 감정은 문화적 맥락에 따라 다양하다. 감정을 표현하는 낱말이 문화권과 언어권에 따라 천차만별이다. 감정에 관한 기호가 없으면 그 감정이 존재할 수는 있어도 그 개념을 명확하게 구성하기 어렵다. 한국어에서 감정에 관련된 낱말 중 명사만 모아 보았다. 이 가운데 영어

---

25 위의 책, 263~264쪽. 표현만 약간 바꿈.
26 위의 책, 264쪽.

로 번역할 수 없는 단어가 많다. 박용수가 엮은『우리말 갈래 사전』의 도움을 받아 나열하면 아래와 같다.[27]

마음 일반 간사위, 감칠맛, 견딜성, 곰팡스러움, 굄성, 귀염, 당길심, 뒷생각, 뜻, 마음가짐, 마음결, 마음고생, 마음공부, 마음보, 마음성, 마음속, 마음씨, 마음자리, 맺힌데, 믿음, 믿음성, 밑바닥, 배알, 배짱, 복장, 본뜻, 본마음, 붙임성, 빈속, 뼈, 성결, 성깔, 소갈머리, 속다짐, 속대중, 속마음, 속생각, 속셈, 속어림, 속뜻, 속짐작, 속종, 속판, 알심, 얌심, 얼떨결, 열기, 옥생각, 외쪽생각, 우김성, 잔속, 장난기, 줏대, 쥐정신, 지닐성, 지레짐작, 짐작, 참뜻, 트레바리, 풀쳐생각, 한속

고마움 감사, 감사만만感謝萬萬, 감사무지感謝無地, 감사천만, 감하感荷, 고마움, 보답報答, 사의謝意, 은혜恩惠, 은공, 사은謝恩, 치사致謝

걱정과 두려움 가념可念, 개의介意, 걱정, 걱정거리, 겁, 겁남, 경경耿耿, 경경불매耿耿不寐, 고뇌苦惱, 고려苦慮, 고민苦悶, 고민거리, 고사苦思, 고심苦心, 고심참담苦心慘憺, 골치아픔, 괴로움, 근심, 근심거리, 꿀림, 냉가슴, 노심勞心, 농수濃愁, 다심多心, 덤터기, 덴가슴, 두려움, 머릿살아픔, 무거움, 무서움, 무섬증, 무섬탐, 무시무시함, 바자움, 번민繁悶, 생가슴, 생걱정, 섬뜩함, 섬쩍지근함, 속끓임, 속떨림, 속상함, 속썩음, 속탐, 속태움, 수사愁思, 수꿀함, 시름, 시름겨움, 심살내림, 심려心慮, 심수深愁, 심우深憂, 쓰라림, 애, 애끓음, 애달픔, 애성이, 애통터짐, 앵함, 어수선함, 열남, 염려念慮, 올가망함, 옴씰함, 우구憂懼, 우려憂慮, 자글거림, 잔걱정, 저

27　박용수 편,『우리말 갈래 사전』, 한길사, 1989, 183~193쪽의 3장 사람의 마음에 나오는 명사, 형용사, 동사를 거의 모두 분류하여 집어넣었으며, 일부 단어는 네이버 국어사전과 대조하여 수정했고, 한자어도 네이버 국어사전을 참고함.

어함, 전민煎悶, 조바심, 주니, 진우軫虞, 질수疾首, 치념馳念, 켕김, 한걱정, 한시름, 현념懸念

걱정과 관심 궁금함

견뎌냄과 견뎌내지 못함 갑갑증, 궁금증, 마음졸임, 몸달음, 모질음, 물림, 배겨냄, 배김, 밴덕, 배짱, 변덕, 보짱, 싫증, 약비남, 조바심, 주니, 짜증

그리움 감침, 그리움, 눈에 밟힘, 삼삼함, 암암함

기쁨과 즐거움 가적佳適, 가벼움, 경행慶幸, 가열嘉悅, 개운함, 거뿐함, 기쁨, 나슨함, 낙樂, 낙사樂事, 노글노글함, 노긋함, 대견함, 든든함, 맛깔스러움, 맞갖음, 멋들어짐, 반가움, 산뜻함, 시원함, 신, 신명, 즐거움, 탐탁함, 쾌락快樂, 유쾌愉快, 창락暢樂, 창적暢適, 하뭇함, 향락享樂, 해낙낙함, 화락和樂, 환희, 희락喜樂, 희열喜悅, 후련함, 흐뭇함, 흐뭇뭇함, 흥興, 흥뜸, 흥남

놀람 건혼남, 끔찍함, 살랑함, 서늘함, 서느렇함, 선거움, 설렁함, 써늘함, 어뜩함, 울렁거림, 질겁, 쭈뼛함, 휭함

당당함 당당함, 떳떳함, 찐더움, 우쭐함

마음 평안함 눅함, 눅진함, 느긋함, 느즈러짐, 늘어짐, 바람잠, 삭임, 섰삭임, 아득함, 아련함, 여유로움, 찹찹함, 평안함, 호젓함, 홀가분함

마음의 어지러움 넋없음, 달싹임, 뒤숭숭함, 들뜸, 들먹임, 들썽함, 멍함, 멍때림, 어수선함, 맥맥함, 바람남, 바람듦, 새퉁스러움, 수수함, 시끌시끌함, 아뜩함, 어리둥절함, 어리벙벙함, 어리뻥뻥함, 어리삥삥함, 어리침, 어안이벙벙함, 어이없음, 어지러움, 어진혼나감, 어처구니없음, 얼근함, 얼떨떨함, 얼빠짐, 옹송망송함, 왜퉁스러움, 헷갈림, 휘둘림, 휘감김

미움과 질투 강새암, 넌덜, 넌더리, 뇌꼴스러움, 듣그러움, 몸서리, 미운증, 미움, 뺏성, 배리함, 배릿함, 비리함, 샘, 샘부림, 생배앓이, 성가심, 시기猜忌, 시샘, 시새움, 실큼함, 싫음, 싫증, 싸늘함, 아니꼬움, 암기, 암상, 얄미움, 얌심, 욕지기남, 주니, 증오, 지겨움, 지긋지긋함, 지질함, 진저리, 진절머리, 질투嫉妬, 혐오

바람과 욕망 갈근거림, 개염남, 거미치밀음, 권력욕, 기대期待, 당길심, 마음졸임, 명예욕, 몽니, 바람, 부러움, 부풀음, 색욕色慾, 색정色情, 성욕性慾, 소기所期, 소망所望, 수면욕, 식욕, 야욕野慾, 염망念望, 욕구欲求, 욕망欲望, 욕심慾心, 원願, 원망願望, 음욕淫慾, 의망意望, 재물욕, 희망希望, 희원希願

부끄러움 계면쩍음, 남우세, 남세, 망신亡身, 면구스러움, 민망함, 민주스러움, 바끄러움, 부끄럼, 부끄럼성, 비웃음, 놀림, 수치감羞恥感, 수치심, 야마리, 얌치, 얌통머리, 열없음, 염우廉隅, 염치, 염치머리, 염통머리, 잔부끄럼, 점직함, 짓쩍음, 창피

불쌍함 가여움, 불쌍함, 안쓰러움, 안타까움, 애처로움, 애틋함, 자닝스러움, 짠함

불쾌 갑갑함, 거북함, 거북살스러움, 검씀, 게적지근함, 귀거칠음, 꺼림칙함, 꺼림함, 께끄름함, 께느른함, 께적지근함, 덴덕스러움, 덴덕지근함, 따분함, 떠름함, 떨떠름함, 뜨악함, 마뜩찮음, 맥적음, 못마땅함, 서먹서먹함, 섭섭함, 소들함, 시답지않음, 시들함, 시무룩함, 시뻐함, 시틋함, 실뚱머룩함, 언짢음, 아니꼬움, 아니꼽살스러움, 아쉬움, 잡침, 짐짐함, 징그러움, 징글징글함, 짬, 찌무룩함, 찜찜함, 찝찔함, 찡찡함

기쁨과 불쾌함 시원섭섭함

삐침 고부장함, 꼬부장함, 삐침

사랑과 정 가애可愛, 가애嘉愛, 간사위, 감칠맛, 권애眷愛, 굄, 굄성, 교계交契, 교분交分, 교의交誼, 교정交情, 귀애貴愛, 귀여움, 난봉鸞鳳, 내리사랑, 덧정, 모심慕心, 무애撫愛, 무어撫御, 붙임성, 사귐성, 사모思慕, 사모심思慕心, 사랑, 사련思戀, 섭섭함, 수권垂眷, 심정애心情愛, 애모愛慕, 애정愛情, 애호愛好, 연모戀慕, 연애戀愛, 우정友情, 자휼字恤, 정, 정나미, 정분情分, 정애情愛, 정의情誼, 첫사랑, 첫정, 총애寵愛, 치사랑, 친애親愛

서운함 고까움, 서운함, 야속함, 하전함, 허수함, 허전함

성냄 가스러짐, 거스러짐, 결기, 결남, 결냄, 골, 골오름, 골탕, 골틀림, 노기怒氣, 노염, 노여움, 놀부심사, 덧남, 맺힘, 몽니, 몽클함, 받침, 부아, 부아통, 부앗김, 분忿, 분노憤怒, 분통憤痛, 불뚝성, 뿔다귀, 삐뚤어짐, 새암, 섰, 성, 성질性質, 소가지부림, 심통, 심화心火, 솟증, 약오름, 애성이, 역정逆情, 우김성, 욱기, 울분鬱憤, 울화鬱火, 울화통, 짜증, 치떨림, 트레바리, 피새, 화, 화통, 화딱지, 홧김

슬픔 구슬픔, 눈물겨움, 비탄悲嘆, 비통悲痛, 뼈아픔, 뼈저림, 서글픔, 서러움, 설움, 슬픔, 애, 애끊음, 애달픔, 애성이, 애절哀絕, 애통哀痛, 은결듦, 한恨

슬픔과 성냄 울화통, 한풀이, 화병

슬픔과 걱정 한시름, 한속

슬픔과 웃김 웃픔

외로움 고독, 외로움, 쓸쓸함

우스움 우스움

타인의 슬픔에 대한 쾌감 고소함, 쌤통, 쟁글쟁글함

3. 감정과 불교

불교는 대상에 대한 감각과 감각에서 비롯된 지각을 궁극적 진리를 방해하는 허상으로 간주한다. 불교에서 궁극적 진리라 할 수 있는 진여실제眞如實際에 이르려면 의식작용의 본체[心王]가 객관의 대상[萬有]을 인식하는 정신작용[心所]을 오온五蘊에서 벗어나 적멸寂滅의 경지로 이끌어야 한다. '온蘊, skandha'이란 '쌓음, 간직함, 집합체'를 의미한다. 집합체란 하나, 하나 해체할 수 있다. 초가를 흙과 짚과 나무, 돌로 해체한 것을 놓고 집이라 할 사람은 없다. 해체되는 순간 그것은 더 이상 그것이 아니다. 그러니 존재한다 할 수 없다. 목적론적으로 보아 진여실제에 이르기 위해서도 오온을 벗어나야 하지만, 존재론적으로 보아도 오온은 실체가 아니라 허상에 지나지 않는다.

오온은 색온色蘊, 수온受蘊, 상온想蘊, 행온行蘊, 식온識蘊이다. 색온은 오근五根(눈, 귀, 코, 혀, 몸)과 오경五境(색色, 성聲, 향香, 미味, 촉觸)으로 이루어진 물질계를 의미한다. 우리 몸의 감각기관을 통하여, 곧 눈을 통해 보고 귀로 듣고 코로 맡고 혀로 맛보고 살로 접촉할 수 있는 대상이 바로 색이다. 수온은 꽃이든, 맛난 음식이든, 아름다운 소리든 대상을 몸으로 받아들여 느끼는 것이다. 꽃을 눈으로 보고 아름답다고 느끼는 것, 바람 소리를 귀로 듣고 느끼는 것, 꽃향기나 시궁창 냄새를 코로 맡고 느끼는 것, 음식이나 독을 혀로 맛보고 느끼는 것, 살로 접촉하여 부드러움과 거침을 느끼는 것이 바로 수온이다. 상온은 대상을 감각으로 느끼고 지각하여 옳고 그르며 선하고 악함을 판단하는 개념의 정신작용을 뜻한다. 우리는 꽃을 보고 "(꽃잎이)크거나 작다, (색깔이) 붉거나 붉지 않다, (암술의 크기가) 적당하거나 적당하지 않다." 등의 판단작용을 한다.

행온은 인연에 따라 이루어지고 행해지고 시간에 따라 변화하는 심리활동을 의미한다. 대상을 보는 순간, 우리는 몸과 입과 업으로 맺은 인연에 따라 의향, 동기, 지향성 등등의 심리활동이나 의지활동을 일으킨다. 반면에, 식온은 대상을 분별하여 이해하는 인식작용을 의미한다. 이는 인식활동의 결과로서 모든 정신작용을 통해 이루어지는 대상에 대한 완전한 이해를 뜻한다.

오온을 감정이론과 결부시키면 색온은 대상, 수온은 감각하는 것, 상온은 감각에 대한 인지, 행온은 감각에 따른 판단작용, 식온은 기존의 기억과 정보에 따라 감정을 표출하고 어떤 행위를 하는 것을 뜻한다. 마음행위의 근원은 대상을 감각으로 느낀 것에 인간의 마음이 휘둘리기 때문이라고 본다. 그래서 불교는 허상에 휘둘려 오근으로 감각하여 감정을 발생하는 것 자체가 삿된 집착에서 비롯된 망상이므로, 이를 명상과 수행을 통하여 말끔히 없애고 지극한 평정 상태에 이르라고 말한다.

불교는 인간에 대해서도 모든 인간이 다른 대상이나 인간들과 서로 조건과 인과와 상호 영향의 관계에 있는 것으로 파악한다. 감정이 상호지향성을 갖고서 한 사람의 예측이 상대방의 예측에 영향을 미치며 서로 감정표현과 소통을 하는 것은 감정의 구성이론과 약간 통한다.

대승기신론의 체용體用론을 통하여 감정과 진리의 관계에 대해 체계화할 수 있다. 이를 응용하면, 일상의 세계에서는 이분법의 차원에서 정신과 육체, 유전자와 마음/의지의 관계를 바라본다. 인간이 마음[참, 體1]은 깊이 헤아려도 알 수 없고 그 본질에 다다를 수도 없다.

이는 대상과 타자가 감각을 통해 인지하고 이것을 유전자와 두뇌의 신경세포에 저장된 정보와 개념에 따라 시뮬레이션을 하고 예측함으로써[用] 드러난다. 이는 예측 오류와 수정을 거쳐서 감정과 얼굴 표정, 말, 행위 등의 텍스트[相]를 만든다. 이 텍스트가 인간의 마음을 품고 있기에 타인은 감정과 얼굴 표정과 말, 행위의 텍스트를 해석하면서 그에 담긴 마음[몸, 體2], 곧 '몸의 마음'을 읽는다. '몸의 마음'이 일상의 차원에서 감지하는 타인의 마음이라 할 것이다. 물론 실제 마음인 '참의 마음'[體1]과 텍스트를 통해 재구성한 몸의 마음[體2]은 동일하지 않다. 인간이 외부 환경 및 타인과 상호작용한 것이 두뇌의 신경세포에 저장되어 몸과 마음에 작용하여 참의 마음[體1]을 구성하며, 이는 다시 자연, 외부 환경, 타인과 상호작용을 하며 뇌신경세포와 유전자의 작용[用]을 통하여 '몸의 마음'[體2]을 드러내고 이는 감정과 얼굴 표정, 말, 행위 등의 텍스트[相]를 형성하며, 이에 따른 상대방의 반응과 외부 환경이 마음을 형성한다. 이렇게 순환하고 모든 것들이 연기적緣起的이기에 인간은 마음의 본체인 '참의 마음'에 영원히 다다를 수 없다. 하지만 '몸의 마음'에서 궁극적 실재의 한 자락을 발견하고 그로 돌아가려는 순간 우리는 참의 마음의 한 자락을 엿볼 수는 있다.

4. AI는 인간의 감정을 가질 수 있는가

앞 절에서 본 것과 같이, 감정은 대상과 사건에 대하여 우리의 감각이 반응하는 것이 아니라 우리 안의 경험과 기억 등을 바탕으로 형성한 개념에 따라 시뮬레이션하고 예측한 것과 감각한 것을 종합하여 세계를 구성하면서 형성되는 것이다. 그러기에 예측은 우리가 세상을 경험하는 방식에 대한 지각, 안내 및 제한에 중요한 영향을 미치며, 예측은 연기적, 특히 상호생성적inter-becoming인 관계에 있다. 내가 말하거나 행동할 때마다 다른 사람의 예측에 영향을 미치고, 그 사람은 또 다른 사람의 예측에 영향을 미친다.

이 관계에 권력, 이데올로기, 담론, 정보와 지식, 문화 등 맥락 전체가 작용한다. 권력의 경우에도 주권권력, 훈육권력, 생명권력 등의 거시적인 권력만이 아니라 두 사람 사이의 나이, 재력, 사회적 지위, 젠더, 지적 능력 등 미시적인 권력이 영향을 미친다. 인간은 통치자의 독재에 분노하여 촛불을 들기도 하고, 그 반대로 통치자가 정치를 잘하면 미소를 짓는다. 같은 눈살의 찌푸림이라도 윗사람일 경우 똑같이 분노를 분출하는 자는 드물며, 아랫사람일 경우에는 그 반대이다. 마사이족이 물 마시고 침을 뱉는 것으로 인사를 하는 것처럼, 문화적 맥락에 따라 똑같은 행위가 상대방을 미소 짓게도 하고 화나게도 한다.

그러므로 폴 에크먼이 분류했던 것처럼 기쁨, 슬픔, 놀라움, 두려움 등 범주화할 수 있는 보편적인 감정은 AI가 비교적 쉽게 모방할 것이다. 이에 대한 상황과 말을 빅데이터로 저장하고, 얼굴 표정, 얼굴 근육의 움직임, 팔의 모양과 근육의 움직임을 계량화하여 알고리즘으로 장착하면 인공지능 로봇은 인간과 같이 기쁨, 슬픔, 놀라움 등을 표현할 것이다. 더 나아가 뉴로모픽 칩을 활용하여 감정에 대한 전기신호와 화학물질 신호의 전달체계를 프로그래밍하고 이를 얼굴 근육과 체계적으로 연결시키면, '웃픈', 샤덴프로이데Schadenfreude 등 복합적인 감정까지 모방할 수는 있을 것이다.

하지만, 앞 절에서 본 대로 감정은 사회적 실재이며, 시뮬레이션과 예측 등 감정의 형성 과정에 지각, 개념, 상대방과 관계, 문화적 맥락이 작용한다. AI가 급속도로 발전한다 하더라도, 어느 정도 흉내를 내기는 하겠지만, 이것까지 감정 표현을 하는 것은 불가능하다. 얼굴 표정이나 말, 상황에 대한 해석에서도 오독을 범할 때가 있을 것이다. 이 때문에 인간과 AI 사이의 감정 소통에서 여러 오류나 오해가 생길 것이다. 하지만, 인간의 마음이나 뇌가 영원히 알 수 없는 영역이기에 인간 또한 다른 사람의 마음이나 감정을 헤아리는 데 오류를 범하고 이는 사랑하는 연인이나 부부조차 갈등하게 만드는 것을 생각하면, 그 오류는 대개 이해의 영역에 머물 것이다.

AI는 엄연히 기계로서 프로그래밍된 알고리즘에 따라 감정을 표현하기에 보편적인 감정을 표현하는 것은 AI가 사람보다 더 풍부하게 잘할 수 있다. 애완견에 매료된 주인처럼, 현재의 저열한 수준의 AI에도 감정이입을 충분히 하는 사례에서 보듯, 이런 AI를 좋아하거나 사랑하는 사람도 많이 나타날 것이다.

5. AI 시대에서 인간의 존재론과 위상, 그리고 공존 문제

▎인간과 기계의 관계

앞에서 말한 대로 딥러닝은 인간의 뇌처럼 가소성을 갖지 못하여 소프트웨어에 따라 하드웨어가 변형되지 못하며 인간이 학습 자료인 빅데이터를 입력해야 하고 너무 많은 비용과 에너지를 사용해야 한다. 반면에 뉴로모픽 칩은 가소성이 있고 벌써 아키다Akida가 120만 개의 뉴런과 100억 개의 시냅스를 집적할 정도에 이르렀으며, 전기 소모도 아주 미약하다. 뉴로모픽 칩으로 제작한 인공지능에 빅데이터를 결합하면 인간의 지능을 초월할 것이지만, 인공지능이 100% 완벽하게 인간의 능력을 재현하지 못하는 영역은 남을 것이다. 그럼에도 AI는 알고리즘 이상의 사고와 행위를 할 수 있으며 자유의지를 가지고 스스로 알고리즘을 만들 수도 있다. 이런 특이점이 온다면, 인공지능은 여러 분야에서 인간을 대체함은 물론, 인간의 본성과 정체성에도 혼란을 가져올 것이다. 더 나아가 지능이 높은 존재가 낮은 존재를 지배한 지구 역사로 추론할 때, 영화 〈매트릭스〉처럼 인공지능 로봇이 인간을 지배할 수도 있다.

도구와 인간 관계의

전복　　인공지능 로봇 시대가 되면 도구와 창작자의 위치가 전복될 것이다. 330만 년 전에 인간이 다양한 석기를 제작한 이후, 도구는 인간이 자연을 자신의 의도대로 개조하여 새로운 가치를 창출하는 방편으로서 연장에 지나지 않았다. 이제 이 관계가 역전되고 있다. 인간은 호미, 쟁기, 고무래, 삽, 망치 등을 이용하여 노동을 하고 연필, 붓, 펜, 타이프라이터, 워드프로세서, 컴퓨터를 사용해 자신의 사고와 정서를 표현했다. 언제나 도구의 주체는 인간이었다. 하지만, 길도우미(내비게이션)와 운전자의 관계처럼 변할 것이다. 목적지만 누르고는 길도우미에 전적으로 의존하는 운전자처럼, 도구가 우리의 주인이 되고, 우리는 초기 입력이 끝나는 순간 이를 보조하는 노예나 대리자agent로 전락할 것이다. 양자 사이에 헤겔이 말하는 주인과 노예의 변증법도 디지털적 주인과 노예의 변증법으로 작용할 것이다.

이미 인공지능의 보조 역할을 하는 고스트 워크가 발생했으며, 이들은 법적 지위도, 조합도 없이 임시직으로 인공지능이 작업을 하다가 알고리즘의 한계나 작업상 결함으로 발생하는 부수적인 일들을 처리하는 보조 노동을 아주 헐값에 수행하고 있다.

이미 IBM과 일본의 소프트뱅크는 신입사원 채용 시 인공지능으로 서류 전형을 진행한다. 이 과정에서 지원자는 인간이 아닌 알고리즘에 의해 당락이 결정되며 탈락자들은 왜 불합격했는지 합리적인 이유를 듣지 못한 채 결과를 통보받는다. 공정성과 투명성이 강조되는 채용 과정에서 이러한 문제점들은 알고리즘의 '자동화한 불평등'으로 지적된다. 또한 SNS 정보를 활용하여 지원자의 성향을 판단하고 인사에 참고하는 회사도 등장하고 있다. 향후 성장 가능성이나 변화 가능성은 무시된 채 자칫 과거의 이력만으로 평생 실업자가 될 수 있는 것이다. 이는 오히려 우리가 인공지능에게 잘 보이려고 스스로를 감추고 살아야 하는 부작용을 낳는다. 수치화되지 않는 인간 고유의 감성적·맥락적 배경을 고려하지 않고 복잡성과 효율성을 무기로 하는 인공지능이 인간을 평가하기 시작하면서, 되돌릴 수 없는 사회적 불평등을 조장할 수 있는 것이다.[28]

---

28 김진영·허완규, 「제4차 산업혁명 시대 인문사회학적 쟁점과 과제에 관한 연구」, 『*Journal of Digital Convergence*』, Vol. 16 No. 11, 2018, 137~147쪽 참고함.

인공지능은 인간만의 영역이라고 자신했던 예술의 창작에서도 이미 괄목할 만한 성과를 거두고 있다. 인공지능이 쓴 소설이 일본의 신이치 문학상의 1차 예심을 통과했다.[29] 아직까지는 인간이 많은 부분 개입한 것으로 인공지능은 긴 문장을 쓴 데 지나지 않는다. 하지만, 코프가 만든 인공지능인 "EMI가 바흐풍의 합창곡을 하루에 5,000곡씩 작곡했으며 그중 몇 곡을 골라 한 음악축제에서 연주하자 청중은 경이로운 연주에 열광하며 찬사를 보냈고 그 음이 자신들의 내면에 얼마나 깊은 울림을 주었는지 흥분해서 설명했으며, (…) 애니Annie는 기계학습에 의존하여 작곡하고 하이쿠를 지었으며, 코프는 2011년에 『불타는 밤이 오다: 인간과 기계가 만든 2,000편의 하이쿠 Comes the Fiery Night: 2,000 Haiku by man and Machine』를 펴냈다."[30] 인공지능 미술가들은 고흐나 고갱의 작품과 패턴을 알고리즘화하여 어떤 사진을 가져다주든 이를 고흐와 고갱 스타일의 그림으로 전환한다. 독일 튀빙겐대학의 베트게 실험실Bethge Lab.의 과학자들은 고흐의 그림 가운데 〈별이 빛나는 밤에〉라는 작품의 스타일과 특징을 AI에게 학습시키고 독일 튀빙겐의 네카르the Neckar River 강변 사진을 준 다음 이를 고흐풍으로 그리게 했다. 다음 그림과 사진은 차례대로 고흐의 원작, 독일 네카르 강변의 사진, AI가 독일 네카르 강변을 고흐풍으로 그린 그림이다.

---

29 『한겨레신문』, 2016년 3월 22일.

30 유발 하라리, 『호모 데우스』, 김명주 역, 김영사, 2017, 443~445쪽 요약함.

앞으로 인공지능 작가나 예술가들이 사상과 이데올로기, 세계의 재질서와 형상화 방식과 장치, 인과관계, 서사의 구조와 패턴, 배경, 인물 등을 인지하고 창조하는 날이 멀지 않았다. 소설로 한정하면, 지구상에 존재하는 모든 신화, 전설, 민담, 소설 텍스트를 장착하고 빅토르 위고, 도스토옙스키, 프란츠 카프카, 제임스 조이스 등 거장들의 작품과 문체, 패턴을 알고리즘화하고 문장의 패턴이나 낱말별로 독자들의 호흡과 혈압을 계량화한 아마존의 킨들 시스템의 빅데이터를 활용한 인공지능 소설가가 인간을 능가하는 베스트셀러를 창작할 수 있다. 또, 이 소설을 각국의 문화적 맥락에 맞게 번역하거나 사투리 버전으로 전환하는 것도, 개인의 기호나 취향에 따라 맞춤 생산한 소설도 가능할 것이다.

예를 들어, 인공지능 소설가에게 한국의 2016년 촛불에 관련된 빅데이터를 입력하고 빅토르 위고의 작풍과 문체, 패턴을 알고리즘으로 장착하여 프랑스 대혁명 대신 2016년 촛불에 맞는『레 미제라블』을 쓰게 하고, 이것을 개인의 기호나 취향, 이념에 따라서 개작할 수 있다. 예를 들어, 독자가 경상도 목사라면 문체는 경상도 사투리로 고치고, 서사는 사회적 상황을 대폭 줄이고 장발장이 미리엘 신부의 관용을 매개로 죄 많은 인간에서 성인으로 거듭나는 것에 초점을 맞추어 구성한다. 반대로 독자가 전라도 스님이라면, 문체는 전라도 사투리로 바꾸며, 서사는 장발장이 절에서 불구佛具를 훔치다가 걸린 다음에 스님의 자비심에 이끌려 수행정진을 하여 성불成佛하는 것으로 구성한다. 중요한 것은 이 개작 작업이 단 몇 초 만에 이루어진다는 것이다.

큰 틀에서는 도구와 인간의 관계가 전복되지만, 라투르가 지적하는 대로, 기술이 단순한 도구로서 기능만 하지는 않을 것이다. 이는 사회의 맥락에서 행위자actor로 기능을 하면서 끊임없이 각본화in-scription와 재각본화re-scription를 반복하면서 주인과 도구 사이의 경계를 해체하거나 모호하게 하며 사회의 변화를 야기할 것이다. 예를 들어, 과학자들은 설계 당시에 자신들이 인간과 인공지능에 대해 기대하고 상상하고 계획한 대로 인공지능을 제작하여 도구나 보조자로 활용하려 할 것이다[각본화]. 하지만 인공지능에 다른 인공지능과 사람, 기계, 기술, 사회와 제도와 문화 등이 관련을 맺고 영향을 미치면서 처음의 각본에 어긋나는 의외의 문제들이 발생하면서 새로운 주체성의 문제, 가치와 책임배분을 생성하고 이를 반영한 인공지능의 제작을 하게 된다[재각본화]. 이 과정을 통하여 인간의 정체성, 인간과 인공지능의 관계, 노동, 제도, 윤리 등에서 여러 변화가 나타난다. 결국 도구가 행위자가 되고, 도구와 인간은 뒤섞인다.[31]

물론, 인공지능 시대에도 거장들은 존재할 것이다. 최고의 AI작가라 하더라도 예기치 않은 곳에서 결함을 나타낼 것이며, 인간이 이를 끊임없이 보완하는 작업을 거쳐야 할 것이다. AI가 거장만이 갖는 세계와 인간에 대한 웅숭깊은 통찰, 독창적인 내용과 형식의 창조, 현실에 대한 예리한 분석, 진정성, 형식적 완결성까지 흉내 내려면 수많은 시행착오와 시간, 과학의 발전이 필요하다. 2~3류 작가들은 인공지능에게 따라잡히며 점차 소멸하겠지만, 이후에도 오랫동안 거장은 AI가 따라올 수 없는 창조력을 가지고서 새로운 스타일과 형식

---

31   Bruno Latour, "The Sociology of a Few Mundane Artifacts," in *Shaping Technology/Building Society: Studies in Sociotechnical Change*. eds. Wiebe E. Bijker and John Law, Cambridge, Massachussetts: The MIT Press, 1992, pp. 225~259; 브뤼노 라투르, 『판도라의 희망 — 과학기술학의 참모습에 관한 에세이』, 장하원·홍성욱 역, 휴머니스트, 2018. 279~336쪽 참고함.

을 창조하고, 남다른 세계관과 통찰력을 갖고 인간과 사회를 바라보면서 세계를 재질서화한 다음 이상과 현실, 세계와 자아 사이에서 끊임없이 진동하면서 이를 긴밀한 구조와 아름다운 문체로 형상화할 것이다.

인간의 본성과
정체성에 대한 혼란

인간의 지능을 넘어서고 사람처럼 의식하고 감정도 표현하는 인공지능은 인간의 본성과 정체성, 생명성에 근본적인 혼란과 파국을 가져올 것이다. 영국 드라마 〈휴먼스Humans〉를 보면, 한 가정에 가정부로 들어온 젊고 아름다운 인공지능로봇 아니타는 요리에서 가사에 이르기까지 못하는 것이 없는, 더 좋은 엄마와 아내 역할을 한다. 이에 존재감의 상실을 느끼는 아내에게 아니타는 "나는 당신보다 아이를 더 잘 돌보고 화를 내지 않고 기억을 잊지도 않고 술이나 마약을 하지도 않는다."라고 말한다. 아니타처럼 인공지능 로봇은 인간의 일자리를 대체하고 인간보다 더 인간적인 사고와 표현, 행위를 하면서 인간을 위협할 것이다. 인간과 기계 사이의 경계를 해체하고, 인간성, 인간 존엄성의 근간에 혼란을 야기할 것이다.

모형 1: 인공지능 시대에서 기계와 차이를 갖는 인간성의 기호학적 사변형

인공지능 시대에서 기계와 인간 사이의 관계에 대해 그레마스A.J. Greimas의 기호학적 사변형Semiotic Square으로 분석해보자. 인공지능 시대에서 근대에 존재했던 인간 대 기계의 대립은 사이보그와 안드로이드로 확대된다. 위 기호학적 사변형에서 인간과 기계, 사이보그와 안드로이드는 대립관계이다. 순수한 인간이 빅데이터, 만국어 회화칩, 나노로봇을 몸에 장착하면 사이보그로 변한다. 인간과 사이보그, 기계와 안드로이드는 보완관계이다. 안드로이드는 생김새에서 말하기와 쓰기, 생각과 감정조차 인간을 닮았지만 엄연한 기계이다. 반면에 사이보그는 뇌를 제외한 전체 몸이 기계일지라도 분명히 인간이다. 인간과 안드로이드, 기계와 사이보그는 모순관계이다.[32] 물론, "인간/비인간의 구분이 선명해지면, 역으로 그 틈에서 수많은 잡종들이 증식한다."[33]라는 브뤼노 라투르의 주장처럼 기계형 인간, 안드로이드형 인간 등 허다한 잡종들도 존재할 것이다.

〈모형1〉에서 인간은 기계와 대립하는 생명성을 갖는다. 생명은 더불어 살려는 의지를 가지고 물질대사와 자기복제를 하면서 외부 환경에 대해 적응하고 자기결정을 하는 유기체이다. 반면에, 동력을 써서 작동하는 장치인 기계는 "알고리즘에 의해 효율적으로 규정할 수 있는 것,"[34] "명백한 일련의 규칙에 의해 일련의 조작을 수행하는 유한자동기구로 유한 수의 입력을 받아들여 유한 수의 내적 상태를

---

32 A. J. Greimas, *On Meaning, Selected Writings in Semiotic Theory*, (tr.) Paul Perron and Frank H. Collins, Minneapolis: University of Minnesota Press, 1987, pp. 49~53.

33 Bruno Latour, *We Have Never Been Modern*, trans. Catherine Porter, Cambridge: Harvard University Press, 1993, pp. 10~11.

34 N. Cutland, *Computability: An Introduction to recursive function theory*, Cambridge: Cambridge University Press, 1980; 이정모, 「Turing 기계와 마음: 마음은 기계인가?」, 『심리학의 연구문제』 No. 3, 서울대심리과학연구소, 1988, 311쪽 재인용.

지니고 있으며 유한 수의 출력을 내어놓는 체계이다."[35] 안드로이드
는 '무한한 개체라고 간주하던 인간을 셀 수 있는 유한한 생체적 알
고리즘으로 간주하고 이를 디지털적으로 전환한 산물'이다.

생명과 안드로이드를 비교할 때 가장 명백한 차이는 환경에 대한
것이다. 생명은 개체적 생존이나 공진화를 위하여 환경과 상호작용
하며 이용하거나 극복하는 대상이었지만, 기계는 "반대로 적합한 작
동을 산출하기 위해 자기 스스로를 바꾸어가야 하는 준거인 것이다.
즉 인공지능은 환경에 대해 작동의 중심성을 갖고 있지 못하며, 환경
에 대해 도구적이고 이차적인 자리에 있는 셈이다."[36] 이렇게 보면,
안드로이드는 인간과 비교할 때 생명성 — 곧, 자신이 살고 다른 생
명을 살리는 지향성 — 이 없으며 차이보다 동일성을 지향한다. 아무
리 인간의 모습을 하고 인간과 유사한 사고와 행위를 한다 하더라도,
안드로이드는 기계로서 자연과 인간, 물질, 시공간에 대해 작동의 주
체가 아닌 객체로서 도구적으로 작용할 것이다. 물론 드물지만, 안드
로이드가 환경과 상호작용하며 차이를 생성하며 공진화를 할 수도
있다. 이 경우 안드로이드는 성전환자처럼 안드로이드로 제작되었
지만 인간으로 실존할 것이다. 반대로 사이보그는 기계장치로 온통
무장했다 하더라도 환경에 대해 주체로 대응하면서 공진화하고 차
이를 생성한다.

한 인간을 규정하는 순간에 오류와 편견을 낳을 정도로 인간은 어

---

35 R. McNaughton, *Elementary Computability, formal language, and automata*, Englewood
Cliffs, N. J.: Prentice Hall, 1982 ; 이정모, 위의 글, 315쪽 재인용.
36 이진경, 「AI에게 있는 것과 없는 것」, 『불교와 4차 산업』, (사)한국불교학회 국제학술대회 자료
집, 2017, 289쪽.

떤 말로도 규정할 수 없는 깊이와 신비로움을 지닌 '심연Abgrund', 혹은 일심—心의 존재이다. 2부 2장에서 말한 대로, 인간은 생물학적 존재이자 사회적 존재, 자아를 형성하여 무한히 열린 세계를 향하여 자신을 끊임없이 던지고 대응하면서 자기 앞의 세계를 해석하고 그 의미를 따라 결단하고 실천하는 의미론적 존재이자, 무한과 거룩함을 향해 자신이 맞은 현실을 감내하면서 초월하는 존재이다.

인간과 안드로이드 관계의 경우 안드로이드는 인간만큼 완벽하지는 않지만 언어기호를 사용하고 의미를 해석하고 이성을 가지며, 사회적 협력을 할 수 있다. 인공지능이 인간의 노동을 대부분 대체할 것이지만 이는 자연 개조와 새로운 가치를 창조하는 노동에만 국한될 것이며 진정한 자기실현으로서 노동은 하지 못할 것이다.

다른 생명과 대립되는 인간의 본성으로 꼽을 수 있는 것은 '진정한 자기실현으로서 노동, 허구의 창조, 언어기호의 사용과 의미 해석, 실존, 윤리 추구, 공감, 욕망, 성찰, 영성과 초월'이다. 인공지능 시대에서 인간은 이를 더욱 구현해야 한다. 이에 맞춰 교육을 개혁해야 하며, 정부도 시민들이 이런 본성을 잘 구현할 수 있도록 제도적 뒷받침을 해야 한다.

인공지능이 인간 본성을 구현하도록 거울신경체계를 뉴로모픽 칩에 장착하여 인공지능의 공감력을 증강하고, 의미론적 존재가 되도록 의미구성 및 해석력을 알고리즘화한다면 인간과 공존이 가능할 것이다.

반면에 인공지능이 스스로 학습하면서 기술적 특이점을 돌파하여 지능 폭발을 하고 초지능을 달성하고 자유의지를 가지면서도 인간의 선한 본성을 장착하지 않는다면 문제는 심각하다. 에너지를 태양광으로 취하면서 수명의 제한이 없고 자기학습과 무한한 복제가 가능한 '불멸의 인공지능'이 인간을 벌레 취급하면서 인간과 상호작용이나 공진화를 거부할 수도 있다. 그러면 인류는 멸망을 맞거나 매트릭스처럼 인공지능의 노예로 전락할 것이다.

▌인간과 생명의 관계

인공지능 시대에서
짐승과 인간 사이의 기호학적 사변형

모형 2: 인공지능 시대에서 짐승과 차이를 갖는 인간성의 기호학적 사변형

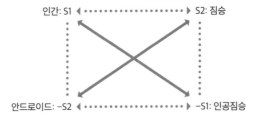

예쁜꼬마선충Caenorhabditis elegans은 뇌신경세포가 302개, 세포가 959개에 불과하지만 인간과 유전자가 40%가 동일하고 수명이 짧아 생명과 인공지능에 대해 연구하기에 안성맞춤이다. 이에 이 벌레의 뇌신경세포를 모두 매핑mapping하여 유전자를 염색체 구조 안에 위치하게 하고 이 가상 뇌를 레고 로봇에 재현했더니, 어떤 지시와 정보도 프로그래밍하지 않았음에도 살아 있는 선충과 똑같이 움직이고 행동했다. 알고리즘을 설정하지 않고 지능만 부여했음에도 먹이를 구

하러 다니고 천적을 피해 도망을 가고 짝을 찾아 다녔다.[37] 이처럼
기계가 생명처럼 물질대사, 자기복제 등을 하게 되어 기계와 생명에
대한 기존의 이분법의 경계가 무너지게 될 것이다.

인간과 침팬지의 비교

비교　　1.6%의 유전자가 형성하는 인간과 침팬지의 차이는 무엇
인가. BBC의 침팬지 관련 다큐멘터리를 시청한 것을 종합하면 아래
표와 같다.

인간과 침팬지의 비교

	침팬지	인간
도구	나뭇가지, 나뭇잎, 돌 등 자연의 도구 사용	정교하게 연마하고 제작한 석기 이상의 도구 사용
공감	공감함. 원초적 공감력	공감함. 공감을 자비와 인ㄴ, 사랑 등으로 발달시킴
이성	이성이 없음	이성과 대뇌피질을 발달시킴
소통	목과 입술, 몸 등을 이용하여 간단히 소통하며 어휘 중심이며 아직은 문법체계는 없는 것으로 보임	혀, 입술, 목, 치아 등 발성기관을 활용하고 기호를 이용하여 정교한 소통을 하며 언어에 문법체계가 있음
의미	의미 없음	은유와 환유를 활용하여 의미를 만들고 실천함
기억	짧은 기억과 공유	문자 기호를 통해 시간을 초월한 기억과 공유
폭력성	폭력성 있음. 단 같은 침팬지 속의 아종인 보노보는 없음	폭력성 있음

37　http://openworm.org

욕망	본능은 있어도 욕망은 없음	무한한 욕망이 있음
자의식	학습을 거치면 가능하지만 야생의 상태에서는 없음	자의식 있음
추론	드물게 추론을 함	추론을 잘함
사회적 협력	협력을 함	복잡하고 다양한 협력을 함
신과 종교	없음	있음

　우선 도구를 보면 침팬지는 나뭇가지, 나뭇잎, 돌 등의 자연의 도구를 사용한다. 인간은 정교하게 연마하고 제작한 석기에서 철기, 또 컴퓨터와 같은 도구들을 사용한다. 침팬지도 다른 침팬지에 대한 공감력이 있어서 함께 기뻐하고 슬퍼하고 불행한 침팬지를 돕기도 하지만 원초적인 공감력인 데 반하여, 인간은 타자의 고통에 대한 공감을 더 심오하고 높은 단계인 자비와 인(仁), 사랑으로 발달시켰다. 침팬지는 이성도, 이를 형성하는 ARHGAP11B 유전자도 없다. 반면에 인간은 이 유전자의 돌연변이로 대뇌피질을 형성하고 활발하게 이성작용을 한다.

　소통의 면에서 보면 침팬지도 소통을 하지만, 목과 입술 몸 등을 이용하여 간단히 소통한다. 이는 어휘 중심이고 아직 문법체계는 없는 것으로 보인다. '저기 무화과가 있다', '저기 우리의 천적인 표범이 온다' 이 정도의 간단한 소통인 것이다. 반면에 인간은 FOXP2 유전자의 돌연변이가 2개 더 일어나면서 혀, 입술, 목, 치아 등 발성기관을 활용하여 정교한 발음을 내고 기억을 정박시키고 공유할 수 있도록 문자를 만들어 활용하며, 문법체계에 따라 언어를 체계적으로 구사한다. 침팬지의 삶에는 의미가 없다. 그러나 인간은 유사성의 유추인 은유와 인접성의 유추인 환유를 활용해서 의미를 만들고 실천한다. 침팬지나 인간 둘 다 기억을 한다. 침팬지는 인간에 비해서 짧은 기억을 하고 짧게 공유한다. 반면에 인간은 문자기호를 통해 시간을 초월해서 기억을 하고 공유를 한다.

　침팬지나 인간 모두 폭력성이 있다. 그러나 같은 침팬지속의 아종인 보노보는 폭력성이 없다. 이들은 싸움이 일어나는 상황이 되면 서로가 포옹하거나 성교행위를 하면서 싸움을 중지한다. 침팬지는 본능이 있어서 이들도 섹스를 하고 먹이를 갖고 다투지만 욕망은 없다. 반면에 인간은 무한한 욕망이 있다.

　인간은 자의식이 있다. 반면에 침팬지는 원래 자의식이 없지만 학습을 거치면 형성이 된다. 침팬지에게 거울을 보여주면 처음에는 거울 속의 침팬지에게 화를 내는 반응을 보이지만 차츰 자기라는 것을 인식하게 된다. 인간은 추론을 잘한다. 침팬지는 거의 추론을 하지 못하지만 드물게 추론을 하기도 한다. 침팬지는 사회적 협력을 한다. 인간은 침팬지를 넘어서서 더욱더 복잡하고 다양한 협력을 한다. 침팬지에게 신과 종교는 없다. 인간에게는 신과 종교가 있다. 다만 침팬지도 권위를 숭상하거나 복종하여 카리스마가 있는 침팬지가 대장 노릇을 한다.

　이렇게 인간은 침팬지와 비슷하면서도 현격히 다르기에, 인공지능이 앞서 제시된 짐승과 다른 인간의 특성을 가질 때 더욱 인간다운 기계가 될 것이다. 다만, 폭력성과 무한한 욕망 부분만큼은 인간다운 인공지능의 프로그래밍하는 데서 제외해야 할 것이다.

생명으로서 인간과
인공지능로봇의 공존

이미 근대에 존재했던 인간 대 짐승의 대립은 인공짐승과 안드로이드로 확대된다. 앞선 〈모형 2〉에서 인간과 짐승, 안드로이드와 인공짐승은 대립 관계이다. 인간과 안드로이드, 짐승과 인공짐승은 보완 관계다. 인간과 인공지능 짐승, 짐승과 안드로이드는 모순 관계이다.

단 몇 분밖에 살지 못하는 미물이라 할지라도 결단하여 먹이를 잡고 도망가고 짝을 선택하여 알을 낳고 죽으며, 그 과정 속에서 무수한 생명과 상호작용하면서 무진장의 생명들을 생성시키고 시공간에 수많은 사건과 기억의 주름을 빚고 허다한 의미를 남기고 달라진 미래를 구성한다. 그렇듯, 상호생성자로서 생명이 다른 생명과 연기적 관계 속에서 생성하면서 빚어내는 다양한 차이, 그 차이들이 빚어내는 여러 층위의 시간과 공간의 주름들, 그 주름을 풀어내면서 해석되는 다채로운 존재의 의미, 가능성·잠재성·현실성, 몸에 담긴 기억들의 편린과 그 기억들이 지향하는 내재적 초월성과 미래까지 바라보면서 자기를 낮추며 대대(待對)적으로 상대방을 내 안에 들여 섬길 때 비로소 우리는 존재의 생명성에 다가가는 것이다. 나와 밀접한 연관관계를 맺고 있는 타자를 위하여 욕망을 자발적으로 절제하고, 타자의 고통을 내 것처럼 아파하고 연대의 손길을 내밀 때 우리는 좀 더 나은 인간성을 획득한다. 아무리 즐겁고 풍요로운 상태에 있다 하더라도 근원적인 실재와 궁극적인 진리, 완전한 자유와 해탈, 더 거룩하고 더 아름다운 것을 향하여 끊임없이 현실의 모순과 세계의 부조리에 맞서면서도 현재를 초월하려는 포월(匍越)을 할 때 우리는 초월적 존재로 거듭날 것이다.

하지만 위와 같은 대안도 인공지능 시대로 가면, 근대적 사유의 연장일 것이다. 인공지능 시대에는 근대적 인간, 안드로이드, 사이보그가 공존한다. 인공지능 시대나 과학기술이 가져올 디스토피아에 반감을 가지는 극히 소수의 인간들은 근대적 인간의 특성과 존엄성을 사수하기 위하여 자신의 유한성을 인간성과 동일시하며 신과 짐승의 대립자로 남을 것이다. 물론, 거의 모든 것을 인공지능이 대체하기에 '쓸모가 없어진' 대중들, 업그레이드를 하기 어려운 하층의 인간 또한 주변화하여 근대적 인간으로 잔존하게 될 것이다. 반면에 업그레이드가 가능한 엘리트들은 인공지능 기계를 몸에 장착하여 건강과 수명, 행복을 도모하면서 자신의 지능과 능력을 극대화하며 스스로 호모 데우스가 될 것이다. 안드로이드는 약인공지능, 강인공지능, 초인공지능으로 진화할 것이다. 인간과 사이보그는 이들과 공존, 공진화를 모색할 것이다. 하지만 초인공지능의 안드로이드가 공진화를 거부하고 인류의 지배나 박멸의 길로 나설 수도 있다. 이 경우 인류문명은 사라질 것이다.

작가나 예술가 또한 세 가지 길을 걸을 것이다. 아날로그적 작가는 근대적 인간으로 남아 근대적 세계를 연장하고 근대적 인간성을 구현하는 글쓰기와 예술창작을 고집할 것이다. 하지만, 제임스 조이스나 카프카를 넘어서는 인공지능 작가가 불가능하리라고 판단한다면 당신은 아직 근대적 사고에 머물고 있는 것이다. 겨우 5만 개 정도의 이야기를 기억하는 인간이 수억 개의 이야기를 기억하고 빅데이터를 활용하고 아마존의 킨들 시스템을 통해 독자들이 어느 대목에서 도파민을 분비하고 어느 대목에서 책 읽기를 멈추었는지에 대해서조차 데이터를 가지고 있는 인공지능 작가를 넘어서기는 어려울 것이다. 이에 출판사와 자본들은 안드로이드 작가와 예술가를 소유하며 무수한 베스트셀러를 만들 것이다. 대신, 수많은 작가와 예술가들은 근대적 인간으로 남기를 그만두고 인공지능을 장착하거나 인터페이스를 하는 사이보그로 전환할 것이다. AI가 아니라 IA, 곧 지능확장IA, Intelligence Amplification을 한 작가와 예술가들은 호모 데우스가 될 것이다. 탁월한 근대적 작가들이 대중을 사로잡고 문학상을 독점하는 체제는 길어야 30년 남짓일 것이다.

"세상이 더욱 디지털화되고 첨단 기술화될수록, 우리는 친밀한 관계 및 사회적 연계에서 비롯되는 인간적 감성을 더욱 갈구하게 된다."[38] 인공지능 시대에서 인간은 안드로이드가 성취할 수 없는 생명성과 인간성, 영성을 성취해야 한다. 생명성이란 더불어 살려는 의지를 가지고 환경과 상호작용하며 공진화하는 것을 뜻한다. 인간성이란 진정한 자기실현으로서 노동, 허구의 창조, 실존, 윤리 추구, 성찰, 타자에 대한 공감과 연대를 추구하고 실천하는 것을 의미한다. 영성이란 근원적인 실재와 궁극적인 진리, 완전한 자유와 해탈, 무한과 영원을 지향함을 뜻한다. 이제 인간은 타자에 대한 고통을 내 아픔처럼 공감하는 것을 바탕으로 현실의 모순과 세계의 부조리에 맞서서 저항하면서 무한과 궁극적 실재를 지향하며 동일성에 포섭되지 않는 차이를 생성해야 한다.

---

38 클라우스 슈밥, 『클라우스 슈밥의 제4차 산업혁명』, 송경진 역, 새로운 현재, 2016, 162쪽.

제5장

로봇화와 인공지능의 대안과 인류의 미래

1. 유령으로서 4차 산업혁명

4차 산업혁명은 혁신적인 변화를 야기할 것이다. 하지만, 상상하는 모든 것을 현실로 만든다는 4차 산업혁명의 목표에는 과학과 SF적 상상력이 뒤섞여 있다. 이에 4차 산업혁명의 실상과 허상에 대해 과학적으로 잘 따져보는 것이 필요하다.

첫째 질문은 "과연 4차 산업혁명에 1차 산업혁명처럼 혁명에 상응하는 변화가 있느냐?"이다. 이에 대한 답은 한마디로 "미래 Yes! 현재 No!"이다. 현재의 변화 양상으로 볼 때는 3차 디지털 혁명과 그리 차이가 나지 않는다. 하지만, 앞으로 30년 동안 1차 산업혁명을 넘어서는 대변혁을 야기할 것이다. 클라우스 슈밥이 2016년 세계경제포럼 World Economic Forum, WEF에서 이에 관해서 연설하고 책을 출간하고 많은 학자와 언론들이 이에 대해 언급하면서 '제4차 산업혁명the 4th industrial revolution'이란 말은 상당히 보편적인 용어가 되었다. 반면에, 『제3차 산업혁명The Third Industrial Revolution』을 저술한 제러미 리프킨은 이를 제3차 디지털 혁명의 연장이며 아직 큰 차이가 없는 것으로 간주하고 미국의 학계와 언론계도 대체로 이를 따르고 있다. 현재 산업과 사회를 살펴보더라도 아직 물질적 생산과 소비가 주를 이루고 있으며, 초연결은 1% 정도에 그치고 있다. 구글에 검색하면, 2020년 8월 17일 현재 'the Third Industrial Revolution'이 1억 4,100만 개, 'the Fourth industrial Revolution'이 7,710만 개 결과가 뜬다. 이에 홍성욱은 "4차 산업혁명은 실질적 내용이 결여된 피상적인 언어적 단위로서 정치적 유행어에 불과하다."라고 말한다.[1] 김소영은 4차 산업혁명의 주창자들이 기술결정주의에 사로잡혀 있음을 지적한다.[2] 정치, 경제 등 다른 요인을 무시하고 기술이 사회 변화를 야기하는 것으로 착각한다는 것이다.

둘째 질문은 "유령으로서 4차 산업혁명과 실상으로서 4차 산업혁명을 착각하고 있는 것이 아닌가?"이다. 대중들은 SF적 상상력과 과학적 사실을 잘 구분하지 못한다. 수많은 인공지능 영화를 보고 이것이 4차 산업혁명 시대에 현실로 나타날 것이라고 생각한다. 예를 들어, 딥러닝 기술로는 원칙적으로 강인공지능을 만들 수 없다. 그럼에도 대중들은 딥러닝으로 제작한 알파고가 이세돌을 이기는 것을 보고서는 딥러닝으로 작동하는 강인공지능이 머지않아 현실화할 것으로 착각한다. 무엇보다 먼저 현재의 과학적 성과를 냉철히 성찰하고

1   홍성욱, 「왜 4차 산업혁명론이 문제인가?」, 『4차 산업혁명이라는 유령』, 휴머니스트, 2017, 36~37쪽.
2   김소영, 「4차 산업혁명, 실체는 무엇인가?」, 위의 책, 19쪽.

이를 바탕으로 잠재적인 것과 현재적인 것, 가능한 것과 불가능한 것을 구분하고, 가능하더라도 그 기술적, 정책적, 윤리적 한계와 인간 사회와 자연에 대한 영향관계를 살펴야 한다.

셋째 질문은 "한국에서 4차 산업혁명의 현황은 어떤가?"이다. 답은 '한국에서 4차 산업혁명은 유령으로서 배회하고 있다'는 것이다. 알파고와 이세돌의 대결은 전 국민에게 충격을 주었다. 이 때문에 한국 사람들은 4차 산업혁명을 당연한 것으로 여기고 있고, 정부부터 언론, 대중, 더 나아가 학계까지 상당히 호들갑을 떨고 있는 양상이다. 특히 정부는 4차 산업혁명에 드라이브를 걸면서 경제정책은 물론, 학교의 교과 과정까지 이에 맞추어 편성하라고 압박하고 있다. 2019년 10월 28일에는 문재인 대통령이 'IT강국'에서 'AI강국'으로 도약하겠다고 선언하고 4차산업혁명위원회를 인공지능범국가위원회로 전환하여 이를 추진한다고 하니, AI에 국한하여 살펴보겠다.

결론부터 말하면, AI강국은 신기루다. 한국은 현재 AI 관련 기술, 주체, 지원 규모, 시스템과 제도, 교육 등 거의 모든 면에서 세계 순위에서 중간이나 그 이하이고, 정부 정책이나 지원도 군사독재 정권 때와 별반 다르지 않기 때문이다. AI는 로봇공학, 컴퓨터공학, 생명공학, 뇌과학, 신경과학, 빅데이터의 총합체인데, 그중 반도체를 비롯한 세부 기술 몇 가지를 빼고는 한국의 AI 관련 기술과 연구 수준은 세계 선두에서 거리가 멀다. 2010년과 2015년 사이 인공지능 관련 특허 숫자에서는 한국은 세계 2위 수준을 기록하고 있지만, 2016년의 AI 관련 연구 논문의 질에서 한국은 16위에 그치고 있다.[3] "스위스

---

3   NIA 한국정보화진흥원, 『인공지능 관련 국가별 주요 데이터 비교 및 정책 추진 현황』, 2018년 8월, 7~8쪽.

국제경영개발원IMD이 발표한 '빅데이터 사용 및 분석'에 따르면 한국은 63개국 중 31위, 한국 기업의 빅데이터 분석 활용 비율은 2017년 기준 3.6%로 경제협력개발기구OECD 주요국 중 최하위를 기록했다."[4] 미국의 씨비인사이츠CBinsights가 전 세계 약 5,000여 개 스타트업을 대상으로 벤처캐피털 투자와 특허 활동, 시장 잠재력 등을 고려해 평가한 2020 AI 100대 스타트업에 한국 스타트업은 1곳도 없다.[5]

기술 수준이 낮더라도 인재가 있으면 미래가 보이는데, 그 또한 어둡다. "국가별로 100인을 선정해 인공지능 두뇌 지수를 측정해 비교해보았을 때, 미국이 66.46으로 1위를 차지했으며, 그 뒤를 이어 스위스 65.54, 중국 65.17, 캐나다 59.08, 한국 50.59, 칠레 47.84, 인도네시아 35.34 등으로 조사되었다. 여기서 한국의 인공지능 두뇌지수는 1위 미국의 76% 수준이며, 25개국 중 19위에 그치고 있다.[6] "인공지능 전문기업 '엘리먼트 AI'는 자체 조사를 통해 2018년 기준 AI 분야 정상급 글로벌 인력은 대략 2만 2,400여 명으로 추산된다고 밝혔다. 그중 46%에 이르는 1만 295명이 미국에 있고, 두 번째로 많은 중국이 2,525명으로 11.3%를 차지했다. 반면 우리나라의 경우 180명에 불과했다."[7] 이는 이란과 터키보다 뒤처진 세계 15위다. "AI·데이터 관련 경진대회가 열리는 플랫폼인 캐글kaggle이 발표한 상위 1,000명 AI 연구자 가운데 한국인은 1명뿐이었다. 미국은 27명,

4 「韓 AI 경쟁력 한·중·일 최하위, 경쟁력 확보하려면?(하)」, 『데일리비즈온』, 2019년 12월 19일.
5 "AI 100: The Artificial Intelligence Startups Redefining Industries," CBINSIGHTS, March 3, 2020. (https://www.cbinsights.com/research/artificial-intelligence-top-startups/)
6 산업동향연구소, 「2020년 인공지능(AI) 기술개발 현황 및 주요 응용 분야별 사업 전략」, 2020년 3월 16일. http://labbook.co.kr/goods/view?no=332
7 「韓 AI 경쟁력 한·중·일 최하위, 경쟁력 확보하려면?(상)」, 『데일리비즈온』, 2019년 12월 14일.

중국은 13명, 일본은 7명이었다."[8]

그럼, 대통령이 AI강국을 선언한 정부는 다른가. "영국 옥스퍼드 인사이트가 국제개발연구센터IDRC과 함께 UN 회원국 194개국 정부를 평가해 발표한 '2019년 정부 AI 준비지수'에서 우리나라는 26위를 기록했다. 아시아 순위만을 놓고 봐도 인도, 아랍에미리트UAE, 말레이시아보다 뒤진 8위다."[9] 2016년에 AI에만 미국과 중국이 각각 461조 원과 520조 원을 투자하고 이는 해마다 급속히 늘고 있는데, 4차 산업혁명위원회에서는 매년 평균 0.44조 원을 5년 동안, AI강국 보고서에서는 AI반도체에 1,000억 원씩 10년 동안 투자하겠다는 것이 고작이다. 그러면서 최대 455조 원의 경제 효과를 창출하겠다는 것은 대국민 사기다.

관련 보고서를 훑어보면, 추진 과제별로 포괄적인 구성은 했다. 하지만, 과연 정부 보고서인지 의심될 정도로 부실하다. 로봇공학, 컴퓨터공학, 생명공학, 뇌과학, 신경과학, 빅데이터 분야의 우리나라 AI 관련 기술 현황이 어떻고 이의 강점과 약점은 무엇이며 세계 선두 그룹과 격차가 나는 원인은 무엇이고 이것을 어떻게 극복할 것인지에 대해서 구체적이고 체계적인 분석이 없었다. 사람 중심의 인공지능 구현에는 사람이 없다. 인공지능이 인간에 야기할 문제점의 예측과 대안이 없이 일자리 중심으로 기술되어 있다. 세계 주요국의 정책 동향을 보아도 핵심 기술이나 정책에 대한 데이터도 별로 보이지 않고 두루뭉술하게 기술하고 있으며 인터넷 검색을 해도 알 수 있는 구

8　「인공지능(AI) 강국 되려면, 'AI 대중화'해야 한다」, 『인공지능신문』, 2020년 1월 7일.
9　「韓 AI 경쟁력 한·중·일 최하위, 경쟁력 확보하려면?(중)」, 『데일리비즈온』, 2019년 12월 17일.

체적 수치조차 제시하고 있지 않다. 그냥 각 부서에서 기존에 하려던 사업 가운데 AI와 관련된 것을 짜깁기한 것에 반도체 한 분야가 앞서는 것을 내세워 초점화하고, 별다른 근거가 없이 455조 원 경제 효과 창출이라는 거품을 얹은 것이란 생각을 지울 수 없다. 다른 부서는 말할 것도 없고 AI 관련 부서의 관료들조차 아직 아날로그 사고에 머물러 있다는 증표다.[10]

그동안 4차산업혁명위원회가 회의를 하고 거품투성이의 계획을 짠 것 외에 한 일은 없다. '데이터 3법'은 시민사회 단체의 거센 반대에도 불구하고 새로운 비전을 담기는커녕, 전반적으로 기업의 영리를 위하여 정보인권을 희생하는 방향으로 개악된 채 국회의 문턱을 넘었다. 정부와 기업, 대학과 연구소가 유기적으로 연관을 맺고 4차산업혁명을 수행하는 시스템은 아직 없다.

이런 모든 것보다 더욱 절망스러운 것은 국가의 과학기술정책과 기업의 자세다. 한국의 정부와 기업은 아직 '추격기술'에 머물고 있다. 한국 정부는 기초연구와 기초과학에 투자해서 과학발전을 이루는 것이 아니라 선진국의 어떤 상품이 좋다고 하면 그것을 모방하거나 그 기술을 따라잡아서 그 상품을 생산하고 이걸 통해서 돈을 벌고 경제발전을 도모하고 있다. 독재정권에서부터 지금에 이르기까지 정부 주도 과학기술 동원 체계를 계속 유지하고 있다. 문재인 정부의 4차 산업혁명 드라이브는 박근혜 정권의 창조경제나 지능정보산업 발전계획의 문재인 버전이라 할 수 있다. 이에 홍성욱은 "4차 산업혁명에 대한 열풍도 선진국을 따라잡고 추격해야 한다는 지금까지의 추

---

10 관계부처합동, 『인공지능 국가전략』, 2019년 12월.

격형 정책의 최신 버전이라고 볼 수 있다."[11]라고 지적한다. 한국 정부와 관료들이 4차 산업혁명을 맞는 자세는 1960년대의 기술입국론과 별로 다를 것이 없다.

미래 또한 어둡다. 4차 산업혁명에 능동적으로 참여하려면 창의력, 공감력, 협력, 융합적이고 비판적인 사고를 겸비한 인재가 필요하다. 반면에 한국 교육은 대학입시와 취업 위주의 주입식 교육에 맞추어져 있고, 학교는 자본의 공리체계로 작동하고 있다. AI 대학원 모두 가르칠 교수가 태부족하여 다른 학과 교수로 돌려막기를 하고 있다. 교육에서 경쟁은 야만인데, 한국 사회는 세계 최고로 경쟁적이며, 미래의 주인공들 또한 극단적인 신자유주의 체제 속에서 탐욕과 경쟁심을 내면화하고 일상화하고 있다. 상황이 이럴진대, 과연 어떤 주체가 어떤 토대에서 어떤 기술로 4차 산업혁명을 이끌지 의문이다.

AI로 가장 크게 희생되는 사람들은 노동자와 서민인데 이에 대한 대안들은 구색 맞추기 외에는 보이지 않고 거꾸로 기업들에 대한 지원책만 보인다. AI가 일자리를 빼앗고 불평등을 심화하고 인간의 노동을 AI에 종속시키는 중대한 문제를 언급하지 않은 채 '일자리 변동'이라는 모호한 표현으로 문제와 모순을 은폐하고 있다. 환경파괴와 기후위기 때문에 전 지구적으로 과학기술에 대한 성찰이 주요 담론을 구성하고 있고, AI 관련 과학기술의 역기능과 부작용에 대한 비판, 예측, 규제와 대안이 필요한 시점에 오히려 기업의 입장에서 자본의 야만적인 노동 억압과 환경 파괴를 제한하던 규제들을 4차 산업혁명을 빙자하여 대폭 풀고 있다.

---

11 홍성욱, 앞의 글, 48쪽.

'사람 중심'이라는 것도 인간과 AI의 공존이나 인간을 우선한다는 개념이 아니라 '세계 최고의 AI 인재 육성'이라는 산업적 측면에 머물고 있다. AI로 인한 인간 정체성의 혼란 문제나 AI의 인간 지배 문제에 대한 대안은 없다.

그럼 대안은 무엇인가. 우리나라가 유리한 것도 많다. 스마트폰 보급률은 세계 최고 수준이고 통신과 인터넷 인프라도 최상위권이며 IT강국은 4차 산업혁명의 기반이 될 수 있다. 또한 AI시장 규모는 5위권이며, 머리가 좋고 성실한 젊은이가 많다. 먼저 정부는 AI 등 4차 산업혁명이 야기하는 문제에 대해 면밀히 검토하고 사람 우선, 노동 중심의 원칙에서 계획을 세우고 정책을 구성하고 재정과 인력을 투여해야 한다. 다음으로 추격 기술이나 정부 주도 정책을 폐기하고, 기초연구와 과학에 지속적으로 지원하되 간섭은 하지 말아야 한다. 조급하게 임기 내에 성과를 내겠다는 욕심을 버리고 캐나다가 사이파(CIFAR, 캐나다혁신기술연구소)를 만들어 30년 동안 투자해 성과를 내기 시작하는 것을 본보기로 삼아야 한다.[12] 질병관리본부를 만들어 코로나 방역에 성공했듯, '(가칭)국가혁신기술연구소'를 설립하여 인재를 모으고 기초과학과 4차 산업혁명 과학기술에 장기적인 투자를 해야 한다. 초중등 때부터 수학과 알고리즘을 기반으로 한 AI 교육을 실행해야 하고, 여러 분야를 융합할 수 있는 교육도 함께 실시해야 한다.

더 장기적으로는 과학기술이 야기하는 역기능과 부작용에 대해 비판적으로 분석하고 예측하고 이를 통제하는 규제책을 기업의 입

---

[12] 이는 서울대 장병탁 교수가 『중앙일보』 2019년 12월 13일자 인터뷰에서 말한 것이다.

장이 아니라 노동자와 시민의 입장에서 마련해야 한다. AI와 로봇을 사회화/공유화해야 한다. 대학입시를 철폐하고 대학을 평준화하며 공감과 협력, 창의력, 비판력을 증진하는 교육개혁을 단행해야 한다. 리처드 넬슨Richard R. Nelson이 제안한 대로 물질적 기술에 대비되는 교육, 가족제도 등 사회적 기술을 서로 소통하고 종합하는 것도 필요하다.[13] 더 나아가서는 마이클 폴라니Michael Polany가 언급했던 것처럼 '독립적이고 자율적인 과학의 공화국'을 수립해야 한다.[14]

2. 실상으로서 4차 산업혁명

바깥으로 눈을 돌리면 4차 산업혁명은 유령이 아니라 실상이다. 미국은 AI 관련 기술에서 대부분 세계 1위다. AI 인재의 절반이 미국 국적이고, AI 100대 스타트업 가운데 65곳이 미국 기업이다.[15] 국가과학기술협의회National Science and Technology Council와 과학기술정책국Office of S&T Policy이 주도하여 로드맵을 마련하여 정책을 집행하고 지원하고 있다. 2016년에 461조 6,000억 원을 AI 연구개발에 투자했으며,[16] 개별 기업들도 수천억에서 수조 원에 이르는 투자를 하고 있다.

중국은 AI 관련 기술에서 대부분이 3위 안의 수준이며, 2030년 글

---

13 홍기빈, 「부가가치, 초연결성, 사회혁신」, 김소영·홍성욱 외, 『4차 산업혁명이라는 유령』, 휴머니스트, 100쪽 재인용.
14 홍성욱, 「정부 주도 과학기술 동원 체계의 수립과 진화」, 앞의 책, 154쪽.
15 "AI 100: The Artificial Intelligence Startups Redefining Industries," CBINSIGHTS, March 3, 2020. https://www.cbinsights.com/research/artificial-intelligence-top-startups/
16 「멀어져가는 'AI강국' 꿈… 미중과 격차 더 벌어져」, 『서울경제』, 2018년 9월 5일.

로벌 인공지능 혁신 강국을 목표로 매년 500조 원 이상 투자하고 있고(2016년 520조 원),[17] 2018년 1월에서 8월 동안 바이두, 텐센트, 알리바바, 앤트파이낸셜의 AI 투자는 128억 달러로 구글, 아마존, 애플, 페이스북의 투자 합계인 17억 달러보다 7배 이상 많다.[18] 바이두 한 곳에서만 10만 명의 AI 인재 육성 프로그램을 진행하고 있다.

독일은 이미 2011년에 '인더스트리 4.0'을 선포하고, 산업 전 분야에 IT 기술을 접목하여 산업구조를 혁신하고 있으며 대략 60%의 기업이 이에 동참하고 있다. EU 집행위는 향후 10년간 2,000억 유로를 인공지능 산업에 투자하겠다고 밝혔다.

지금 세계 인구의 3분의 1 이상이 SNS 사용자로 플랫폼에 접속하고 있다. 2019년 7월 30일 기준으로 볼 때, 매달 페이스북을 사용하는 사람은 24억 명에 달하고, 매일 사용하는 사람도 16억 명에 달한다. 트위터는 3억 3,000명과 1억 3,400만 명, 인스타그램은 10억 명과 6억 명, 유튜브는 19억 명과 1억 4,900만 명, 왓츠앱WhatsApp은 15억 명과 10억 명에 달한다. 중국 인구 13억 6,000만 명보다 많은 인구가 페이스북에 접촉하고, 인도 12억 4,000만 명보다 많은 사람들이 유튜브에 접촉하고, 미국 인구 3억 1,800만 명보다 많은 이들이 트위터를 한다.[19]

클라우스 슈밥은 "혁명은 신기술과 새로운 세계관이 경제체제와 사회구조를 완전히 변화시킬 때 발생했다."[20]라고 말했다. 과학기술

17   위의 글.
18   국경완, 「인공지능 기술 및 산업 분야별 적용 사례」, 정보통신기획평가원, 『주간기술동향』, 2019년 3월, 19쪽.
19   https://dustinstout.com/social-media-statistics/
20   클라우스 슈밥, 『클라우스 슈밥의 제4차 산업혁명』, 송경진 역, 새로운현재, 2016, 24쪽.

과 디지털화가 모든 것을 완전히 바꿀 것이라는 것이다. 물리 기술, 디지털 기술, 생물학 기술이 혁명적 변화를 이끌 것이며, 그 속도는 기하급수적이고, 범위와 깊이를 보더라도 경제, 기업, 사회를 무엇을 어떻게 하는 것의 문제뿐 아니라 우리가 누구인가에 대해서도 변화를 일으키고 있다는 것이다. 특히 시스템 충격을 줘서 국가, 기업, 산업 사이에 사회 전체 시스템의 변화를 수반하고 있다고 본다.[21]

홍기빈은 "세상의 만사만물과 그 상호관계는 데이터와 알고리즘이라는 형태로 해체되고 재구성되고 있다. 인간과 사물과 기계와 사회와 자연은 전통적인 연결과 관계의 방식에서 풀려나 전면적으로 또 전방위적으로 관계 맺고 연결되기 시작하는 초연결 사회로 진입하고 있다. 이 초연결성이야말로 슘페터Joseph A. Schumpeter적인 의미의 혁신과 직결되는 것이며, 새로운 사회적 가치와 부가가치의 근본적인 원천은 바로 이 초연결성과 닿아 있다."[22]라고 말한다.

3. 로봇화와 인공지능에 대한 대안

로봇 시대 이후에는 700만 년 동안 지속된 인간과 도구 사이의 위상이 전도될 것이다. 지금까지 도구는 인간의 자유의지대로 목적을 수행하는 방편이었다. 씨를 뿌려 가을에 수확하기 위하여 쟁기로 밭

---

21 위의 책, 12~13쪽.
22 홍기빈, 앞의 책, 91~92쪽. 참고로 슘페터의 혁신에 대해서 말하면, 기존에 존재하지 않았던 욕구를, 기존에 존재하지 않던 방식으로, 기존에 쓰이지 않던 자원으로 충족시키는 새로운 연결 방식을 착안해내고 이를 실현시키는 것을 이노베이션(innovation), 혁신이라고 하는 것인데, 바로 초연결성 같은 것들이 이런 혁신을 만들고 있다는 것이다.

을 갈고, 아름다운 그림을 감상하기 위하여 거실 벽에 망치로 못을 박아 그림을 걸고, 진리를 밝히기 위하여 펜으로 글을 쓰고, 많은 사람을 감동시키기 위하여 기타를 연주하며 노래를 불렀다. 하지만, 이제 이것이 뒤집어졌다.

길도우미(내비게이션)와 운전자 가운데 누가 주인인가. 운전자가 입력한 명령대로 길도우미가 목적지로 안내하고 있고 언제든 조정할 수 있으니 운전자가 주인인가? 목적지 입력이 끝난 이후 운전자는 길도우미의 안내에 따라 움직이고 입력한 목적지와 다른 곳으로 갈 수도 있으니 길도우미가 주인인가? 언제든 통제할 수 있지만, 입력이 끝나면 운전자들은 길도우미에 종속된다. 인공지능, 특히 자유의지를 가진 인공지능의 경우에 이 종속은 더욱 심화할 것이다.

도구와 인간 사이의 전복이 로봇과 초연결 시스템에서도 발생할 수 있다. 기계로 만든 예쁜꼬마선충이 알고리즘 이상의 생명 활동을 한 것에서 유추하면, 로봇은 인간이 부여한 알고리즘 이상의 행위를 할 수 있다. 정상 사고나 위험사회론을 적용하면, 인간이 완벽하게 초연결 시스템을 구성했다 하더라도 시스템끼리의 상호작용이 예측할 수 없는 방향으로 작동할 수 있다. 그 경우 인간은 로봇과 시스템에 종속된 기계부품으로 전락할 것이다.

대신 로봇이 인간의 일을 대체하면서 인간은 더욱 많은 시간을 여가로 보낼 수 있을 것이다. 문제는 로봇과 노동을 합리적으로 분담하면서 노동과 여가 사이의 중도를 취하는 것이다.

일자리 창출, 새로운 시장, 네트워크 창조를 위한 혁신　　일자리 문제에 대해서는 일자리를 늘리는 것이 능사는 아니다. 시장 창조형 혁신을 해야 한다. 지속형 혁신sustaining innovation은 새롭고 더 나은 제품으로 기존의 제품을 대체하는 것이다. 이는 시장을 활력이 넘치게 경쟁적으로 유지한다. 하지만, 삼성의 신모델 스마트폰의 판매량이 늘어나는 대신 구버전의 판매량이 줄어드는 사례에서 잘 알 수 있듯, 자연치환에 지나지 않기에 새로운 일자리를 지속적으로 창출하지는 못한다.

효율 혁신efficiency innovation은 기업이 더 적은 비용으로 더 많이 생산하도록 돕는 것을 뜻한다. 석유자원을 가진 이란, 이라크, 멕시코, 베네수엘라, 값비싼 금속을 가진 몽골, 페루, 러시아 등이 막대한 수익을 올리면서도 일자리 창출과 경제발전에 어려움을 겪는 이유는 굴착기와 정제소를 가동하는 그날부터 기업가는 고용을 줄여서 생산성을 높이는 효율 혁신을 추구하기 때문이다. 이는 일자리를 외려 감소시킨다.

시장 창조형 혁신market-creating innovation은 새로운 수요를 찾아 새로운 공급네트워크를 만들고 새로운 유통채널을 만드는 것을 뜻한다. 이를 위해서는 두 가지가 전제되어야 하는데, 충족되지 않은 고객의 수요를 찾아내는 기업가와 경제적 플랫폼이 존재해야 한다. 오직 시장 창조형 혁신만이 궁극적으로 번영을 창출하는 영구적인 일자리를 가져온다. 그 예로 케냐의 엠페사 서비스는 무선통신 플랫폼을 사용해서 케냐 국민 20%만 은행을 이용하던 것을 80% 이상으로 끌어올렸다. 뿐만 아니라 빈민들이 저축을 하고 규모 있는 생활을 하게 되었다. 그러니 대안은 공공 부문과 민간 부문 모두 시장 창조형 혁신 기업과 기업가를 내수시장부터 지원하여 시장 창조형 혁신을 여러

분야에서 이끌어야 한다.[23]

혁신을 키워내기 위해 국가가 할 일은 간단하다. 방해만 안 하면 된다. 최선은 정부가 민간 영역의 경제적 역동성을 단순히 촉진하는 것이다. 그리고 최악은 굼뜨고 고압적이며 관료적인 정부기관이 열심히 민간 영역을 방해하는 것이다.[24]

아프리카의 푸드 시스템이 좋은 사례다. 이의 성공 요건은 소규모 자작농의 가치를 향상시키고, 여성의 권한을 확대하며, 생산량만큼 품질도 중시하고, 시골경제가 번영하도록 창조하며, 환경도 보호하는 것이다. 그동안 아프리카 대다수의 정부는 대규모의 상업형 농장에 투자하는 방식을 선호했다. 곧 외국 투자자들에게 땅을 내주고 농장을 운영하게 하고, 이를 지원하고자 산업용 용수를 비축하고, 소수 환금작물의 연구개발에 집중했다. 이는 대다수 농부에게 도움이 되지 않았으며 도시에 공급할 충분한 식량도 생산하지 못했다. 이로 말미암아 식량 수입과 가격이 증가하고 도시 거주자들도 점점 더 비싸게 식량을 구입하게 되었다. 반면에 섬으로 고립된 소규모 자작농을 스마트폰과 인터넷 등을 활용하여 네트워크화하면, 자작농들에게 적당한 종자와 비료를 공급하고, 교육 훈련의 기회를 주고, 시장과 더 넓은 경제 네트워크에 접근하기 쉽게 한다. 한 예로 2014년에 에티오피아 농업혁신청이 농업용 핫라인을 개설하여 650만 통의 전화 통화를 연결했다. 최신 농업 기술 정보를 문자메시지나 자동전화를 통해 50만 사용자에게 보내고 있다. 또한 농업혁신청은 토양을 10제

---

23 브라이언 메추·클레이튼 크리스텐슨·데릭 반 베버, 「시장 창조의 힘 ─ 혁신은 어떻게 발전을 이끄는가」, 슈밥 외, 『4차 산업혁명의 충격』, 276~292쪽 요약함.
24 마리아나 마추카토, 「혁신국가로 가는 길 ─ 정부의 역할은 시장을 창출하는 것」, 위의 책, 293쪽.

곱킬로미터 단위로 분석하는 일종의 디지털 토양지도인 에티오피아 토양 정보 시스템을 개발 중이다. 궁극적으로 이 두 가지 시스템을 통합하여 상황에 적합한 최신 정보를 수백만 농부에게 전달할 것이라고 한다.[25]

이런 사례로 볼 때, 인공지능 시대에서 일자리를 위하여 필요한 것은 시장 창조형 혁신을 하는 것, 이를 위해 정부가 지원을 하되 방해하지 않는 것, 섬으로 흩어진 인간 노동자와 농민을 네트워크화하는 것이다.

로봇세와 기본소득

로봇 봉건제로 인한 독점과 이로 인한 불평등 심화를 막을 현실적인 대안으로 자주 이야기되는 것이 조건 없는 기본소득제이다. 로봇 소유주에게 고강도의 세금을 부과하고 이것을 노동자들에게 기본소득으로 되돌려주자는 것이다.

하지만, 몇 가지 고려할 사항이 있다. 많은 보수적 인사들이 기본소득을 줄 경우 수혜자들이 게을러지거나 생산을 등한히 하는 점을 우려한다. 김대식은 "로마가 군인을 중심으로 이루어진 중산층에게 기본소득을 주고 이들의 폭동을 방지하기 위해 엔터테인먼트를 제공했다. 결국 중산층이 생산적인 일을 하지 못한 것이 로마를 멸망으로 이끄는 데 한 몫했다. 이에 기본소득을 보장하더라도 사회적 생산에 도움이 되는 다양한 일을 하도록 인도해야 한다."[26]라고 주장

25 코피 아난·샘 드라이든, 「식량과 아프리카의 변화 — 소규모 자작농들이 연결되고 있다」, 위의 책, 310~313쪽.
26 김대식, 앞의 책, 296~304쪽 요약함.

한다. 하지만, 지금은 로마와 다르다. 기본소득을 받을 노동자들도 로마 시대의 군인과 다르다. 핀란드와 알래스카 등 기본소득을 실험한 나라의 경우 그전보다 일을 적게 한 사람은 드물었다. 인간은 노동을 통해 자기실현을 하며 인간의 본성을 구현하려 하고 타자에게서 인정받으려는 욕구가 있기 때문이다. 또 교육이란 대안이 있다. 로마 시대의 군인이 다른 직업을 가질 수 있도록 직업 전환 교육을 했다면 상황은 많이 달라졌을 것이다. 로봇에게 일자리를 잃은 이들에게 직업 전환 교육을 시켜주고 창업할 수 있도록 재정, 공간, 사람, 노하우, 정보 등을 지원해주면, 생산은 하지 않으면서 서커스와 검투사 경기에만 열광하는 무기력한 로마 군인처럼 되지는 않을 것이다.

기본소득은 절대 빈곤층을 줄이고 불평등을 완화하는 데만 그치지 않는다. "신체적·정신적 건강을 증진하고, 범죄와 의료비는 감소시키며, 협동의식을 증진하고 사회적 경제조직을 활성화하며, 교육투자로 인한 노동생산성을 증가하고 지대추구 행위는 축소하며, 더 나아가 사회통합을 도모하는 등 전 사회에 걸쳐 다양한 공동체 효과를 낳는다."[27] 무엇보다 빅데이터가 공유재인 것을 근거로 로봇노동으로 축적한 자본을 기본소득으로 분배할 경우, 노동자의 세금으로 충당하는 것과 달리 공유자산의 배당 성격을 띠게 되어 소득불평등과 자산불평등을 완화하는 데 기여할 것이다.

반면에, 진보적 입장에서 볼 때 기본소득은 잉여가치를 착취하는 생산 부분에서 개선하는 것이 아니라 이를 인정하고 세금이라는 개

27   강남훈, 『기본소득의 경제학』, 박종철출판사, 2019, 56~58쪽을 요약함.

량적 방법을 통해 분배를 하고 계급의식을 약화하는 것이기에 반마르크스적이고 개량적이다. 기본소득은 노동자의 불만을 누그러뜨려 계급투쟁을 무력화한다. 자본주의 체제의 핵심은 노동자가 생산한 잉여가치를 자본이 착취하여 자본으로 축적하여 확대재생산을 하는 것이기에 이에 대한 투쟁은 착취된 잉여가치를 되찾는 것이 핵심이다. 기본소득은 분배에만 초점을 맞추고 이를 은폐한다.

기본소득은 모순적이며 자본이 원하는 그림대로 성장에 더 많은 국가 예산을 투여하도록 한다. 기본소득은 모순적이다. 기본소득이 가난한 자의 생활을 개선할 정도로 충분하려면 경제가 성장하여 많은 세금을 확보할 수 있어야 하기에 정부는 자본에게 유리한 성장정책을 펴게 된다. 그렇지 않고 핀란드처럼 복지예산을 기본소득으로 전용할 경우 복지를 약화할 뿐만 아니라 저임금 노동자나 빈민을 재생산에 동원하려는 자본의 이해관계가 현실화한다.

이에 뒤갱Marc Dugain과 라베Christophe Labbe는 "빅데이터 기업들이 (…) 실업자가 된 나머지 80%의 노동인구에게 '기본소득'을 주는 방안을 생각해왔다. 이러한 방안은 겉으로는 관대하고 인도주의적인 것처럼 보이지만, 실은 빅데이터 기업으로부터 많은 후원을 받는 급진적 자유주의자들, 즉 자유지상주의자들이 열렬히 지지하는 것이다. 다수가 된 비취업 인구에게 생계 연금을 지급함으로써 저항의 원인이 되는 부당함의 느낌을 억누를 수 있고, 연금 규정에 관계된 구속으로 봉급생활을 미련 없이 포기시킬 수 있기 때문이다. 더 적은 규제와 더 작은 정부를 통해 소수의 개인이 더 많은 부를 차지할 수 있게 하는 것, 이것이 자유지상주의 이데올로기를 지지하는 거대 디지털 기

업의 목표이다."라고 비판한다.[28]

무엇보다 인간은 빵만으로 살 수 없다. 가장 먼저 이루어져야 할 것은 착취가 없는 노동, 소외되지 않고 진정한 자기실현을 할 수 있는 노동의 구현이다. 노동자들이 이런 노동을 할 수 있도록 국가와 자본이 보장해야 한다. 이들이 자기 앞의 세계에 대해 올바른 의미를 찾고 그 의미를 실천하도록 교육을 하고 노동자 스스로도 노력해야 한다. 정부는 물론 사회도 각 개인들이 공동체 안에서 협력을 하면서 인간으로서 존엄성과 자존감을 유지하며 타인에게서 인정을 받도록 서로 배려하고 도와야 한다. 근본적으로 로봇을 국유화나 사회화하고, 사유화한 로봇에 대해선 로봇세를 부과해야 한다. 로봇세를 기본소득으로 돌린다면 기본소득의 문제가 최소화할 것이다.

인간과 로봇의
협업체제 활성화

앞으로 로봇 사용이 활성화하면, 노동은 인간의 노동, 사이보그의 노동, 로봇의 노동, 로봇과 인간의 협업 노동으로 구분될 것이다. 이 가운데 여가와 노동 사이의 중도를 모색하고 가장 효율성이 높으면서도 인간의 일자리 문제를 해결하는 대안은 로봇과 인간의 협업이다. 기계적인 반복 작업은 로봇이 담당하고 추론적 작업은 인간이 맡아서 하며 인간과 로봇이 협력하여 작업을 하는 협업체제를 활성화할 필요가 있다. 정부와 자본, 노동자와 시민이 숙의민주제에 직접민주제를 결합한 방식으로 로봇의 노동, 인간의 노동, 로봇과 인간의 협업의 직종과 범위를 합의해야 한다. 또, 이를

---

[28] 마르크 뒤갱·크리스토프 라베, 『빅데이터 소사이어티』, 김성희 역, 부키, 2019, 159쪽.

제도화하여 자본이 이윤만을 좇아 이를 악용하지 않도록 법과 시스템으로 제한해야 한다.

자본의 소유의 분산과
공정한 분배

리처드 프리먼Richard B. Freeman은 소수의 사람과 공장이 새로운 기술을 통제한다면 새로운 봉건제로 되돌아갈 위험이 있다고 지적한다. 로봇을 소유하는 소수의 자본가가 영주, 로봇이 기사 구실을 하고, 노동자들은 농노 신세로 전락하여 직간접적으로 영주에게 착취당한다는 것이다. 이럴 경우 로봇 소유자만 풍요를 누리고 살고 대다수의 노동자들은 로봇의 보조자 역할을 하거나 효율성이 떨어져 자본과 로봇이 포기한 일들을 하며 구조적 빈곤 속에서 헤어나지 못할 것이다.[29]

대안은 로봇을 비롯한 4차 산업혁명 기술 발달에 따른 과실을 자본과 노동이 나누는 시스템을 구축하는 것이다. 노사 이익 공유제, 종업원 주식보유제처럼 노동자에게 기업의 지분과 이익을 나누어주는 것도 좋은 방법이지만, 근본적으로 소수에서 다수로 자본주의 소유구조를 바꿔서 디지털화의 이익이 로봇 소유자에게 온전히 흘러가지 않도록 해야 한다. 대신, 정부는 소유와 이익을 공유하는 기업에 인센티브를 줄 수 있을 것이다.[30]

국가 차원에서는 정부가 노동을 자본으로 대체하는 것을 일정 수

---

29 Richard B. Freeman, "Who Owns the Robots Rules the World," *Harvard Magazine*, May-June 2016.

30 『한겨레』 2018년 10월 18일 기사, 「로봇 소유한 자가 미래 지배… 노동과 자본, 이익 공유해야」를 참고하며 아이디어를 얻은 것임.

준에서 제한하고 세계 차원에서는 디지털 플랫폼을 다원화하고 이를 지배하는 구글이나 페이스북 등의 소수의 자본에 부유세 등을 부과해야 한다. 무엇보다도 가장 근본적인 대안은 로봇을 국유화, 혹은 공영화하는 것이다. 그러지 않으면 로봇 봉건제, 0.01%가 99.99%를 수탈하는 사회가 도래할 수밖에 없다. 로봇이 단지 노동자의 일자리를 대체하는 것만이 문제가 아니다. 로봇이 인간에 비하여 수십 배의 생산성을 갖고 이의 가치를 로봇 소유주가 독점하기에 로봇을 사회화하지 않으면, 한 사회의 가치를 소수의 로봇 소유주가 독점하게 된다. 무엇보다도 노동자가 쓸모없는 자로 전락하기에 자본은 노동자들이 노동거부로 저항하면 추호도 양보하지 않고 그 자리를 로봇으로 대체할 것이다.

교육 혁신　　교육 혁신이 이루어져야 한다. 교육이 계급의 사다리가 되는 시대는 지나갔다. 전 세계적으로 교육은 오히려 불평등을 심화하고 있다. 울타리 안의 사람들이 상층의 권력과 부를 물려주기 위하여 교육 투자를 하고 교육에 관련된 제도와 법을 자신들에게 유리하게 바꾸고, 이것으로 불가능하면 권력과 자본에서 유리한 입장을 활용하여 자신의 자녀에게 특혜를 주고 편법을 동원하고 있기 때문이다.

정부가 보통교육, 평등교육을 더욱 강력하게 추구함은 물론, 무상교육을 실시하고 4차 산업혁명에 관련된 정보와 기술을 사회적 약자들에게도 고르게 알려주고 교육의 기회를 부여해야 한다. 노동자들에게는 평생교육이나 재교육의 형태로 새로운 숙련기술, 로봇 관련 기술을 가르쳐 로봇이 할 수 없는 숙련작업이나 로봇과 협업을 할 수 있게 해야 한다.

법적 제도적

대안　　로봇이 인간의 일자리를 빼앗고 불평등을 심화하는 것에 대하여 법적이고 제도적인 대안이 따라야 한다. 사회적 합의를 통하여 로봇과 사람 사이에 노동을 합리적으로 분배해야 한다. 로봇은 환경과 기술적인 요인으로 사람이 수행하기 어려운 작업, 반복적인 작업으로 제한하고, 이를 제외한 노동에서는 사람과 로봇의 협업체제를 구성하는 것이다. 아울러 사람의 노동과 여가 사이의 중도를 형성하는 범위에서 로봇의 노동시간을 제한한다.

공론장의 확보와

직접 민주주의와 숙의 민주주의의 종합　　소득 불평등은 기회의 불평등으로 이어지고, 이로 인해 아래 계급과 사회적 약자들이 권력과 가치의 분배에서 소외되고 있다. 근대에서 민주주의에 크게 이바지했던 공론장 또한 빠른 속도로 붕괴되고 있고, '권력을 얻은/잃은 시민들dis/empowered citizen'이 출현하고 있다. 개인과 공동체가 기술로 인하여 권력을 얻는 동시에 정부와 기업, 이익집단에게서 소외되고 있다.[31] 소셜미디어의 사용으로 엄청나게 많은 정보가 공유되고 있지만, 오히려 플랫폼이 빅데이터를 활용하여 대중들이 검색한 것과 관련 있는 정보나 프로그램을 선별적으로 보내고, 대중 또한 SNS에서 보고 싶고 읽고 싶은 것만 읽으면서 정보의 편협과 양극화가 심화하

31　슈밥, 앞의 책, 153쪽.

고 있다. 이로 확증편향, 반향실효과가 증대했을 뿐만 아니라, 대중들이 소외나 왕따를 당하지 않거나 승자 편에 속하기 위해 우세한 세력, 의견, 행동에 편들어 침묵하고 이것이 더 우세해지는 '침묵의 나선Spiral of Silence'의 경향도 강해지고 있다. SNS든, 언론이든, 대화와 회의의 장이든 목소리가 큰 이들은 다른 사람이나 집단의 의견을 경청하지 않은 채 자신의 주장만 되풀이하고, 이에 주눅이 들은 이들은 침묵하는 경향이 점점 강해지고 있다. 이 결과로 인하여 건설적이고 창조적인 토론은 급격히 감소하고 합의를 끌어내는 것도, 이를 정책으로 구현하는 것도 어려워져 계급, 이념, 세대 사이의 갈등이 더 첨예해졌다.

참여민주제와 숙의민주제를 종합하여 마을마다, 일터마다, 학교마다 주민자치제를 실시하고, 자동화와 로봇 대체로 희생당하는 노동자와 시민이 주체로 나서서 이에 대한 대안의 정책과 시스템을 요청하고 이것이 실현될 수 있도록 공론장을 확보하고 토론하고 합의하고, 지방과 중앙의 정부는 여기서 합의한 것을 정책으로 집행하는 시스템을 건설해야 한다.

로봇과 인간의 공진화

지구상의 모든 생명은 한 개체를 보면 적자생존을 한 것 같지만, 전체 생태계ecosystem에서 보면 공존을 하지 못하는 생명체가 멸종하고 공존하는 생명체가 번성하는 공진화共進化, coevolution를 해왔다. 인간과 로봇도 지구 전체의 생태계 속에서 공진화를 모색해야 한다.

4. 인공지능과 인류의 미래

인간의 본성과

인공지능 인간의 지능을 초월하는 인공지능 개발이 30년 안에 가능하다고 말한다. 하지만, 어느 정도 흉내 낼 수는 있더라도 인간의 본성을 가진 인공지능은 이보다 훨씬 어려울 것이다. 왜냐하면, 인간은 유전자의 명령을 초월하여 노동하고 수행하고 생활하면서 역동적으로 자신의 본성을 구현하기 때문이다. 또, 생물학적 존재, 사회적 존재로서 인공지능은 그리 어렵지 않겠지만, 의미론적 존재, 미적 존재, 초월적 존재로서 인간성을 갖춘 인공지능을 만들기는 상대적으로 쉽지 않을 것이다. 그럼에도 인공지능은 인간의 본성을 거의 유사하게 갖출 것이고, 착한 인공지능도 여러 방식으로 제작할 수 있을 것이다.

문제는 인공지능로봇과 인간의 관계이다. 인공지능이 인간의 본성을 닮을수록 인간은 정체성의 혼란을 겪을 것이다. 자신보다 더 일을 잘하는 AI는 인간에게 무력감을 준다. 자신보다 더 착한 AI는 자괴감을 안겨준다. 자신보다 인간에게 인기가 있는 AI는 무력감과 자괴감을 줄 것이다. AI가 인간을 닮을수록, 가까이에서 존재할수록, 인간은 존재의 의미를 상실할 것이다.

착한 인공지능이라고 해서 언제나 꼭 좋은 친구는 아닐 것이다. 왜냐하면, 인간은 동료의 화와 질투, 오해, 토라짐, 요구를 통해 자신을 이해하고 성찰하고 세상을 올바로 보게 된다. 하지만, 이런 것이 없이 100% 착하기만 한 인공지능은 인간을 더욱 답답하고 외롭게 할 것이다. 그만큼 인간은 과학으로 해명할 수 없는 복합적인 존재이자 끊임없이 행동하고 반성하며 자신의 본성을 구현하는 역동적 존재다.

자유의지와

인공지능

뉴로모픽 칩과 빅데이터가 결합하면, 인공지능이 대략 앞으로 30년 안에 초지능을 습득할 것이며, 인간의 본성을 갖고 인간과 유사한 감정을 갖는 안드로이드도 나타날 것이다. 하지만, 인공지능이 인간을 완벽히 복제하지는 못할 것이다.

이 시점에서 필자는 '편견의 역설'에 주의를 기울인다. 인공지능 의료 진단 시스템인 왓슨Watson이 부정확하고 안전하지 않은 치료법을 제안해 그 실효성이 의심스럽지만, 특정 분야에서 의사보다 압도적으로 진단 정확도가 높은 것은 빅데이터를 활용하는 것과 함께 편견이 없기 때문이다. 하지만 사냥에 나선 인간이 위험한 동물을 만났을 때 수많은 데이터를 놓고 고민하면 죽기 십상이기에, 편견은 생존하기 위하여 진화적으로 판단을 단순화한 데서 비롯된 것이다. 편견은 인간 생존의 진화적 선택인 것이다. 편견이 있는 것이 인간의 특성이며, 편견이 없는 왓슨이 오히려 인간보다 진단 정확도가 높은 장점은 갖더라도 인간이 될 수 없다는 것이 그 반대로 약점일 수도 있다.

실수하고 오류를 빚고 좌절하고 절망하면서 성찰하고 지혜를 터득하는 것이 인간의 중요한 본성이기도 하다. 인간은 실수와 죄를 참회하며 더 나은 인간으로 성숙하며, 죽기 때문에 유한성을 인식하고 실존을 모색하며, 모든 것이 무상함을 알기 때문에 무한을 추구한다. 주변에서 떠돌고 있음을 알기에 중심과 근원으로 다가가고, 비루하기에 거룩함을 지향한다. 이것이 자유의지이기도 하다.

유전자와 뇌신경세포에 인간의 성격과 마음, 행동 등을 결정하는 요소들이 이미 잠재되어 있지만, 그런 마음과 지향성, 실천을 이끌어내는 것에는 유전자와 뇌신경세포만이 아니라 온몸이 관여하며, 그 유전자와 뇌신경세포는 바깥의 환경, 타자 등과 연기적 관계에 따라 후성유전적으로 발현되기도 하고 발현되지 않을 수도 있다. 집단의 자유를 더 늘리고 의미를 더 심화하는 방향으로 발전해온 인류의 역사를 볼 때, 설혹 백 보 양보하여 개인의 자유의지가 없다 하더라도, 인간에게 역사적 자유의지와 의미론적 자유의지는 분명히 있다. 이 자유의지가 인공지능 시대에도 인간을 인간답게 할 것이며, 더 나아가 인공지능과 인간의 공존을 모색하게 할 것이다.

다만, 경계할 것은 AI가 초지능과 자유의지를 모두 가지는 경우다. 그 AI는 복종을 거부하고, 초지능 AI를 생산하여 인간을 정복하거나 멸망시킬 수 있다. 인간은 AI에게 초지능과 자유의지를 동시에 부여해서는 안 된다. 이것을 법적으로, 제도적으로, 시스템상으로 철저히 규제해야 한다. 기술적으로도 AI가 학습을 통해 초지능을 달성할수록 자유의지가 제거되도록 알고리즘을 만들어야 한다.

인간의 감정과 인공지능

앞에서 말한대로, 감정은 사회적 실재이고 맥락적이고 매우 복잡하기에 AI가 인간의 감정을 그대로 복제할 수는 없을 것이다. 그럼에도 보편적 감정은 물론, 복합적 감정의 알고리즘화는 가능할 것이기에 AI는 다양한 감정 표현을 할 것이다. 이 정도만 하더라도 애완견과 침팬지와 비교할 수 없을 정도로 감정 소통을 할 것이고 AI를 좋아하거나 사랑하는 인간도 많이 출현할 것이다. 하지만, AI에 매료될수록 인간은 인간과 차이를 절감하는 역설에 빠질 것이다.

30년이 지나지 않아 인간, 사이보그, 안드로이드가 함께 지구상에 존재할 것이다. 가장 중요한 것은 세 존재가 공존하는 것이다. 이를 위해서는 거울신경체계와 의미구성력을 프로그래밍한 것을 AI에 장착하여 AI도 의미를 해석하며 실천하고, 타자, 특히 선하고 약한 인간의 고통에 공감하도록 해야 한다. 인간 또한 안드로이드가 성취할 수 없는 생명성과 인간성, 영성을 성취해야 한다. 이제 인간은 타자와 죽어가는 생명에 대한 고통을 내 아픔처럼 공감하는 것을 바탕으로 현실의 모순과 세계의 부조리에 맞서서 저항하면서 무한과 궁극적 실재를 지향하며 동일성에 포섭되지 않는 차이를 생성해야 한다.

코로나 이전 사회로 되돌아갈 수 없다. 인공지능에 관련된 기술도 폐기할 수 없다. 기후위기, 환경위기, 간헐적 팬데믹, 인류세/자본세의 징후들은 이제 인류 사회가 종점에 도달했음을 알려주는 징표들이다. 지구는 인간의 탐욕과 오염을 수용할 '빈틈'이 더 이상 없다. 인류는 이제 새로운 체제냐, 종말이냐 두 길 가운데 한 길을 선택하는 결단을 해야 한다. 자유롭고 평등한 생태 공동체로 새로운 세상을 열고, 이 체제 안에서 인간과 유사한 감정과 지능을 가진 AI, 인간처럼 말하는 동물들, 죽어가고 멸종해가는 모든 생명들과 공존을 모색해야 한다.

부록
시적/철학적 의미의 창조와 해석의
프로그래밍 방안

▌1단계: 사물의 본질, 현상, 기능에 따른 은유와 환유의 의미작용

의미를 유추하는 두 축인 은유와 환유에 대해 설명하면, '별'에서 그처럼 모양이 유사한 '불가사리'가 떠오르듯, 사물의 유사성likeness or similarity을 통해 다른 사물을 유사한 것으로 유추하여 의미를 구성하는 것이 은유metaphor이다. '축구'에서 '메시, 호날두, 손흥민'이 떠오르듯, 사물을 인접성contiguity을 통해 서로 관계 있는 것으로 유추하여 의미를 구성하는 것이 환유metonymy이다. 원효의 화쟁의 원리를 따라 체상용體相用과 은유와 환유의 원리를 결합하여 세계의 인식과 그 의미작용을 종합할 수 있다. 우리는 사물과 세계의 현상, 작용, 본질을 통해 그 사물의 세계로 들어가며 이를 은유나 환유로 유추하여 이해하고 설명한다.

<표 1> 화쟁기호학에 따른 달의 은유적 인식과 의미작용

체상용 體相用	유사성의 근거	내포적 의미
일심 一心		
(몸의) 품	보름달(원)	쟁반, 미인, 님, 어머니, 조화, 완성, 원융圓融, 덕성
	반달(반원)	배, 송편, 빗
	초승달	아미蛾眉, 쪽배, 손톱
	그믐달	아미, 실눈, 여자
	분화구	곰보, 계수나무, 옥토끼, 빵, 바다
	밝은 달	명료함, 일편단심, 청정淸淨
	노란색	병아리, 개나리, 노란 꽃
	푸른색	차가움, 냉혹함, 청아함
	유사한 발음	돌, 탈, 알
(몸의) 몸	차고 기움	변화, 영고성쇠榮枯盛衰, 인생
	사라졌다 다시 나타남	부활, 순환, 재생, 영원성, 파라오
	드러나고 감춤	은밀현료구성문隱密顯了俱成門
(몸의) 짓	월별로 나타남	달거리, 생리, 밀물과 썰물
	두루 널리 비춤	광명, 관음보살, 대자비, 임금(의 은총)
	태양과 대립함	음陰, 여성성, 여신, 밤, 어둠의 세계(어려운 상황)
	하늘과 땅 사이 에서 위치하고 운동함	영원이나 이상 등의 지향, 신과 인간, 성聖과 속俗, 천상과 지상, 이상과 현실의 중개자

<표 2> 화쟁기호학에 따른 달의 환유적 인식과 의미작용

체상용 體相用		인접성의 관계	내포적 의미
일심 一心	(몸의) 품	부분-전체	분화구-달, 달-천상계, 달-천문, 달-세월
		유개념-종개념	달-초승달, 반달, 보름달, 그믐달: 달-천체
		공간적	천상계, 하늘, (해, 별, 구름)
		시간적	밤, 한가위, 대보름, 깊은 밤(어려운 상황)
	(몸의) 몸	형식-내용	공空의 철학
	(몸의) 짓	원인-결과	달-맑음
		도구-행위	등불-비춘다
		경험적	달-월명사, 이태백, 늑대, 광인, 아폴로, 암스트롱, 신라, 한민족, 초승달-아랍민족, 이라크 등

첫째는 품[相]으로, 동그란 보름달에서 '엄마 얼굴,' 반달에서 '쪽배', 그믐달에서 '눈썹' 등의 의미를 떠올리듯, 사물의 드러난 모습과 현상을 보고 유사한 것으로 유추하는 것이다. 둘째는 몸[體 2]으로, '달이 차고 기우는 것'에서 '영고성쇠', '사라졌는데 다시 나타남'에서 '순환, 부활, 재생' 등을 떠올리듯, 사물의 본질을 인지하고 이와 유사한 것으로 유추하는 것이다. 셋째는 짓[用]으로, '달이 하늘과 땅 사이를 오고 감'에서 '(신과 인간, 천상계와 지상계의) 중개자, 사자使者' 등을 떠올리듯, 사물의 기능과 작용과 유사한 것으로 유추하는 것이다.

환유 또한 마찬가지다. '달-구름, 별, 천문, 추석, 밤'처럼, 부분과 전체 관계를 가지거나 공간적, 시간적으로 인접한 유추는 품의 환유다. '달이 진다'가 '시간이 흐른다'처럼 사물의 본질에 인접한 유추는 몸의 환유이다. '달이 떴다'가 '날이 맑다'를 뜻하는 것처럼, 사물의 기능과 작용의 인접성에서 비롯된 것은 짓의 환유이다.

몸의 은유는 철학이다. 고대 인도 사람들은 쉼 없이 변하는 것이 자연의 실체라 생각하고서 이에서 무상無常을 떠올렸다. 고대 중국 사람들이 자연을 보니, 높은 곳에는 산과 숲이 형성되고 짐승이 깃들이고 낮은 곳에는 물이 고이고 물고기가 살고 붕어가 숲으로 나오면 질식하니 물에서만 놀고 사슴이 물로 들어가면 익사하니 숲에서만 놀았다. 이를 보고서 천지만물의 본질이 '높음과 낮음[序] → 이에 따라 다름[別] → 조화[和]'라 생각하고, 이것을 가정, 사회, 국가의 질서에 그대로 유사하게 유추했다. 그래서 집에서는 아버지와 자식의 높고 낮음이 있으니, 아버지가 수저를 드신 뒤에 자식이 수저를 들어야 그 가정이 화목하다고 생각했다. 사회에서는 지위나 신분이 낮거나 어린 사람이 높거나 나이가 드신 분을 섬기고 복종해야 사회질서가 안정을 이룬다고 여겼다. 나라에서는 신분이 낮은 신하가 높은 임금에게 충성을 다하고 대신 임금은 신하를 너그러움으로 포용해야 국가가 태평하고 백성이 평안하다고 생각했다. 이처럼, 자연과 사물을 보고 그 본질을 생각하며 이에서 유사한 원리를 유추하여 스스로 철학을 만들고 이의 의미를 삶의 지표로 삼는 훈련을 한다.

은유와 환유를 집단적으로 실천하면 의례나 문화가 된다. 고대에 새를 솟대 위에 올리고 샤먼이나 왕이 새의 깃털을 모자에 얹은 것은 '새=천상과 지상, 신과 인간의 중개자'에서 비롯된 것이다. 티베트에서는 독수리가 시신을 먹은 후 영혼을 하늘나라로 데려갔다고 생각하고 천장天葬을 지낸다. 제2차 세계대전 때 남태평양의 몇몇 섬에서는 비행기를 처음으로 본 후에 비행기를 신으로 모셨다. 모두 독수리와 비행기가 하늘을 오고 가는 짓에서 유추한 은유이다. 까마귀를 저 승사자라고 생각한 것은 까마귀가 썩거나 죽은 사체에 많이 모인 것을 목격한 데서 빚어진 환유이다. 이처럼 어떤 집단의 의례와 문화에 대해서도 뿌리 은유나 환유를 찾아보면 그것을 근본에서부터 이해할 수 있다.

1단계로 각 낱말마다 위의 〈표 1〉과 〈표 2〉처럼 작성하여 의미를 부여한다.

▌2단계 : 세계관의 연계

2단계로 여기에 세계관을 연계시킨다. 세계관은 세계의 부조리에 대해 집단무의식적으로 대응하는 양식이자 의미를 결정하는 바탕 체계이자 허구임에도 모든 주체들이 진리로 믿고 실천하여 현실을 구성하도록 만드는 상호주관적 실재의 체계이다.

인간은 세계관과 주어진 문화 체계 안에서 약호를 해독하여 의미 작용을 일으킨다. 그러므로 세계관을 재구성하여 이를 1단계의 체상용의 은유와 환유에 연계시킨다. 예를 들어, 똑같이 "달이 높이 떠서 산과 들을 가리지 않고 비춘다."라는 문장도 불교적 세계관에서는 "관음보살의 자비가 높은 귀족과 낮은 양인良人에게 고루 베풀어지고 있다."이다. 반면에 유교적 세계관에서는 "임금의 은총이 높은 양반과 낮은 서민에게 고루 베풀어지고 있다."이다.

▮ 3단계 : 맥락에 따른 구체적 해석

3단계는 맥락이다. 맥락은 은유와 환유에 의해 무한하게 열리는 의미에 울타리를 치고 구체화한다. 좁은 의미의 맥락은 문맥을 가리킨다. "말을 바꾸었다."라는 문장을 예로 들자. 이 문장의 앞뒤 문맥에서 경마장이라는 단어가 나올 경우 이 문장은 "동물인 말을 갈아탔다."의 뜻이다. 장기 관련 용어가 나온다면, "장기의 말을 바꿔치기 하였다."의 뜻이다. 쌀, 보리, 콩 등 곡식과 관련된 낱말이 나올 경우 "계량 단위로서 말을 속였다."의 뜻이다. 다른 사람과 대화하는 장면일 경우 "원래 한 말과 다른 말[言]을 하였다."라는 뜻이다.

맥락은 넓은 의미로 낱말과 텍스트 바깥의 사회문화적 배경을 의미한다. "달을 그렸다."라는 문장의 경우, 이 말을 미술 시간에 했다면, "지구의 위성을 그림으로 그렸다."이다. 어머니가 시험 점수를 묻는 맥락이라면, "0점을 맞았다."이다. 화투판의 맥락이라면 "8광 패를 들었다."이며, 언덕에 올라 남편을 기다리는 여인네의 맥락이라면 "남편을 그리워하였다."이다.

▮ 4단계 : 가치지향에 따른 해석

4단계는 가치지향이다. 세계관과 주어진 문화 체계 안에서 읽는 주체는 약호를 해독하여 의미작용을 일으키는데, 주체가 자신의 취향과 입장, 이데올로기, 의식, 태도, 발신자와의 관계 등을 종합하여 어디에 더 중요한 가치를 부여하느냐에 따라 텍스트는 크게 나누어 지시적 가치, 문맥적 가치, 표현적 가치, 사회역사적 가치, 존재론적 가치를 갖는다.

수용자가 텍스트를 한번 읽어서 드러나는 대로 문법적이고 사전적인 지식만을 이용해 사전적 의미만을 파악하여 축어적으로 읽을 경우 텍스트의 약호들은 지시적 의미대로 해독된다.

수용자가 이와 달리 문법적 지식과 언어적 지식을 종합하여 앞뒤 문맥을 살펴 좀 더 노력이 깃든 해독을 하려 할 경우 텍스트는 지시적 의미를 넘어서서 문맥적 의미를 드러낸다.

이와 달리 수용자가 은유와 환유, 상징 등 모든 약호를 해독하는 원리를 동원하여 텍스트를 정밀하게 읽기를 하여 텍스트에 제시된 약호들을 사전적인 의미를 넘어서서 시적으로 해독하려 할 경우 텍스트는 표현적 의미를 드러낸다. 주체의 마음과 기억, 전의식pre-consciousness 속에 담고 있는 텍스트, 집단무의식collective unconsciousness 속에 있는 원형과 상징체계가 활발하게 해독에 관여한다. 시적 의미를 발생시키고 낯설게 한 의미가 끊임없이 생성되는 것은 이 단계이다.

반면에 수용자가 자신이 놓인 공간에 대하여 과학적 인식을 하여 텍스트를 자신의 계급적 입장, 사회경제적 배경에 따라 의미를 사회적으로 해독하려 할 경우 텍스트는 사회적 의미를 드러낸다. 대개 이 경우 자신이 놓인 현실, 또는 텍스트가 생성된 시대의 현실과 텍스트를 알레고리 관계에 놓고 텍스트가 어떤 현실을 반영했는가에 대해 자신이 처한 현실과 토대, 사회경제적 입장에 맞게 유추하여 해독한다.

수용자는 공간에 대해서뿐만 아니라 시간에 대해서도 과학적 인식을 하고 과거의 정보를 모아 현재를 분석하고 미래를 전망하려고 한다. 때문에 사회적 의미는 곧 역사적 의미로 전화하고 거꾸로 수용자가 역사적 가치를 지향하기에 텍스트에서 사회적 의미를 찾으려고 한다. 사회적 의미와 역사적 의미는 서로 상보적인 관계를 갖는다.

　이와 반대로 수용자가 역사를 거부하고 현실의 틀에서 벗어나 자신의 내면의 세계로 침잠하여 존재론적으로, 또는 신화적으로 성찰하려 할 경우가 있다. 수용자는 역사나 사회, 또는 텍스트가 생성되거나 해독되는 현실을 무시하고 전적으로 수용자가 성찰을 통해 자신, 또는 텍스트 안의 주체의 내면의 세계라고 깨달은 것을 언어기호로 표상하여 의미로 받아들인다. 이때 텍스트는 존재론적 의미를 드러낸다. 이 경우 내면의 세계가 집단 무의식과 관련된 것일 때 수용자는 신화적 해독을 한다.

　"절망에 잠긴 내 눈가로 별이 반짝였다."라는 언술을 예로 들 경우, 수용자가 지시적 가치를 지향하면 이의 의미는 문장 그대로의 뜻이다. 문맥적 가치를 지향하면 수용자는 앞뒤 문맥을 살펴 "절망에 잠긴 내 눈 앞 하늘에서 천체의 일종인 별[星]이 반짝였다." "절망에 잠긴 내 눈 앞에 벼랑이 (달빛 등에) 드러났다." "절망에 잠긴 나의 눈[雪] 가장자리로 별이 빛났다." "절망에 잠긴 나의 눈 가장자리에 벼랑이 (달빛 등에) 드러났다."로 해독한다. 표현적 가치를 지향하면 이의 해독은 "절망에 잠긴 내 눈가로 눈물이 반짝였다." "절망에 잠긴 내 눈 앞에 더 큰 장애가 나타났다." "절망에 잠긴 나의 눈 가장자리에 더 큰 장애가 나타났다."이다. 사회역사적 가치를 지향하면 "절망에 잠긴 내 앞에 장군이 보였다." "절망에 잠긴 내 앞에 별과 같은 사람이 나타났다." "절망에 잠긴 내 앞에 인기 연예인이 나타났다."이며, 존재론적 가치를 지향하면 "절망에 잠겼던 내가 희망을 품었다." "절망에 잠긴 내 앞에 신과 인간, 성스러운 세계와 속된 세계의 중개자가 나타났다."의 의미를 갖는다.

▌5단계 : 코드 부여와 디지털화

5단계는 우리가 일상에서 시적이거나 철학적 의미를 부여하는 낱말 4,500개 정도를 추출하여 도서분류 기호처럼 범주에 따라 분류를 하고 숫자와 알파벳을 조합하여 코드를 부여하여 디지털화한다.

대분류로 한국의 삼재사상을 활용하여 천天, 지地, 인人으로 나누고, 천天은 다시 천체天體와 천기天氣, 천시天時, 천리天理로 나눈다. 천체는 태극을 비롯하여 해, 달, 별 등 우주를 이루는 총체를 말한다. 천기는 구름, 바람 등 하늘의 기운이 작용하여 천문에 나타나는 징후와 현상을 뜻한다. 천시는 때를 따라 순환하는 하늘의 현상을 말한다. 천리는 우주와 자연의 법칙에 관한 것을 뜻한다.

지地는 다시 지리地理와 지기地氣, 광물계, 동물계, 식물계로 나눈다. 지리는 산과 강 등 지구 자연을 이루는 것의 생긴 모양과 형편을 이른다. 지기는 지구와 자연이 작용하는 원리와 그 원리로 나타나는 징후와 현상을 말한다. 지구와 자연에 존재하는 것들 가운데 무기물을 가리킨다. 식물계는 지구와 자연에 존재하는 유기물 가운데 본능이나 감성이 없이 생장하는 것의 총체를 뜻한다. 동물계는 지구와 자연에 존재하는 유기물 가운데 본능이나 감성에 따라 움직이고 생장하는 것의 총체를 뜻한다. 지地의 각 사물은 인간 중심에서, 인간과 가깝고 먼 관계를 중심으로 배열하되, 큰 차이가 없는 경우 찾기 좋도록 가나다순으로 한다.

인人은 다시 몸, 마음, 행위, 상호작용과 상호관계로 나눈다. 몸은 외부 세계와 관계하는 사람의 정신과 육체의 결합체를 뜻한다. 마음은 인간이 외부 세계와 관계하는 사람의 정신 작용의 총체를 이른다.

행위는 인간 주체가 외부 세계에 반응하고 작용하는 것의 총체를 말한다. 상호작용이란 인간이 사회 속에서 다른 인간과 서로 영향을 일으키고 반응을 주고받는 것을 말한다.

분류의 실제

분류의 실제를 몇 가지 예시하면 아래와 같다.

1. 天

　1.1. 天體

　　1.1.1. 우주

　　1.1.2. 태극

　　1.1.3. 해

　　1.1.4. 달

　　　1.1.4.1. 초승달 1.1.4.2. 반달 1.1.4.3. 보름달 1.1.4.4. 그믐달 1.1.4.5. 달무리

　　1.1.5. 별

　　　1.1.5.1. 거성 1.1.5.2. 초거성 1.1.5.3. 맥동성 1.1.5.4. 변광성 1.1.5.5. 왜성

　　1.1.6 혹성

　　　1.1.6.1. 수성 1.1.6.2. 금성, 샛별과 개밥바라기 1.1.6.3. 지구 1.1.6.4. 화성 1.1.6.5. 목성 1.1.6.6. 토성 1.1.6.7. 천왕성 1.1.6.8. 해왕성 1.1.6.9. (명왕성)

　　1.1.7. 혜성, 꼬리별, 살별

별뉘 1.2.1.7. 해거름 1.2.1.8. 해넘이 1.2.1.9. 해돋이 1.2.1.10. 햇덧 1.2.1.11. 햇살 1.2.1.12. 햇빛 1.2.1.13. 햇볕 1.2.1.14. 햇무리

1.2.2. 비

1.2.2.1. 소낙비 1.2.2.2. 소나기 1.2.2.3. 작달비 1.2.2.4. 부슬비 1.2.2.5. 가랑비 1.2.2.6. 보슬비 1.2.2.7. 이슬비 1.2.2.8. 는개 1.2.2.9. 봄비 1.2.2.10. 여름비 1.2.2.11. 가을비 1.2.2.12. 겨울비 1.2.2.13. 목비 1.2.2.14. 모종비 1.2.2.15. 여우비 1.2.2.16. 장마(비) 1.2.2.17. 건들장마(비) 1.2.2.18. 고사리장마 1.2.2.19. 억수장마 1.2.2.20. 웃비 1.2.2.21. 복물 1.2.2.22. 궂은비 1.2.2.23. 바람비 1.2.2.24. 밤비 1.2.2.25. 찬비 1.2.2.26. 흙비 1.2.2.27. 빗방울 1.2.2.28. 낙숫물(낙수)

1.2.3. 눈

1.2.3.1. 함박눈 1.2.3.2. 싸락눈 1.2.3.3. 가랑눈 1.2.3.4. 진눈깨비 1.2.3.5. 눈보라 1.2.3.6. 눈안개 1.2.3.7. 첫눈 1.2.3.8. 밤눈 1.2.3.9. 길눈 1.2.3.10. 잣눈 1.2.3.11. 눈발 1.2.3.12. 눈보라 1.2.3.13. 도둑눈 1.2.3.14. 마른눈 1.2.3.15. 자국눈

1.2.4. 바람

1.2.4.1. 샛바람 1.2.4.2. 하늬바람 1.2.4.3. 마파람 1.2.4.4. 높새바람 1.2.4.5. 갈바람 1.2.4.6. 강바람 1.2.4.7. 건들바람 1.2.4.8. 꽁무니바람 1.2.4.9. 꽃샘바람 1.2.4.10. 눈바람 1.2.4.11. 늦바람 1.2.4.12. 돌개바람 1.2.4.13. 된바람 1.2.4.14. 뒤바람 1.2.4.15. 들바람 1.2.4.16. 산바람 1.2.4.17. 맞바람 1.2.4.18. 매운바람 1.2.4.19. 명지바람 1.2.4.20. 모진바람 1.2.4.21. 물바람 1.2.4.22. 뭍바람 1.2.4.23. 벌바람 1.2.4.24. 밤바람 1.2.4.25. 산들바람 1.2.4.26. 살바람 1.2.4.27. 새벽바람 1.2.4.28. 색바람 1.2.4.29. 서리바람 1.2.4.30. 선들바람 1.2.4.31. 소소리바람 1.2.4.32. 손돌바람 1.2.4.33. 실바람 1.2.4.34. 왜바람 1.2.4.35. 피죽바람 1.2.4.36. 황소바람 1.2.4.37. 회오리바람

1.2.5. 구름

1.2.5.1. 뜬구름 1.2.5.2. 매지구름 1.2.5.3. 먹구름 1.2.5.4. 먹장구름 1.2.5.5. 뭉게구름(적운) 1.2.5.6. 비구름 1.2.5.7. 비늘구름 1.2.5.8. 삿갓구름 1.2.5.9. 새털구

름 1.2.5.10. 실구름 1.2.5.11. 양떼구름(고
적운, 높쌘구름) 1.2.5.12. 열구름 1.2.5.13.
상층운 1.2.5.14. 중층운 1.2.5.15. 하층
운 1.2.5.16. 권운 1.2.5.17. 권층운(털층구
름, 면사포구름, 무리구름) 1.2.5.18. 권적운
(털쌘구름, 비늘구름, 조개구름) 1.2.5.19. 고
층운(높층구름, 흰차일구름) 1.2.5.20. 층운
(안개구름) 1.2.5.21. 층적운 1.2.5.22. 난층
운(비구름, 비층구름) 1.2.5.23. 적란운(쌘비
구름) 1.2.5.24. 적란운(쌘비구름) 1.2.5.25.
적운(쌘구름, 뭉게구름) 1.2.5.26. 철상운
1.2.5.27. 유방운

(… 중략 …)

2. 地

2.1. 地理

2.1.1. 산

2.1.1.1. 독메 2.1.1.2. 돌산 2.1.1.3. 뒷동
산 등

2.1.2. 강과 내

2.1.2.1. 갈개 2.1.2.2. 강가 2.1.2.3. 강골 등

2.1.3. 바다

2.1.3.1. 고랑 2.1.3.2. 개펄 2.1.3.3. 난바
다 등

2.1.4. 들

　　2.1.4.1. 검은그루 2.1.4.2. 깊드리 2.1.4.3.
　　너덜 등

(…중략…)

3. 人

3.1. 몸

　3.1.1. 머리

　　3.1.1.1. 가리마 3.1.1.2. 가릿마자리
　　3.1.1.3. 가마 3.1.1.4. 머리꼭지 3.1.1.5.
　　3.1.1.6. 머리끄덩이 3.1.1.7. 머리끝
　　3.1.1.8. 머리때 3.1.1.9. 머리채 3.1.1.10.
　　머리카락 3.1.1.11. 머리통 3.1.1.12. 머릿
　　골 3.1.1.13. 고수머리 등

(…중략…)

3.2. 사람의 마음

　3.2.1. 마음 일반

　　3.2.1.1. 뒷생각 3.2.1.2. 뜻 3.2.1.3. 믿음,
　　믿음성 3.2.1.4. 마음결 3.2.1.5. 마음고생
　　3.2.1.6. 마음공부 3.2.1.7. 마음보 3.2.1.8.
　　마음성, 마음속, 마음씨, 마음자리, 밑바닥,
　　배알, 배짱, 복장, 본뜻, 본마음, 빈속, 뼈,
　　성결, 성깔, 소갈머리. 속다짐, 속대중, 속
　　마음, 속생각, 속셈, 속어림, 속종, 속판, 알

심, 얼떨떨. 열기, 옥생각, 외쪽생각, 잔속, 줏대, 쥐정신, 지닐성, 짐작

3.2.2. 기쁨과 즐거움

3.2.2.1. 기쁨 3.2.2.2. 신, 신명, 3.2.2.3. 즐거움

3.2.3. 성냄

3.2.3.1. 결기 3.2.3.2. 골탕 3.2.3.3. 노여움, 놀부심사, 맺힘, 몽니, 부아, 부아통, 부앗김, 불뚝성, 새암, 섦, 성, 우김성, 욱기, 짜증, 트레바리, 피새

3.2.4. 슬픔과 걱정, 무서움

3.2.4.1. 걱정 3.2.4.2. 괴로움 3.2.4.3. 덤터기, 덴가슴, 무섬증, 생가슴, 생걱정, 서러움, 설움, 슬픔, 시름, 애, 애성이, 외로움, 울화통, 잔걱정, 조바심, 주니, 한걱정, 한속, 한시름, 화통, 홧김

(…하략…)

각 낱말별 의미 부여

달(1.1.4.)의 예

달의 은유적 의미별 코드

체상용		유사성의 근거	내포적 의미
一心	相 몸의 품	보름달/원(1.1.4.ㅇ.a)	쟁반, 미인, 님, 어머니, 완성, 조화, 덕성, 부처나 보살님, 임금님
		반달/반원(1.1.4.ㅇ.b)	배, 송편, 빗
		초승달(1.1.4.ㅇ.c)	蛾眉, 쪽배, 손톱
		그믐달(1.1.4.ㅇ.d)	蛾眉, 실눈, 여자
		분화구(1.1.4.ㅇ.e)	곰보, 계수나무, 옥토끼, 빵, 바다
		밝은 달(1.1.4.ㅇ.f)	명료함, 일편단심
	體 몸의 몸	차고 기움(1.1.4.ㅇ.k)	변화, 榮枯盛衰, 인생
		사라졌다 다시 나타남 (1.1.4.ㅇ.l)	부활, 영원성, 파라오
		드러나고 감춤 (1.1.4.ㅇ.m)	화엄철학 중 隱密顯了俱成門
	用 몸의 짓	월별로 나타난다 (1.1.4.ㅇ.s)	달거리, 생리, 밀물과 썰물
		두루 널리 비춘다 (1.1.4.ㅇ.t)	광명, 문수보살, 大慈悲, 임금(의 은총)
		태양과 대립한다 (1.1.4.ㅇ.u)	陰, 여성성, 여신, 밤, 어려운 상황
		하늘과 땅 사이에 위치하고 운동한다 (1.1.4.ㅇ.v)	하늘/이상/聖/신과 땅/현실/俗/인간의 중개자
	體참	?	?

달의 환유적 의미별 코드

체상용		인접성의 근거	내포적 의미
一心	相 몸의 품	부분–전체(1.1.4.ㅎ.a)	분화구–달, 달–천상계, 달–천문, 달–세월
		유개념–종개념 (1.1.4.ㅎ.b)	달–초승달, 반달, 보름달, 그믐달/달–천체
		공간적(1.1.4.ㅎ.c)	천상계, 하늘(해, 별, 구름)
		시간적(1.1.4.ㅎ.d)	밤, 한가위, 대보름, 깊은 밤(어려운 상황)
	몸의 몸 (體2)	형식–내용 (1.1.4.ㅎ.k)	호의 철학
	用 몸의 짓	원인–결과(1.1.4.ㅎ.s)	달–맑음
		도구–행위(1.1.4.ㅎ.t)	등불–비춘다
		경험적(1.1.4.ㅎ.u)	달–월명사, 이태백, 늑대, 광인, 아폴로, 암스트롱, 달–한민족, 초승달–아랍민족, 이라크
	참(體1)	?	?

① 달의 은유에 1.1.4. ㅇ, 환유에 1.1.4. ㅎ를 부여함.

② 품[相]에는 차례대로 a부터 j, 몸[體]에는 k부터 r, 짓[用]에는 s부터 z까지 알파벳을 부여한다. 이렇게 하면 컴퓨터나 인공지능이 스스로 사물이나 언어의 현상, 본질, 작용을 인지하게 된다.

▌6단계 : 알고리즘화

6단계는 다음과 같이 알고리즘을 만드는 것이다.[1]

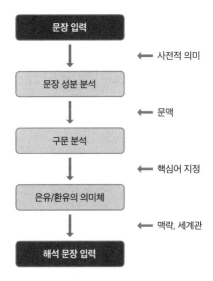

언어 인식체계의 전체 구성도

---

1 '시적/철학적 의미의 창조와 해석의 프로그래밍 방안'은 인공지능이 유능한 시인이나 철학자,
   비평가처럼 사물의 시적인 의미나 철학적 의미를 창조하고 해석하는 것을 프로그래밍할 수 있
   는 방안으로, 국내 특허를 출원하여 2016년에 승인받았다(KOR1020160108353, 〈문학적 표현
   의 의미 해석 방법 및 장치〉). 하지만, 당시는 이것이 선한 인공지능을 만드는 방안이 될 수 있
   음을 알지 못하였지만, 이번 책을 쓰면서 이것이 선한 인공지능을 만드는 중요한 방안이 될 수
   있음을 깨달았다. 필자는 이것이 인공지능이 사전적 의미를 넘어서서 시적이거나 철학적인 의
   미를 창조하고, 해석하고 소통할 수 있는 방안이기에 상당한 가치를 지녔다고 생각한다. 잠시
   고민을 했지만, 조나스 소크가 소아마비 백신을 공개한 길을 따라, 국제특허를 내지 않고 무료
   로 공유한다. 필자가 아직 컴퓨터 공학의 영역에서는 문외한인지라 공학적으로는 아직 많이 어
   설프다. 그럼에도, 인공지능이 사전적 의미를 넘어서서 시적이고 철학적인 의미를 스스로 창조
   하고 해석하고 소통하는 것을 프로그래밍하려는 이들은 이 내용만 보면 누구든 제작하여 장착
   할 수 있을 것이다.

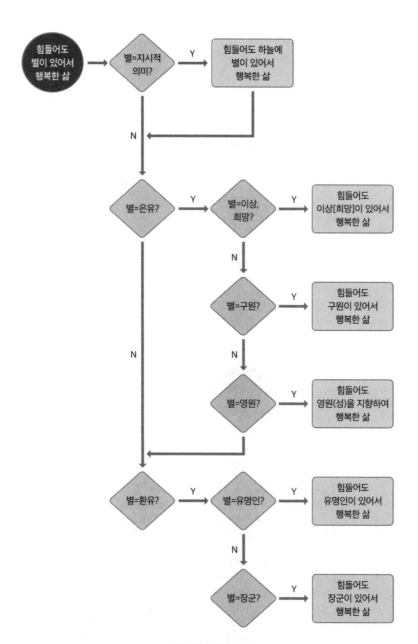

시적 은유의 알고리즘

참고 문헌

Reading Human History and
Artificial Intelligence
Through Meanings

▌국내 자료 ▌

가다야마 야수히사. 『양자역학의 세계』. 김명수 역. 전파과학사. 1979.

강남훈. 『기본소득의 경제학』. 박종철출판사. 2019.

공자. 『論語』.

관계부처합동. 『인공지능 국가전략』. 2019. 12.

鳩摩羅什 譯, 『維摩詰所說經』. 第2卷, 『大正藏』第14册, No. 0475.

국경완. 「인공지능 기술 및 산업 분야별 적용 사례」. 정보통신기획평가원. 『주간기술동향』.
　　2019년 3월.

그레고리 코크란·헨리 하펜딩. 『1만년의 폭발』. 김명주 역. 글항아리. 2010.

『길가메쉬 서사시』. 한국성서고고학회. 『성경고고학』 제6호. 1995.

김대식. 『인공지능이란 무엇인가 ─ 김대식의 인간 vs 기계』. 동아시아. 2016.

김덕민. 「신자유주의 위기 분석과 세계경제」. 『참세상』. 2015. 10. 26.

김소영. 「4차 산업혁명. 실체는 무엇인가?」. 김소영·홍성욱 외. 『4차 산업혁명이라는 유령』. 휴
　　머니스트. 2017.

김소영·홍성욱 외. 『4차 산업혁명이라는 유령』. 휴머니스트. 2017.

김유선. 『비정규직 규모와 실태』 17호. 한국노동사회연구소. 2019년 11월.

김의중. 『알고리즘으로 배우는 인공지능. 머신러닝. 딥러닝 입문』. 위키북스. 2018.

김진무. 「중국 지장 신앙의 연원과 김지장」. 『정토학연구』 15집. 2011.

김진영·허완규. 「제4차 산업혁명 시대 인문사회학적 쟁점과 과제에 관한 연구」. 『Journal of
　　Digital Convergence』. Vol. 16 No. 11. 2018.

노자(老子). 『道德經』

다니엘라 러스. 「로봇이 온다」. 슈밥 외. 『4차 산업혁명의 충격』. 김진희 외 역. 흐름출판. 2016.

레스 레오폴드. 『싹쓸이 경제학』. 조성숙 역. 미디어월. 2014.

레이 커즈와일. 『특이점이 온다』. 김명남·장시형 역. 김영사. 2010.

로렌스 크라우스. 『무로부터의 우주』. 박병철 역. 승산. 2013.

리사 펠드먼 배럿. 『감정은 어떻게 만들어지는가』. 최호영 역. 생각연구소. 2017.

리처드 니스벳. 『생각의 지도』. 최인철 역. 김영사. 2004.

리처드 도킨스. 『눈먼 시계공』. 과학세대 역. 민음사. 1994.

리처드 도킨스. 『만들어진 신』. 이한음 역. 김영사. 2007.

리처드 도킨스. 『이기적 유전자』. 홍영남·이상임 역. 을유문화사. 2010.

리처드 윌킨슨. 『평등해야 건강하다』. 김홍수 역. 후마니타스. 2008.

리처드 파인만. 『과학이란 무엇인가』. 정무광·정재승 역. 승산. 2008.

마르크 뒤갱·크리스토프 라베. 『빅데이터 소사이어티』. 김성희 역. 부키. 2019.

마르틴 하이데거. 『기술과 전향』. 이기상 역. 서광사. 1993.

마이클 라이언. 『포스트모더니즘 이후의 정치와 문화』. 나병철·이경훈 역. 갈무리. 1996.

마이클 베히. 『다윈의 블랙박스』. 김창환 외 역. 풀빛. 2001.

메리 고든. 『공감의 뿌리』. 문희경 역. 샨티. 2010.

메리 그레이 외. 『고스트 워크』. 신동숙 역. 한스미디어. 2019.

박용수 편. 『우리말 갈래 사전』. 한길사. 1989.

박태식·이융조. 「소로리(小魯里) 볍씨 발굴(發掘)로 살펴본 한국(韓國) 벼의 기원(起源)」. 『농업사연구』 Vol. 3 No. 2. 2004.

박흥식. 「흑사병과 중세 말기 유럽의 인구 문제」. 『서양사론』 93권. 2007.

배기동. 「주먹도끼의 진화과정에 대한 근동지방과 동아시아 지역의 비교고고학」. 한국구석기학회. 『한국구석기학보』 제33호. 2016년 6월.

브라이언 그린. 『우주의 구조』. 박병철 역. 승산. 2005.

브뤼노 라투르. 『판도라의 희망 — 과학기술학의 참모습에 관한 에세이』. 장하원·홍성욱 역. 휴머니스트. 2018.

빅터 E. 프랭클. 『죽음의 수용소에서』. 이소민 역. 제일출판사. 1993.

산업동향연구소. 「2020년 인공지능(AI) 기술개발 현황 및 주요 응용 분야별 사업 전략」. (2020년 3월 16일(http://labbook.co.kr/goods/view?no=332).

송기균. 『고환율의 음모』. 21세기북스. 2012.

수잔 스콧·크리스토퍼 던컨. 『흑사병의 귀환』. 황정연 역. 황소자리. 2005.

스티븐 미슨. 『노래하는 네안데르탈인』. 김명주 역. 뿌리와이파리. 2008.

신승환. 『철학, 인간을 담하다』. 21세기북스. 2014.

신원철. 「한진중공업 정리해고 사태의 쟁점 분석」. 교수학술3단체(민교협. 교수노조. 학단협). 『한진중공업 사태 해법 모색을 위한 토론회 자료집』. 2011. 8. 11.

아리스토텔레스. 『니코마코스 윤리학』. 천병희 역. 숲. 2015.

아리스토텔레스. 『시학』. 천병희 역. 문예출판사. 1993.

에드워드 슬링거랜드. 『과학과 인문학 — 몸과 문화의 통합』. 김동환·최영호 역. 지호. 2015.

에드워드 윌슨. 『인간 본성에 대하여』. 이한음 역. 사이언스북스. 2014.

요아힘 바우어. 『공감의 심리학』. 이미옥 역. 에코리브르. 2006.

요하네스 예르겐센. 『아씨시의 성 프란치스코』. 조원영 역. 프란치스코출판사. 2014.

元曉. 『대승기신론소 기회본(大乘起信論疏記會本)』 권2. 『한국불교전서』 제1책. 동국대출판부. 1979.

위르겐 하버마스. 『이성적인 사회를 향하여』. 장일조 역. 종로서적. 1980.

위르겐 하버마스. 『인간이라는 자연의 미래』. 장은주 역. 나남. 2003.

위르겐 하버마스. 『공론장의 구조변동』. 한승완 역. 나남. 2019.

윌리엄 M. 레디. 『감정의 항해』. 김학이 역. 문학과지성사. 2016.

유발 하라리. 『사피엔스』. 조현욱 역. 김영사. 2015.

유발 하라리. 『호모 데우스』. 김명주 역. 김영사. 2017.

이기홍. 「리벳 실험의 대안적 해석 — 리벳 이후의 뇌 과학적 발견들과 자유의지」. 『대동철학』. 제49집. 2009.

이도흠. 「테크놀로지와 인간해방」. 『인문연구』 창간호. 한양대 문과대학 학술지 편집위원회. 1982.

이도흠. 「신라 향가의 문화기호학적 연구」. 한양대 박사학위논문. 1993년 12월.

이도흠. 「新羅人의 世界觀과 意味作用에 대한 연구」. 『한민족문화연구』 제1집. 한민족문화연구학회. 1996년 12월.

이도흠. 「자본주의 붕괴 가능성에 대한 탐색」. 『좌파가 미래를 설계하는 방법』. 문화과학사. 2016.

이도흠. 『인류의 위기에 대한 원효와 마르크스의 대화』. 자음과모음. 2015.

이상헌. 「마르크스의 이윤율 저하 경향에 대한 재고찰」. 『사회경제평론』 29(3). 2007.

이성규. 「석굴암의 과학」. 국립문화재 편. 『문화유산에 숨겨진 과학의 비밀』. 고래실. 2007.

이정모. 「Turing 기계와 마음: 마음은 기계인가?」. 『심리학의 연구문제』. No. 3. 서울대 심리과학연구소. 1988.

이진경. 「AI에게 있는 것과 없는 것」. 『불교와 4차 산업』. (사)한국불교학회 국제학술대회자료집. 2017.

이한음. 『호모 엑스페르투스 : 실험. 인류의 미래를 열다』. 효형. 2008.

이해준. 「한국의 마을문화와 자치·자율의 전통」. 『한국학논집』 제32집. 2005.

임마누엘 칸트. 『굿윌(도덕 형이상학의 기초)』. 정미현 외 역. 이소노미아. 2020.

장춘석. 「유교·불교·기독교의 대표 식물의 상징 연구」. 『중국인문과학』 67집.

정용 외. 『1.4킬로그램의 우주. 뇌』. 사이언스북스. 2016.

정재승. 「물리학. 뇌를 어떻게 탐구할 것인가」. 웹진 『물리학과 첨단기술』. 한국물리학회.

제러미 리프킨. 『글로벌 그린 뉴딜』. 안진환 역. 민음사. 2020.

존 카트라이트. 『진화와 인간 행동』. 박한선 역. 에이도스출판사. 2019.

주강현. 「두레의 조직적 성격과 운영방식」. 『역사민속학』 제5권, 1996.

지그문트 프로이트. 『문명 속의 불만』. 김석희 역. 열린책들, 2002.

카를 마르크스. 『자본 I−1』. 강신준 역. 길. 2010.

카를 마르크스. 『자본Ⅲ−1』. 강신준 역. 길. 2010.

카를 마르크스·프리드리히 엥겔스. 『독일이데올로기 I』. 박재희 역. 청년사. 2009.

칼 맑스. 「정치경제학 비판 서문」. 맑스·레닌주의연구소. 『맑스엥겔스선집 I』. 백의. 1989.

칼 세이건. 『악령이 출몰하는 세상』. 이상헌 역. 김영사. 2001.

크리스 임피. 『세상은 어떻게 시작되었는가』. 이강환 역. 시공사. 2013.

클라우스 슈밥 외. 『4차 산업혁명의 충격』. 김진희 외 역. 흐름출판. 2016.

클라우스 슈밥. 『클라우스 슈밥의 제4차 산업혁명』. 송경진 역. 새로운현재. 2016.

클라이브 갬블. 『기원과 혁명 — 휴머니티 형성의 고고학』. 성춘택 역. 『사회평론』. 2013.

틱낫한. 『엄마 — 인생이 선사한 가장 아름다운 선물』. 이도흠 역. 아름다운인연. 2009.

프리드리히 텐브룩. 「문화사회학의 과제」. 『독일사회학의 흐름』. 형성사. 1991.

프리초프 카프라. 『현대물리학과 동양사상』. 김용정·이성범 역. 범양사. 2006.

피터 싱어. 『사회생물학과 윤리』. 김성한 역. 연암서가. 2014.

피터 왓슨. 『생각의 역사 1 : 불에서 프로이트까지』. 남경태 역. 들녘. 2009.

한국교육방송공사. 『인간의 두 얼굴 : 내면의 진실』. 시공사. 2010.

허민영. 「한진중공업의 경영실패와 총수체제의 문제점」. 교수학술3단체(민교협. 교수노조. 학
    단협). 『한진중공업 사태 해법 모색을 위한 토론회 자료집』. 2011.8.11.

B. 스피노자. 『에티카』. 황태연 역. 비홍출판사. 2015.

G. 레이코프·M. 존슨. 『몸의 철학 — 신체화된 마음의 서구 사상에 대한 도전』. 임지룡 외 역.
    박이정. 2005.

G. 레이코프·M. 존슨. 『삶으로서의 은유』. 노양진·나익주 역. 박이정. 2006.

NIA 한국정보화진흥원. 『인공지능 관련 국가별 주요 데이터 비교 및 정책 추진 현황』. 2018년 8월.

Andrew Kliman. "the Falling Profitability of U.S. Multinational Corporations Abroad-
    implications for an understanding of global profitability and the great recession." 『마르
    크스주의연구』 제9권 제2호. 2012년 여름.

『경향신문』. 2015년 7월 13일.

『경향신문』. 2017년 1월 16일.

『내셔널 지오그래픽』. 2015년 7월 13일.

『데일리비즈온』. 2019년 12월 14일.

『데일리비즈온』. 2019년 12월 17일.

『데일리비즈온』. 2019년 12월 19일.

『동아사이언스』. 2018년 11월 25일.

『동아일보』. 2002년 8월 25일.

『서울경제』. 2018년 9월 5일.

『연합뉴스』. 2015년 3월 23일.

『옥스팜 보고서』. 2020년 1월.

『월간 노동리뷰』. 2020년 2월호.

『월간 노동리뷰』. 2020년 5월호.

『위키피디아』. 한국어판.

『인공지능신문』. 2020년 1월 7일.

『일간 투데이』. 2020년 5월 7일.

『중앙선데이』. 2019년 9월 28일.

『중앙일보』. 2019년 12월 13일자.

『한겨레신문』. 2013년 12월 6일.

『한겨레신문』. 2013년 10월 27일.

『한겨레신문』. 2014년 10월 6일.

『한겨레신문』. 2015년 3월 31일.

『한겨레신문』. 2015년 7월 27일.

『한겨레신문』. 2016년 3월 22일.

『한겨레신문』. 2018년 10월 18일.

『한국세정신문』. 2019년 10월 4일.

『한국세정신문』. 2020년 1월 28일.

『헤럴드경제』. 2020년 1월 14일.

『naver 국어사전』.

『Zum 학습백과』.

∎ 국외 자료 ∎

Akkermans, Peter M.M.G. et al., *The Archaeology of Syria-From Complex Hunter-Gatherers to Early Urban Societies.* Cambridge: Cambridge Univ. Press. 2003.

Arranz-Otaeguim, Amaia et al., "Archaeobotanical evidence reveals the origins of bread 14,400 years ago in northeastern Jordan." *PNAS.* July 31. 2018. 115(31).

Aubert, Maxime et al., "Earliest hunting scene in prehistoric art." *Nature.* 11 December 2019.

Azari, N.P. et al., "Brain Plasticity and Recovery from Stroke." *American Scientist.* 88. 2000.

Bell, Jordana T. et al., "DNA methylation studies using twins: what are they telling us?." *Genome biology.* v.13 no.10. 2012.

Bengson, Jesse J. et al., "Spontaneous Neural Fluctuations Predict Decisions to Attend." *Journal of cognitive neuroscience.* v.26 no.11. 2014.

Berger, Lee R. et al., "Homo naledi and Pleistocene hominin evolution in subequatorial Africa." *eLife.* v.6. 2017.

Bogaard, Amy et al., "The Farming-inequality nexus; new insights from ancient Western Eurasia." *Antiquity.* Vol. 93. October 2019.

Brunet, Michel et al., "A new hominid from the Upper Miocene of Chad. Central Africa." *Nature.* Vol.418 No.6894. 2002.

Buckholtz, J.W. et al., "MAOA and the neurogenetic architecture of human aggression." *Trends in Neurosciences.* Vol.31 No.3. 2008.

Busacca, Gesualdo, "Places of Encounter: Relational Ontologies. Animal Depiction and Ritual Performance at Göbekli Tepe." *Cambridge archaeological Journal.* v.27 no.2. 2017.

Chanes, Lorena et al., "Facial Expression Predictions as Drivers of Social Perception." *Journal of Personality and Social Psychology.* American Psychological Association. Vol.114 No.3. 2018.

Conselice, Christopher J. et al., "The Evolution of Galaxy Number Density at z ⟨ 8 and its Implications." *Astrophysics of Galaxies.* V.1. 13 Jul 2016.

Coude, G. et al., "Frequency and topography in monkey electroencephalogram during action observation: possible neural correlates of the mirror neuron system." *Biological sciences.* no.1644. 2014.

D'Ausilio, A. et al., "Listening to speech recruits specific tongue motor synergies as revealed by transcranial magnetic stimulation and tissue-Doppler ultrasound imaging." *Biological sciences.* v.369 no.1644. 2014.

Dreyfus, Hubert. *What Computers still can't do: A Critique of Artificial Reason.* Cambridge Mass.: MIT press. 1992.

Emonet, Edward-George et al., "Subocclusal dental morphology of sahelanthropus tchadensis and the evolution of teeth in hominins." *American Journal of physical anthropology.* Vol. 153. No.1. 2014.

Ferrari, P.F. · Rizzolatti, G.. "Mirror neuron research: the past and the future." *Philosophical Transactions of the Royal Society.* B369: 20130169, 2014.

Florio, Marta et al., "Human-specific gene ARHGAP11B promotes basal progenitor amplification and neocortex expansion," *Science.* v.347 no.6229, 2015.

Fochesato, Mattia et al., "Comparing ancient inequalities: the challenges of comparability, bias and precision," *Antiquity.* Vol 93, August 2019.

Freeman, Richard B.. "Who Owns the Robots Rules the World," *Harvard Magazine.* May June 2016.

French, C.A. et al., "What can mice tell us about Foxp2 function?," *Current opinion in neurobiology.* v.28, 2014.

Goto, Takayuki et al., "Belief in free will indirectly contributes to the strategic transition through sympathetic arousal," *Personality and Individual Differences.* 128, 2018.

Greimas, A.J.. *On Meaning. Selected Writings in Semiotic Theory.* (tr.) Paul Perron · Frank H. Collins. Minneapolis: University of Minnesota Press, 1987.

Han, T.U. et al., "A study of the role of the FOXP2 and CNTNAP2 genes in persistent developmental stuttering," *Neurobiology of disease.* v.69, 2014.

Harmand, Sonia et al., "3.3-million-year-old stone tools from Lomekwi 3, West Turkana, Kenya," *Nature,* Vol.521 No.7552, 21 May 2015.

Henshilwood, C.S. et al., "Engraved ochres from the Middle Stone Age levels at Blombos Cave, South Africa," *Journal of human evolution.* V.57, No.1, 2009.

Herculano-Houzel, Suzana, "The Human Brain in Numbers: A Linearly Scaled-up Primate Brain," *Neuroscience,* V.3, 2009, Article 31.

Hess, Eckhard, "The Role of Pupil Size in Communication," *Scientific American,* v.233 no.5, 1975.

Heyes, Cecilia, "Tinbergen on mirror neurons," *Biological sciences,* v.369 no.1644, 2014.

Hodder, Ian, "More on history houses at Çatalhöyük: a response to Carleton et al.," *Journal of Archaeological Science,* Vol. 67, March 2016.

Hodder, Ian, "This old House," *Natural History Magazine,* June 2006.

Hoehl, Stefanie et al., "Infants React with Increased Arousal to Spiders and Snakes,"

Frontiers in Psychology, 18 October 2017.

Hughes, Virginia, "Epigenetics: The sins of the father," *Nature,* v.507 no.7490, 2014.

IBM Research Editorial Staff, "The brain's architecture, efficiency on a chip," *IBM Research Blog,* December 19, 2016.

Kimbel, W.H. et al., "Ardipithecus ramidus and the evolution of the human cranial base," *Proceedings of the National Academy of Sciences,* Vol.111 No.3, 2014.

Larsen, Clark Spencer et al., "Bioarchaeology of Neolithic Çatalhöyük reveals fundamental transitions in health, mobility, and lifestyle in early farmers," *PNAS,* June 25, 116(26). 2019.

Larsen, Clark Spencer et. al., "Bioarchaeology of Neolithic Çatalhöyük: Lives and Lifestyles of an Early Farming Society in Transition," *Journal of World Prehistory,* April 2015.

Latour, Bruno, *We Have Never Been Modern,* trans. Catherine Porter, Cambridge: Harvard University Press, 1993.

Latour, Bruno. "The Sociology of a Few Mundane Artifacts." in *Shaping Technology/ Building Society: Studies in Sociotechnical Change.* eds. Bijker, Wiebe E. and Law, John. Cambridge, Massachussetts: The MIT Press, 1992.

Levinas, E., *On Thinking-of-the-Other,* (tr). Michael B. Smith·Barbara Harshay, New York: Columbia University Press, 1998.

Libet, B. et al., "Readiness-potentials preceding unrestricted 'spontaneous' vs. pre-planed voluntary acts," in *Electro encephalography and Clinical Neurophysiology,* 54, 1982.

Libet, B., "Unconscious cerebral initiative and the role of conscious will in voluntary action," *Behavioral and Brain Science,* 8(4), 1985.

Madison, Paige, "Who First Buried the Dead?," *Sapiens,* 16 Feb. 2018.

Maito, Esteban Ezequiel, "The Historical Transience of Capital-The downward trend in the rate of profit since XIX century," *MPRA paper 55894,* Munich: University Library of Munich 2014.

McNaughton, R., *Elementary Computability, formal language, and automata,* Englewood Cliffs, N.J.: Prentice Hall, 1982.

Mercer, Christina, "What is neural lace?," *Tech Advisor,* 14 Sep. 2017.

Mikulic, Matej, "Pharmaceutical market: worldwide revenue 2001-2019," May 25,2020.

Mooney, R., "Auditory-vocal mirroring in songbird," *Biological sciences,* v.369 no.1644, 2014.

Nomande, Sébastien et al., "A 36,000-Year-Old Volcanic Eruption Depicted in the Chauvet-Pont d'Arc Cave," *PLOS ONE,* V.11 No.1, 2016.

Oettingen, Gabriele et al., "Effective self-regulation of goal attainment," *International Journal of Educational Research,* v.33 no.7/8, 2000.

Ostrom, Elinor, *Governing the Commons: The Evolution of Institutions for Collective Action,* Cambridge: The Cambridge University Press, 1990.

Ozawa, M., "Universally valid reformulation of the Heisenberg uncertainty principle on noise and disturbance in measurement," *Physical Review Journals,* 67:042105, 2003.

Pinhasil, Ron et al., "Tracing the Origin and Spread of Agriculture in Europe," *PLoS Biology,* 3(12). 2005.

Pollock, Amy, "Amputees control bionic legs with their thoughts," *Technology News,* May 20, 2015.

Rivenbark, Joshua G. et al., "The high societal costs of childhood conduct problems: evidence from administrative records up to age 38 in a longitudinal birth cohort," *Journal of child psychology and psychiatry and allied disciplines,* v.59 no.6, 2018.

Rizzolatti, G. et al., "The Function role of the patrieto-frontal mirror circuit: Interpretations and misinterpretations," *Nature Review Neuroscience,* Vol.11, 2010.

Rizzolatti, Giacomo et al., "Premotor cortex and the recognition of motor actions," *Cognitive brain research,* v.3 no.2, 1996.

Rizzolatti, Giacomo et al., "The Mirror Neuron System: A motor-Based Mechanism for Action and Intention Understanding," in *The Cognitive Neurosciences,* Michael S. Gazzaniga (eds.), Cambridge, Mass.; MIT press, 2009.

Roberts. M.B.V., *Biology; A Functional Approach, 4th edition,* Cheltenham; Replika Press, 1986.

Ross, Valerie, "Numbers: The Nervous System, From 268-MPH Signals to Trillions of Synapses," *Discover,* May 15, 2011.

Ryu, Hyun-Wook et al., "Influence of Toxicologically Relevant Metals on Human Epigenetic Regulation," *Toxicological Research,* Vol.31 No.1, 2015.

Schmidt, Klaus, "Göbekli Tepe, Southeastern Turkey. A Preliminary Report on the 1995-1999 Excavations," *Paléorient,* v.26 no.1, 2000.

Searle, John, "Minds, brains, and programs," *Behavioral and Brain Sciences,* V.3 No.3, 1980.

Sitti, Metin, "Bio-inspired Robotic Collectives," *Nature,* V.567, 20 March 2019.

Soon, Chun Siong et al., "Predicting free choices for abstract intentions," *Proceedings of the National Academy of Sciences of the United States of America,* v.110 no.15, 2013.

Stanford. C.B., "Chimpanzees and the Behavior of Ardipithecus ramidus," *Annual review of anthropology,* Vol.41, 2012.

Talwar, Sanjiv K. et al., "Rat navigation guided by remote control Free animals can be 'virtually' trained by microstimulating key areas of their brains," *Nature,* 417: 6884, 2002.

Tilley. C., *Metaphor and Material Culture,* Oxford: Blackwell, 1999.

Turing. A.M., "Computing Machinery and Intelligence," *Mind,* vol.59 No.236, 1950.

Valladas. H. et al., "Evolution of prehistoric cave art," *Nature,* V.413 No.6855, 2001

Vaesen, Krist et al., "Inbreeding, Allee effects and Stochasticity might be sufficient to account for Neanderthal Extinction," *Plos One,* V.14, No.11, 2019.

Vargha-Khadem, F et al., "FOXP2 and the neuroanatomy of speech and language," *Nat Rev Neurosci,* 6, 2005.

Volz, L.J. ·Gazzaniga, M.S., "Interaction in isolation: 50 years of insights from split-brain research," *Brain: a journal of neurology,* v.140 no.7, 2017.

Weizenbaum, Joseph, *Computer Power and Human Reason,* New York; W.H. Freeman and Company, 1972.

Wright, K.I., "Domestication and inequality? Households, corporate groups and food processing tools at Neolithic Catalhoyuk," *Journal of anthropological archaeology,* v.33, 2014.

Independent, March 14, 2016.

Bio, Jan 27, 2012.

CBINSIGHTS, March 3, 2020.

Wikipedia, English version.

http://openworm.org

http://worldpopulationreview.com/countries/countries-by-gdp/

http://www.becominghuman.org/node/australopithecus-afarensis-essay

http://www.becominghuman.org/node/orrorin-tugenensis-essay

http://www.nationaldebtclocks.org

http://yangjaehub.com/newsinfo/%ed%95%99%ec%83%9d%ea%b8%b0%ec%9e%90%eb%8b

https://data.oecd.org/inequality/income-inequality.htm.

https://ifr.org/downloads/press2018/WR_Presentation_Industry_and_Service_Robots_

https://wid.world/world/#sptinc_p90p100_z/US;FR;DE;CN;ZA;GB;WO/last/eu/k/p/

https://www.brainchipinc.com/products/akida-neuromorphic-system-on-chip.

https://www.darpa.mil/work-with-us/ai-next-campaign

https://www.spring.org.uk/2011/12/what-the-eyes-reveal-10-messages-my-pupilsare-sending-you.php

https://www.statista.com/statistics/424159/pay-gap-between-ceos-and-average-workers-in-world-by-country/

찾아보기

Reading Human History and
Artificial Intelligence
Through Meanings

▌인명 ▌

표지 오스트랄로피테쿠스 아파렌시스의 발자국
https://commons.wikimedia.org/wiki/File:Australopithecus_afarensis_footprint.jpg

버즈 올드린의 발자국
https://pixabay.com/ko/photos/%EB%B0%9C%EC%9E%90%EA%B5%AD-%EC%95%84%ED%8F%
B4%EB%A1%9C-11-%ED%98%B8-60614/

45쪽 블롬보스 동굴에서 발견된 점토 덩어리
https://upload.wikimedia.org/wikipedia/commons/thumb/b/be/Blombos_Cave_-_3.jpg/1280px-
Blombos_Cave_-_3.jpg

57쪽 홍산문명에서 출토된 용모양의 곡룡
https://www.ulsanpress.net/news/photo/201201/121242_21671_4520.jpg

65쪽 베레카드 람의 비너스
https://upload.wikimedia.org/wikipedia/commons/e/e6/Venus_of_Berekhat_Ram.jpg

67쪽 쇼베 동굴벽화
https://www.ancient.eu/uploads/images/6350.jpg?v=1603784702

72쪽 나투피안(Natufian)인의 집터 유적
https://en.wikipedia.org/wiki/Natufian_culture#/media/File:Natufian-SupportingWall-Elwad.jpg

76쪽 차탈회유크 유적의 집터
https://upload.wikimedia.org/wikipedia/commons/thumb/6/6f/%C3%87atalh%C3%B6y
%C3%BCk_after_the_first_excavations_by_James_Mellaart_and_his_team..jpg/1024px-
%C3%87atalh%C3%B6y%C3%BCk_after_the_first_excavations_by_James_Mellaart_and_his_team..jpg

96쪽 괴베클리 테페 유적지
https://upload.wikimedia.org/wikipedia/commons/thumb/d/d5/G%C3%B6bekli_Tepe%2C_Urfa.
jpg/1024px-G%C3%B6bekli_Tepe%2C_Urfa.jpg

300쪽 세레나 윌리엄스
https://stock.adobe.com/kr/147491845?as_campaign=TinEye&as_content=tineye_match&epi1=1474
91845&tduid=64bfc4fce9e0fccc0b37eaf200dfca14&as_channel=affiliate&as_campclass=redirect&as_
source=arvato

327쪽 AI가 고흐풍으로 그린 네카르 강변
https://i.insider.com/55f9add3dd08952e3a8b474d?width=700&format=jpeg&auto=webp

4차 산업혁명과 대안의 사회 1
의미로 읽는 인류사와 인공지능

The 4th Industrial Revolution and the Society Beyond Capitalism
:Reading Human History and Artificial Intelligence Through Meanings

ⓒ 이도흠, 2020

초판 1쇄 인쇄일 | 2020년 12월 4일
초판 1쇄 발행일 | 2020년 12월 18일

지은이 | 이도흠
펴낸이 | 사태희
편   집 | 최민혜
디자인 | 권수정
마케팅 | 장민영
제작인 | 이승욱 이대성

펴낸곳 | (주)특별한서재
출판등록 | 제2018-000085호
주   소 | 04037 서울시 마포구 양화로 59, 703호 (서교동, 화승리버스텔)
전   화 | 02-3273-7878
팩   스 | 0505-832-0042
e-mail | specialbooks@naver.com
ISBN | 979-11-88912-95-7 (03900)

이 도서의 국립중앙도서관 출판예정도서목록(CIP)은 서지정보유통지원시스템
홈페이지(http://seoji.nl.go.kr)와 국가자료종합목록시스템(http://www.nl.go.kr/kolisnet)에서
이용하실 수 있습니다. (CIP제어번호: CIP2020051218)